思维游戏

大全集

1000题

保你

越玩越有才

缪丽 等编著

中国水利水电出版社
www.waterpub.com.cn

内容提要

　　思维游戏是开发大脑潜能的一种最佳的途径。它将使你的各种思维能力得到极大的提高。在玩游戏的过程中，你可以充分运用各种思维能力，多角度地审视问题，将所有线索纳入你的思考。这种激荡联想、触发创意的思考模式，将彻底让你的头脑高速运转起来，从而让你在学习中能有更多不同角度的观察、做出更正确的判断。

　　本书所选的1000个思维游戏，每一个都极具代表性和独创性，内容丰富，难易有度，形式活泼。通过这些游戏的训练，可使你达到手脑结合的目的，既能培养你的观察能力，又能开发你的逻辑思维。

图书在版编目（CIP）数据

　　思维游戏大全集：1000题保你越玩越有才 / 缪丽等编著. -- 北京：中国水利水电出版社，2011.9
　　ISBN 978-7-5084-8929-2

　　Ⅰ．①思… Ⅱ．①缪… Ⅲ．①智力游戏 Ⅳ．①G898.2

　　中国版本图书馆CIP数据核字(2011)第170679号

策划编辑：陈蕾　责任编辑：陈艳蕊　加工编辑：于丽娜　封面设计：潘国文

书　　　　名	思维游戏大全集：1000题保你越玩越有才
作　　　者	缪丽 等编著
出 版 发 行	中国水利水电出版社
	（北京市海淀区玉渊潭南路 1 号 D 座　100038）
	网　　址：www.waterpub.com.cn
	E-mail：mchannel@263.net（万水）
	sales@waterpub.com.cn
	电　　话：(010) 68367658（发行部）、82562819（万水）
经　　　售	全国各地新华书店和相关出版物销售网点
排　　　版	北京万水电子信息有限公司
印　　　刷	北京蓝空印刷厂
规　　　格	170mm×240mm　16开本　16.75印张　456千字
版　　　次	2011年9月第1版　　2011年9月第1次印刷
印　　　数	0001—6000册
定　　　价	32.00元

Preface 前言

思维是玩出来的，逻辑是练出来的，头脑就是这样变聪明的！

聪明人之所以聪明，并不完全在于他们有多努力，更在于他们掌握了科学的思维方法。

著名科学家霍金曾经说过，有一个聪明的大脑，你就会比别人更接近成功。《思维游戏大全集：1000题保你越玩越有才》书中的1000道思维游戏训练题，让你的思考更从容，让你的能力更超群。这里你会接受一种全方位的头脑体操训练，帮助你强化左脑和右脑的交互运用，锻炼多元的思维，在娱乐中提高你的思维力、想象力和创造力。它不仅能优化你的思维结构、拓展你的思维能力，还能让你在游戏中获得快乐和满足，增强自信心。无论你是学生、上班族、老师、家长，还是企业管理者，都会变成一个更聪明、更有才的人。

书中游戏共设有五大类，亦即推理类、图形类、想象类、趣味类和数学类。精选的1000个游戏都充满了趣味性和启发性，语言通俗易懂、内容丰富多样、难易有度，并配有生动有趣的图片，同时还增加了思维点拨的小提示，避免游戏者走进思维误区，把简单的问题变复杂。挑战思维游戏的过程中，需要你跳出常规思维的束缚，多角度寻找解题的途径；需要你通过分析与综合、联想与猜想等寻找解题的关键；需要你从看似不符合逻辑的题目中，找出符合逻辑的线索；需要你冲出旧有惯性思维，在题目中快速寻找最有用的信息，找到解题的钥匙。

读完本书，你不仅可以获得很多有趣的知识，还能在忙碌的工作学习之余缓解压力、放松心情、激发大脑潜能、开发创新能力、启迪创意思路、甩掉传统僵化的思维模式、踢掉思考的条条框框，彻底带动思维高速运转起来，越玩越聪明、越玩越轻松、轻轻松松迈入聪明人的圈子。

参编人员：

李彩燕	靳 颖	于祥杰	廖姣娣	胡圣陶
缪利军	许 红	许量和	黄 媛	候西峰
刘利容	姚琴雯	黄 玉	陈 艳	

第1章

挑战福尔摩斯的200个推理游戏

第2章

激发空间思维的200个图形游戏

第3章

启动创新思维的200个想象游戏

第4章

培养发散思维的200个趣味游戏

第5章

探求演算思维的200个
数字游戏

第6章
答案

第❶章

挑战福尔摩斯的
200个推理游戏

001 难忘的夏令营
时间限制：5分钟
是否完成：是（ ） 否（ ）

放暑假了，军军参加了一个好玩的夏令营，可是在一个晴朗的午后军军突然发现自己不小心掉队了，于是他一直走，没想到意外看到了一个村子。村子里

有一些人只说实话，有一些人只说假话。军军觉得非常口渴，想要一点水喝。他在这个村子里面转了转，发现前面有一个水桶，于是他随便问了一位村人这水可不可以喝。

"今天天气真好啊！"

"是的。"

"这水可以喝吗？"

"是的。"

请问：军军到底可不可以喝这水呢？

思维点拨

根据军军与村人的第一句谈话便可以判断这个村人可不可信。

002 神奇的预言家
时间限制：2分钟
是否完成：是（ ） 否（ ）

琴斯无意中听隔壁的汤姆说，小镇内住着一位很有名气的预言家。琴斯非常好奇，于是决定去拜访一下这位预言家，让他帮忙预言一下她的婚姻、事业、健康和运气。可是，当她到达但预言家的家门口时，发现门口写着："每问两个问题费用为20欧元。"偏偏她身上只带了25欧元，她觉得费用有

点贵了，便问预言家："不管我的问题多长，也算是一个问题吗？"预言家回答："是的。"她

又问："不管我的问题多短，也算是一个问题吗？"预言师回答："当然。"那么请问，她可以问几个她想问的问题呢？

思维点拨

问问题时，不管什么样的问题，都算是问题。

003 赛场上的意外
时间限制：3分钟
是否完成：是（ ） 否（ ）

天才少年学校举行了一场激烈的乒乓球赛，在轮到林刚上场的时候，乒乓球被不小心打进一个干燥光滑的水杯里。这时，林刚想到了一个办法，在不接触乒乓球、不碰撞杯子、不用其他任何工具的情况下，就把乒乓球弄了出来。你知道他是怎么做到的吗？

思维点拨

乒乓球是非常轻的东西，因此可以不妨考虑利用气流来帮忙。

004 通道里的难题
时间限制：6分钟
是否完成：是（ ） 否（ ）

在一个雨过天晴的午后，两只蚂蚁在榕树下的通道里相遇了。可是通道非常狭窄，一次只能保证一只蚂蚁顺利通过。幸好，通道一侧有个凹处，刚好能容得下一只蚂蚁。可是，这个凹处里有一个小沙粒，如果把它移出来，就

会把通道堵住，还是无法通过。这两只蚂蚁能顺利通过这个地下通道吗？你来替它们想想办法吧！

思维点拨

我们可以充分利用通道里面这个仅有的凹处来解决难题。

005 奇怪亲戚

时间限制：3分钟
是否完成：是（ ） 否（ ）

晴晴有位远房亲戚是一名非常善辩的律师，专门办理离婚案件。这位亲戚非常古怪，在打官司时，一贯站在女方立场，并且为女方进行免费辩护，使女方从男方那里多得赡养费。

后来，晴晴的这位亲戚自己的婚姻出了问题，也准备离婚。办理案件时，这位亲戚仍然不改变立场为女方免费辩护，结果又使女方多得了赡养费。

请问：会有这样的事吗？晴晴的这位亲戚到底是个什么样的人

思维点拨

从晴晴这位亲戚的性别上来找突破点。

006 张明家的羊

时间限制：5分钟
是否完成：是（ ） 否（ ）

张明家养了一只大肥羊。有一天，张明的妈妈把羊牵到一棵树下，并用3米长的绳子拴住羊脖子，让它在树下吃草，然后自己割牧草去了。后来，她把割来的牧草放在离树5米远的地方，又继续去割。等她回来时，羊却把她割好的牧草吃光了。

可是绳子很结实，也没有断，更没有人解开它，那么羊是怎样吃到牧草的呢？

思维点拨

不妨从绳子所拴的位置来考虑。

007 判断的依据

时间限制：6分钟
是否完成：是（ ） 否（ ）

接到群众报警后，警方立即赶往现场。在森林公园深处，发现一辆高级敞篷车，车上有少量树叶，一个老板模样的人死在车里。

"发现了什么线索？"警长问。

"法医估计这个人已死亡两天。没有发现他杀的迹象，死者手边有氰化钾小瓶，所以初步认定是自杀。"

"有没有发现第三者的脚印？"

"没有，地面上落满了树叶，看不到什么脚印。"

"请大家再仔细搜查现场，排除自杀的主观印象。这不是自杀，而是他杀后移尸到这里。估计罪犯离开不到一小时，他一定会留下马脚的。"大家又开始仔细搜查，果然发现了许多线索，追踪之下，当天便抓获了杀人犯。

请问：警长为什么认定不是自杀，而且罪犯没有走远呢？

思维点拨

死者的地点是关键，此外，还要充分结合现场的物品以及死者死亡的时间来综合考虑。

008 找戒指

时间限制：5分钟
是否完成：是（ ） 否（ ）

小莉实在受不了房东的苛刻，于是她下定决心收拾东西搬家。当她把9个外形完全相同、重量完全相等的口袋都封好口后，突然发现她结婚的戒指掉在其中一只包裹里了。但是，因为太累了，所以她又不想把所有的口袋全部打开，只好用天平，把这些口袋称两次，然后找到戒指，你知道怎么称吗？

思维点拨

可以把9个口袋分为3组，然后在采取排除法来判断戒指所在的口袋。

009 体操队的男孩

时间限制：2分钟
是否完成：是（ ） 否（ ）

学校的业余体操队里一共有20个男孩， 14个是蓝眼睛，12个是黑头发，11个体型稍胖，7个个子比较高。你能算出这其中有多少个一定是蓝眼睛黑头发，而且既高又胖？

思维点拨

此题在分析时要分两种情况来考虑，一种是最多人数，另一种是最少人数。

010 赝品

时间限制：4分钟
是否完成：是（ ） 否（ ）

哈利和扎西都是有名的考古学家。不久前，哈利挖掘出一枚罗马古币，上面标明的铸造年代是公元前44年，并印有凯撒大帝的肖像。但扎西断定这枚古币是赝品。经过鉴定，这枚古币确实是赝品。请问：扎西又是怎么知道它是赝品的呢？

思维点拨

想一想公元前的钱币在铸造时是怎么来计算年代日期，和现在是否相同。

011 大侦探卢斯

时间限制：2分钟
是否完成：是（ ） 否（ ）

大侦探卢斯正在吃饭，突然接到了洛林的电话。卢斯于是立马赶了过去，刚到，洛林就拉着卢斯的手，非常激动地说："您要是早来5分钟，我那几幅名画就保住了。"卢斯问怎么回事?洛林向侦探讲诉了事情的经过。原来，10分钟前，洛林一个人在这儿找书，一个歹徒突然闯进来，用枪指着洛林，命令他脸朝墙站着。歹徒取下了5幅，又命令洛林把面前那幅毕加索的作

品取下来递给他，随即逃走了。

卢斯问："这么说，你肯定不知道他的长相了？"

洛林说，在镶这幅画的玻璃镜中看清了歹徒的长相，能认出这个人。

卢斯笑了起来，对洛林说："年轻人，我可不为你骗取保险金去做证人。你根本没丢什么画！"

请问洛林的叙述有什么漏洞？

思维点拨

想一想，油画在框镶上与其他的画的区别。

012 聪明的穆特

时间限制：2分钟
是否完成：是（ ） 否（ ）

一天，穆特和往常一样去早市的一家肉店买肉，却看到一群人围在里面，闹哄哄的。穆特很好奇，于是也挤了进去打听个究竟。原来

是有位盲人走进了一家肉店想买肉，他连叫了几声却无人回答。他知道无人，便伸手在肉案上乱摸，哪知一下摸到了4枚1元的硬币，他赶忙把硬币放进口袋里，然后就要走出肉店。碰巧卖肉的人从屋内走出来见到了，便追出来抓住盲人，要他把钱拿出来。盲人大喊道："天啊，欺负我是盲人，想抢我的钱啊！"穆特见了之后，当场便知道谁骗人了，你知道穆特是怎么做的吗？

思维点拨

放在肉案上的硬币和平常放在口袋里的硬币有何不同？

013 巧记密码

时间限制：2分钟
是否完成：是（ ） 否（ ）

佳强是众多来京打工者之一，为了让远在家乡的妻子和女儿过上好日子，佳强每月都会省吃俭用把工资存在他买的一个小保险箱里。但是

由于他的记忆力很糟糕，这使他总是记不住自己保险箱上的由3个两位数组成的密码。于是，他就利用贴在保险箱上的线索套提醒自己：第1个两位数乘以3所得结果中的数字都是1；第2个两位数乘以6所得结果中的数字都是2；第3个两位数乘以9所得结果中的数字都是3。那么，你能将这几个数字依次呈现吗？

思维点拨

算算哪个数乘以3可以得到111。

014 诱人的芝麻饼
时间限制：4分钟
是否完成：是（ ）否（ ）

周末上午，王默和好友晓波、石川相约去学校的篮球场打球，累了之后，他们3人决定去王默家吃中饭。吃完饭后，王默又叫妈妈去给他们做盘芝麻饼，打算三人平分吃。可是，芝麻饼做好后，王妈妈发现他们都睡着了，怕打扰他们，王妈妈就把芝麻饼放在桌上。晓波睡了会就醒了，看见了芝麻饼，于是把他那份吃了，接着又睡着了。过了会石川也醒了，也把认为属于他自己的那份芝麻饼吃了，然后很快又睡着了。最后，王默醒来，他发现了芝麻饼，把认为属于自己的那份吃了，然后也进入梦乡。他们在鼾声中度过了一下午，等到晚上他们都醒来时，看到桌上还剩下8块芝麻饼。那么，你知道桌子上原来有多少块芝麻饼吗？

思维点拨

得用反向思维，从最后剩下的8块芝麻饼开始往上一一推算。

接龙游戏

良药苦口	口诛笔伐	伐功矜能	能征惯战	战天斗地
地下修文	文从字顺	顺手牵羊	羊质虎皮	皮里春秋
秋毫无犯	犯上作乱	乱箭攒心	心神不宁	宁缺毋滥

015 活宝爸爸
时间限制：4分钟
是否完成：是（ ）否（ ）

小乐的爸爸是家里的大活宝，非常幽默，也很喜欢没事的时候逗小乐玩。一天，吃完饭后，小乐的爸爸对小乐说他可以让一个钢针漂浮在水上，小乐摇着头说什么也不相信，但是后来小乐爸爸却真的做到了。你能猜出来小乐的爸爸是怎么实现的吗？

思维点拨

不妨试着将针寄托在一个具有吸水力的物体上，便能得出答案。

016 小丑的工作
时间限制：4分钟
是否完成：是（ ）否（ ）

元宵节时，凡凡和爸爸妈妈一起去看了一个叫"快乐生活"的演出团的演出。里面有3个小丑——卡林、迪克和罗杰，他们每人总是扮演着两个角色。这6个角色分别是：卡车司机、作家、喇叭手、高尔夫球手、计算机技术员和理发师。你能根据以下6条线索确定这3个小丑各自的工作吗？

卡车司机喜欢高尔夫球手的妹妹。

喇叭手和计算机技术员在和卡林骑马。

卡车司机嘲笑喇叭手脚大。

迪克从计算机技术员那里收到一盒巧克力。

高尔夫球手从作家那里买了一辆二手汽车。

罗杰吃比萨饼比迪克和高尔夫球手都要快。

思维点拨

可以根据已知条件，用排除法一一进行推测。

017 大侦探卢斯
时间限制：5分钟
是否完成：是（ ）否（ ）

"彬彬，今天是这个工程的最后一天，而这个组就剩下我们两个人了。为了完成这个'世界之窗'的雕塑我们已经花了好几个月的时间，要

世界之窗雕塑

知道这个月数跟我们组的人数相同!"

"是啊,浩哲,如果我们组再多6个伙伴的话,那么我们就可以在1个月内把这个雕塑完成!"

你能否根据上面彬彬和浩哲对话里所给出的信息判断出雕塑组一共有多少人呢?

思维点拨

做题时,可以仔细分析下彬彬所提供的的解题条件,便能推算出具体人数。

018 识破谎言

时间限制:2分钟
是否完成:是( ) 否( )

力格政府重要机关文件被盗,这些文件与政府几十年来的财务有很大的关系。对此,政府表示,将调用一切财力和人力去追查。鹏飞是参与这次案件调查的头号人物。一天,他来到嫌疑犯的住所,看到用纸拉门隔开的3个房间里,每个房间的中央都吊有一个电灯泡。中间房间的居住者A被怀疑是此事件的嫌疑犯,而那天晚上10点钟敲响的瞬间,他是否独自一人在家,成了揭开事件谜底的关键。A说那时自己一个人在家。两边的邻居也都证明说:"正好10点的时候看到纸门上有一个人的身影。"听了这些话,鹏飞严厉地看着A说:"你果然是在撒谎。"

请问,鹏飞是又怎么得出这个结论的呢?

思维点拨

可以根据邻居们的回答,然后结合门与影子来进行分析。

019 破绽

时间限制:1分钟
是否完成:是( ) 否( )

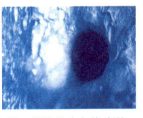

一个冬天的早上,气温在零下10度左右。这时,突然有个浑身湿漉漉的人,气喘吁吁地跑来警局。他对警局的组长说:"我的朋友跳进湖里,凝结的冰突然破裂。他陷进去后,我跟着跳了进去,可是已经见不到人影。请你快叫人来帮忙。"于是,组长马上和小组成员们行动起来了。大家一起朝出事的地点走去。他们走了1.5公里路,看到了冰上的裂洞。组长把视线转移到那人身上,说:"虽然不知道是何理由,但是,你就是那位杀害朋友的罪人。你认为我看不出你的破绽吗?"

请问,那人的破绽究竟在哪儿呢?

思维点拨

当气温在零下10度的时候,可以想想全身湿漉漉的人身上的情景,并且他还跑了1.5公里。

020 嫌疑犯的诡计

时间限制:2分钟
是否完成:是( ) 否( )

威帮玩具厂的总经理在服用安眠药睡熟后被煤气毒死,煤气是从一根橡皮管里放出来的。现场还有一只同样因煤气中毒而死的猫。猫尾巴上不知为何系着一个棉花球。据推测,死亡时间是晚上10点30分左右。因为这个房间的门窗都紧闭着,所以只要打开煤气开关,30分钟内,室内的人即会死亡。也就是说,凶手行凶的时间是在晚上10点左右。但是,警方追捕到的嫌疑犯则拿出确凿的证据,证明自己从晚上9点一直到第二天早上都不在现场。

凶手究竟是使用什么诡计使煤气延迟了一小时才放出来的呢?

思维点拨

别忘了旁边有只猫,可以结合猫身上的条件来分析,这和猫尾巴上的棉花团有很大关系。

021 学生们的回答

时间限制：2分钟
是否完成：是（ ） 否（ ）

三年A班在接受学校的小记者团采访时，有5个学生说了下面这些话，你来判断他们中有几个人撒了谎。

莉莉说："我上课从来不打瞌睡。"

小美说："莉莉撒谎了。"

茜茜说："我考试时从来不舞弊。"

王克说："茜茜在撒谎。"

晓娜说："茜茜和王克都在撒谎。"

思维点拨

可以运用假设法来一一判断。

022 买衣服

时间限制：2分钟
是否完成：是（ ） 否（ ）

张特、吉吉、晓苏和乔乔来到一家商店选购衣服。售货员介绍道："英雄牌每件90美元，豪杰牌50美元，佳人牌100美元，风华牌95美元。"事后，他们高兴地聊了起来。张特说："我这件衣服花了90美元。""是吗？"买了

$90 $50 $100 $95

佳人牌的人说，"我买的比乔治那件价钱要贵。""我选择的是最便宜的一种。"另一个对吉吉说。"而我买的这件比你买的价钱要低一些。"乔乔告诉吉吉。

根据上述对话，请你判断一下他们4个人分别买的是哪种牌子的衣服？

思维点拨

根据所给的已知条件可得出，张特买的是"英雄牌"衣服，根据买佳人牌衣服的人的话，乔乔买的要么是豪杰牌，要么就是风华牌。然后可以再根据最后的两句话来推理，便可知4人分别买了什么牌子。

023 遥遥的考验

时间限制：2分钟
是否完成：是（ ） 否（ ）

晚上，妈妈准备考一考遥遥，于是把4个玻璃瓶分别装上可乐、啤酒、果汁、白酒，并在瓶子外面都贴上

了标签。但是，在装有果汁的瓶子上的标签是假的，其他的瓶子上的标签是真的。如右图，你说遥遥能顺利猜出来每个瓶子里分别装的是什么东西吗？

思维点拨

根据上述条件，我们可以先找出贴有假标签的果汁瓶子，然后依次推其他。

024 亲友聚会

时间限制：3分钟
是否完成：是（ ） 否（ ）

翠翠从国外留学回来，想见一见所有的亲戚，于是她组织了一场亲友聚会，邀请了：

她的妈妈
她妈妈的姑姑
她的姐姐
她姐姐的婆婆
她婆婆的姐姐
她姑姑的妈妈
她的隔壁邻居

如果所有的人都接受邀请，那么参加亲友聚会的最少为多少人？不允许有非法的亲戚。

思维点拨

可以利用人物的身份重复来进行推理。

025 外语

时间限制：2分钟
是否完成：是（ ） 否（ ）

来自英、法、日、德的甲、乙、丙、丁4人刚好碰在一起。他们除懂本国语言外，每人还会说其他3国语言中的一种。英、法、日、德4种语言中有1种语言有3个人都会说，但没有一种语言

是4个人都懂，现知道：

（1）甲是日本人，丁不会说日语，但他俩都能自由交谈；

（2）4个人中，没有一个人既能用日语交谈，又能用法语交谈；

（3）乙、丙、丁交谈时，找不到共同语言沟通；

（4）乙不会说英语，当甲与丙交谈时，他都能做翻译。

那么，他们分别能说哪两种语言。

思维点拨

根据题中的（2）可以得知甲不会说法语，同样根据（4）可知甲也是不会英语的，然后再根据另外的条件来推断他人的语言。

026 各自的儿子
时间限制：3分钟
是否完成：是（ ）否（ ）

根据所给的信息，找出各自的儿子。

思维点拨

先可根据伊恩和约翰的话来推断出4个儿子的名字，然后一一根据条件对应就可以。

027 杰利的如意算盘
时间限制：2分钟
是否完成：是（ ）否（ ）

大财主杰利一直极度嫉妒阿凡提的聪明才智，于是一心想除掉阿凡提。终于，他找了一个

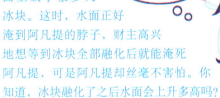

机会把阿凡提绑在了水池的柱子上，然后又在水面上放了很多大冰块。这时，水面正好淹到阿凡提的脖子，财主高兴地想等到冰块全部融化后就能淹死阿凡提，可是阿凡提却丝毫不害怕。你知道，冰块融化了之后水面会上升多高吗？

思维点拨

这道题要考虑当冰块浮在水面上时，它的体积对水面已经产生了怎样的影响，便能得出答案。

028 哥哥的阴谋
时间限制：3分钟
是否完成：是（ ）否（ ）

华义在市内最热闹的街上开了一家酒吧。周末晚上，华义的弟弟来了。华义立即调了一杯加冰块的威士忌给弟弟，但弟弟不喝。原来，他们是同父异母兄弟，最近因为财产的继承问题闹得不可开交，弟弟怕被哥哥毒杀，所以根本不敢喝。

"我好意请你喝酒，你却怀疑我下毒？既然你怀疑，我先喝。"

华义说完，随即喝了半杯，然后说："这下可以放心了吧？"

于是；弟弟也不便拒绝了，慢慢地喝着剩下的半杯酒。但是，他刚喝完，竟然倒地而死。

警长赶到现场，在勘察完现场、问明具体情况后，很快就判断出是华义在酒中下毒的。可是，现场的许多工作人员和客人却证明，华义确实喝了弟弟杯中的半杯酒。

你知道警长是怎样分析的吗？

思维点拨

哥哥华义喝了半杯酒去没有事，而弟弟却又确实是死于喝下的下半杯酒，这是不是跟这杯酒的独特之处有关？好好想想加冰威士忌的特性。

接龙游戏

安危于共	共从共荣	荣华富贵	贵远贱近	近在咫尺
尺璧寸阴	阴魂不老	老大无成	成败荣枯	枯木逢春
春风拂面	面若敷粉	粉饰太平	平易近人	人才辈出

029 谁是绑匪

时间限制：3分钟
是否完成：是（　）否（　）

服装公司林老板的儿子突然被绑架，对方要求拿10万美元来交换。绑匪在电话中说："你把钱包好，用普通邮件在明天上午寄出，我的地址是……"

老板马上报了案。为了不打草惊蛇，警察化装来到罪犯所说的地址。可奇怪的是，这儿有地区名、街名，却没有罪犯说的门牌和收件人。

警察经过研究，马上确定了嫌疑犯，并很快找到证据，将其抓获，救出了人质。

这个绑匪是什么人呢？

思维点拨

根据平常咱们平常投递邮件的常识，必须要有门牌号和收件人，邮差才可以顺利将邮件送到收件人手中。如果没有正确的门牌号和收件人，想一想这封邮件最后会到达谁的手里。

030 新型公交车

时间限制：2分钟
是否完成：是（　）否（　）

姗姗暑假随姨妈去美国玩，在纽约的百老汇

她看见一辆新型的公交车，如左图所示。车现在没有开，他不能分辨出车将向哪个方向行驶。你能吗？

思维点拨

这道题如果结合纽约的交通常识去推理的话，很快就能明白过来。

031 不准的梦

时间限制：1分钟
是否完成：是（　）否（　）

一天一名专门值夜班的保安心急火燎地要见公司的总裁。可是这位总裁非常忙，马上就要飞往澳大利亚参加会议，只能抽出5分钟的时间见他。保安紧张地解释说他昨夜被一个噩梦惊醒了，他梦见总裁乘坐的飞往澳大利亚的飞机坠落了，机上所有人员都死了。他恳求总裁不要乘坐这架飞机。总裁对他的关心表示感谢，但还是乘那架飞机去参加会议了。飞机没有坠毁，会议也很顺利。可是总裁一回到公司，马上解雇了那位保安。这是为什么呢？

思维点拨

保安被突然解雇，那一定是他违反了某项规定才造成的。

032 消失的佛珠

时间限制：2分钟
是否完成：是（　）否（　）

城区的郊外有一座佛光寺，寺里有座宝塔，塔顶上有一颗闪闪发光的大佛珠，寺庙因此而得名。这年中秋节，寺院的住持要外出办事，便留下两个徒弟看守寺院。

半个月后，住持办完事归来。发现塔顶上的佛珠被人偷走了，便叫来两个徒弟询问。大徒弟说："昨晚我上厕所，借着月光，看见师弟爬上塔偷走了佛珠。"小徒弟争辩道："我昨晚整夜都睡在禅房里，从没起来过，佛珠不是我偷的。好像自从师傅走后，佛珠就没有发过光。"住持方丈听完两人的叙述后，便知道谁说了谎话，谁偷走了佛珠。你知道是谁吗？

思维点拨

先推断主持方丈离开时夜晚会是什么情景，然后半个月后回来，这时的夜晚又是什么情景，再根据两个徒弟的话来寻找破绽。

033 钥匙不管用

时间限制：1分钟
是否完成：是（ ） 否（ ）

良伟先生因公从北京离家去上海出差。一天，他接到妻子从家打来的电话，问他是不是把家里信箱的钥匙带走了。他一找，发现确实是那样。第二天，他赶紧把钥匙放在信里寄回家了。可他妻子又打来电话，说还是打不开信箱（此时信已到），这是怎么回事呢？

思维点拨

钥匙是被良伟先生放在信封里寄回家的，想一想，邮递员会把装有钥匙的信封放在哪里。

034 露馅的故事

时间限制：3分钟
是否完成：是（ ） 否（ ）

在北京后海的一间酒吧里，一个满头卷发、皮肤呈古铜色的小伙子在高谈阔论："我昨天刚从沙漠回来，在洗尽了一身尘垢，刮去了长了几个月的胡子，修剪好蓬乱的头发后，我美美地睡了一觉。我的这次沙漠之行非常有价值，通过测定我带回来的取样，证实在那片沙漠中有个储量丰富的金矿。假如有谁愿意对这个项目进行投资的话，请到我的房间来，在这里不便细谈。"

旁边一位老人端详着他那古铜色的下巴，笑着说："你若是想骗傻瓜的钱，最好还是再加工一下你的故事。"这个青年在哪里露出马脚了呢？

思维点拨

这里考察我们的观察是否细致入微，并且要与现实中的情况相联系。试想一下，在沙漠中呆了几个月了后，身上没有被阳光照射到的皮肤会比其他的皮肤有什么明显不一样。

035 橡胶去哪了

时间限制：4分钟
是否完成：是（ ） 否（ ）

市中心靠北边的一家橡胶提炼工厂，最近经常发生工人偷运橡胶倒卖的事件。工厂的负责人为了防止此类偷窃事件再发生，于是特意雇用了保安人员，对下班出厂的车辆、工人进行严格检查。

这一天，保安部接到举报，说今天有人要偷运橡胶出厂。保安人员立即行动起来，对来往行人、车辆都十分认真地进行检查。这时，一辆满载胶桶的货车准备驶出工厂大门，保安人员检查时，发现车上装的只是一些空胶桶，并没有发现橡胶装在里面，就让这辆货车驶出工厂。过了一会儿，举报人又打来电话，说："刚才出去的那辆车已把橡胶偷运出厂了。"说完就挂掉了电话。保安人员十分不解，他们对货车进行了全面检查，橡胶被藏在什么地方呢？亲爱的读者，你能想得到吗？

思维点拨

如果你是保安人员，当你看到一些空胶桶的时候，你会感到奇怪吗？想象一下橡胶的用途，你会迅速找到答案。

036 文文的恶作剧

时间限制：2分钟
是否完成：是（ ） 否（ ）

上午妈妈出门了，文文在家闲得慌，于是决定恶搞一下妈妈的小饼干罐头。其中这些罐头里，第一个罐头仅有浓茶饼干，第二个罐头仅有消化饼干，第三个罐头有混合在一起的各种饼干。他小心翼翼地拿掉标签，然后把它们重新贴好。但是，所有标签和罐头里的饼干都不一致。

当妈妈回来的时候，文文坦白了她所做的事情。妈妈打开一个罐头，并移动

了某一种饼干。仅仅是这样，她就能推断出这些标签原本应该是怎样的。那么，她打开的是哪个罐头呢？

思维点拨

可以用假设法来进行推理，看看妈妈打开贴有哪一个标签的罐头才会符合上面所说的情况。

037 考不倒
时间限制：7分钟
是否完成：是（　）否（　）

华华、杰龙、安安推理能力都很强。于是，刘教授决定考考他们。

他们知道桌子的抽屉里有如下16张扑克牌：红桃A、Q、4 黑桃J、8、4、2、7、3 草花K、Q、5、4、6方块A、5

刘教授从这16张牌中挑出一张牌来，并把这张牌的点数告诉杰龙，把这张牌的花色告诉安安。这时，刘教授问杰龙和安安：你们能从已知的点数或花色中推知这张牌是什么牌吗？

于是华华听到如下的对话：

杰龙："我不知道这张牌。"

安安："我知道你不知道这张牌。"

杰龙："现在我知道这张牌了。"

安安："我也知道了。"

听完以上的对话后，华华想了想，就正确地推出这张牌是什么牌。

请问：这张牌是什么牌？

思维点拨

由题可知，首先杰龙知道这张牌的点数，安安知道这张牌的花色，但他们却都不知道这张牌的具体情况，那我们便可得出，这张牌的点数不只存在一种花色；再根据第二轮对话，以及最后华华通过他们的对话就知道了这张牌，说明这张牌的点数并不是最多的。

038 家庭作业
时间限制：5分钟
是否完成：是（　）否（　）

放学时，李老师给同学们布置了一道家庭作业：已知某个月份共有5个星期三，而且其中的第3个星期六是18号。那么：

1. 这个月共有多少个星期一？

2. 这个月的最后一个星期天是几号？

3. 这个月的第3个星期三是几号？

4. 23号是星期几？

5. 7号是星期几？

如果是你，你能顺利完成吗？

思维点拨

由常识我们可知，一个月有28、29、30天或者31天。而题中说有5个星期三，那则说明此月最少有30天。

039 非洲鸵鸟
时间限制：3分钟
是否完成：是（　）否（　）

动物园里的一只鸵鸟意外被人杀害，而且还剖了腹。警方得到报案后，立即赶往动物园，并了解到这是一只从非洲进口的鸵鸟，非常受游人喜爱。但是，警方一直弄不明白为什么有人会残忍杀害这样一只鸵鸟。

后来，一个警察从他家孩子的地理教科书里找到了答案，案子很快就告破了。

你知道他从地理教科书里发现了什么吗？

思维点拨

地理教科书中一般都会告诉人们各地的地理位置、盛产哪些矿产资源和生长哪些植物。警察从地理教科书中找到了线索并破了案，那么可以得知，鸵鸟被杀害一定是与它所在地的矿物资源有关。

040 哪年出生

时间限制：2分钟
是否完成：是（ ）否（ ）

1993年的一天，浩南对琪琪说："今年我的生日已经过了，我发现我现在的年龄正好是我出生年份的那一个数的4个数字之和。"你能推算出浩南是哪一年出生的吗？

思维点拨

要注意把浩南说话的内容和他说这句话的时间结合在一起。

041 义务体检

时间限制：3分钟
是否完成：是（ ）否（ ）

医科大学的几名学生马上就要毕业了，他们打算在毕业前做件有意义的事，于是他们决定给一个边远地区的村民们义务体检。体检结果出来了，这个地区有30%的人患维生素A缺乏症，30%的人患维生素B缺乏症，30%的人患维生素C缺乏症。有人断言，该地区只有10%的人不患这3种维生素缺乏症。这种说法对吗？

思维点拨

患维生素A缺乏症的人可能患维生素B缺乏症，也有可能患维生素C缺乏症，还有可能3种维生素缺乏症都患。

042 敌方的密码

时间限制：2分钟
是否完成：是（ ）否（ ）

侦察队意外得到了敌方的密码，经过努力破译，已经知道了"香蕉苹果大鸭梨"的意思是"星期三秘密进攻"，"苹果甘蔗水蜜桃"的意思是"执行秘密计划"。"广柑香蕉西红柿"的意思是"星期三的胜利属于我们"。那么，"大鸭梨"的意思是什么？

接龙游戏	九霄云外	外圆内方	方便之门	门户之见	见多识广
	广开言路	路不拾遗	遗世独立	立杆见影	影不离灯
	灯红酒绿	绿水青山	山摇地动	动人心弦	弦外之音

思维点拨

此题需要运用分析推理法，得出"香蕉"、"苹果"的密码，进而可推出"大鸭梨"的密码。

043 货在树顶

时间限制：5分钟
是否完成：是（ ）否（ ）

经过一系列细密的调查，警方终于捕获了某个犯罪团伙中的一名重要成员，并在其口袋中找出一张纸条，上面写着："×日下午3点，货在×区云杉树顶。"警方迅速赶到现场查看，发现这棵树并不高，而且货物明显不在树顶。但是他们在认真推敲那句话的意思后，在正确的位置将货物取出。请问警方是如何发现的。

×日下午3点，货在×区云杉树顶

思维点拨

既然货没有在树顶，那是不是在和树有关的地方？比如可能在地上，与光合作用有关。

044 变态狂的计划

时间限制：2分钟
是否完成：是（ ）否（ ）

在纽约，有一个疯狂的变态狂。一次，他向仇敌发出了这样的威胁："朗格先生，既然我已经向你展示了我控制整个世界的计划，现在是时候让我慢慢地弄死你了，我已经剥掉了你的衬衫，牢牢地捆住你，你已经不能动弹。我要把你密封在这个真空的、小得几乎放不下一只猫的房间里。这个房间封闭的是如此紧密，热量既不能进来，也不能出去。你会看到，在这个房间里我放了一台厨房冷冻机，并将它开到最大功率——同时，房间门是堵死的！房间已经被弄到只有5℃。再见了，祝福我吧，朗格先生。"请你粗略地估计一下，在朗格被冻死之前，他有多少时间来寻找逃生的办法，几分钟、几小时还是几天？

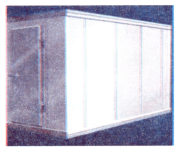

045 可恶的小偷

时间限制：2分钟
是否完成：是（　）否（　）

一天，大个子警长欧阳和他的两个助手正在追捕一个小偷。

他们追赶到一间地下室，里面什么也看不见，漆黑一团。这时，突然听到高处窗口传来小偷得意的笑声。他们赶快返身出来，但地下室的门被反锁上了，他们被困在了地下室。他们见墙上有一扇窗，人完全可以从窗口爬出去。因窗户离地面很高，他们就用叠罗汉的办法向上爬，站在最上面的小个子助手无论怎样使劲，他的手离窗沿总差1厘米，就是够不着窗户。

怎么办？如果再爬不出去，小偷就会逃脱，他们自己也就困在地下室出不去。这时，欧阳警长突然想出了一个办法，使他们爬出了窗口。

他想出了什么办法？

046 获得珠宝

时间限制：2分钟
是否完成：是（　）否（　）

探险家小槐和朋友一起去一座大山探险，在一个山洞里意外发现了两个箱子和一封信，信上说："这两个箱子其中之一装有满箱的珠宝，另一个中装有毒气。如果你足够聪明，按照箱子上的提示就能找到打开的方法。"这时，小槐看到两个箱子上

都有一张纸条。第一个箱子上写着："另一个箱子上的纸条是真的，珠宝在这个箱子里。"第二个箱子上写着："另一个箱子上的话是假的，珠宝在另一个箱子里。"

那么，他们应该打开哪个箱子才能获得珠宝呢？

047 父亲的决定

时间限制：3分钟
是否完成：是（　）否（　）

正阳一直自称对音乐很有天分，于是他一再要求父亲买一把吉他给他。当爸爸把吉他送给正阳之后，正阳每天都抱着吉他边弹边唱。可是，父亲却很不高兴，不久便把吉他收回来，另外送给正阳一个口琴。这是为什么呢？

048 马虎的恩恩

时间限制：2分钟
是否完成：是（　）否（　）

恩恩总是马马虎虎，有一天，他同时写了10封信，装完信封后一检查，发现有一封信装错了。同伴说他又马虎了，为什么？

049 成功出逃

时间限制：2分钟
是否完成：是（ ） 否（ ）

"幸福"商城里的一家百货超市遭到小偷偷窃，接到报案后的警察立刻封锁住所有出口，但为什么小偷仍然逃了出去，你知道原因吗？

思维点拨

注意看题，警察封锁的是所有"出口"。"出口"本来是针对所有来购物的顾客设立的，而小偷却成功躲掉警察逃走了，那么，他一定选择了不是"出口"的出口。

050 船主多大

时间限制：3分钟
是否完成：是（ ） 否（ ）

假设你是1位超级大富豪，你在美国拥有300座大厦、1000家工厂、700家农场，甚至还有1艘船，船上有15位船员、60位乘客、300吨货物。你能根据上面的提示，算出船主的年龄吗？

思维点拨

本题的干扰条件很多，因此你只要将干扰条件统统剔除，就可以得到真正答案。实际上，本题的问题问是船有多大年龄，所以你只需要先弄清楚谁是船主即可。

051 奇怪的命案

时间限制：2分钟
是否完成：是（ ） 否（ ）

警长马信花了很长的时间调查一个命案，却仍然未能查出与案发现场有任何线索的东西及目击者。正当整个形势陷入僵局的时候，他却突然宣布破案了，你能猜到这是为什么吗？

思维点拨

宣布破案即意味着案件已经结束，那么，除了抓住罪犯外还有一种情况也会让案件结束，想想看。

052 善言的女王

时间限制：3分钟
是否完成：是（ ） 否（ ）

古时候有一个特别能说会道的女王。有一天，女王和大臣聊天，说："我原来有个弟弟胆子很小，一点受不了惊吓。有天夜里弟弟又做了恶梦，梦见敌国的武士冲入皇宫，将剑刺入他的心脏。弟弟受到这个惊吓，在梦中就死去了。" 如果你是那位大臣，你相信她说的话吗？

思维点拨

先仔细看看这句话，想想有无漏洞："有天夜里弟弟又做了恶梦，梦见敌国的武士冲入皇宫，将剑刺入他的心脏。弟弟受到了惊吓，在梦中就死去了。"很快你就能知道答案。

053 探长的判断

时间限制：5分钟
是否完成：是（ ） 否（ ）

里泽探长每天清晨都会去附近的山间跑步。又是一个雨后的清晨，里泽探长骑着自行车，来到山脚下准备跑步……突然，他发现了路边有一个警察，腹部插着一把刀，满身是血。里泽探长跑上前去救人，受伤的警察用微弱的声音说："五六分钟前……我看见……有个人行……行踪

很……可疑，上前质问……没想到……他竟然拿刀向我刺来……然后，骑着自行车……跑了。"警察说完，用手指向凶手逃跑的方向，不一会就死了。里泽探长赶紧联系警署来处理警察的后事，自己骑上自行车，顺着凶手逃跑的方向，寻找线索。

骑着骑着，来到一个双岔路口，这两条路都是缓缓的斜坡，而且在距离交叉点四十公尺外的地方均在施工，所以路面都是沙石和泥土。

里泽探长先看了一下右侧的岔路，在沙石路面上，有明显的自行车轮胎的痕迹。

"凶手似乎是顺着这条路逃走的。"为了谨慎起见，他也察看了左边的岔道的路面，在那儿也有车轮的痕迹。"他究竟是朝着哪个方向逃走的呢？唔！根据两车前轮和后轮所留下的痕迹，应该能立即就看出凶手是从哪条路逃走的。"

里泽探长以敏锐的观察力，详细比较了两部自行车的车轮痕迹。"右侧道路的痕迹，前轮后轮大致相同，而左侧的道路为什么前轮的痕迹会比后轮浅？哦，我知道了。"于里泽探长就追了下去。

你能推断出里泽探长是从哪条路追下去的吗？

思维点拨

要从人骑自行车时上坡和下坡所作用的车轮前后重量去分析和推理。

054 祖父的遗嘱
时间限制：6分钟
是否完成：是（ ） 否（ ）

博兴远在哈尔滨的祖父退休前是一位知名的教授，前段时间因病离开了人世，走时给家人们留了一份遗嘱。家人们特别伤心，他们在悲痛之余都一一看了这份遗嘱，但是遗憾的是，谁也猜不出来祖父到底留给了他们什么东西。亲爱的读者，你能帮帮他们吗？遗嘱内容如下：

"致我挚爱的家人，他们为此已经等待了很长时间，现将以下东西留给后人：

一个人对什么爱得胜过自己的生命，
而恨得却胜过死亡或者致命的斗争。
这个东西可以满足人的欲望，
它是穷人所有的，却是富人所求的，
它是守财奴所想花费的，却是挥霍者所保留的，然而，所有人都要把它带进自己的坟墓。"

思维点拨

要充分结合穷人和富人、守财奴和挥霍者的现实情况来进行分析。

055 不翼而飞的钻戒
时间限制：8分钟
是否完成：是（ ） 否（ ）

香港有一位特别有钱的贵妇人，带着一条价值连城的钻石项链，登上了一艘开往英格兰的客轮，准备和未婚夫去那举行一场豪华的婚礼。晚上8点时，贵妇人和未婚夫在甲板上悠闲地散步，这时刮起了一阵海风，吹得船摇摇晃晃。10分钟后，风停了，贵妇人返回房间，却发现放在箱子里的钻石项链不翼而飞。

船上的警察全部出动，对附近的客舱进行搜查，企图找到价值连城的项链。乘客们走到一个自称是作家的小姐的房间，发现那位小姐正在写作，桌子上放着一叠稿纸。

警察问那位小姐，她是什么时候在写作。小姐说："我从晚上7点就开始写作，一直写到你们进房间的时候。"

警察看着桌子上的稿纸，发现上面的字整齐秀丽，于是他就断定，小偷就是这位小姐。结果，警察在她的房间搜出了钻石项链。

你知道警察是怎么判断这位小姐是小偷的吗？

思维点拨

海风吹得船身摇晃不已，小姐却还能写出那么整齐秀丽的字，实在不可思议。

056 找到对手了
时间限制：8分钟
是否完成：是（ ） 否（ ）

来西是一个职业小偷。一天，他溜到公交车上去作案。一路上，他先偷了一位时髦小姐的钱包。等她下车后，他又接连偷了一位男子和一位老太太的钱包。

觉得收获不错的来西兴高采烈地下了车，躲在角落里清点了一下自己的战利品。他发现

3个钱包里总共不过3000多元。接着他又惊叫起来，原来他自己的钱包不见了，自己的钱包与这3个钱包放在一起，那里面装着1万多元呢！

把口袋翻了个底朝天，来西还是没有找到自己的钱包，只在口袋里找到了一张纸条，上面写着："让你这该死的小偷尝尝我的厉害，看看你偷到谁头上来了！"

这3个人中，究竟是谁偷了来西的钱包呢？

思维点拨

可以做个假设，如你看到地上有2张或3张钞票，你会只捡起其中的一张吗？

057 方丈的新钟

时间限制：10分钟
是否完成：是（　）否（　）

方丈无量大师为寺庙买了一口新钟，并想把它拉到寺庙的中央来，于是，他就叫弟子德厚过来帮忙。这口钟的重量和德厚的体重相同，当德厚开始拉绳子时，令人吃惊的事情发生了。那么，请你猜猜看，出现下面的情况时，答案会是什么呢？

（1）如果德厚保持原地不动，钟会不会升上去呢？

（2）如果钟保持原地不动，德厚会不会升上去呢？

（3）德厚和钟会不会一起升上去呢？

思维点拨

要注意题中所给的条件，德厚的重量与钟一样。

058 罗成的选择

时间限制：8分钟
是否完成：是（　）否（　）

假期里，好友约罗成去他家玩。罗成走到半道上，发现前面有条大河挡住了去路，于是

他走到码头，大声地问渡船上的船夫："你们中间哪位是会游泳的？"话音刚落，许多船夫就应声围上来，只有一个人没有走近。罗成就问："喂，你水性好吗？""对不起，我不会游泳。""好，我就坐你的船过河！"

请问：罗成为什么要坐这条船过河呢？

思维点拨

人在生活当中往往有这样一个惯性，在自己不擅长的事情上面总会小心翼翼。

059 碑文

时间限制：5分钟
是否完成：是（　）否（　）

牧师彼得在去做晚祷时路过一个墓碑，他立刻发现了墓碑中有个错误。你能否找出牧师发现的那个错误？墓碑上的铭文是这样写的：

悼念该教区的方丹先生，他于1823年10月28日逝世，享年66岁；同时，也悼念方丹先生的太太丽莎，方丹先生的寡妇，她于1812年9月23日逝世，享年82岁。

思维点拨

这道题你只要仔细观察题中所给的年份，便可以发现错误之处。

060 丢失的500元

时间限制：6分钟
是否完成：是（　）否（　）

粗心的米光先生把500元丢在了客厅的桌上。等他想起来时，钱已经不见了。家里只有他的两个孩子米杰和米贝。于是，他把两个孩子叫过来问话。

米杰说："是的，我看见了。我把它放在了

你房间书桌上，用一本黄皮书压着了。"

米贝说："是的，我也看见了。我把它夹在了黄皮书的第113页和114页之间。"

凡光先生听完他们两个人的说辞，立刻就明白谁撒了谎。你知道吗？

思维点拨

不妨打开一本书，观察一下书本113和114的关系，答案便自然知晓。

061 朋友来信

时间限制：10分钟
是否完成：是（　）否（　）

暑假的时候，天佑收到一封朋友高伟从国外寄来的信，信的内容是这样的："今天是我来到以色列的第5天，我去了它和约旦接壤的国界附近，在那里的湖中痛快地游了一次泳。以前，天佑，你们一直嘲笑我是一个旱鸭子，可这一次我的表现实在是太棒了！我发现游泳真是一种享受。我既能够游自由泳，也能够游仰泳。当我伸展四肢浮在水面上仰望蓝天、白云时，我简直像进了天堂。我甚至还吸了一口气潜入水下，事后我才知道，我的下潜深度已经达到海平面下390米，而我竟然没有使用任何潜水工具。说了这么多，你一定认为我是在撒谎，但我说的是千真万确的，只不过游泳之后皮肤感到很粗糙……"

看了上面这封信，天佑一直觉得他的朋友是在吹牛。那么他是在吹牛吗？可信度到底有多少？

思维点拨

既然天佑的朋友在信中说他说的是千真万确的事，那就不妨想一想地球上在哪里有这么一个特殊的地方。

062 母亲的葬礼

时间限制：3分钟
是否完成：是（　）否（　）

母亲与妮妮、安安两姐妹相依为命，由于过度的劳累，所以不久前母亲不幸去世了。母亲去世的时候，姐妹俩去参加葬礼。妮妮在葬礼上遇见了一个很帅的男子，并对他一见倾心。但是，葬礼后那个男子就不见了。妮妮怎么找也找不到他。后来过了一个月，妮妮把姐姐安安杀了。

请问妮妮为什么要狠心地杀死姐姐呢？

思维点拨

根据题中所描述的，可以得出应该跟那个帅男子有关。

063 天平实验

时间限制：2分钟
是否完成：是（　）否（　）

珍珍的爸爸非常注重对珍珍的培养，只要有时间爸爸就用许许多多的小实验来向珍珍展示生活中各种各样的道理。一天，爸爸在天平的两端各放了一只装满水的杯子，然后在其中的一个杯子里加了一个苹果，这时天平正好平衡。然后，

他问珍珍，若把杯中的苹果取出来仍然放在一端的托盘上，天平还会平衡吗？

思维点拨

不要被一些毫无用处的条件给弄糊涂了，得注意天平的特性。

064 缺少了什么

时间限制：4分钟
是否完成：是（　）否（　）

"天使"庄园由9个单元组成，这个庄园十分漂亮，到处都有看不完的风景。有4个人是"天使"庄园的户主，上周搬进了在"天使"庄园购买的房屋。户主们到五金店购买施工人员忘

记在每个单元都应该安装的东西。每一个价值1元，而8个也只花1元，16个要花2元；如果顾客需要150个，则一共要花3元；如果订购300个，顾客也只需支付3元。最后，顾客一共花了4元，并买到各自想要的东西，开开心心地离开了。

那么，这几个顾客买了什么东西呢？

思维点拨

注意别被一些无意义的数字所干扰，而成为我们解题的障碍。

065 发财的红酒商

时间限制：5分钟
是否完成：是（ ） 否（ ）

在时尚与品位相结合的今天，品酒已成为上流人物的一大爱好。雷布是本地最厉害的红酒商，他靠给上流社会提供转手酒发了大财。现在，我们看到雷布正把目前最好的

20箱酒送到他选出的4个客户那里。他是这样分配的：

汉迪家族获得的酒比荷兰人的咖啡厅多2箱。
爱德家族比撒尔家族少6箱。
撒尔家族比汉迪的家族多2箱。
荷兰人的咖啡厅比爱德家族多2箱。
那么，这几个家族各自获得几箱酒呢？

思维点拨

不妨按照雷布的分配将20箱酒做出一个具体的统计表，这样，答案很快就能出来。

066 迷惑的死因

时间限制：3分钟
是否完成：是（ ） 否（ ）

这两天市区里又发生了一起命案，警察们接到报警后便立刻赶到了现场，死者正躺在车下。据调查，死者死亡前虽开过车子，但他不是车主。车子案发当天上午被开过之后，一直

没动过，但死者的死亡时间被确定为当天下午3点。后来，确证案发当时，车主正在英国度假。除了这两个人外，再没有其他人与案件有关联。最后，警察宣布这根本不是一起犯罪案件。

请问：警察的依据是什么？

思维点拨

根据体重条件和警察最后的判断可知，死者的死很可能与他所从事的职业有关系。

067 刑警的判断

时间限制：3分钟
是否完成：是（ ） 否（ ）

俊民先生是一名经过专业训练的刑警。基于他出色的表现，上司让他免费去欧洲度半个月假。一天，他在海滩上享受完日光浴后，回到了宾馆。正在这时，从走廊传来女人的呼救声。他循声找去，在213房间门前站着一个年轻妇女在哭喊着。从开着的门看到房间里一个男人倒在安乐椅上。对尸体做了简单检查后，确认此人刚死，子弹穿入心脏。

当地警署也派人来了。那个年轻妇女边哭边说："几分钟前，听到有人敲门。我打开门时，门外一个戴面具的人，朝我丈夫开了枪，把枪扔进房间就跑了。"地毯上有一支装着消音器的手枪，左侧两个弹壳相距不远，在死者身后的墙上有一个弹洞。

俊民告诉警署人员："把这位太太带回去讯问。"

俊民为什么对死者的妻子产生了怀疑呢？

思维点拨

想想子弹落地的方向，你就知道原因了。

068 宴会

时间限制：2分钟
是否完成：是（　）否（　）

尔奇的祖父年纪很大了，但是身体很健康，也很健谈，经常拉着尔奇聊天。有一次，他对尔奇说，自己年轻的时候，曾办过一个非常热闹的生日宴会。当时有10位家庭成员，此外还有许多客人。

其中，有1个祖父和1个外祖父、1个祖母和1个外祖母、3个父亲和3个母亲、3个儿子和3个女儿、1个婆婆和1个岳母、1个公公和1个岳父、1个女婿、1个儿媳、2个弟兄、2个姐妹。

你能根据尔奇的祖父的叙述，推算出参加祖父生日宴的家庭成员与家庭的关系吗？

思维点拨

别忘记了主角是尔奇的祖父，而不是尔奇。

069 鬼魅的水草

时间限制：2分钟
是否完成：是（　）否（　）

几年前，向明带着他的女朋友来塘边玩，女朋友不小心掉下了水。他下水去捞，但是在捞的时候总是有水草缠住他的脚，于是他就拼命甩掉水草。最终，他还是没有救出自己的女友。几年

后，向明来到女友去世的塘边，看到一位老人，于是，他问老人："这个池塘有水草吗？"老人说从来没有。向明听后，顿时悲痛欲绝，跳进池塘里自杀了！

你能解释出向明为什么自杀吗？

思维点拨

既然老人说这里从来没长过水草，那么当年缠住向明的肯定不是水草，结合他的女朋友考虑，很快就能明白过来。

070 变换规则

时间限制：1分钟
是否完成：是（　）否（　）

白曼和罗珊两个小家伙，又在玩石头剪子布的游戏。白曼对罗珊说："我们变换一下规则吧，只出石头和剪子吧，如果两个都是石头，就算是我赢；如果两个都是剪子，就算是你赢，这样很公平吧。"

罗珊同意了。于是开始新的一轮划拳，在这次的12次划拳中，罗珊赢的可能性大吗？

思维点拨

推断一下罗珊若想赢就得出什么，然后就知道罗珊赢的可能性了。

071 梅梅的王子

时间限制：1分钟
是否完成：是（　）否（　）

梅梅是一个很受欢迎的女孩子，而她心目中的白马王子是高鼻子、白皮肤、长相帅气的男士。她认识小亚、王汤、杰克、皮特4位男士，其中只有一位符合她要求的全部条件。

（1）4位男士中，只有3人是高鼻子，只有两人是白皮肤，只有一人长相帅气；

（2）每位男士都至少符合一个条件；

（3）小亚和王汤都不是白皮肤；

（4）王汤和杰克鼻子都很高；

（5）杰克和皮特并非都是高鼻子；

请问：谁符合梅梅要求的全部条件？

思维点拨

根据条件首先就可以推断出小亚和王汤不符合条件，再依次推算便能得出正确答案。

072 谁是凶手

时间限制：2分钟
是否完成：是（　）否（　）

5名谋杀案的嫌疑人在犯罪现场被警察询问，其中有一名是凶手。下面5个人的供述中，只有3句是对的。是谁制造了这起谋杀案？

阿夫："达克是杀人犯。"
巴鲁："我是无辜的。"
西德："莱克不是杀人犯。"
达克："阿夫在撒谎。"
莱克："巴鲁说的是实话。"

根据题中条件用假设法根据5人所说的话进行一一推理。

073 妻子在哪里
时间限制：2分钟
是否完成：是（ ）否（ ）

根据所给的信息，找出各自的妻子。

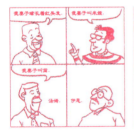

可以先根据迈克的话确定他的妻子是下图中的那一位，再根据图1这位妻子说的话找到她的丈夫。

074 谋杀案
时间限制：2分钟
是否完成：是（ ）否（ ）

在中国北方的一个偏远小镇上，住着一对夫妇和他们的侄儿、侄女组成的四口之家。一天晚上，为了分财产，家里发生了一起谋杀案。家庭中的一个人杀害了另一个人，其他两个人，一个是目击者，另一个则是凶手的同谋。

（1）同谋和目击者性别不同；

（2）最年长的成员和目击者性别不同；

（3）最年轻的成员和被害者性别不同；

（4）同谋的年龄比被害者大；

（5）叔叔是最年长的成员；

（6）凶手不是最年轻的成员。

请问：这四人中，谁是凶手？谁是同谋？谁是受害者？谁是目击者？

由题中条件（2）和（5）可以先推断出目击者是哪一位，再根据其他条件逐一进行推导。

075 晾衣服
时间限制：3分钟
是否完成：是（ ）否（ ）

天气热了，马家的三兄弟决定趁天气好一起洗衣服。衣服洗好后，3兄弟将衣物晾在了绳子上，每根绳上搭着一件衬衫、一件套头毛衣和一条毛巾。这些衣物中，有的是带斑点的，有的是带条纹的，有的没有花纹。不过，相同的衣物上没有相同的图案，且同一个人的3件衣物的图案也各不相同。拉拉的套头毛衣和小宝毛巾上的图案相同，小宝的套头毛衣和立立毛巾上的图案相同。立立的套头毛衣是带条纹的，拉拉的衬衫是带斑点的。

（1）谁的套头毛衣是带斑点的？

（2）拉拉的毛巾是什么图案的？

（3）谁的衬衫是带条纹的？

（4）立立的毛巾是什么图案的？

（5）小宝的毛巾是什么图案的？

先可以根据已知的条件推出小宝的3件衣物的图案，之后拉拉和立立的衣服便不难推出。

076 兄弟的年龄

时间限制：1分钟
是否完成：是（ ）否（ ）

巴克和尼克是两兄弟，有一天他俩一起出门，一个路人问到谁的年龄比较大。

巴克说："我的年龄比较大。"

尼克说："我的年龄比较小。"

他们两个也不是双胞胎，而且他们之中至少有一个人在说谎。请问：谁的年龄比较大？

思维点拨

根据他们的对话内容可以看出，如果有一人说实话，那么另一个人也说的是实话。而题中说道至少有一个人在说谎，因此则可以得出另一个人也在说谎。

077 照片里是谁

时间限制：2分钟
是否完成：是（ ）否（ ）

阿雅正坐在书桌前看照片，碰巧好友晓琴来做客，刚好看到了阿雅手中的相片，便问道是谁，阿雅笑着回答说："照片上的人的丈夫的母亲，是我丈夫的父亲的妻子的女儿，而我丈夫的母亲只生了他一个孩子。"

请问：阿雅在看谁的照片？

思维点拨

从"照片上的人的丈夫的母亲，是我丈夫的父亲的妻子的女儿"这句话，可以推断出这个人是个女的。再由后面的条件可以推出正确答案。

078 大家庭

时间限制：4分钟
是否完成：是（ ）否（ ）

乔恩是洛林的弟弟，黛安嫁给了乔恩，黛安是约翰的妹妹，洛林嫁给了约翰。黛安和乔恩有3个孩子、7个孙子。洛林和约翰有2个孩子、7个孙子。里卡多是黛安和乔恩的孩子，也是洛那·简和弗雷泽的堂弟。他没有结婚，也没有孩

子。黛安和乔恩的另外两个孩子是胡安和苏丝。洛林和约翰的两个孩子是洛那·简和弗雷泽。洛那·简嫁给了胡安，他们有4个孩子。弗雷泽娶了苏丝，他们有3个孩子。洛林和约翰的孩子是一对双胞胎。弗雷泽和胡安是堂兄弟。苏丝和洛那·简是堂姐妹。里卡多有一个妹妹。简有一个兄弟。弗雷泽有一个妹妹。苏丝有两个兄弟。根据上面的家庭关系。在这个大家庭里面，祖父母、父母、孩子、堂兄弟姐妹、同胞兄弟姐妹，共有多少人？

思维点拨

不要害怕这些关系，找张纸分别一一记录下来。根据他们之间的关系，孙子可以是黛安和乔恩的，也可以说是洛林和约翰的。

079 三个好友

时间限制：2分钟
是否完成：是（ ）否（ ）

志汤、赵迈、李治3个人是好朋友，并且住一个学生公寓。他们一个出生在上海，一个出生在南京，一个出生在长沙。

他们当中一个是学工商管理的，一个是学国际金融的，一个是学外语的。已知：（1）志汤不是学国际金融的；（2）赵迈不是学外语的；（3）学国际金融的不出生在南京；（4）学外语的出生在南京；（5）赵迈不出生在长沙。

请根据已知的条件，判断志汤学的是什么专业，出生在什么地方？

思维点拨

根据题中"赵迈不是学外语的，也不出生在长沙，学外语的出生在南京"这些条件，就可以推断出赵迈出生的地方。

080 特殊的一家

时间限制：2分钟
是否完成：是（ ）否（ ）

向平出生在一个特殊的家庭，整个家庭因让人捉摸不透而出了名。这个家庭中的男性成员从来不说谎，但女性成员却从来没说过两句连续的

真话或假话。有一天，一个路人遇到他们，向平的父母正和向平待在一起。于是路人就问向平："你是男孩吗？"可是路人很快被他们的回答搞糊涂了。其中一个大人和向平的回答是一致的："我是男孩。"而另一个大人却说："这个孩子在撒谎，她是个女孩。"

那么，向平到底是男孩还是女孩呢？向平的回答是真话还是假话？

思维点拨

运用假设法进行推理，先根据对话推导出第一个说话的到底是母亲还是父亲，重点注意"女性成员从来没说过两句连续的真话或假话"这句话。

081 谁说了实话

时间限制：2分钟
是否完成：是（　）否（　）

"胡说，西玛，这里只有刘利在撒谎。"

"刘利，现在我知道你撒谎了。"

"真讨厌！你们俩才撒谎了呢，我可是无辜的。理由只有1个，旺财（狗）和我正往家走！"

虽不知道谁在撒谎，可能确定这3个人当中只有1个人说了实话。那么，这个人究竟是谁呢？

思维点拨

先确定说话的人是谁，再根据对话和题中的条件来进行详细推理。

082 找兄弟

时间限制：2分钟
是否完成：是（　）否（　）

接龙游戏

尾大难掉　离窝别鹤　掉头不顾　顾内之忧　忧公如家　家破人离
双柑斗酒　酒虎诗龙　鹤骨松筋　筋疲力倦　倦尾赤色　色艺无双
　　　　　　　　　　　龙归大海　海枯石烂　烂若舒锦

根据所给的信息，找出各自的兄弟。

思维点拨

用排除法就可以找到各自的兄弟。

083 分辨机器人

时间限制：2分钟
是否完成：是（　）否（　）

麦先生是一个国际公司的高级程序员，但是他最近设计的3款机器人却出了一点问题：有一个永远都说实话，有一个永远都说谎话，另一个则有时说实话，有时说谎话。麦先生不知道怎么分辨它们，就请宁博士帮忙。

宁博士一看，随口问了3个问题就知道怎么分辨了。

（1）问左边的机器人："谁坐在你旁边？"机器人回答："诚实的家伙。"

（2）问中间的机器人："你是谁？"机器人回答："总是犹豫不决的那位。"

（3）问右边的机器人："坐在你旁边的是谁？"机器人回答："说谎话的家伙。"

你能将这三个机器人的情况分辨出来吗？

思维点拨

根据宁博士问的3个问题，便可以顺利推测出他们的身份。

084 漂亮女孩

时间限制：2分钟
是否完成：是（　）否（　）

有所在的班级不同（2～6班）的5个漂亮女孩，每个女孩都可以选择自己喜欢的课程（代数、历史、生物、化学和地理）和体育运动（壁球、跑步、游泳、网球和篮球）。

（1）有个女孩喜欢打壁球，她不在5班。

（2）桃瑞在3班，贝贝喜欢跑步。

(3) 喜欢跑步的那个女孩在2班。

(4) 4班的那个女孩喜欢游泳，梅梅喜欢化学。

(5) 丽丽在6班，喜欢打壁球，但不喜欢地理。

(6) 喜欢化学的那个女孩同样也喜欢打篮球。

(7) 喜欢生物的那个女孩同样也喜欢跑步。

(8) 克拉喜欢历史但不喜欢打网球。

推算出每个女孩所在的班级、喜欢的课程和体育运动。

思维点拨

先将五个女孩的名字列出来，再根据题中的条件分别推理。

085 真正的牧师

时间限制：2分钟
是否完成：是（ ）否（ ）

一天晚上，警察逮捕了两个打扮成牧师的流氓，一个是骗子，另一个是赌棍。可早上却发现3个单人牢房关着的都是牧师打扮的人，其中有一个人是真正的牧师。"去问问他们，"警官亨利建议道，"真正的牧师总是会讲实话的。""可要是问到的那个人正好是一个骗子呢？"警官查尔斯反问，"据说这个骗子是个撒谎的老手，他从来不讲真话，而那个赌棍又是专门见风使舵的家伙，他撒不撒谎要看形势对他是否有利。"

"你是什么人？"警官问关在1号牢房里的人。"我是一个赌棍。"这个人答道。警官问2号牢房里的人："关在1号的那个是什么人？""骗子。"警官又问3号牢房里的人："关在1号的是什么人？"3号牢房里的人说："牧师。"警官们还是不知谁是真牧师，你能帮助他们查清关在1号、2号、3号牢房里的分别是什么人吗？

思维点拨

根据3号牢房里的人所说的话用假设法进行推理，很快就能推出。

086 盲人识罐

时间限制：1分钟
是否完成：是（ ）否（ ）

炎热的中午，双目失明的恩成不小心把家里的罐子打碎了，于是他来到集市上想再买一个罐子。他走到一个卖罐子的摊位前，把摊子上摆着的四只白罐和一只黑罐都摸了一遍后，对商人说："我要这个黑罐子。"商贩大吃一惊，心想盲人是怎么知道这罐子是黑色的呢？难道他有特异功能吗？

你能说出其中的道理吗？

思维点拨

这道题你只要考虑一下热辐射与颜色之间的关系就马上能得出答案。

087 警长的根据

时间限制：3分钟
是否完成：是（ ）否（ ）

一位摄影家的保姆早上清理卫生时，惊讶发现他的主人胸部中了两枪，倒地而亡，保姆吓坏了，赶紧报了案。陈警长马上赶来现场了解情况，鉴定人员告诉他死亡时间确定为昨晚22：00左右。正在鉴定人员答话时，挂在书房墙上的鸽子报时钟"咕咕咕"地响了，挂钟里的鸽子从小窗中探出头报了10点。

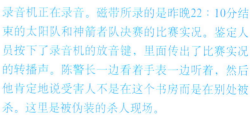

因为鉴定人员到达现场时录音机正开着，录音机正在录音。磁带所录的是昨晚22：10分结束的太阳队和神箭者队决赛的比赛实况。鉴定人员按下了录音机的放音键，里面传出了比赛实况的转播声。陈警长一边看着手表一边听着，然后他肯定地说受害人不是在这个书房而是在别处被杀。这里是被伪装的杀人现场。

请问：陈警长是根据什么来判断的？

思维点拨

从题中可以看出，陈警长是从录音机里播放的录音中找到破绽的，那么可以判断这个破绽与报时钟及录音时间之间一定有极大的关系。

088 铁路无铁轨

时间限制：2分钟
是否完成：是（　）否（　）

在一年一度科技博览上，铁路工程师给大家讲了这个城市的地铁的一些情况，然后他对观众说："我们这一条线路，其中有1000米是没有铁轨的。"观众吓了一跳，很多人骚动不安起来。有人问："那不是很危险吗？我一直乘坐地铁，怎么没有感觉到呢？"但是工程师告诉大家："没有关系的，通车5年了一直很安全，大家不要担心。"你知道这其中的原因吗？

思维点拨

其实只要根据铁路上铁轨的构造常识就可以找到原因。

089 多变的铁塔

时间限制：1分钟
是否完成：是（　）否（　）

享誉世界的埃菲尔铁塔是法国首都巴黎的代表性建筑。它高300米，总重量达7000多吨。但是在它建成之初，有3个谜团困扰了人们很久：

（1）这座铁塔只有在夜间才与地面垂直的；

（2）上午铁塔向西偏斜100毫米，到了中午，铁塔向北偏斜70毫米；

（3）冬季，气温降到零下10度时，塔身比炎热的夏季时矮17厘米；

当有人问铁塔的设计者埃菲尔时，他合理地解释了这些问题。你知道其中奥妙吗？

思维点拨

埃菲尔铁塔是钢铁结构的，要解释它的变化，必然需要结合热胀冷缩的原理来考虑。

090 马虎的雪兰

时间限制：2分钟
是否完成：是（　）否（　）

雪兰拿着两本书走到柜台前，工作人员说："请付8.5元。"雪兰没有说话，交完钱后便离开了，但是没有把书带走。你能解释其中的原因吗？

思维点拨

并不是只有买书才需要付款，想想在某个地方不买书也是需要付款的。

091 盲人的咖啡

时间限制：1分钟
是否完成：是（　）否（　）

梁军因为生病，从小眼睛就看不见。有一天，他出门拜访亲戚，路上太渴了，于是就走进一家餐馆要了一杯咖啡。咖啡送来后，他抱怨咖啡不够热，要求换一杯。咖啡又送来了，梁军抱怨说这就是刚才的那杯。他是怎么知道的呢？

说明：

（1）杯子上没有裂纹，也没有区别于餐馆中其他杯子的特征。

（2）他不能由杯子的温度识别这是否是原来那杯咖啡。

（3）他没有在原来的杯子上留下黏性的标记，也没有把奶油涂在杯子外面。

思维点拨

梁军看不见却能知道咖啡没换，那一定是在第一杯咖啡中加了一些东西。

092 鲨鱼来袭

时间限制：1分钟
是否完成：是（　）否（　）

罗荣和好友张维正在海上钓鱼，突然发现一条鲨鱼一直围着他们的游艇转。只要他们移动游艇，鲨

鱼就会把游艇撞翻。"不用害怕，"这时罗荣说，"如果我们等的时间长一些，鲨鱼就会累的。只要它一累得睡觉了，我们就可以偷偷逃掉。"你认为罗荣的建议是一个好的建议吗？

思维点拨

如果你了解鲨鱼的习性，你就能判断罗荣的建议是好是坏了。

093 装水的玻璃瓶
时间限制：2分钟
是否完成：是（　）否（　）

露露有一个装满水的长颈玻璃，如果她要想把水尽快地倒出来，以下3种方法，你认为哪种方法最好？

（1）瓶口朝下，一动不动地往下倒；

（2）瓶口朝下，上、下来回摇着往外倒；

（3）瓶口朝斜下方，不停地旋转瓶子往外倒。

思维点拨

这道题与压力的大小相关，如果结合压力常识来进行判断便很容易得出答案。

094 剧院的座位
时间限制：5分钟
是否完成：是（　）否（　）

在北京的一座大剧院中，编号为10～13号的座位是每一排的中心座位。在最近的一场演出中，剧院的前A、B、C 3排座位中每一排的4个中心座位都坐满了。根据下面给出的条件，你能将下面列出的人员安排到正确的座位上吗？

（1）皮特坐在安吉拉的正后面，并且在亨利前面斜对着的某个位子上。

（2）尼娜的票上写的是B排12座。

（3）这3排中，每一排的这4个位子都坐着2个男的和2个女的。

（4）玛克辛与罗伯特在同一排，她坐在皮特右边的第二个座位。

（5）朱蒂坐在查尔斯的正后面，她的丈夫文森特紧挨着她的右边。

（6）观众中有一名男子坐在A排13座。

（7）托尼、珍妮特和蕾蒂亚三人都不在同一排。紧挨着蕾蒂亚左边坐的是一名男子。

名字：安吉拉，查尔斯，亨利，珍妮特，朱蒂，蕾蒂，玛克辛，尼娜，皮特，罗伯特，托尼，文森特。

思维点拨

可以使用排除法，先推断出坐在A排13座的那名男子的名字，然后再依次推其他。

095 学校座位
时间限制：5分钟
是否完成：是（　）否（　）

在英才学校的二年（5）班里，男孩子坐在1～5号课桌旁，女孩子则坐在他们对面的6～10号课桌旁。

（1）1号男孩对面有一位女孩，紧挨着她的女孩子名叫菲奥纳。

（2）菲奥纳坐在格雷斯旁边的第三张桌子旁。

（3）希拉（女）坐在林林的对面。

（4）埃迪坐在希拉旁边的那位女孩的对面。

（5）不是科林（男）就是艾伦坐在正中间。

（6）戴维（男）坐在比尔旁边。

（7）比尔坐在科林旁边第三张桌子旁。

（8）不是菲奥纳就是英蒂拉坐在正中间。

（9）希拉坐在简旁边的第三张桌子旁。

（10）戴维坐在格雷斯的对面。

（11）坐在艾伦对面的女孩的旁边是简。

（12）科林不坐在5号桌子旁。

（13）简不坐在10号桌子旁。

你能排列出他们的座次吗？

思维点拨

由题中的条件可以先确定菲奥纳和英蒂拉的座位。

096 超市的货架
时间限制：3分钟
是否完成：是（ ）否（ ）

从"家家乐"超市的入口处起，共有从1到6六排货架。洗衣粉货架紧挨着奶瓶货架，但洗衣粉不是一进超市就看到的第一样物品。肉类货架在面包货架的前面，罐头在奶瓶前面的第二排货架上，肉类在水果后面的第四排货架上。

（1）最后一排货架（第六排）上放的是什么物品？

（2）在哪排货架上可以找到奶瓶？

（3）第一排货架上放的是什么物品？

（4）在哪排货架上可以找到罐头？

思维点拨

根据题中的条件，先推断出肉类在哪一排货架上，然后再推其他。

097 外国游客
时间限制：3分钟
是否完成：是（ ）否（ ）

有5位外国游客分别来自罗马、新德里、费城、华盛顿和巴西利亚。请根据下面的谈话分别确认他们各来自哪里？

甲：我曾到过北美洲，但还没有去过南美洲。下个月，我

准备去罗马旅游。

乙：去年我曾在费城旅游过，下个月我也要去罗马旅游。

丙：我去年到过费城，它是我去美国的第一站。

丁：我从没有去过费城。我是第一次出国旅游。下个月，我要去欧洲或者南美洲。

戊：……

思维点拨

做题前，我们先要弄清楚5座城市的大致地理位置，然后通过他们的对话找到个字可能所在的城市。

098 新房
时间限制：5分钟
是否完成：是（ ）否（ ）

吴迪刚刚买了新房，下午的时候，他和妻子小玉正打算将一个准备好的门牌钉在一扇新门上。这个房间的号码是4761。剩下的工作就是将4个金属数字钉在门上。这时，妻子小玉忍不住问吴迪是否能将数字钉在门上，组成一个不能被9整除的四位数字，以此来向他挑战。当这个难题解决了之后，吴迪反问妻子小玉是否能将同样的数字组成一个不能被3整除的四位数字。

请问：这两个难题的答案是什么？都能被解决吗？

思维点拨

在这四个数字当中，我们应该很迅速地意识到6这个数字是可以翻过来变成9的。

099 过河的孩子们
时间限制：8分钟
是否完成：是（ ）否（ ）

连续下了几天暴雨，沈路家门前的河水一下子涨上来了，眼看快要淹进家里。为了孩子们的安危，沈路决定把自己的5个孩子交给摆渡者，让他必须及时把孩子们全部送到河对岸，每次到达对岸的孩子数要尽可能最少，以保证每个孩子

单向往返的次数相同。孩子们的年龄都不相同，摆渡者一次最多只能带两个孩子渡河。但是，摆

渡者不在场的情况下，任何两个年龄临近的孩子不能待在一起。只有摆渡者才可以划船。那么，摆渡者需要往返多少次才能把孩子全部送到对岸？又是怎样的一个顺序呢？

思维点拨

由于摆渡者不在场的情况下，任何两个相邻年龄的孩子都不能呆在一起，那么首先渡过河去的孩子，最后还是要返回来的。明白这一点后，问题就很好解决了。

100 花园广场的宾馆
时间限制：5分钟
是否完成：是（ ） 否（ ）

芳芳所在城市的市中心有一座花园广场，它的每一面都靠近一家大的宾馆。根据所提供的线索，你能说出每家宾馆的名字、经营者以及它拥有多少客房吗？

（1）由马克经营的宾馆，正好在至尊宾馆的对面。而至尊宾馆拥有更多的客房，且不是鲁珀特经营的。

（2）在广场西面的宾馆不是拥有203间客房的宾馆。

（3）拥有最少客房的宾馆位于广场的北面。

（4）由盖伊经营的宾馆，位于从拥有197间客房的宾馆开始绕广场逆时针方向上的下一个。

（5）佩里经营的宾馆位于广场的南面，它拥有的客房数比精致宾馆要少。

宾馆：城堡、精致、宏大、至尊。

经营者：盖伊、马克、佩里、鲁珀特。
客房数：158、197、203、224。

思维点拨

先由题所给出的条件推算出位于西面的宾馆拥有多少间客房，其他的问题就能迎刃而解。

101 主妇们的邮筒
时间限制：5分钟
是否完成：是（ ） 否（ ）

4位相邻的外国家庭主妇住在北京的一个外使馆家属区里。在每家的门口有一个颜色不同的

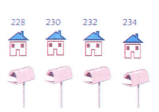

邮筒。根据下面提供的线索，你能推断出住在每一住址的主妇名字和她们的邮筒颜色吗？

（1）绿色邮筒的左边是杰玛的邮筒，右边是詹勃夫人的邮筒。

（2）阿琳在门口选择的是黄色邮筒，她的门牌号比费西宾夫人的大。

（3）红色邮筒在巴伦夫人的家门口。

（4）蓝色邮筒在232号门口，但这不是路易丝的家。

名字：阿琳、杰玛、凯特、路易丝。
姓氏：巴伦、费西宾、弗林特、詹勃。
邮筒：蓝色、绿色、红色、黄色。

思维点拨

可以先从绿色邮筒开始推断，再通过排除法推断各主妇的名字、门牌号以及邮筒的颜色。

102 帽子的颜色
时间限制：3分钟
是否完成：是（ ） 否（ ）

在一次新年晚会的派对上，组织者准备了3顶蓝帽子和两顶白帽子。在前面扮演小丑的维尼、戴比、比尔排成一列，维尼后面站着戴比，戴比后面站着比尔。

他们3人头上各戴了一顶帽子，剩下的帽子被藏了起来。他们可以看到前面的人帽子的颜色，但看

不到自己的。

"比尔，你的帽子是什么颜色？"

"不知道。"

"戴比呢？"

"我也不知道。"

这时候，谁的帽子都看不到的维尼却说："啊!我知道我的帽子是什么颜色的了。"

请问：维尼的帽子是什么颜色？

思维点拨

这道题要根据各自所站的位置和回答的话语去推导。首先要从比尔的回答中推断戴比和维尼所间戴帽子的颜色有哪几种情况，然后根据前面两人戴帽的情况，再结合戴比的回答去推理。

103 小姨的生日

时间限制：3分钟
是否完成：是（ ）否（ ）

晚饭后，夫妻两个人在屋子里闲聊，妻子说："亲爱的，这周六是小姨的生日，我们要去给她庆生，但是，今天星期几了？是周三还是周四？"丈夫说："我只知道，当后天变成昨天的时候，那么'今天'距离星期天的日子，将和当前天变成明天时的那个'今天'距离星期天的日子相同。"你知道这一天到底是星期几了吗？他们几天后去给小姨祝贺生日呢？

思维点拨

可以星期天这个日子为中心来进行推理。

104 不同的工作

时间限制：8分钟
是否完成：是（ ）否（ ）

5名男子在飞机场从事不同的工作，各人服务的年限也不一样。根据下面的条件，你能推算出每个人的全名是什么，从事什么工作，在飞机场工作了多少年吗？

（1）行李搬运工是6年前来到机场工作的。

（2）电气技师服务年限比莱德长。

（3）自从昆廷开始在机场工作到现在已经5年了。

（4）航空调度员工作的时间比丹兹尔长，但比马歇尔短。

（5）佛里斯特在机场工作的时间没有班克斯长。

（6）马太热爱他的机场安保工作。

（7）劳伦斯·阿达姆松在机场工作的时间，

没有那个声音经常在播音系统里听到的男子长。

姓氏：阿达姆松，班克斯，佛里斯特，莱德，马歇尔。

名字：本尼迪克特，丹兹尔，劳伦斯，马太，昆廷。

从事的工作：播音员，行李搬运工，电气技师，安保人员，航空调度员。

工作年限：4年，5年，6年，7年，8年。

思维点拨

可以以各人工作时间的长短为主线，运用排除法来进行推理。

105 一样的情况

时间限制：5分钟
是否完成：是（ ）否（ ）

一只表，从12：00到24：00，时钟上会出现多少次至少有3个数字一样的情况？

思维点拨

先推算整点时至少出现3个一样的数字的情况有几次，然后再推算带分钟的时刻至少出现3个一样的数字的情况有几次。

106 应聘助手

时间限制：5分钟
是否完成：是（ ）否（ ）

有一个台湾商人，想找一个得力的助手协助他经商。但是，他要的这个助手必须十分聪明

才行。消息传出的3大后，有A、B两个人前来联系。

这个商人为了试一试A、B两个人中哪一个聪明一些，就把他们带进一间伸手不见五指的漆黑的房子里。商人打开电灯说："这张桌子上有5顶帽子，两顶是红色的，3顶是黑色的。现在，我把灯关掉，并把帽子摆的位置搞乱，然后，我们3人每人摸一顶帽子戴在头上。当我把灯开亮时，请你们尽快说出自己头上戴的帽子是什么颜色的。"说完之后，商人就把电灯关掉了，然后，3个人都摸了一顶帽子戴在头上，同时，商人把余下的两顶帽子藏了起来。待这一切做完之后，商人把电灯重新开亮。这时候，那两个人看到商人头上戴的是一顶红色的帽子。过了一会儿，A喊道："我戴的是黑帽子。"A是如何推理的？

思维点拨

A的推理是由B无法判断他自己的帽子是什么颜色的而得来的。

107 最后的遗书
时间限制：5分钟
是否完成：是（ ） 否（ ）

一位很有名气的漫画家被人发现死于他的公寓内，由于他是独居，所以尸体被发现时，已经是被害三天之后了。摆在小桌上的饮料内含有剧毒，写字台上的笔记本电脑屏幕还亮着，上面是漫画家的遗书：

"我因炒股而破产，决定就此了结一生……"

前来侦查的刑警认为，漫画家很可能是自

杀，是由经济上的问题所造成。但是也有人持不同观点，有刑警指出了室内存在一处很大的破绽。最后大家都同意应该作为一件谋杀案来立案。请仔细看看附图，你能够发现这个破绽究竟是什么吗？

思维点拨

不得不注意的一点是，漫画家被发现时已经死亡3天了，而电脑的屏幕还亮着。

108 老板的酒
时间限制：3分钟
是否完成：是（ ） 否（ ）

一天，曹警长应朋友之邀去一家小酒店饮酒。突然，隔壁桌上的一位老板呻吟着呕吐起来。两位保镖立即拔出匕首，对准与老板同桌的一位商人。

曹警长一问，才知道双方刚谈成一笔生意，共同喝酒庆贺，谁知老板竟中毒了。那位商人举着双手，吓得不知所措。

警长走上前，摸了摸温酒的锡壶，又打开盖子，看见黄酒表面浮着一层黑膜。就说："果然是中毒了！"

这时，中毒的老板摇晃着身子说："警长，救救我！他身上一定带着解毒药！搜出来……"探长说："错了，他身上没带解毒药！这酒是你做东请客的，他怎么有办法投毒呢？"那么，毒酒从何而来呢？

思维点拨

这道题考验的是想象力与生活常识。注意题中几句话："探长走上前，摸了摸温酒的锡壶，又打开盖子看见黄酒表面浮着一层黑膜。就说：'果然是中毒了！'"这说明老板是因为锡壶的缘故中毒的。那为什么会中毒呢，这个就的联系全文了。

109 一封家书
时间限制：3分钟
是否完成：是（ ） 否（ ）

Dear Mum（亲爱的妈妈），

Thanks for sending me your old electronic typewriter. It's great except for

a strange little problem with the daisy wheel. Every time I type the letter z ju tubsut up hp gvooz. K owuv igv kv hkzhg zlir M gsqi lsqi. (非常感谢你送给我一个旧电子打字机，它除了其中的菊花轮有点奇怪的问题以外，其他都非常好。每当我打了字母z……)

Psxw sj pszj.

Xzh

谁寄了这封信？

110 圆圆的珠子

时间限制：5分钟
是否完成：是（　）否（　）

圆圆有红、蓝、黄、白、紫5种颜色的漂亮珠子各一颗。课余休息的时候，圆圆把这5颗珠子都用纸分别包起来，摆在桌上，让身边的5个同学甲、乙、丙、丁、戊猜纸包里珠子的颜色，每人限猜两包。甲猜：第2包是紫的，第3包是黄的；乙猜：第2包是蓝的，第4包是红的；丙猜：第1包是红的，第5包是白的；丁猜：第3包是蓝的，第4包是白的；戊猜：第2包是黄的，第5包是紫的。猜完后打开纸包一看，每人都猜对了一种，

并且每包都有一个人猜对。请你也猜一猜，他们哪一种颜色的珠子？

111 美术课

时间限制：3分钟
是否完成：是（　）否（　）

美术课上，并排坐的三个同学小娜、德德和小马的桌上，各放着一支钢笔、一支蜡笔和一支铅笔。每人的笔上都分别印有一只猫、一只大象和一只兔子的图案（但同一类型的笔上的图案各不相同）。小娜的铅笔上印有与小马的钢笔上一样的图案，而且德德的钢笔上，也有和小娜的蜡笔上一样的图案。德德的铅笔上印着一只猫，小马的钢笔上则印着一只大象。那么：

1. 谁的钢笔上有猫的图案？
2. 德德的蜡笔上的图案是什么？
3. 谁的铅笔上有兔子的图案？
4. 小马的蜡笔上的图案是什么？
5. 谁的蜡笔上印有一只兔子？

112 扔掉哪个

时间限制：2分钟
是否完成：是（　）否（　）

难得一次休假，植物专家、原子弹专家、动物专家三人决定乘同一个热气球去旅行。没想到，刚升到高空中，热气球开始直线下降，为了尽可能减少人员损失，他们决定扔掉其中一个科学家，请问该扔哪一个呢？

思维点拨

不要被无用的条件干扰，按平常最简单的思维来，三个人在热气球上，扔谁最保险？这与职业无关。

113 乒乓能手
时间限制：3分钟
是否完成：是（ ）否（ ）

老李是一名体育教师，他特别擅长的体育项目是打乒乓球，可是他的妹妹、儿子和女儿也都是乒乓球能手。关于这4人的情况如下：

（1）常胜将军的双胞胎兄弟或姐妹与表现最差的人性别不同。

（2）常胜将军与表现最差的人年龄相同。

请问：这4人中谁是常胜将军？

思维点拨

由题可知，老李的年龄肯定比他的儿子和女儿大，所以不难得出他肯定是第一个要排除的对象。

114 压岁钱
时间限制：3分钟
是否完成：是（ ）否（ ）

春节来了，小洪特别地兴奋，因为这代表着他又能收到亲人们的红包了，也就是我们平常所说的压岁钱。他的4个兄弟姐妹都很想知道小洪到底有多少压岁钱。

姐姐说："我们家小洪至少有1000元压岁钱。"哥哥说："小洪有500元压岁钱。"弟弟说："我猜哥哥的压岁钱不到100元。"妹妹说："哥哥的存折上最少有100元。"这4个人

中，只有一个人猜对了。你能推断出小洪到底有多少私人积蓄吗？

思维点拨

题中说只有一个人猜对，那么我们可以依次按照4个人所说的话进行假设推断。

115 "特殊"关系
时间限制：3分钟
是否完成：是（ ）否（ ）

慧勇和妹妹慧心两人从王府井出来后，准备开车回家。这时，会勇突然想起来："对了，小外甥在前面那家店打工，我去看看他，顺便送点东西给他。"

"噢，我可没有外甥。"说完，慧心就先回家了。

请问：慧心和那位神秘的外甥是什么关系呢？

思维点拨

注意，不要忽视提中重要的一个信息点，会勇是会心的哥哥，这样关系就很快明了了。

116 打折的商场
时间限制：3分钟
是否完成：是（ ）否（ ）

小能、阿务、学学、小险四人听说新开的百货商场打折，决定不错过良机，好好地去逛一下。他们分别买了一块表、一本书、一双鞋和一架照相机。这四样商品分别在1～4层购买。当然，上述四样商品的排列顺序不一定就是它们所在楼层的排列顺序，也不一定等同于买主被提及的顺序。如何根据以下线索，确定谁在哪一层购买了哪样商品？

小能去了一层，表在四层出售；学学在二层购物，阿务买了一本书，小能没有买照相机。

思维点拨

从上述给出的条件中，很快能推断出小能只能买的商品是什么。

接龙游戏

掌声雷动　动人心弦　弦歌之声　声气相投　投传而去
去就之分　分甘绝少　少气无力　力不胜任　任其自便
便宜从事　事急计生　生寄死归　归马放牛　牛角挂书

117 小柳的纸币

爸爸出差临走前给了小柳5张纸币，A、B、C、D、E，并且价值的大小都不同。小柳非常高兴，于是让邻居秀兰猜这5张纸币的价值顺序由小到大是怎么排列的。她同时透露给秀兰：

A是B的两倍价值；
B是C的四倍价值；
C是D的一半价值；
D是E的一半价值。
你能帮帮秀兰吗？

思维点拨

由题中小柳透露的信息可知。A＝2B，B＝4C，C＝1/2D，D＝1/2E这几个条件，我们可以先来找到币值最小的纸币。

118 倒掉的酸梅汤

夏天来了，天气越来越热，妈妈见大家热得直流汗，就叫蓉蓉去冷饮店买点酸梅汤来。蓉蓉拿着一个大碗买了酸梅汤回来后，由于冷饮店离家有点远，酸梅汤捧回来时已经不凉了，喝了不解渴。于是，爸爸叫蓉蓉再去买点酸梅汤。蓉蓉想了想，便拿着保温瓶去乘，用这个方法真好，买回家的酸梅汤冷气逼人，一看就让人凉快不少，但是妈妈却把蓉蓉买的酸梅汤倒掉了，还跟蓉蓉讲了其中的道理，你知道这是为什么吗？

思维点拨

妈妈为什么将蓉蓉买回来的酸梅汤倒掉呢？这肯定有她的原因。那么不难想象这一定与健康有关。是不是因为酸梅汤放在保温瓶里发生了什么，而造成对健康有害？认真想想看。

119 如何击中帽子

一名刚学会开枪的警察，在接受特训，现在他用眼罩把眼睛蒙上，手中握一支枪。教练把他的帽子挂起来后，让这位警察向前走了40米，然后反身开枪，要求子弹必须击中那顶帽子。你知道警察怎样做才能一定击中那顶帽子吗？

思维点拨

对于一名初学者来说，隔的越远，击中的几率越小。再提示一点，题目中只是说教练那帽子挂起来，并没说具体挂在哪里。可以发挥想象。

120 捞月亮

一只猴子发现月亮掉进井里去了，便叫来大伙一起捞月亮。它们手拉手，一个牵一个，从井口直下到井底。它们有10双手是两只手拉在一起的，请问，一共有多少只猴子在捞月亮？

思维点拨

不要忽略题中的三个字"捞月亮"，捞月亮时，也需要一双手。

121 阮小二的牛皮

梁山一百零八好汉中的阮小二和时迁在黄河岸边准备渡河，河上没有桥也没有船。阮小二对时迁说："别看水面这么宽，我上午一口气横渡了五次呢！"时迁说："游完你就回家了？"阮小二说："那当然了！"时迁说："你吹牛！"可是阮小二是梁山有名的水中好汉，时迁为什么还说他在吹牛呢？

思维点拨

中国有一句古话，叫做"牛头不对马嘴"，在这里得到了充分的体现。动动脑子，若是你在横渡五次黄河后，会在哪里？

122 展览馆的汽车

时间限制：2分钟
是否完成：是（ ） 否（ ）

已知在某汽车展览馆里，白色小车和紫色小车分别位于两端；红色小车在黑色小车的旁边，并且与蓝色小车之间隔了两个车身；黄色小车在蓝色小车旁边，并且与紫色小车的距离比与白色小车之间的距离更近；银色小车在红色小车旁边；绿色小车与蓝色小车之间隔着四个车身；黑色小车在绿色小车旁边。

1. 银色和红色小车中，哪辆车离紫色小车较近？

2. 哪种颜色的小车与白色小车之间隔着两个车身？

3. 哪种颜色的小车在紫色小车的旁边？

4. 哪种颜色的小车位于银色和蓝色小车之间？

思维点拨

在本题中你要先确定每一种颜色的车在展览馆里的具体位置，可以采用假设法来确定，这些车的位置，只有一种排列方法可以满足上述条件。

123 快乐圣诞节

时间限制：2分钟
是否完成：是（ ） 否（ ）

圣诞节来临了，学校里举行了一场精彩的狂欢活动，有5个不同年龄（11～15岁）的男孩子坐在不同的玩具模型上吃着不同的零食。

（1）恩恩吃的是冰淇淋，小乔没有吃口香糖。

（2）阿萨，14岁，没有坐大山模型。

（3）骑着鳄鱼模型的男孩子15岁。

（4）莱思没有坐碰碰车，顿顿坐在陀螺模型上。

（5）吃冰淇淋的男孩子13岁。

（6）坐在碰碰车上的男孩子正在吃热狗。

（7）小乔正坐在大长柄勺模型上吃油炸食品。

（8）顿顿，12岁，正在吃棉花糖。

填完整每个男孩子的详细情况。

思维点拨

可以先将5个孩子的名字列出来，再根据题中相对应的已知条件，采用排除法进行推理。

124 捉虫的小鸟们

时间限制：3分钟
是否完成：是（ ） 否（ ）

晴朗的一天开始了，有4只颜色不同的小鸟正在想方设法捕捉虫子。小鸟的颜色分别为黄色、白色、黑色和绿色，而虫子的长度各不相同，分别是3厘米、4厘米、5厘米、6厘米。以下是4只鸟的对话，其中捉到红色虫子的2只鸟是真话，捉到黑色虫子的2只鸟的话是假话。

小黄鸟："我捉的虫子有4厘米或者5厘米长。"

小白鸟："小黑鸟捉的虫子是3厘米的红虫子。"

小黑鸟："小绿鸟捉的虫子是5厘米的黑虫子。"

小绿鸟："小白鸟捉的虫子是4厘米的红虫子。"

请问：每只鸟分别捉到了多长的、什么颜色的虫子？

思维点拨

我们第一步要做的事情就是根据题中条件将两只说了真话的小鸟找出来。

125 化学课

时间限制：3分钟
是否完成：是（　）否（　）

化学课上，常老师拿来一块矿物质，让同学们来辨认。枫同学说："这不是铁，也不是铜。"云同学说："这不是铁而是锡。"坤同学说："这不是锡而是铁。"老师最后说："你们之中，有一人两个判断都对，另一个人的两个判断都错，还有一人的判断一对一错。" 亲爱的读者，你能帮他们判断这块矿石到底是什么吗？

思维点拨

我们可以假设甲同学的判断为全对，然后看看这个假设在题中是否可以成立。

126 赌神的保镖

时间限制：4分钟
是否完成：是（　）否（　）

有一位很有名气的赌神，无论他出席任何公共场合，身边都有8名随身保镖。他将8个随身保镖分别编上了A、B、C、D、E、F、G、H 的编号。一次，一名杀手谋杀赌神未遂，正在逃跑的时候，8个保镖都开枪了，杀手被其中一个人的子弹击中了，但不知道是谁击中的，下面是他们的谈话。

A："可能是H击中的，或者是F击中的。"

B："如果这颗子弹正好击中杀手的头部，那么是我击中的。"

C："我可以断定是G击中的。"

D："即使这颗子弹正好击中杀手的头部，也不可能是B击中的。"

E："A猜错了。"

F："不会是我击中的，也不是H击中的。"

G："不是C击中的。"

H："A没有猜错。"

事实上，8个保镖中有3个人猜对了。你知道谁击中了杀手吗？假如有5个人猜对，那么又是谁击中了杀手呢？

思维点拨

依照以上8人所说的话，用假设法进行推理，然后将不成立的进行排除操作，就可以找到是哪个人击中了杀手。

127 两伙伴

时间限制：1分钟
是否完成：是（　）否（　）

有两伙伴想从北京出发驾驶飞机进行环球旅行。其中的一个人说："我向着北方飞行，只要保持方向不变，就一定能保证飞回北京。"另一个人说："我向着南方飞行，只要保持方向不变，也一定能飞回北京。"你说，他们观点对吗？

思维点拨

根据常识，我们知道，地球上有两个特殊地带，它们可以是方向发生改变。

128 姥姥的锅

时间限制：2分钟
是否完成：是（　）否（　）

沛沛周末去姥姥家玩，看到姥姥家有一口非常陈旧的铝锅，由于用了很长的时间，铝锅的表面变得难看。这时刚好姥姥准备要去市场卖点菜，于是沛沛暗暗决定帮姥姥搞搞卫生，给姥姥一个惊喜。说干就干，姥姥一走，沛沛就开始忙活起来，他把地板拖得干干净净，东西摆得整整齐齐，然后，把厨房刚刚看到的脏铝锅也用钢丝球擦得亮亮的。姥姥回来，看见沛沛擦的铝锅，不仅没有夸沛沛，

还说："这样不好，以后不用再擦这口锅了。"沛沛见姥姥这样说，觉得很委屈，你知道姥姥为什么说沛沛吗？

思维点拨

既然沛沛的姥姥不许沛沛再擦这口锅，这很大程度上说明用钢丝球擦锅，可能会使铝锅外面的某种特殊物质遭到破坏。

129 奇怪的房子

时间限制：5分钟
是否完成：是（ ） 否（ ）

淘气的小兔子咪咪趁妈妈不注意，一个人溜了出来，却在森林里迷了路。它仔细观察周围，只看见一所房子，于是就去问住在房子里的老爷爷应该怎么走。老爷爷说："你在房子的四周走一圈，看看能不能确定房子四周的方向。"小兔子拿着指南针，围着房子走了一圈，发现指南针都是指着北方，但是，聪明的小兔子很快明白自己是在哪里，小朋友，你知道这所房子在哪里吗？

思维点拨

好好仔细想一下，就能很快得出，在南极只存在北方，在北极只存在南方的道理。

130 作案者

时间限制：2分钟
是否完成：是（ ） 否（ ）

商店发生了一场盗窃案，三个嫌疑犯甲、乙、丙被警方传讯。已知：

(1)罪犯不在甲、乙、丙三人之外；

(2)丙作案时总得有甲做从犯；

(3)乙不会开车。

请你推测一下，甲是否参与作案？

思维点拨

可以先通过已知条件(2)推测出丙是否作案。

131 谁看了足球赛

时间限制：3分钟
是否完成：是（ ） 否（ ）

休息时间，办公室的5个同事正在谈论上周的足球赛。他们每个人说了三句话，其中有两句是对，一句是错的。请你根据以下的对话，判断出到底谁看了足球赛？

小刘说："我没有看足球赛。我上周没看过任何足球赛。老江看了足球赛。"

主任说："我没看足球赛。我从足球场前走过。我读过一篇足球报道。"

小吴说："我没看足球赛。我读过一篇足球评论。老江看了足球赛。"

老江说："我没看足球赛，小周看了足球赛。小刘说我看了足球赛，那不是真实的。"

小周说："我没看足球赛。主任看了足球赛。我读过一篇足球评论。"

思维点拨

注意老江和小周说的话。

132 关系

时间限制：3分钟
是否完成：是（ ） 否（ ）

端午节到了，一家人都聚到一起过节。他们开始谈论他们和其他人的关系，并且他们所谈论到的人，都在这五个人中间。

有四个人是这样说的：

(1)乙是我父亲的兄弟；

(2)戊是我的岳父；

(3)丙是我女婿的兄弟；

(4)甲是我兄弟的妻子。

你知道这四个人的关系吗？说这些话的人又分别是谁？

思维点拨

先从甲的身份开始，可以找到她的父亲，接着再找其他的。

133 什么关系

时间限制：5分钟
是否完成：是（　）否（　）

朱先生是一个非常啰唆的人，请你根据他下面的一段话，推断出他们之间的关系：我和王先生、张先生、李小姐三人之间是直接的上下级关系；王先生和赵小姐之间有工作联系；张先生和董先生之间是直接的上下级关系；李小姐和杜小姐有工作联系；赵小姐和董先生工作联系多；董先生和杜小姐工作联系也多。我常常给王先生、李小姐安排工作任务；董先生给赵小姐安排工作任务；张先生给董先生安排工作任务；董先生给杜小姐安排工作任务。我从张先生那里接受工作任务。他们几人是什么关系？

思维点拨

抓住几个最重要的已知条件：朱先生和王先生、张先生、李小姐三人之间是直接的上下级关系；张先生和董先生之间是直接的上下级关系；张先生给董先生安排工作任务；朱先生从张先生那里接受工作任务。

134 文小姐如何被杀

时间限制：2分钟
是否完成：是（　）否（　）

某女士在一家高级的法国餐厅里用餐，喝过男侍应送来的汤后，文小姐又叫他拿来一杯水。

喝完后，文小姐还是觉得很口渴，又请他送来一杯水。就在文小姐喝完男侍应送来的两杯水后她却死了。

很快便有警察到了现场，法医证实文小姐死于一种剧毒。但化验过死者餐桌上的一切食物、饮料和器皿，都没有毒。警方经过进一步调查后发现某女士原来是某国的一名特工，因为被另一国的特工发现，因此遭毒杀。

请你猜一猜谁是杀人凶手？他用什么方法下的毒？

思维点拨

文中除了提到的女士外，还有一个就是侍应。

135 一块不规则的铁皮

时间限制：3分钟
是否完成：是（　）否（　）

如图所示，有由同一块铁皮切割而成的两块大小差不多的不规则铁皮板。如用尺量各自的面积有困难，你能用什么好的方法比较出它们面积的大小吗？

思维点拨

同一块铁皮切割而成，那么厚度就是一致的了。

136 如何确定凶手

时间限制：4分钟
是否完成：是（　）否（　）

县衙一大早便接到报案，说镇上有一个富甲一方的大商人王贵被害了。事情是这样的：这一天晚上，王贵雇好了船夫的小船，约定第二天出行去另外一个地方进货。

第二天天还未亮，王贵便带着很多银子离家出门了。他走了大概半个时辰之后，他的夫人听到有人急急敲门，并喊道："王夫人，王夫人，快开门！"王贵的夫人急忙开门，见来的是船夫，便问是什么事这么着急。船夫说："夫人，天不早了，王老板怎么还不上船啊？"

王夫人顿感慌张，随船夫来到河边。只见小船停在河边，却没有丈夫的踪迹。于是王夫人便到县衙门去报案。谁知，县令听了她的诉说后，便断定杀害王贵的人是船夫。

聪明的读者，你知道县令为什么这么肯定吗？

思维点拨

善于断案的县令很详细地查问了所有的细节，包括人物之间的对话，然后从细节入手找到了破绽。

137 三个儿子

时间限制：1分钟
是否完成：是（ ） 否（ ）

小明的爸爸有三个儿子，一个叫大明，一个叫小毛，第三个叫什么？

思维点拨

再看一遍就知道了。

138 巧妙的反击

时间限制：6分钟
是否完成：是（ ） 否（ ）

一次，谢里登在繁华的伦敦大街上碰到了两位自命清高的皇家公爵。平时，这两位公爵最喜欢讽刺这位作家出身的议员。他俩假装很亲热地与谢里登打招呼，其中一个还拍着他的肩膀说："唉哟，谢里登，我们刚刚还在讨论你这个人是更愚蠢些呢，还是更无赖些呢？"

"哦，是吗？"谢里登立即抓住他们两人，说道，"……"你知道他是怎么说的吗？

思维点拨

谢里登的反击巧妙而又辛辣，使这两位公爵无地自容。

139 瓜农的谜

时间限制：6分钟
是否完成：是（ ） 否（ ）

一书生与其同窗好友前往太湖赏月。由于路程较远，个个都累得口干舌燥，只想找点东西来解解渴。走着走着，他们看到路旁有一大片西瓜地，就想买几个西瓜解渴。瓜地的老农笑着说："吃我的西瓜得有个条件：我出个字谜让你们猜，若猜不中，拿书换瓜；若能猜中，分文不取。"

接龙游戏

义气相投　投戈讲艺　艺高胆壮　壮志未酬　酬功给效
效犬马力　力爱势穷　穷儿暴富　富而好礼　礼烦则乱
乱作一团　团头聚面　面从腹诽　诽谤之木　木魅山鬼

老农说道："四个小字颠倒颠，四个八字紧相连，四个人字不相见，一个十字站中间。"

话音刚落，一个书生立即答道："此物世上不算少，没有此物不得了；年纪活到八十八，还是人人都需要。"

管瓜老农听了，连声说："对，对，你猜得对！"他连忙招手，邀请这些书生进屋吃西瓜。

其实，瓜农与书生出的谜语的谜底一样，你知道是什么字吗？

思维点拨

人活到八十八还需要的东西肯定是与粮食有关的东西。

140 书童的打扮

时间限制：5分钟
是否完成：是（ ） 否（ ）

据说，宋代文学家苏轼与寺庙里的和尚交情非同一般。一天，他让书童穿着木鞋，戴上草帽，到寺庙里去取一样东西。书童问取什么东西，苏轼说："和尚一见到你就知道了。"果然，和尚

一见书童的打扮，立即便将苏轼所需要的东西交给了书童。

请问你知道苏轼需要的是什么东西吗？

思维点拨

书童的打扮形象地表达了一个字：上有草，下有木，中间是个人，所以和尚一看就知道他要的是何物。

141 丈夫的信

时间限制：4分钟
是否完成：是（ ） 否（ ）

从前有位在海外经商的商人，因临时有事，年前不能如期回家，便托人捎100元钱和一封信带给家里的妻子。捎信者不怀好心，半路将信偷偷拆开。见信笺上画了八只八哥和四只斑鸠，对钱却一字未提。于是他只拿出50元钱给商人的妻子，还有50元钱塞进了自己的腰包。可这位聪慧

的妻子看信后，竟对他说："我丈夫明明说是带回100元钱的呀。"那人一怔，红了脸，又退了50元钱。

你知道这位妻子是如何从图中明白捎来的是100元钱的吗？

思维点拨

斑鸠要取其谐音"九"，再结合图中的数字来猜。

142 王屠夫卖肉

时间限制：6分钟
是否完成：是（ ） 否（ ）

一人上菜市场去买肉，问了好几家都没买到，最后问到一位姓王的屠夫。王屠夫笑嘻嘻地问那人要买什么肉？他说要买："皮抖皮，皮打皮，精肉不挨骨，肥肉不挨皮，皮肉还有两层皮。"

王屠夫听完后，二话没说就把肉给割好了，一称斤两，共计30块钱。那人高高兴兴地掏出40元钱，说："全给你啦，多余的算是奖赏！"

你知道王屠夫给的是什么肉吗？

思维点拨

一定是些特殊的东西，所以不要往普通的肉去上想。

143 神奇的怪物

时间限制：6分钟
是否完成：是（ ） 否（ ）

在一个小岛上住着一个叫斯芬克斯的神奇怪物，它的上身是一个女人的头像，后面却是狮子的身体。斯芬克斯总是蹲在一个小山头上，注视着过路的人。每一个经过的人都会被它拦住，然后被问一个问题：

世界上有一种动物，这种动物早晨四条腿，中午两条腿，

晚上三条腿，腿越多，力量越弱，这是什么动物？如果行人答对了，斯芬克斯会跳悬崖而死，如果行人答不出来的话，就会立刻被它吃掉。后来有人回答了出来，除去了一大祸害。你知道答案吗？

思维点拨

这是一个形象的比喻，想一想什么动物会有三种不同的表现。

144 比赛成绩

时间限制：5分钟
是否完成：是（ ） 否（ ）

某市五所中学进行了一次篮球比赛。结果一中2胜2败，二中0胜4败，三中1胜3败，四中4胜0败。请问，五中的成绩如何？

思维点拨

全部共有10场比赛，各校都必须跟其他四所学校对打一场，4×5=20（场）。但是每场有两所学校出赛，所以20÷2=10（场）。也就是说，总共应该会有10胜。

145 幸运者

时间限制：7分钟
是否完成：是（ ） 否（ ）

有A、B、C、D、E 5位女士来学校应聘舞蹈老师，校长想挑选一位年龄大于30岁的老师任舞蹈老师。而应聘者的条件如下：

（1）她们当中有两位年龄超过30岁，另外3位小于30岁；

（2）有两位女士曾经是老师，其他的3位是秘书；

（3）现在知道A和C属于相同的年龄档，而D和E属于不同的年龄档；

（4）B和E的职业相同，C和D的职业不同。

你来猜一猜，她们之中谁会是幸运者？

思维点拨

根据已知条件得知，D和E中必定有一位与A和C属于相同年龄档，而A和C都小于30岁。

146 第几个儿子有钱

时间限制：5分钟
是否完成：是（ ） 否（ ）

父亲向他的5个儿子借钱。他不知道哪个儿

子有钱，但他知道，兄弟之间彼此知道底细，且有钱的说的都是假话，没钱的才说真话。

老大说："老三说过，我的四个兄弟中，只有一个有钱。"

老二说："老五说过，我的四个兄弟中，有两个有钱。"

老三说："老四说过，我们兄弟五个都没钱。"

老四说："老大和老二都有钱。"

老五说："老三有钱，另外老大承认过他有钱。"

父亲从5个儿子的对话中知道了这个有钱的儿子，并且借到了钱。你知道哪个儿子有钱吗？

思维点拨

老二和老三说的是真话。

147 猜牌游戏

时间限制：8分钟
是否完成：是（ ）否（ ）

甲、乙、丙正在进行猜牌游戏，他们如下图一样站成一个三角形，脸都朝着箭头所示的同一方向。甲、乙、丙共有5张扑克牌，其中2张为红色牌，3张为黑色牌。让甲、乙、丙3人将双手放在背后，将5张牌之中的3张牌分别放在甲、乙、丙三人手中。牌面朝向脸的相反方向。显然，每人都看不见自己手中的牌，但丙能看见甲、乙二人手中的牌，乙只能看见甲手中的牌，而甲什么都看不到。

甲先问丙能否猜出自己手中的牌是什么颜色，丙说不知道；再问乙，乙也说不知道。甲说

能猜出自己手中的牌是什么颜色。你知道甲手中拿什么颜色的牌？为什么？

思维点拨

先从丙的回答入手，因为丙无法确定自己手中的牌，那么说明甲和乙手中的牌不可能都为红色，找到这个条件再推理可能出现的情况。

148 水壶

时间限制：4分钟
是否完成：是（ ）否（ ）

小东买来了两个水壶，这两个水壶的壶底面积和高都一样，只是一个壶的壶身是倾斜的。

朋友问小东："你知道哪个水壶装的水多吗？"小东说这两个水壶装的水一样多，你来评评，小东说的话是对的吗？为什么？

思维点拨

液体的表面不管在什么条件下，都会保持平衡。

149 铁路票价

时间限制：3分钟
是否完成：是（ ）否（ ）

某个铁路站的票价是这样的：成人票价若是偶数，则儿童应为成人的一半，如80元即为40元；若成人票价是奇数，则儿童的相对半价则应考虑四舍五入部分，如90元应为50元。你觉得这种写法有没有错误，又错在哪里呢？

思维点拨

要克服粗心大意的毛病，眼睛不要被眼花缭乱的票价迷住。

150 砖块

时间限制：3分钟
是否完成：是（ ）否（ ）

学校要进行改建，操场边堆放着两堆叠放整齐的砖块。如果不一块一块地数，你能看出这两堆砖块各有多少块吗？

思维点拨

把旁边多余的砖块用空间思维移到缺的地方，使之尽量接近正方体和长方体，再来计算。

151 狐狸玩牌

时间限制：6分钟
是否完成：是（ ） 否（ ）

动物王国最近很流行玩纸牌游戏。今天，小狐狸忙完商店的事情后，就和邻居聚在一起玩牌了。小狐狸的牌是这样的：

（1）正好有13张牌；（2）每种花色至少有一张；（3）每种花色的张数不同；（4）红桃和方块总共5张；（5）红桃和黑桃总共6张。

小狐狸的牌中，红桃、黑桃、方块、梅花这四种花色的纸牌各有多少张？

思维点拨

首先根据花色的分布，得出有可能出现的情况。再运用排除法，确定小狐狸手中的牌的花色。

152 期末考试的成绩

时间限制：6分钟
是否完成：是（ ） 否（ ）

在一次期末考试中，婷婷、亮亮、佳佳、小美分别获得了前四名。成绩公布前，她们做了一次自我估计。

婷婷说："我不可能得到第四名。"

亮亮说："我能得到第二名。"

佳佳说："我比婷婷高一个名次。"

小美说："我比佳佳高两个名次。"

成绩公布之后，她们之中只有一个人估计错了。请问：她们分别得了第几名？

接龙游戏

股肱腹心　心服首肯　肯构肯堂　堂堂仪表　表里相济
济窃飘风　风驰电击　击鼓鸣金　金镶玉络　络驿不绝
绝妙好辞　辞微旨远　远涉重洋　洋相百出　出鬼入神

思维点拨

只有一个人估错了，那就用假设法来排除。

153 死囚的话

时间限制：5分钟
是否完成：是（ ） 否（ ）

一位法官判处罪犯为死罪，这个人听到消息后非常恐惧。法官下令：从明天开始，到第七天傍晚，必须把这个死囚拖到刑场绞死。但如果在处决他的那一天早晨死囚知道了自己要被处以绞刑，那么这一天就不能处死他。死囚听到这个规定后非常地高兴，认为自己不可能被处死了。你觉得可能吗？

思维点拨

执行绞刑的日期可以放在规定日期内的任何一天。

154 换轮胎

时间限制：4分钟
是否完成：是（ ） 否（ ）

有一个做长途运输的司机要出发了。他用作运输的车是三轮车，轮胎的寿命是2万里，现在他要进行5万里的长途运输，计划用8个轮胎就完成运输任务，怎样才能做到呢？

思维点拨

可以给8个轮胎分别编为1～8号，然后配用。

155 用酒送礼

时间限制：6分钟
是否完成：是（ ） 否（ ）

有5个嗜酒如命的人，他们的绰号分别是"威士忌"、"鸡尾酒"、"茅台"、"伏特加"和"白兰地"。某年圣诞节，他们之中的每一个人，都向其他4个人中的某一个人赠送了一瓶酒；没有两个人赠送的是相同的礼品；每一件礼品都是他们中某个人的绰号所表

示的酒；没有人赠送或收到的礼品是他自己的绰号所表示的酒。"茅台"先生送给"白兰地"先生的是鸡尾酒；收到白兰地酒的先生把威士忌酒送给了"茅台"先生；其绰号和"鸡尾酒"先生所送的礼品名称相同的先生把自己的礼品送给了"威士忌"先生。请问："鸡尾酒"先生所收到的礼品是谁送的？

思维点拨

"茅台"先生送给"白兰地"先生鸡尾酒，"白兰地"先生送给"威士忌"先生伏特加.

156 纸牌游戏

时间限制：3分钟
是否完成：是（　）否（　）

有9张纸牌，分别为1～9。甲、乙、丙、丁4人取牌，每人取2张。现已知甲取的两张牌之和是10，乙取的两张牌之差是1，丙取的两张牌之积是24，丁取的两张牌之商是3。

请说出他们4人各拿了哪两张纸牌，剩下的一张又是什么牌？

开始之处

思维点拨

利用和、差、积、商来得出这些数字。

157 找关系

时间限制：6分钟
是否完成：是（　）否（　）

一位驼背的老年人和一位瘸腿的年轻人路过一个陌生的村庄，对面走来一位中年人。好奇的中年人问年轻人："那位驼背的老年人是不是你父亲？"年轻人肯定地回答："是的。"中年人又到前面去问老年人："后面那位瘸腿的是不是你

儿子？"老年人否定地回答："不是。"中年人有点被弄糊涂了，又一次问年轻人："那位驼背的老年人是不是你的亲生父亲？"年轻人仍然肯定地回答："是的。"中年人又一次到前面去问老年人："那位瘸腿的年轻人是不是你的亲生儿子？"老年人同样否定地回答："不是。"

但事实上老年人和年轻人说的都是真话。想一想老年人和年轻人到底是什么关系？

思维点拨

已知条件中并没有指出这两个人的性别。

158 谁是预言家

时间限制：8分钟
是否完成：是（　）否（　）

阿尔法、贝塔、伽玛和欧米伽四位欧洲少女正在接受训练，以便将来能当上预言家。实际上，她们之中只有一个后来当了预言家，并在特尔斐城谋得一个职位；其余三个人，一个当了职业舞蹈家，一个当了宫廷侍女，另一个当了竖琴演奏家。

一天，她们四个人在练习讲预言。

阿尔法预言："贝塔无论如何也成不了职业舞蹈家。"贝塔预言："伽玛终将成为特尔斐城的预言家。"伽玛预言："欧米伽不会成为竖琴演奏家。"而欧米伽预言她自己将嫁给一个叫阿特克赛克斯的男人。可是，事实上她们四个人当中，只有一个人的预言是正确的，而正是这个人后来当上了特尔斐城的预言家。她们四个人各自当了什么？欧米伽和阿特克赛克斯结婚了吗？

思维点拨

假设贝塔的预言是正确的。如果贝塔的预言正确，那么伽玛将成为特尔斐城的预言家。这样，伽玛的预言也是正确的。结果就将有两个是预言家。这是不符合题设条件的。因此，贝塔的预言是错的，她后来没有当上预言家。

159 唐唐的干粮

时间限制：6分钟
是否完成：是（ ） 否（ ）

唐唐是一个非常可爱的女孩子。这个星期从周一到周四爸爸妈妈都出差了，剩下她一个人在家。幸好妈妈准备了足够的面包给她当作干粮。唐唐在周一到周四要吃4天面包，品种有椰蓉面包和豆沙面包。

她每天吃的椰蓉面包的数量各不相同，在1~4个之间，而吃的豆沙面包的数量每天也不一样，在1~5个之间。

根据以下条件，猜猜唐唐每天吃了哪一种面包，分别吃了多少个？

（1）一天中吃掉的面包总数量随着日期的增加而每天增加一个；

（2）星期一吃了3个椰蓉面包，星期二吃了一个椰蓉面包，星期四吃了5个豆沙包；

（3）四天中吃的每种面包的各自的数量也都不一样。

思维点拨

唐唐周一吃了3个椰蓉面包，1个豆沙面包。

160 谁的力气最大

时间限制：5分钟
是否完成：是（ ） 否（ ）

甲、乙、丙、丁四个小组进行了一次拔河比赛。比赛结果是：当甲、乙两组为一方，丙、丁两组为另一方的时候，双方势均力敌，不相上下；当甲组与丙组对调以后，甲、丁一方就轻而易举地战胜了乙、丙一方。

然而，乙组的学生并不气馁，他们自己同甲、丙两组分别较量，结果都胜了。

请问这四个组中，哪组力气最大，哪组第二，哪组第三，哪组最小？

思维点拨

按照已知的条件，甲+乙=丙+丁，丙+乙<甲+丁，甲<乙，丙<乙，可得出甲+乙-丙=丁，丁>乙+丙-甲。

161 喜欢看什么小说

时间限制：10分钟
是否完成：是（ ） 否（ ）

某市的作家协会针对武侠小说、言情小说、科幻小说和历史小说的受欢迎程度做了一次社会调查。结果如下：

喜欢言情小说的读者不喜欢武侠小说；

不喜欢历史小说的读者喜欢武侠小说；

喜欢历史小说的读者不喜欢科幻小说。

那么根据上面的结果，想一想下面的哪个叙述是正确的？

喜欢武侠小说的读者喜欢科幻小说；

喜欢言情小说的读者喜欢科幻小说；

喜欢武侠小说的读者不喜欢历史小说；

喜欢科幻小说的读者不喜欢言情小说。

思维点拨

这是使用"否逆命题"的初级问题，就像"喜欢言情小说的话就不喜欢武侠小说，"它的"否逆命题"就是"喜欢武侠小说的话就不喜欢言情小说"。假设原命题"前提——结论"（"——"表示"条件"），它的否逆命题就是"结论的否定——前提的否定"。"如果原命题成立，否逆命题也会成立"，这是逻辑中非常重要的概念。

162 探员的判断

时间限制：4分钟
是否完成：是（ ） 否（ ）

一位钻石王老五被枪杀。午夜，他父亲在厨房里发现了他的尸体，立即报警。警方验尸断定死亡时间约在10到11点之间。他的遗产将分给他的父亲和侄子。这样他的侄子就有了作案动机，成为了嫌疑犯。可他侄子说案发的那天晚上到次晨4点之间一直在他家的屋顶上拍摄天空的星星，并提供了当时拍摄的照片。其中有一张标有"曝光一小时"字样的照

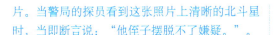

片。当警局的探员看到这张照片上清晰的北斗星时，当即断言说："他侄子摆脱不了嫌疑。"。

那么，钻石王老五的侄子为何摆脱不了嫌疑呢？

思维点拨

按照当时的情景来看，照片上的星星有问题。

163 不翼而飞的宝砚
时间限制：5分钟
是否完成：是（ ） 否（ ）

某州的一位员外在自己60大寿的寿诞上，把祖传的宝砚拿出来让客人观看，在送客人走的时候，忘了将宝砚放好。没想到，返回家中之后发现宝砚不翼而飞。

自从他送客人出门以后，再没有人出过大门，所以宝砚很可能是仆人偷了去。

这时，管家让人拿来一面镜子，对仆人们说："你们每个人上前拿镜子照一下，不要看镜子的背面，然后，我就能知道是谁偷了主人的宝砚。"后来管家还真的找到了小偷。

请问：镜子真能够看出窃贼吗？

思维点拨

管家在镜子上做了手脚。

164 谁偷了钻石
时间限制：6分钟
是否完成：是（ ） 否（ ）

大富翁维特常常向人炫耀他那颗价值连城的大钻石。因此吸引了不少朋友到他家来参观。为了安全、美观起见，他特意把钻石放在一个很大的窄口玻璃瓶内。玻璃瓶本身重60多公斤，普通人想搬走也不是一件容易的事。何况，维持

接龙游戏

为虺弗摧　摧坚获丑　丑杰尽露　露己扬才　才高气清
清风劲节　节衣缩食　食甘寝安　安常守分　分工合作
作古正经　经多见广　广阔天地　地狭人稠　稠迭连绵

又在放钻石的房间周围安装了防盗警报，只要有人移动玻璃，警报系统就会发出叫声。

有一天晚上，维特从外面回来，却发现那颗钻石竟然不翼而飞了。维特急忙报了警。

经警探调查得知，维特外出后曾有三个人先后进入过这间房子，一个是负责清洁地毯的工人，一个是管家，一个是守卫。这三人之中，谁能够不移动玻璃瓶，而把那颗钻石偷走呢？

思维点拨

由那个窄口瓶子的口特别小，成年人是无法用手探进去偷那颗钻石的，所以除非这人有特殊的工具。

165 小猫的性别概率
时间限制：3分钟
是否完成：是（ ） 否（ ）

李太太和王太太去拜访新搬来的邻居张夫人，发现张夫人养了两只小猫。于是李太太问："有一只小猫是公的吗？"张夫人回答："是的。"这时王太太问："那只白色的小猫是公的吗？"张夫人回答："是的。"那么，李太太和王太太的问话中，两只小猫都是公的概率是一样的吗？

思维点拨

根据李太太和王太太的问话，分别将可能的情况列出来，就明确了。

166 读诗
时间限制：3分钟
是否完成：是（ ） 否（ ）

小河马在回家的路上，碰见狐狸大婶。狐狸大婶给了他一张纸，上面写了奇奇怪怪的东西，狐狸大婶说："这是一首诗，但是我不知道怎么来读，你能帮帮我吗？"小河马看着这奇怪的诗，觉得很为难。这时，小燕子飞了过来，马上帮他们读了出来。你知道小燕子是怎样读的吗？

开
山满
桃山可
山好景山

来山客看山
里山僧山客山
山中山路转山崖

思维点拨

这是一首七方绝句，可以从下的一行开始读。

167 罪犯会是谁

时间限制：6分钟
是否完成：是（　）否（　）

一位机长死在自己的宿舍里，经过调查，希尔保特得出有两个工作人员A、B有作案的嫌疑，于是立刻传讯。A说当时他在厕所里面，B说当时他在自己的宿舍里正在用室外天线看电视。不过根据记录，当时有架巡逻机在飞，希尔保特立刻知道谁是罪犯了。犯罪会是A、B中的谁呢？

思维点拨

按照正常的逻辑来说，巡逻机在天空时，会出现电磁干扰的现象。

168 失火的原因

时间限制：10分钟
是否完成：是（　）否（　）

一天深夜，一家商店的财会室突然起火。虽经值班会计奋力扑救，仍有部分账簿被大火烧毁。

警官向浑身湿透的值班会计询问案情。

"前几天，我就发现室内的电线时常爆出火花。今天，我将全部账簿翻了出来，堆在外面，准备另换一个安全的地方，不料电线走火，引燃账簿，酿成火灾。幸亏隔壁就是卫生间。我迅速放水，把火扑灭，才未酿成大祸。"会计说。

"你能肯定是走电失火吗？"警官追问。

"能。我们这里没有抽烟的。又没有能自燃

的其他物品和电器。对了，我刚才进来救火时，还闻到了电线被烧后发出的臭味。"

"够了！"警官喝斥道，"你是因为担心自己的贪污问题暴露而故意纵火的吧？"请问警官是根据什么判断值班会计撒谎的？

思维点拨

看看值班会计在消防常识上有什么漏洞。

169 两个爸爸吵架

时间限制：4分钟
是否完成：是（　）否（　）

有个公安局长在公园与人下棋。这时，跑来一个孩子，着急地说："你爸爸和我爸爸吵起来了。"这时，旁人问这个公安局长："这是你的什么人？"公安局长回答说："是我的儿子。"

吵架的两个人与这个公安局长是什么关系？

思维点拨

既然孩子是公安局长的儿子，就容易知道公安局长是孩子的什么人了，想到这一层问题就明朗了。

170 熊的颜色(1)

时间限制：2分钟
是否完成：是（　）否（　）

一口井深20米，一只熊从井口跌到井底，花了2分钟。请问：这只熊是什么颜色的？

思维点拨

可以根据熊下落的速度来判断这是什么熊，不要被题目误导。

171 熊的颜色(2)

时间限制：6分钟
是否完成：是（　）否（　）

一口井深20米，一只熊从井口跌到井底，花了2秒钟。请问：这只熊是什么颜色的？

思维点拨

可以根据牛顿的万有引力，来确定熊只能在什么情况下才能在2秒钟的时间里下落20米。

接龙游戏

绵里藏针　针头削铁　铁板铜弦　弦歌之音　音容凄断
断港绝潢　潢池盗弄　弄捕潢池　池鱼之祸　祸从口生
生聚教训　训格之言　言高语低　低眉垂眼　眼高手低

172 机器猫

时间限制：3分钟
是否完成：是（　）否（　）

机器猫说："在一个星球上，当你扔出一块石头后，它只在空中飞了一小段距离后就停顿在半空中，再向你的方向飞回来，当然它决不是碰到了什么东西被弹回来。"你知道机器猫说的是哪个星球吗？

思维点拨

不是碰到东西弹回来，那就是引力的作用了。

173 开关和灯泡

时间限制：3分钟
是否完成：是（　）否（　）

有甲、乙两间屋，甲屋有3个开关，乙屋有3个灯泡。在甲屋看不到乙屋，而甲屋的每一个开关控制乙屋的其中一个灯泡。怎样可以只停留在甲屋、乙屋各一次，就知道哪个开关是控制哪个灯泡的呢？

甲　乙

思维点拨

可以先打开一个灯泡，余下的可以利用亮灯泡会传热的原理来判断。

174 拉拉是哪个家庭的

时间限制：6分钟
是否完成：是（　）否（　）

在拉拉的13岁生日会上来了12个小孩，共来自甲、乙、丙3个不同的家庭，当然也包括拉拉所在的家庭。这13个孩子中，除了拉拉13岁外，其余的都不到13岁，而且每个孩子的年龄都各不相同，在1～13之间。这13个数字中，除了某个数字以外，其余的数字都表示某个孩子的年龄。把每个家庭孩子的年龄加起来，得出以下结果：

甲家庭：年龄总数41，包括一个12岁；

乙家庭：年龄总数23，包括一个5岁；

丙家庭：年龄总数21，包括一个4岁。

请问：拉拉属于哪一个家庭？

思维点拨

先根据条件，求出各家庭可能的年龄组合。

175 飞行员叫什么

时间限制：4分钟
是否完成：是（　）否（　）

你是从上海飞往深圳的一架飞机上的飞行员。上海距离深圳比较远，飞机以每小时900公里的速度飞行，要飞1小时40分钟左右。有一次，由于天气原因，这架飞机中途做了一段时间的停留。请问这位飞行员的名字叫什么？

思维点拨

题目中有些条件是没有用的，不要被其迷惑。

176 瞎子和哑巴

时间限制：5分钟
是否完成：是（　）否（　）

一个哑巴在商店买钉子。她先把右手食指立在柜台上，左手握拳向下做敲击的动作，售货员给她拿来了一把锤子，哑巴连连摇头，于是售货员明白了她想买钉子。哑巴买完钉子后高兴地走了。这时又进来了一个瞎子，她想买一把剪刀，请问她会怎么做？

思维点拨

第一次进来的是哑巴，可第二次进来的是瞎子。

177 谁先发现

时间限制：4分钟
是否完成：是（　）否（　）

中午，三只小猴约好在树上荡秋千。正当它们玩得高兴的时候，只听"嘭！"的一声枪响，把它们都吓得"吱吱"乱叫，好一会儿才回过神来。大猴菲菲说："我最先发现有人开枪，因为我最先看到枪口喷出的火花。"小猴费拉说：

"我最先发现有人开枪，因为我最先听到枪声。"另一只猴子多多说："我最先发现有人开枪，因为子弹是擦着我的耳朵飞过去。"那么，到底是谁最先发现有人开枪呢？你来评评理吧。

思维点拨

先了解自然界中，光和声音的传播速度。

178 一份遗书

时间限制：4分钟
是否完成：是（ ）否（ ）

在旧金山的一家宾馆内，有位客人服毒自杀，名探劳伦接报后前往现场调查。被害者是一位中年绅士，从表面迹象看，他是因中毒而死。"这个英国人两天前就住在这里，桌上还留有遗书。"旅馆负责人指

着桌上的一封信说。劳伦小心翼翼地拿起遗书细看，内文是用打字机打出来的，只有签名及日期是用笔写上的。劳伦凝视着信上的日期：3．15．89，然后像是得到答案似的说："若死者是英国人，则这封遗书肯定是假的。相信这是一宗谋杀案，凶手可能是美国人。"

究竟劳伦凭什么这么说呢？

思维点拨

文中提到日期，要抓住这一点来推断。

179 破译密码

时间限制：6分钟
是否完成：是（ ）否（ ）

第二次世界大战的时候，很多战事情报都是通过密码的方式发送的。转换密码是一种很常用

接龙游戏

锦片前程　程门飞雪　雪上加霜　霜露之感　感戴莫名
名存实亡　亡国破家　家累千金　金帛珠玉　玉减香消
消磨岁月　月攘一鸡　鸡骨支床　床下安床　床下牛斗

的密码。最早出现的转换加密是在古罗马时期。

转换加密有这样一种方式，用0～9的数字的组合来代替字母A～Z，如果你能知道它们分别是怎么代替的，你就可以破解这个密码了。已知这个等式是成立的：SEND＋MORE＝MONEY。它们中的每一个字母都代表一个独一无二的数字。那么，你能破译它们吗？破译后，ME和DO分别代表什么数字？

思维点拨

先找出相同的字母表示的是哪个数字。

180 经理的礼物

时间限制：4分钟
是否完成：是（ ）否（ ）

有一个特别小气的经理，他在国庆节时，准备给他的员工一些小礼物。他把A～F六种不同

的礼物，都装在大小相同的盒子里。经理表示："你们可以随意选择喜欢的一个。A盒子的礼物最贵重，依序为B、C、D、E、F的盒子。只是不能碰触自己看不见的盒子。"就这样，大家虽然可以清楚地看到盒子上的代号，但却一直没有人选择代号为A的盒子。为什么呢？

思维点拨

要注意经理给出的条件。

181 拆破谎言

时间限制：6分钟
是否完成：是（ ）否（ ）

有一天，丁丁、小莲、同同在学校操场上捡到一个钱包，不约而同地想到要交给老师。老师问他们，钱包是谁拾到的，但他们却都不

想承认。

丁丁说："这钱包不是我拾到的，也不是小莲。"

小莲说："不是我，也不是同同。"

同同说："不是我，我也不知道是谁拾到的。"

3个人还告诉老师，他们每人说的两句话中，一句真，一句假。但是，老师很快就判断出钱包是谁拾到的了。

你知道钱包是谁拾到的吗？

思维点拨

从同同的话开始分析，因为捡钱包时，三个人都在场，所以同同说的第一句话是真的，第二句话是假的。

182 荒唐的法律

时间限制：6分钟
是否完成：是（　）否（　）

古时候，有一个国家的国王为了男人能有更多的妻子，就颁布了这样一条法律：一位母亲生了第一个男孩后，她就立即被禁止再生小孩。这样的话，有些家庭就会有几个女孩而只有一个男孩，就不会有一个以上的男孩。所以，用不了多久女性人口就会大大超过男性人口了。你认为这条法律可以实现他的"愿望"吗？

思维点拨

要抓住问题的关键是，生男女的比例并不受胎次的影响。

183 猜姓名

时间限制：6分钟
是否完成：是（　）否（　）

大明、二明、三明、四明的姓各自是"张"、"王"、"李"和"赵"。

①大明的姓是"王"或"李"的其中一个；②二明的姓是"张"或"王"的其中一个；③三明的姓是"张"或"李"的其中一个；④姓

"王"的人，是大明或四明的其中一个。

请你猜猜这4个人的姓名。

思维点拨

这4个人的姓都不一样。

184 太平洋的鲸鱼

时间限制：8分钟
是否完成：是（　）否（　）

在太平洋里住着5条鲸鱼。一天，它们在海面冲浪后聚到一起聊天。这5条鲸鱼分别居住在不同的深度（800米、900米、1000米、1100米、1200米）。关于居住，深度比自己浅的鱼的叙述都是真的，

关于比自己深的鱼的叙述就是假的，而且，只有一条鲸鱼说了真话。它们的对话如下：

甲："乙住在900米或者1100米的地方。"

乙："丙住在800米或者1000米的地方。"

丙："丁住在1100米或者1200米的地方。"

丁："戊是在1100米或者1200米的地方。"

戊："甲住在800米或者1000米的地方。"

那么，究竟每条鲸鱼分别住在哪个深度？

思维点拨

乙说的是真话。

185 货真价实

时间限制：6分钟
是否完成：是（　）否（　）

莉莉气质高雅、乐于助人，是班上9个同学希望交往的对象。而且这9个人之中，有一个人是莉莉真正的朋友。下面是这9人的话，假设其中只有4人说实话，那么究竟谁才是莉莉真正的朋友呢？

A：我想一定是G。

B：我想是G。

C：我是莉莉真正的朋友。

D：C在说谎。

E：我想一定是I。

F：不是我，也不是I。

G：F说的是实话。

H：C是莉莉真正的朋友。

I：我才是莉莉真正的朋友。

思维点拨

此题需要按顺序来思考。

186 勇敢的探险家
时间限制：8分钟
是否完成：是（ ）否（ ）

一个勇敢的探险家分别从3只凶狠的狼的爪下救出3个姑娘。现在只知道：

（1）被救出的姑娘分别是依云、农夫家的女儿和从白狼爪下救出来的姑娘；

（2）李琳不是书店家的女儿，茉莉也不是开宾馆家的女儿；

（3）从黑狼爪下救出来的不是书店家的女儿；

（4）从红狼爪下救出来的不是李琳；

（5）从黑狼爪下救出的不是茉莉。

根据上面的条件，说说这3个姑娘分别来自哪家？又是从哪种颜色的狼爪下被救出来的？

思维点拨

根据已知条件得出以下3个组合：李琳，农夫家的女儿，黑狼；李琳，宾馆家的姑娘，黑狼；李琳，宾馆家的姑娘，白狼。同样，也可以根据条件对依云和茉莉进行组合。

187 采花女
时间限制：6分钟
是否完成：是（ ）否（ ）

农夫生有3个女儿，这一家常年靠到山上采花为生。碰巧他的3个女儿除了会采花以外，什么都不会。一天，农夫来检查她们的采花情况，

大女儿说她采了一束花，二女儿说她采了2束，小女儿说她采了3束，但她们一共只采4束花，显然至少有一个人在撒谎。

大女儿说："三妹妹一贯都喜欢撒谎。"

二女儿说："她们都说了谎。"

小女儿说："二姐说谎了。"

请问：她们各采了多少束花？

思维点拨

小女儿最诚实，大女儿和二女儿都撒了谎。

188 电影主角
时间限制：8分钟
是否完成：是（ ）否（ ）

怀特有两个妹妹，分别是贝尔和卡斯。怀特的妻子费伊·布莱克有两个弟弟迪安和埃兹拉。他们6人中有一位担任了一部电影的主角，其余5人中有一位是该片的导演。

怀特家	布莱克家
亚历克斯：舞蹈家	迪安：舞蹈家
贝尔：舞蹈家	埃兹拉：歌唱家
卡斯：歌唱家	费伊：歌唱家

（1）如果主角和导演是亲属，则导演是个歌唱家；不是亲属，则导演是位男士；

（2）如果主角和导演职业不同，则导演姓怀特；

（3）如果主角和导演性别相同，则导演是个舞蹈家；性别不同，则导演姓布莱克。

请问：谁是电影主角？

思维点拨

另外找张纸，将他们的性别与亲属关系列出来，再来推断。

189 让人遐思的碑文

时间限制：6分钟
是否完成：是（ ）否（ ）

在一块墓碑上刻着让人遐思的碑文，它曾吸引了无数人前来推测和祭奠。这块墓碑的碑文如下：

这里躺着女儿，这里躺着父亲，这里躺着儿子，这里躺着母亲，这里躺着姐妹，这里躺着兄弟，这里躺着妻子和丈夫。

如果包括同母异父或同父异母的关系，埋葬在墓地里的最少有几个人？

▶ 思维点拨

可以根据性别关系来确定。

190 被拘者是谁

时间限制：6分钟
是否完成：是（ ）否（ ）

警长正漫步街头，突然听到一声枪响，即见不远处一个老人跌向房门，慢慢地倒了下去。警长和街上仅有的另外两个人，先后跑了过去，发现老人背部中弹，已经死去。

警长看见这两个人都戴着手套，便问他们刚才在做什么。

甲说："我看见这位老人刚要锁门，枪一响，他应声而倒，我便立即跑来。"

乙说："我听到枪声不知发生了什么事，看到你们俩往这儿跑，我也就跟着赶来。"

钥匙还插在房门上的锁孔里。警长打开锁，走进房间，打电话报案。警方人员来了以后，警长指着一个人说："把他拘留讯问。"

你知道谁被拘留了吗？

▶ 思维点拨

仔细推敲甲、乙两人的对话，便可以判断出谁是凶手了。

191 风铃花

时间限制：3分钟
是否完成：是（ ）否（ ）

小柔是一个喜欢做手工的女孩，她最喜欢做的就是风铃。这一天，她折了6朵风铃花，用一根1米长的绳子每隔0.2米拴1个正好。现在她不小心用剪刀剪坏了一个，重新折的话又没有多余的塑料膜了。现在还要求0.2米拴1个，绳子不能剩。请问：小柔该怎么拴？

▶ 思维点拨

没有要求绳子是直的。

192 农夫过河

时间限制：3分钟
是否完成：是（ ）否（ ）

从前，一个农夫带了一只狗、一只兔子和一棵白菜过河。在河边，那儿仅有一只很小的旧船，农夫最多只能带其中的一样东西上船，否则就会有沉船的危险。可是，农夫如果把菜带上船的话，调皮的狗就会欺负胆小的兔子，如果把狗带上船的话，贪吃的兔子会把白菜吃掉。农夫坐在河边想了很久，终于想出了一个办法。你知道农夫是

怎么做的吗？

193 左右的问题

时间限制：3分钟
是否完成：是（　）否（　）

分辨左右是一个很简单的问题，可往往有人会把它们弄混。请试试下面这个问题：林林的左边是佳佳，佳佳的左边是花子，花子的左边是沙沙。请问：沙沙永远都在林林的左边吗？

思维点拨

这里的左与右是相对而言的。

194 重量变化

时间限制：3分钟
是否完成：是（　）否（　）

将一盛满水的脸盆放在秤上，接着伸手放入

水中（如图所示）。试问，手放进水中的前后，秤所显示的重量变化如何？

A．不变。

B．手未放进水中之前，指针的重量显示较轻。

C．手未放进水中之前，指针的重量显示较重。

思维点拨

手放入水中是会有作用力的。

195 看现象识问题

时间限制：6分钟
是否完成：是（　）否（　）

曾经有一段时间，一种前面露脚指头的高跟

接龙游戏

腾云驾雾	雾里看花	花言巧语	语重心长	长此以往
往返徒劳	劳而无功	功成不居	居官守法	法外施仁
仁浆义粟	粟红贯朽	朽木死灰	灰飞烟灭	灭绝人性

皮鞋在女性中风靡，但男人们一致认为这种鞋不漂亮，不久这种皮鞋越来越少见。

如今，双排扣西装已瑟缩在男士衣柜里的某个角落。这种西装庄重、气派，但有一种拒女人千里之外的感觉。由此可见，以下结论哪个最为正确？

(1)女人都爱赶潮流；

(2)市场上已经没有高跟皮鞋和双排扣西装销售了；

(3)穿高跟皮鞋没有女人味，穿双排扣西装男人味又太浓；

(4)男人和女人流行哪种服饰，很大程度上取决于异性是否认同。

思维点拨

太武断或以偏概全的结论当然不正确。

196 开放几个检票口

时间限制：5分钟
是否完成：是（　）否（　）

在一间火车站的候车室里，旅客们正在等候检票。已知排队检票的旅客按照一定的速度在增加，检票的速度则保持不变。而且，如果车站开放一个检票口，那么需要半小时才能让等待检票的旅客全部检票进站；如果同时开放两个检票口，那么就只需要10分钟便可让等待检票的旅客全部检票进站。现在有一班增开的开车很快就要离开了，必须在5分钟内让全部旅客都检票进站。

请问，这个火车站至少需要同时开放几个检票口？

思维点拨

这道题给出的数量关系比较隐蔽。根据题意可以发现涉及的量有：原排队人数、旅客按一定速度增加的人数、每个检票口检票的速度等。所以要根据这些量设未知数列方程来求解。

197 扩大招生

时间限制：3分钟
是否完成：是（　）否（　）

有一所三年制的高中学校，每年级为300名学生，共900名。该校制定了一个比现有900名学生翻一番的扩大招生计划，决定从明年新生入学开始，每年招生要比前一年多100名。请问几年后才能完成这个扩大招生计划呢？当然每年的毕业生一个也不能少。

思维点拨

要考虑学校是三年制的，第二年招生的人数是在循环增加的。

198 来了多少客人

时间限制：5分钟
是否完成：是（　）否（　）

从前，有一个人中了举人。于是，就有很多人来贺喜。举人看见家里的仆人在洗碗，就问仆人，家里一共来了多少客人。仆人想考考这位举人老爷，就说："我一共要洗65个碗，这些客人中，每两个人共用一个小碗，每三个人共

用一个菜碗，每四个人共用一个汤碗，请老爷算算，共来了多少客人。"这位聪明的举人想了想，马上就算出来了。你知道有多少个人来给举人贺喜吗？

接龙游戏

花马吊嘴　嘴快舌长　长驱直入　入门问讳　讳兵畏刑
刑马作誓　誓不甘休　休戚与共　共商国是　是非混淆
淆乱视听　听其自流　流连光景　景升豚犬　犬马齿穷

思维点拨

可以设客人的人数为X，再弄出含有未知数的式子可算出客人的人数。

199 再次相会

时间限制：3分钟
是否完成：是（　）否（　）

有一个财主有三个女儿都已出嫁。大女儿五天回一次娘家，二女儿四天回一次娘家，小女儿三天回一次娘家。三个女儿从娘家同一天走后，至少再隔多少天三人再次相会？

思维点拨

从刚相传到最近的再一次相会的天数，是三个女儿间隔回家天数的最小公倍数。

200 史密斯戒烟

时间限制：8分钟
是否完成：是（　）否（　）

史密斯先生的烟瘾很大，最近医生发出最后通告：如果他再不把烟戒掉，他的肺部就会穿孔。史密斯先生思考了一分钟，说："我抽完剩下的7支烟就再也不抽了。"不过，史密斯先生的抽烟习惯是，每支香烟只抽1/3，然后用某种透明胶把3个烟蒂接成一支新的香烟。请问：在史密斯先生戒烟之前，他还能抽多少支香烟？

思维点拨

要注意史密斯这7支烟可是一丁点也没浪费的，史密斯戒烟前所抽的支数是相对于他的习惯而言的。

思考笔记

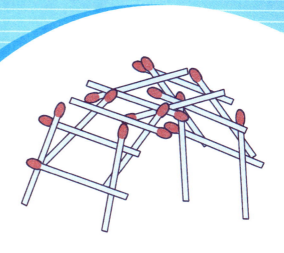

第**2**章

激发空间思维的

200个图形游戏

001 六边形的变化

时间限制：6分钟
是否完成：是（ ） 否（ ）

观察下图，说出下一个六边形组成的个数。

思维点拨

组成六边形的圆圈数目分别为1、7、19、37，其中的差有一定的规律。

002 找找看

时间限制：5分钟
是否完成：是（ ） 否（ ）

从A、B、C、D、E中找出符合第1排图变化

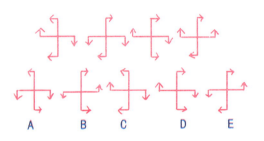

A B C D E

规律的一项。

思维点拨

找到该图的变化规律，就能轻易找出结果。

003 升或降

时间限制：5分钟
是否完成：是（ ） 否（ ）

如果黑色箭头向上拉，底下吊着的六边形物体是上升还是下降？

思维点拨

仔细观察黑色的箭头向上拉时，所有齿轮旋转的方向。

004 最长的竖线

时间限制：2分钟
是否完成：是（ ） 否（ ）

在下面这些流动的竖线中，找出最长的一条。

思维点拨

这道题主要考的是眼力，不要被第一眼的印象左右了思维。

005 最后的花朵

时间限制：4分钟
是否完成：是（ ） 否（ ）

根据前面的规律，推断出这朵花接下来的造型，并把它画在空白处。

思维点拨

找到花朵变化的规律后，就能画出最后的那朵花了。

006 图形规律

时间限制：1分钟
是否完成：是（ ） 否（ ）

观察A、B、C、D、E五个选项，看那个符合本题变化规律。

思维点拨

每一个纵列中，从上到下的图形的变化就是这个游戏的答案。

007 看看哪个正确

时间限制：2分钟
是否完成：是（ ） 否（ ）

仔细观察下图，看图中问号处应为1-5中哪个图形？

思维点拨

做这个游戏时要从对称的角度来做思考。

1　2　3　4　5

008 相同的图形

时间限制：1分钟
是否完成：是（ ） 否（ ）

请从右边4个图形中挑选出与左边相同的图形。

思维点拨

只要稍微仔细观察一下，就能发现左边图中有1个三角形、3个白色圆，还有1个黑色的圆。

009 不一样的视图
时间限制：4分钟
是否完成：是（ ） 否（ ）

请快来帮帮丹丹！看看下面图形中，哪一幅不是同一个箱子三个面的视图？

思维点拨

看看图中有箭头的一面与另一面的存在的关系，便能知晓答案。

010 驯养员的动物们
时间限制：4分钟
是否完成：是（ ） 否（ ）

训养员正在对动物们进行排队训练。如果按照下面的排法，问号处排的应该是哪种动物？

思维点拨

先将上图中前面6种动物视为一组，找出它们的规律。

011 辨别季节
时间限制：1分钟
是否完成：是（ ） 否（ ）

这是亮亮的房间在冬天和夏天两个季节的同一个时间里所出现的情形，如下图。你能看出来哪幅画表示的是冬天，哪幅画表示的是夏天吗？

思维点拨

按照常识可以知道，夏天每到中午，太阳已经到了头顶，所以能透进窗子的阳光比较少。

012 神秘单词
时间限制：4分钟
是否完成：是（ ） 否（ ）

这是老师给小友的一张字母表，方阵里藏了

RVEOVC
SIOVRD
VERCVO
ROVESE
ERSCRI
CEREOR

一个神秘的单词，你能发现它吗？

思维点拨

数一数各个字母出现的次数，这其中有不少规律。

013 可行的办法
时间限制：4分钟
是否完成：是（ ） 否（ ）

雷思先生在别墅的泳池旁放了一块六面的立方体大理石（如图），他现在想将6个箭头放在这个立方体的6个面上。你能算出有多少种可行的方法吗？

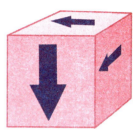

思维点拨

在算出方法之前，得考虑正方体的对称性。

014 游戏高手
时间限制：5分钟
是否完成：是（ ） 否（ ）

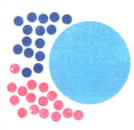

列特是一名硬币玩家高手。一天，他与小罗两个又玩起了硬币游戏，两人轮流将相同的硬币放在圆桌上。当桌子上不能再放上硬币而同时不遮住其他硬币时，将要放硬币的人就输了。不管桌子有多大时，你能否设计一个战略使得小罗总是赢？

思维点拨

从题中可以看出，如果小罗想取胜，就得知道如何将硬币放在一个总是安全的特殊位置上。

015 猜点数
时间限制：2分钟
是否完成：是（ ） 否（ ）

看看下图这叠骰子向上和向下的两面是什么点数？

思维点拨

先了解骰子的结构，再用空间想象力来思考。

016 星星

时间限制：2分钟
是否完成：是（　）否（　）

图中，星星们在点着灯笼玩耍，可有一颗孤独的星星不属于这个星座。你能找着它吗？

思维点拨

我们可以先观察上图，看看同色的三角星可以构成一副什么样的景象。

017 搭积木

时间限制：2分钟
是否完成：是（　）否（　）

下面的图形是杨梅搭成的积木平台，请问你能根据立体图形的透视原理，算出这个立体图形是由多少块积木组成的吗？

思维点拨

根据日常的透视原理，可以总结出图中不能透视的地方就没有缺。

018 方形扇子

时间限制：3分钟
是否完成：是（　）否（　）

阿芙生日的时候，好友阿风送给了她两把类似于银杏叶的扇子，阿芙特别喜欢。但是后来她觉得这两把扇子的风不够大，于是想把它们剪一刀拼成一个正方形，做把正方形的扇子。你能帮帮她吗？

思维点拨

基于剪一刀的原则，可以将银杏叶的扇子横着剪或竖着剪，不妨自己也动手试看。

019 甜饼的考验

时间限制：3分钟
是否完成：是（　）否（　）

如图所示，每间房子里都有一块甜饼。老鼠厚厚想一次吃完所有的点心后，从A门出来。请问厚厚从1~8中的哪扇门进去，才不走重复路

接龙游戏

当筵之见　见微知著　著作等身　身强力壮　壮志凌云
云消雨散　散兵游勇　勇猛精进　进退失据　据理力争
争长论短　短小精悍　悍然不顾　顾影自怜　怜香惜玉

线？（每间房只允许进出各一次，并且不许从同一扇门进出）帮厚厚拉想一想该怎么走？

思维点拨

既要吃到所有的点心，又要不走重复的路线，路线势必会增加许多弯道。

020 表弟的难题

时间限制：2分钟
是否完成：是（　）否（　）

林津是一位北大高材生，但是他在辅导表弟功课时，发现了一道这样的题，让他产生了兴趣。如图，有9个圆点呈正方形排列，你能用4条直线一笔将这9个圆点连接起来吗？林津不愧为北大高材生，略加思考，就大笔一挥给表弟做出了正确的答案。你知道林津是如何解答的吗？

思维点拨

看到上面的条件，你就会发现其实这道题的难度就在于要求一笔完成。然而如果当脑海里只有这9个点时，确实解决起来有些吃力。那么我们不妨可以将这个9个点组成的正方形扩展来看。

021 篷布支架

时间限制：3分钟
是否完成：是（　）否（　）

朵朵有一个安有四张篷布的支架，如果朵朵从它的正上方俯视，你能猜出她将看到什么图案吗？

思维点拨

先仔细观察四张篷布的安放位置，然后再运用空间思维想象一下它们在底部的投影。

022 智叠邮票

时间限制：8分钟
是否完成：是（　）否（　）

彤彤的书桌上有6张邮票，排成两行三列，每张邮票的正反面颜色都相同。如果把它们沿齿痕叠在一起，那么下面的4幅

图中，哪一幅不可能由上面的邮票叠成。

思维点拨

两张出现在角上的邮票不可能叠起后相邻。

023 眼见难为实
时间限制：1分钟
是否完成：是（ ）否（ ）

人总是习惯相信眼前看到的，对看不见、不能理解的则很难置信。然而很多时候，由于传统想法加上利害关系结果蒙蔽了人的眼睛，因而造成一种麻痹心理，忽略了其实应该是可以注意到的因素。比较下面2组图，看一下它们中间的圆圈哪个更大一些？

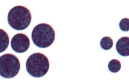

思维点拨

这道题的关键是选准参照物，到底是大还是小？这个问题取决于跟谁去进行比较。对于眼睛所造成的视觉误差，虽然人体构造等因素的限制我们暂时无法改变，但如果我们能改变认识习惯等因素，还是可以减少这种不必要的"麻烦"的。

024 巧移方框
时间限制：5分钟
是否完成：是（ ）否（ ）

下面这幅图是由10个方框组成的一个大三角形。现在需要把其中的4个方框移走，使得这幅图不能再构成任何的等边三角形，应该怎样做？

思维点拨

要想快速地解答这道游戏，就需要找到组成等边三角形的关键。

025 罪犯的子弹
时间限制：5分钟
是否完成：是（ ）否（ ）

在犯罪现场，有5颗子弹击穿了一扇玻璃窗。现在，警察通过下面现场拍到的图片很快就

确定了这5颗子弹击发的先后顺序，你能猜到吗？

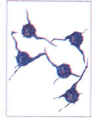

思维点拨

做这道题时，首先的明白一个常识：最先击发的子弹痕迹，其周围是无任何阻力的，因此它的裂纹也应更自然。这样，题马上就迎刃而解了。

026 吻合的机器人
时间限制：10分钟
是否完成：是（ ）否（ ）

以下A、B、C、D这4个选项中的机器人，哪个与图中的机器人完全吻合？

思维点拨

这道游戏关键需要注意的是图中点的变化。

027 拼拼正方形
时间限制：5分钟
是否完成：是（ ）否（ ）

A、B、C这3个选项中，只有一个能与上面的碎片组成正方形，是哪一个？

思维点拨

仔细观察图中的碎片，在心里拼成一个正方形，然后在下面的选项找到需要的碎片。

028 不和睦的邻居
时间限制：6分钟
是否完成：是（ ）否（ ）

幼南的院子里，一共住了4户人家，但是这4户人家由于一点小事吵了架，所以关系糟糕透了。不只是互不说话，而且谁也不想看到谁。

他们想各走各的门，也就是像下图所画的那样，A走A门，B走B门，C走C门，D走D门。为

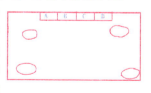

了避免相遇，他们走的道也不能交叉，也不能从另外一家的门前经过。你来帮他们设计一条路。

思维点拨

找到该图的变化规律，就能轻易找出结果。此游戏需要在纸上不断地试验。另外，邻居的关系既然不好，走路就不能怕绕路。

029 考考你

时间限制：10分钟
是否完成：是（　）否（　）

小宇的爸爸给小宇买了个立方体玩具，一天，小宇心血来潮就给立方体的表面全部图上了颜色。你能不能根据下面的图片，推算出来：有几个小立方方体的一面有颜色？有几个小立方体两面有颜色？有几个小立方体3面有颜色？有几个小立方体4面有颜色？有几个小立方体没有颜色？

思维点拨

一定要读透、读懂游戏中所提出的要求，然后对照图中的立方体用心去解答。

030 组正方形

时间限制：8分钟
是否完成：是（　）否（　）

仔细观察图中的图片，并把这些图片组成正方形。但是，接成的正方形中的链条必须是连接、不断的。

思维点拨

找到该图的变化规律，就能轻易找出结果。这个游戏需要的是耐心与智慧，因此，在拼的过程中要灵活应变。

031 分菱形

时间限制：3分钟
是否完成：是（　）否（　）

图中的菱形有几个数字，你能在上面画两条直线，把菱形分成4个部分，并且是每部分的数字和相等吗？

思维点拨

18无疑是菱形中最大的数，不能与其他数字分在一个区域，那么可以把18这个数拆分。

032 古文石

时间限制：5分钟
是否完成：是（　）否（　）

考古学家在冰岛上发现一块"神谕古文石"。这块"神谕古文石"曾经吸引很多考古学家前来研究，但是后来有个小男孩告诉考古学家那不过是个赝品而已。考古学家们听完小男孩的解释才恍然大悟，原来这上面描述的正是一个著名的思维游戏。

凿在石头上的是9个秘密字母，图中的第6个字母（即中间行第3个字母）故意没有完成，这个游戏就是要猜出来那个字母是什么。那么这个字母到底是什么呢？

思维点拨

所有字母都有一个共性。而你只有先确定其他字母所代表的事物，才能把那个字母猜出来。

033 找出不同

时间限制：8分钟
是否完成：是（　）否（　）

以下表情中，哪一个是不同的？为什么？

思维点拨

这道题的切入点，即可以从曲线与直线的方面去分析。

034 对应的图形

时间限制：10分钟
是否完成：是（　）否（　）

如果1与2相对应，那么，3与下面A、B、C、D、E中的哪一幅图对应？

思维点拨

仔细观察上图中的1与2，可以发现一个规律：中间部分不动，最外面的部分向逆时针转了90°，最里面的部分顺时针旋转了90°。

035 相同的蝴蝶

时间限制：5分钟
是否完成：是（　）否（　）

下面的6只蝴蝶中，有哪两只蝴蝶是完全相同的？

思维点拨

做此游戏时，关键是仔细观察蝴蝶身上的花纹。

036 爸爸的考题

时间限制：8分钟
是否完成：是（ ）否（ ）

爸爸出了这样一道题目来考小力。这是5×5排列（即横竖都是5颗棋子）的棋子阵，一共25颗棋子。现在再加5颗，一共30颗棋子，能不能使这个方阵变成横行、竖行、对角都是6颗棋子呢？

思维点拨

认真看这道题给出的条件，注意它并没有说棋子不能重叠。

037 难度挑战

时间限制：8分钟
是否完成：是（ ）否（ ）

看这个图形，是一堆没有规则的火柴，如果每次移走最上面的一根火柴（即被移走的火柴上不能有别的火柴压着它），按照怎样的顺序，可以把所有火柴都移走？

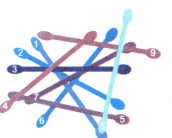

思维点拨

在挪火柴的时候，一定要注意火柴被压的顺序。

038 区别最大

时间限制：10分钟
是否完成：是（ ）否（ ）

请选出与其他图形特征区别最大的一个，并说出理由。

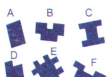

思维点拨

做这道游戏题，不妨从各个图形的黑色长方形区域上着手。

接龙游戏

理屈为穷	穷原竟委	委曲求全	全力以赴	赴汤蹈火
火烧火燎	燎原烈火	火烧眉毛	毛羽零落	落井下石
石破天惊	惊惶失措	措置裕如	如运诸掌	掌上明珠

039 祝福语

时间限制：6分钟
是否完成：是（ ）否（ ）

晴晴得到了一个特别有意思的玩具，它是由两块透明的圆盘组成的，上面各有一句祝福语的一半。晴晴想把它们叠起来，拼出这句话，你能帮她吗？

思维点拨

这是一句西方人在年末时常说的一句话。

040 安全的保险

时间限制：2分钟
是否完成：是（ ）否（ ）

小夫有一个很精致的保险箱，为了保险箱的安全，他配有10把锁和10把钥匙，每把钥匙上有一个字母。当所有的钥匙都插准锁眼，锁才会打开。

这把锁共有360万种可能的组合，好在几把锁上有相应的钥匙的形状。

仔细观察图，看你能排出正确的钥匙顺序，然后拼出钥匙上的字母组成什么单词？

思维点拨

只要给每个钥匙孔找到了合适的钥匙，这道题就迎刃而解了。

041 生日聚会

时间限制：10分钟
是否完成：是（ ）否（ ）

在多多的生日聚会上，大家玩了一个很有趣的游戏。用4根火柴棒做了一个带柄的高玻璃杯（如图），在杯中放了一个多汁的樱桃。要把樱桃从杯子里拿出来，但是只能移动其中的2根木棒的位置，怎样才能把樱桃从杯中取出来？在取的过程中，你不能把樱桃拿走，而且必须保证杯子的形状不变。

思维点拨

你不妨先把这个杯子倒过来，再看看其中的奥妙。

042 转动的硬币

时间限制：3分钟
是否完成：是（ ）否（ ）

松松没事的时候总爱和同学玩一个游戏。首先准备两个相同的硬币，让一个硬币在右面保持不动，而另一个硬币在左面并不滑动，仅仅是绕着它转。当它转到另一边的时候，你能猜出来最后女王的头像是向上还是向下吗？

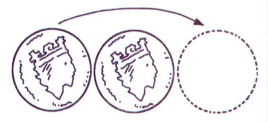

思维点拨

百思不如一试。自己拿出两枚相同的硬币，试着旋转一次，什么问题都理清楚了。

043 不一样的图形

时间限制：4分钟
是否完成：是（ ）否（ ）

图中5个图形中，有一个与其他4个不同，你能找到是哪个吗？

A B C
D E

思维点拨

从图形的对称上找答案。

044 有意思的游戏

时间限制：5分钟
是否完成：是（ ）否（ ）

欢欢发明了一个很有意思的思维游戏（如图

所示）。将除8号硬币之外的9枚硬币放在五角星的各个位置上。游戏的目的就是除1枚硬币外，把其他硬币从五角星上拿下来。拿硬币时，必须用另一枚硬币沿着线从它的上面跳过去，这个硬币跳过去的地方必须是没有硬币的地方（这种移动硬币的方法与跳棋的跳法相同），如把5号跳到8号，就可以拿掉7号。这些硬币到底应该怎么移？

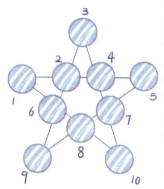

思维点拨

首先我们可以考虑让任何硬币跳到8的位置上，然后逐个突破。

045 厉害的创意师

时间限制：4分钟
是否完成：是（ ）否（ ）

华州是国内最有名的创意师，他经常创造一些奇怪的构思。你看，现在他正准备表演神奇的"Z"。只见他先把这个"Z"剪成了3块，然后使他们在空中旋转，结果立刻就拼成了一个完整的正方形。那么，你知道华州是怎么把它们拼成正方形的吗？

思维点拨

取好正方形的边长，就可以把"Z"裁成拼正方形所需要的材料了。

046 逃命的金枪鱼

时间限制：3分钟
是否完成：是（ ）否（ ）

一起来做个游戏，首先将8根牙签按照图中所示的样子摆放，然后再把一个纽扣当作眼睛放方框内，就成了一条金枪鱼。突然，金枪鱼看

见了一条鲨鱼！它必须转身逃命。

你能否将3根牙签和纽扣移动一下位置，使金枪鱼转到左边呢？

思维点拨

移动的火柴为金枪鱼最上面的几根。

047 朝右的"狗"

时间限制：2分钟
是否完成：是（ ）否（ ）

小莫遇到了一个难题。老师要求小莫只移动其中的两根热狗，把由13根热狗摆成一只面朝左的狗变成朝右，而且要保证那只狗的尾巴向上翘。它的眼睛是1枚硬币，可以自由移动。你来帮帮他吧！

思维点拨

可以考虑让小狗的头向后扭。

048 多变的结婚照

时间限制：2分钟
是否完成：是（ ）否（ ）

下面是怀民夫妇的结婚照。你能找出另一帧反映他们几年后生活的图吗？

思维点拨

要想找出另一幅图，就需要换一个角度来看，不妨试试？

049 山楂果蛋糕

时间限制：7分钟
是否完成：是（ ）否（ ）

元波拿到了特等奖学金，全家特别高兴。妈妈为了帮元波庆祝，还特地从味美蛋糕店买了一个特大的长方形蛋糕。蛋糕非常

漂亮，上面点缀着10个红色的山楂果。看着这个漂亮蛋糕，5个小朋友都想要蛋糕上的山楂果，也不计较蛋糕的大小。卡罗丝的妈妈想了一下，只在蛋糕上切了3刀，就把这些山楂果平均分成了5份。你知道卡罗丝的妈妈是怎么切的吗？

思维点拨

自己可以在纸上试分一下，画一个长方形，然后在上面画出三条直线，试着把10个山楂果平均分成5份。

050 分开纸带

时间限制：2分钟
是否完成：是（ ）否（ ）

如何把下图中的纸带分开而不剪断它们？

思维点拨

盯住一条纸，仔细观察它与另一纸条交叉时的前后关系。

051 有趣的带子

时间限制：2分钟
是否完成：是（ ）否（ ）

这条带子自己穿过自己，如图所示。你知道如果你沿着红线把它们剪开，会发生什么情况吗？

思维点拨

先发挥空间想象力思考一下，也可以自己制作一条这样的纸带并剪开，看看会是什么情况。

052 玩转多面体

时间限制：3分钟
是否完成：是（ ）否（ ）

妈妈为了让奇奇的空间思维得到全面的发展，于是就给奇奇买了一个正十二面体玩具，这个正十二面体玩具是由12个正五边形的面组成的正多面体。一天，奇奇偶然地发现平面上的一个正十二面体转72°，它将占据原来那个空间。如果是这样，那么平面上的正十二面体可以有多少种不同的可能方向呢？

思维点拨

可以根据十二面的平面特性来思考。

053 连接流星

时间限制：3分钟
是否完成：是（ ） 否（ ）

你能否像流星一样沿着黄色的路径连续画过相互连接的星星呢？你可以穿过已经画过的线，通过每个红点数次，但你不可以重画任何一条路径。

思维点拨

可以考虑从蓝色的点开始出发。

054 纸靴和圆环

时间限制：3分钟
是否完成：是（ ） 否（ ）

达达现有一个方框、一双连在一起的纸靴以及一个小圆环（如图所示）。圆环的内径比方框缺圆的边宽略大一些，而连接纸靴的纸条长度超过方框边径的两倍。

达达在想，怎样才能把纸靴和圆环套到方框上去（不能把纸靴折细后由圆环内径穿过再套上去）？

思维点拨

靴子是纸做的，厚度有限，但方框可以进行折叠。

055 危险的河

时间限制：4分钟
是否完成：是（ ） 否（ ）

水香要去河对岸的朋友家，可渡河却是一件非常麻烦的事情，因为这条河里有好多鳄鱼，而且水又深。唯一能安全渡过小河的办法就是小心翼翼地踩着一块块石头。一旦踩错了石头，就会掉进河里。

从A开始，每一排只能踩一块石头。倘若你是水香，你会沿着什么顺序走呢？

思维点拨

从2开始踩，不要将图形看成纵排就行。

056 串门

时间限制：1分钟
是否完成：是（ ） 否（ ）

阿西和小莫是刚认识的好朋友，阿西住在

甲区，她的朋友小莫住在乙区。一天，小莫想去阿西家玩，阿西该如何以"最简单"的方法（她走的路程不一定是最短的）告诉小莫用左面的地图找到甲区？

思维点拨

既然不要求路程的长短，只要简单，那么可以看哪里障碍最少，就走哪里。

057 美术课

时间限制：3分钟
是否完成：是（ ） 否（ ）

美术课上，老师让同学把十二面体所有的面都着色，但是相邻的面颜色不能相同，你能知道共需要多少种颜色吗？

思维点拨

找出彩色的铅笔出来试一试就知道了。

058 找正确的底门

时间限制：3分钟
是否完成：是（ ） 否（ ）

仔细看图中的底门，然后遮住这幅图，看下方的图片，你能凭记忆选出原图中底门的正确形状吗？

思维点拨

观察时视觉不要受图中较大的那扇门所影响。

059 神奇的火柴棍

时间限制：3分钟
是否完成：是（ ） 否（ ）

这里有一幅由火柴棍组成的图，是一个酒瓶和一个酒杯的形状。怎样才能移动最少的火柴，使得酒瓶口最后能够朝向酒杯呢？

思维点拨

仔细观察这道题的条件和图形后可以发现，这个酒瓶除去瓶嘴部分，就是一个缺一个口的正方形。既然如此，根据条件可知，只要将酒瓶口对准酒杯就算完成任务。因此，不妨试着将瓶口变为瓶的侧面，而让瓶口对准酒杯。

060 魔术师的发现

时间限制：5分钟
是否完成：是（ ） 否（ ）

魔术师泽米在研究魔术时，发现了这样一个奇怪的现象：一个正方形被分割成几小块后，重新组成一个同样大小的正方形时，它的中间却有个洞！

他把一张方格纸贴在纸板上，按图1画上正方形，然后沿

图1

图2

图示的直线切成5小块。当他照图2的样子把这小块拼成正方形时，图的中间却出现了一个洞！

图1的正方形是由49个小正方形组成的，图2的正方形却只有48个小正方形。究竟出了什么问题？那一个小正方形到底哪儿去了？

思维点拨

要注意，图2的正方形并非是严格按照图1裁剪后恢复原状的，问题就出在拼接的过程中产生的奥妙。想想看。

061 看数填表

时间限制：4分钟
是否完成：是（ ） 否（ ）

看右边这幅图，它们是按一定的规律排列的。你能知道，问号处应该是数字几吗？

A	B	C	D	E
6	2	0	4	6
7	2	1	6	8
5	4	2	3	7
8	2	?	7	?

思维点拨

在这道题中，你要认真观察B、D和E之间的关系，E、A和C之间的关系。对于纵向数字间的影响，可以忽略不计。

062 机器零件

时间限制：4分钟
是否完成：是（ ） 否（ ）

北京郊区的一个机械场里，工人正在一块中间有方孔的圆形板材上对称地作些标志符号，准备将它切割成大小、形状相同的四块，使每块都恰好带有一个小圈圈和一个三角形，然后作为一个机器

零件使用。你知道他们将怎样切割吗？

思维点拨

大圆之中的孔为正方形，将零件切割成4块，每块应占有正方形的一条边。

063 能取代的图形

时间限制：2分钟
是否完成：是（ ） 否（ ）

仔细观察前面3幅图，然后思考：可以取代问号位置的图形应该是A、B、C、D中的哪一个？

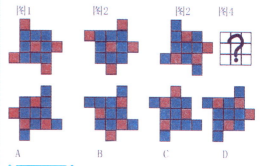
图1　图2　图2　图4

A　　B　　C　　D

思维点拨

通过观察前面3幅图可以得知，每一幅图形都是之前的图形垂直翻转180°再顺时针旋转90°而得出的。

064 找婴儿

时间限制：1分钟
是否完成：是（ ） 否（ ）

下面这幅图中包含了一个婴儿的轮廓，你能够找到它吗？

思维点拨

眼睛容易受到视觉环境的干扰，因此不妨将本图远离眼睛一些，排除干扰之后再寻找隐藏的婴儿轮廓。

065 另一个图形

时间限制：4分钟
是否完成：是（ ） 否（ ）

下面有2幅图形，如果将它们叠放在一起就会出现另一个图形，你知道结果是怎样的吗？

思维点拨

将每行每列分别用字母表示，将图中所出现的黑块用坐标

形式标记，将所有坐标整理在一起即可。

066 柱子钓鱼

时间限制：6分钟
是否完成：是（ ） 否（ ）

柱子钓鱼的方法很特别，他将一只雨靴钓在鱼竿上，放入河中。然后，过一段时间把雨靴扯起来。这种奇怪的钓鱼方法，引起了一位摄影迷的好奇，于是摄影迷就跟踪柱子并把他钓鱼的整个过程都拍摄下来。不过，后来摄影迷却忘记了照片的顺序。你能把正确的顺序说出来吗？

A　　　　B　　　　C　　　　D

思维点拨

C图可见鱼竿弯曲，证明靴子很重；D图可见水桶较重，而且还在滴水。

067 分辨大小

时间限制：3分钟
是否完成：是（ ） 否（ ）

找出图中第二大的圆与第二小的圆。

思维点拨

图中的圆可能会阻挡你的思维，因此需要你仔细的观察，并分析。

068 倒影

时间限制：5分钟
是否完成：是（ ） 否（ ）

左图是青青用火柴摆出的塔，青青说只要移动其中的3根火柴，塔就会变成一个倒影，你知道青青是怎么移吗？

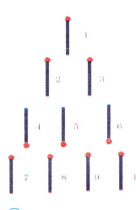

思维点拨

应先寻找移动的切入点，然后一步步让塔的倒影形成。

069 巧移箭头

时间限制：10分钟
是否完成：是（ ） 否（ ）

请观察图，图中的任何一个箭头都不与别的箭头位于同一直线上。现在请你移动3个箭头到其相邻的一格内，使得这9个箭头的位置仍然保持没有两个在同一条直线上。

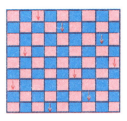

思维点拨

在移箭头时，你可以让箭头向上、向下、向左、向右或者斜着移。但移的过程中，要有耐心。

070 生日的考题

时间限制：5分钟
是否完成：是（ ） 否（ ）

今天是雨涵的10岁生日。舅舅给她送来了一个特别大的圆形蛋糕。可即使是雨涵的生日，舅舅还是要考一下她，舅舅对雨涵说："如果你能把这块蛋糕分成完全一样的两份——不但一样重，形状也要相同，而且分出来的形状必须全部由曲线组成，不准有直线段，那我就再奖励你一份礼物。"雨涵盯着蛋糕看了半天也不敢动手。你能帮帮他吗？

思维点拨

如果不考虑"不准有直线段"的要求，相信每个人都能做出正确的答案，就是把蛋糕从中间一分为二。现在，你要做的工作就是想象一下，如何让直线变为曲线。

071 填图

时间限制：6分钟
是否完成：是（ ） 否（ ）

图中是一组蚂蚁搬家的路线图，你能根据给出的图形，给没有路线的那张图填上蚂蚁搬家的过程吗？

思维点拨

每张图独有一个规律，找到规律问题就迎刃而解了。

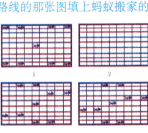

072 藏身之处

时间限制：8分钟
是否完成：是（　）否（　）

一个盗贼在盗完东西后藏身于一座公寓楼中，下面的格子代表公寓楼群，每个字母代表一个公寓楼，他们是这样分布的：D位于T的下面，L位于K的后面，Q位于B和M之间。

根据下面目击者的陈述，请你找出盗贼的藏身之处。

R	T	Y	U	O
S	D	F	G	H
K	L	Z	X	C
B	Q	M	W	A
E	N	P	J	V

1. 我住在T前面那座公寓楼后面的那座公寓楼里，我看到他从我面前跑过，跑进了公寓楼里。

2. 我看到他藏在那座公寓楼下面的公寓楼里。他跑进了那座公寓楼后面的第二座公寓楼里。

3. 我看到他跑进了那座公寓楼和Q之间的公寓楼里。

4. 我后来也看到了他。他藏在那座公寓楼的后面的下面的再后面的公寓楼里。

思维点拨

仔细推敲文中每位目击者所说的话，然后找出突破口。

073 新花园

时间限制：3分钟
是否完成：是（　）否（　）

和谐广场的花园共有12堵墙，这些墙全部都由一盏灯照亮，这盏灯在花园的中心。你能否重新设计花园，使得即使这盏灯放在中心，每一堵墙也能部分或全部在阴影中？（要求：墙必须是直的，但不一定长度相同。）

思维点拨

先根据题意分析一下，相邻的墙如果狭长且有转折，在灯光照射下就会有一部分或全部在阴影中。这道题不止一个答案。

074 优雅的滑冰运动员

时间限制：3分钟
是否完成：是（　）否（　）

赛场上，滑冰运动员在冰上优雅地转圈，两臂伸展，如果此时她把双手移向胸前时会发生什么？

思维点拨

我们知道，每一个运动的物体都有动能。旋转产生的动能取决于两个因素：其质量的分布和其旋转的速度。

075 上下相等

时间限制：3分钟
是否完成：是（　）否（　）

如图所示，在问号部分填入合适的数学运算符号，从而使上下两部分的计算所得值相等。

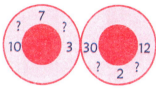

思维点拨

你可以在"+"和"-"之间选择。

076 聚光镜

时间限制：1分钟
是否完成：是（　）否（　）

如果让光线通过两个不同厚度的凸透镜，发生的现象与光线只通过一个凸透镜的现象相同吗？如果不同，那么将会发生什么样的情况。

思维点拨

两个凸透镜的聚光能力要比一个凸透镜的聚光能力强。

077 数学考试

时间限制：1分钟
是否完成：是（　）否（　）

数学期末考试上，有一道这样的图形题，上面只给出了一个圆，要同学们找出其圆心在哪里。要是你参加这次考试，你能设法找出圆心吗？

思维点拨

由平常我们学的数学知识可知，在圆内找到两条相交的最长的线段，其交点即为圆心。

078 拼接十字架

时间限制：2分钟
是否完成：是（ ）否（ ）

这是一道关于如何将月牙形转换成希腊十字架形的趣题。请你将月牙形切割开，然后拼接成希腊十字架形，要求尽量少切。你能准确地完成吗？

思维点拨

要想顺利完成，月牙的两头要切成三角形的形状。

079 新发现的星球

时间限制：2分钟
是否完成：是（ ）否（ ）

天文学家韦教授在一次发布会上准备描述他新发现的星球。左图是他先画出的其他的15颗大

小不同的星星，这时，他要画出他新发现的星球。新星球是这些星星里最大的一颗。请你帮韦教授画出一颗五角星，它要比其他任何一颗都大，并且不能碰到其他的星球。

思维点拨

这个最大五角星的中间可以包含一个小五角星。

080 搭桥

时间限制：2分钟
是否完成：是（ ）否（ ）

如果你准备好若干大的、着色的火柴棍，就可以建造一座这样的桥。它考验你：双手是否沉稳？头脑是否冷静？请你考虑：有没有一定的搭建程序？

思维点拨

可以先画出这座桥的平面展开图。

081 虹吸管

时间限制：2分钟
是否完成：是（ ）否（ ）

图中有一个密封的模型，液体被储存在最下面的空厢里。现在，把这个模型倒过来会出现什么现象。

思维点拨

你可以把这个图形翻过来，认真思考到底会出现怎样的现象。

082 安装管线

时间限制：1分钟
是否完成：是（ ）否（ ）

城郊有三座独立的建筑物，都需要安装水、煤气和电。怎样安装电线和管道，能使各种线路彼此不交叉？

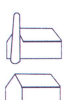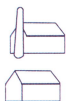

思维点拨

注意，不需要考虑管线的长度。

083 营救宇航员

时间限制：3分钟
是否完成：是（ ）否（ ）

2名宇航员从地球出发，想发现一些不知名的行星。到了某一个星球时，一名宇航员掉入了复杂的迷宫，并见到了一些非常重要的线索。后来，他通过特殊的方式与同伴取得了联系，并让同伴也到迷宫内部来。现在，请你指出一条正确的路线，让这两名宇航员会合。

思维点拨

你可以顺着迷宫外围的方向进入内部。

084 秋香摆花

时间限制：3分钟
是否完成：是（　）否（　）

快过年了，妈妈想让秋香把家里有5个台阶的小楼梯放点花，要求每一个台阶上都放一盆花。可是秋香发现家里只有4盆花，而妈妈要求不能有空台阶。想想看，秋香应该怎样放？

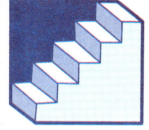

思维点拨

要求每一个台阶摆放一盆花，将4盆花放在5个台阶中，且不能有空台阶。若是按照图中的角度，秋香就是挤破脑袋，也未必能想到解决的办法。但倘若秋香换种角度看台阶，就不一样了。思考一下，这是一种什么样的角度呢？

085 跨不过的书

时间限制：3分钟
是否完成：是（　）否（　）

易游打小就聪颖过人。有一天，他对四肢发达，却目中无人的同班同学力凯说："你虽然厉害，但是我在地上放一本书，你未必能跨得过去。"力凯听了心里很不服，非得要试试看。易游取出书放好后，那同学果然跨不过去。这是怎么回事呢？

思维点拨

按照常规的思路来考虑，这个四肢发达的家伙要跨过一本书的距离，肯定是没问题的。可是，为什么他跨不过去了，这就说明聪明的纪晓岚一定是将这本书放在了一个非常特别的位置。

086 需要方块数

时间限制：2分钟
是否完成：是（　）否（　）

如左图所示，这些木块大小相等，在不移动方块的前提下，构成一个立方体还需多少个方块？

思维点拨

利用任何一个立方体的长、宽、高都相等的原理，就很快能找到答案。

087 罚酒

时间限制：3分钟
是否完成：是（　）否（　）

聚会上，酒足饭饱后，小李发现桌上还剩四瓶没开封的啤酒，于是就跟同桌的人打趣，谁要是能设计出一种摆法，使每两只啤酒瓶的瓶盖之间的距离相等，就认输并喝完其中的两瓶酒。你觉得能成功让小李服输乖乖喝完两瓶酒吗？

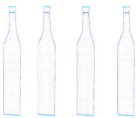

思维点拨

若想解决这道难题，我们需要掌握平面思维到立体思维的转换，也就是由顺着放想到倒着放。

088 谁的影子长

时间限制：3分钟
是否完成：是（　）否（　）

蜘蛛侠和蝙蝠侠两人身高都是190cm。如果他们两个人分别站在相邻两座楼顶上的边缘，只是蜘蛛侠所站的楼的高度是50米，蝙蝠侠所站的楼的高度是150米。晴空万里，红日当头，他们都在地面上有一个清晰的影子。那么，谁的影子比较长一些？

思维点拨

不要被一些无用的条件左右，只需考虑身高与影子有着什么样的密切联系。

089 水果画

时间限制：5分钟
是否完成：是（　）否（　）

舅舅从上海出差回家的时候，给薇薇带回一幅画，他让薇薇按这样的要求画好里面的图形；在每个方框中填入的这些图形中的任意一个，但是不论是横行、竖行还是对角

线上，这五种图形都不能重复。听到舅舅说的这些条件，薇薇做不出这道题目，只好求助于大家了。都来帮帮薇薇，看这些图应该怎么样填？

思维点拨

先观察图中水果的布局情况，再结合已知条件开始出发。

090 最多的路径

时间限制：4分钟
是否完成：是（ ）否（ ）

看看左边的图，如果必须沿着箭头走的话，你根据要求最多能找出几条从入口到出口的路径？

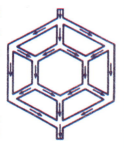

思维点拨

做这样的题有助于培养耐心，反复地试，是你找到多条路径的最佳方法。

091 哥哥的题

时间限制：3分钟
是否完成：是（ ）否（ ）

智多星真真给妹妹阿珍出了一道智力题，要她将右图中的算式，移动其中的1根、2根或3根火柴来改变其中的数字或符号，而使等式两边却始终是相等的，你觉得这个能有可能做到吗？

思维点拨

先瞧瞧等式中的微妙差异，然后拿笔在纸上多试几次，就可以找到你要的答案了。

092 考考你的观察力

时间限制：6分钟
是否完成：是（ ）否（ ）

多米诺骨牌（domino）是一种用木头、骨头或塑料制成的长方形骨牌。玩时将骨牌按一定间距排列成行，轻轻碰倒第一枚骨牌，其余的骨牌就会产生连锁反应，依次倒下。在多米诺骨牌中，这样的桥屡见不鲜，可是你能够观察出来，

接龙游戏

外方内圆	圆顶方趾	趾高气扬	扬镳分路	路不拾遗
遗篇断简	简傲绝俗	俗不可耐	耐人玩味	味如嚼醋
醋海翻波	波波碌碌	碌碌寡合	合不拢嘴	嘴多舌长

这座桥是如何搭成的吗？

思维点拨

如果严格按照图形来搭建，一定会因为重心不稳而使桥倒塌。为了确保重心的稳定，我们可以试着添加一些积木。在整个架构稳定之后，可以撤下其中的一些积木。

093 问号处的字母

时间限制：4分钟
是否完成：是（ ）否（ ）

仔细观察图中的多边形，然后在图中问号处填上合适的字母。

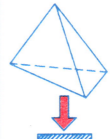

思维点拨

各个圆环中，字母按照顺时针或逆时针的方向变化。

094 四面体蛋糕

时间限制：8分钟
是否完成：是（ ）否（ ）

阿桂生日时收到了一个正四面体形状的奇特蛋糕（如图所示），如果阿桂想将它从某一平面切开，切口处呈正方形，他该怎样切呢？

思维点拨

因蛋糕是正四面体形状，这就说明，我们可以从各边中点连成的平面切开。

095 埃及金字塔

时间限制：3分钟
是否完成：是（ ）否（ ）

2500年前，古希腊人列出了当时世界七大奇观，埃及金字塔便是其中之一。最高的是胡夫金字塔，它的神秘和壮观迷倒了无数人。它的底边长230.6米，由230万块重达2.5吨的巨石堆砌而成。金字塔塔身是斜的，即使有人爬到塔顶上去，也无法测量其高度。后来有一个数学家解决

230.6

了这个难题，你知道他是怎么做的吗？

思维点拨

想一想，当太阳以45度角射向地面时，会产生什么样的景观，我们可不可以利用它？

096 方格里的星星
时间限制：5分钟
是否完成：是（ ） 否（ ）

一节课堂上，汪老师拿来了一排7个的方格，前三格里放有3颗实五角星，后三格里放有3颗空五角星。现在请你任选一种方法，把五角星移到相邻的空格上去，或者跳过旁边的五角星移到旁边的空格上去，但一次只能跳一格。请问：要使实五角星和空五角星的位置互换至少需要多少步？

思维点拨

这道题没有取巧的法门，只能踏踏实实地做，多试几次便能得出答案。

097 体育课上
时间限制：3分钟
是否完成：是（ ） 否（ ）

新学期的第一节体育课上，胡老师问同学们平常最喜欢什么体育运动，还没等老师说完，洋洋就举起手大声抢道："我最喜欢足球了。"于是，胡老师问了他一个很简单的问题，结果洋洋一下就哑口无言了。问题是：一个标准的足球有多少个正五角形？多少个正六角形？足球迷们，为了弄清这个问题，就赶快来数数吧。

思维点拨

足球上的正五角形需要正六角形填补，也可以抱出你心爱的足球来数一数。

098 金字塔游戏
时间限制：6分钟
是否完成：是（ ） 否（ ）

暑假，晨晨随爸妈去埃及旅游了一趟，回北京后，晨晨立刻就去找好伙伴良良，并给他给出了一道刚在埃及学到的著名的咒语金字塔思维游戏题（如下图）。题目是这样的，如果从金字塔的顶部开始，即从顶部的"A"到底部的那行字母，你能否算出拼写ABRACADABRA的可能途径数呢？

思维点拨

先仔细观察图形，在你走下金字塔这11层的过程中，你可以向左或者向右分叉，并从分叉点的字母下面的两个字母中，再任选一个然后继续。

099 游戏过关
时间限制：5分钟
是否完成：是（ ） 否（ ）

小余设计了一道游戏题，如图所示。要步是由出发点开始，经过每一关时，从＋、－、×、÷中选一个符号，对相邻的两个数字进行运算，使到达目的地时，答案恰好是1。你知道该怎样过关吗？

出发点

目的地

思维点拨

这道题需要耐心地去做，千万不要被这些运算符号弄迷糊了。

100 弄脏的手绢
时间限制：5分钟
是否完成：是（ ） 否（ ）

阿庆大妈有一块正方形的白手绢，上面共36个方格。阿庆大妈非常喜欢这块布，可是不知道被哪个捣蛋鬼将墨水洒在上面，且正好洒在正方形

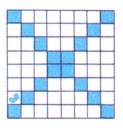

白布的两条对角线处。阿庆大妈非常心疼，于是去找村里有名的老先生帮忙，老先生说只要在干净处滴上8滴他特制的药水就可以让墨迹自动消除，但是这8滴药水不能处在同一横行或者竖行线上，也不准在同一条对角线上，如果违反了，整块布都会渗透成黑色。现在，老先生自己滴了一滴，剩下的7滴由你自己想办法解决，你该怎么做？

思维点拨

根据图中第一滴药水的位置，我们可以推导出第二滴应滴在什么地方，然后再逐渐推其他。

101 瓶中的空气

时间限制：3分钟
是否完成：是（ ）否（ ）

有一个长为13厘米，直径为7厘米的圆柱形密封玻璃杯，里面装有12厘米的水，上面是空气。如果将这个玻璃杯放到环绕地球飞行的太空舱内，那么杯中的空气会呈什么形状？

思维点拨

太空中和地球上的环境是不同的，会对物体的运动造成影响

102 解开的绳结

时间限制：3分钟
是否完成：是（ ）否（ ）

如图，两名不法分子的手腕被绳子锁在了一起。在剪不断绳子和解不开绳结的情况下，他们却逃了出来，你知道他们是怎么办到的吗？

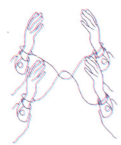

思维点拨

注意绳子并不是紧扣手腕的，解开绳子需要对方的帮助。

103 水缸

时间限制：3分钟
是否完成：是（ ）否（ ）

王奶奶家的后院里放着一口大缸，下雨的时

候，水缸可以在2个小时内盛满雨水。如果这天雨的大小并没有什么变化，只要雨是倾斜着落下来的，那么，要盛满这口缸所需要的时间是长了还是短了？

思维点拨

弄清楚不管雨是怎么下的，与盛满这口缸需要的时间是否有关系。

104 最短的电线

时间限制：3分钟
是否完成：是（ ）否（ ）

左图是小芳家新建的一间卧室，A处是电灯，B处是开关，小芳想沿墙壁(包括天花板和地板)在AB之间拉一条最短的电线，请你帮她出个主意。

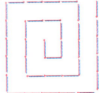

思维点拨

试着将卧室展开成平面图，再来找到两点之间的最短距离。

105 35根火柴

时间限制：3分钟
是否完成：是（ ）否（ ）

这是一个用35根火柴棒组成的围墙，请你在围墙内挪动4根火柴棒，拼成4个封闭、大小不一的正方形。

思维点拨

移动最里面的4根火柴去拼。

106 六角星与长方形

时间限制：3分钟
是否完成：是（ ）否（ ）

如何把一个六角星拼成一个长方形？

思维点拨

剪下上下两个角后，看看还需作何调整。

107 变形

时间限制：3分钟
是否完成：是（ ）否（ ）

请在4个正三角形的基础上再添加一个正三角形，使它变成14个正三角形。

思维点拨

再添加的正三角形当然要比图中的大才行。

108 老人的遗嘱
时间限制：4分钟
是否完成：是（　）否（　）

一个老人病逝了，他要将如图所示的土地、4棵果树和4所房子分给4个儿子。他在遗嘱中注明要将财产公平分配，请问要怎么分才能让每人都分到相同面积的土地，并且每人都能得到一所房子和一棵果树？

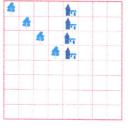

思维点拨

先从正中间的四个小正方形分起，每人一个，再往外围扩展。

109 Z的颜色
时间限制：3分钟
是否完成：是（　）否（　）

依照右图的逻辑，说说Z应该是黑色还是白色？

思维点拨

注意观察字母的写法。

110 不同类的食物
时间限制：3分钟
是否完成：是（　）否（　）

下面是一组食物，请找出哪一个是不属于同类食物的。

A．南瓜　　B．葡萄　　C．黄瓜

D．玉米　　E．豌豆

思维点拨

从它们所生长的植物形态上去考虑。

111 公园里的凶案
时间限制：4分钟
是否完成：是（　）否（　）

昨天晚上台风袭击了一座城市。第二天，

有人在公园里发现了一具尸体，旁边还有死者的一顶帽子。现场没有什么痕迹，警方也没有找到目击证人。经法医验证，其死亡时间已经超过20个小时。警方声称这里不是凶杀现场，死者是被人从别处搬运来的。你知道这是为什么吗？

思维点拨

既然有台风，某些东西就不可能会留在现场。

112 补地毯
时间限制：3分钟
是否完成：是（　）否（　）

一幅美丽的地毯缺少了一块，请你从A、B、C、D四个图中找出正确的一块，使地毯更加完整。

思维点拨

图形是朝水平方向和垂直方向每次移四步。

113 旋转得到的图形
时间限制：3分钟
是否完成：是（　）否（　）

请你从下列6个图形中，找出2个不能由同一个图形旋转不同的角度得到的图形。

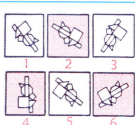

思维点拨

找两个图形对比就很容易找到了。

114 相配的图形
时间限制：3分钟
是否完成：是（　）否（　）

请你将图中箭尾和箭头能相配的图形找出来。

思维点拨

这个谜题用到了一个有名的视觉幻象。

115 哪里照不到

时间限制：3分钟
是否完成：是（　）否（　）

丁丁把一盏罩了一个伞状罩子的照明灯如图一样固定在墙壁上，请问墙壁的哪些部分无法被光照到？

思维点拨

根据光线的直射原理在图上画几条线就可以找到照不到的区域了。

116 共同点

时间限制：3分钟
是否完成：是（　）否（　）

注意观察，下面的灰色字母和黑色字母分别有什么共同点？

ACTBYKMDUEW

思维点拨

从字母的结构去考虑。

117 测测你的眼力

时间限制：3分钟
是否完成：是（　）否（　）

请在右图中画4条直线，将图分割成8部分，使每一部分中有3只蜻蜓，并按次序各有1～8只蜜蜂。

思维点拨

可以先从左下角圈出一个符合条件（2只蜜蜂3只蜻蜓）的区域来。

118 看图猜成语

时间限制：3分钟
是否完成：是（　）否（　）

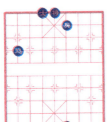

观察下图中的棋局，根据所展示的情况打一成语。

思维点拨

对方的"兵"已这么少了，"将"马上就要败了。

接龙游戏

言必有据	据鞍读书	书不尽言	言必有物	物薄情厚
厚此薄彼	彼倡此和	和蔼近人	人不聊生	生搬硬套
套头裹脑	脑瓜不灵	灵丹妙药	药到病除	除暴安良

119 深色的朝向

时间限制：5分钟
是否完成：是（　）否（　）

这个图像是由几个不可能存在的三角形组成的。如果把这个图形看作是由金属管制成的，再进一步如图所示：把一个立方体（深色面朝上）放进去，让它沿着金属管绕行一圈，当它回到原处时，深色的一面朝什么方向呢？

思维点拨

虽然是个不可能在实际中制造出来的图形，但你可以充分发挥你的想象力。

120 被骂的工人

时间限制：4分钟
是否完成：是（　）否（　）

有四个水泥工人打算在一个墙面上铺满瓷砖，A、B、C、D四个工作分别使用的是正三角形、正方形、正五角形、正六角形瓷砖。结果，其中一个工人被工头骂得狗血淋头。请问是哪个工人，为什么？

思维点拨

肯定是这个被骂的工人无法将墙壁铺满。

121 实心的大圆桌

时间限制：4分钟
是否完成：是（　）否（　）

财主刁难刚来的新木匠，要他把两个中间挖空的椭圆形小桌各锯成4块，然后再拼成一个实心的大圆桌。聪明的木匠很快做好了，你知道他是如何做到的吗？

思维点拨

既然是实心的大圆桌，就要考虑把4块未挖空的部分放中间了。

122 展开的图形

时间限制：3分钟
是否完成：是（　）否（　）

请将一个正方形色纸沿着虚线对折，再折成

三等分，将阴影部分剪掉，看看展开后会是左边的哪个图形？

思维点拨

对折后再折成三等分就变成六等分了。

123 神秘的玫瑰图形
时间限制：4分钟
是否完成：是（　）否（　）

右面是一个神秘玫瑰的图形，绘制的方法是在圆周上点出10个点，然后在点与点之间画上一条直线，一共可以画45条直线。如果用20个点做出一个更大、更好的神秘玫瑰，你知道需要多少条直线吗？

思维点拨

用20点来做，就有第一个点与其他19个点连接，第二个点与其他18个连接，依次类推可以得到一个算式来计算。

124 三角形的面积
时间限制：3分钟
是否完成：是（　）否（　）

在一个正三角形中内接一个圆，圆内又内接一个正三角形。请问：外面的大三角形是小三角形的面积的几倍？

思维点拨

把小三角形颠倒过来看看。

125 分图形
时间限制：3分钟
是否完成：是（　）否（　）

右图是四个不规则的方块，请你将它分成形状、大小完全相同，并且每一块都各有一个字的规则方块。

思维点拨

先从"力"这个字的图形去考虑考和智的底部形状。

126 哪个面积大
时间限制：3分钟
是否完成：是（　）否（　）

右面的两幅图，哪个空白面积大？

图一　图二

思维点拨

可将两图分成同等大小的三角形去比较。

127 逮住的老鼠
时间限制：3分钟
是否完成：是（　）否（　）

看下图，猜一猜猫逮住白鼠还是黑鼠？

思维点拨

不要被眼前的螺纹迷惑住，找支笔顺着路线去画一下就知道了。

128 方块游戏
时间限制：3分钟
是否完成：是（　）否（　）

在每一行、每一列，以及这个数字方块的2条对角线，都包含了1、2、3、4几个数字。在这个数字方块里，已经标示了部分数字。你能根据这一规则把方框填写完整吗？

思维点拨

先从最上一栏开始填入符合条件的数

129 玻璃板
时间限制：3分钟
是否完成：是（　）否（　）

左图是一块有机玻璃板，现在只要沿着一条曲线锯开，就能把它做成医院的"十"字形标记。你知道怎么锯吗？

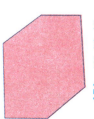

思维点拨

考虑如何利用两个缺角的部分。

130 分开鸭子

时间限制：3分钟
是否完成：是（　）否（　）

湖里有10只鸭子在欢快戏水，请你用3个同样大小的圆圈，把每只鸭子都分开。你知道怎么分吗？试试看吧!

思维点拨

三个圆相交要组成七个区域。

131 "田"字变"品"字

时间限制：3分钟
是否完成：是（　）否（　）

请你移动3根火柴棒，使"田"字变成"品"字。

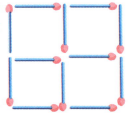

思维点拨

根据品字形的结构，可知处于对角位置的正方形的火柴是不需移动的。

132 2个变3个

时间限制：3分钟
是否完成：是（　）否（　）

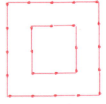

右图是用24根火柴棒排成的一大一小两个正方形，只能移动其中的4根火柴，使其变成3个正方形。你会吗？

思维点拨

考虑从大正方形两对角的4根火柴去移。

133 巧填数字

时间限制：5分钟
是否完成：是（　）否（　）

在9×9的大九宫格里，已经给出了若干个数字，其他的空格留白，在大九宫格的每一行和每一列中，都有1到9的数字，而且在每个小九宫格中也要有1到9的数字。并且在每一行、每一列和每一小九宫格中，每个数字只能出现一次，不能

	鞅鞅不乐	乐不极盘	盘根错节	节哀顺变	变本加厉
接龙游戏	厉兵秣马	马尘不及	及第成名	名标青史	史策丹心
	心谤腹非	非誉交争	争长黄池	池鱼林木	木本水源

重复也不能缺少。你能根据逻辑原则推断出剩下的空格中要填入什么数字吗？

思维点拨

不要被众多的宫格所迷惑，先从需要填入数字最少的宫格入手。

134 独行独列

时间限制：3分钟
是否完成：是（　）否（　）

你能把5个棋子放在5×5的棋盘上，使5个棋子不同行、不同列、不在同一条对角线上吗？

思维点拨

先在左上角放一颗棋子，再来确定其他的。

135 拼三角形

时间限制：3分钟
是否完成：是（　）否（　）

不准把火柴折断，用两根火柴拼出8个三角形。想想该怎么做？

思维点拨

要利用火柴棒是正方形这一特点来拼。

136 摆火柴棒

时间限制：3分钟
是否完成：是（　）否（　）

用12根火柴棒可以摆成一个直角三角形。现在只需要移动其中的4根火柴棒就可以把三角形的面积缩小一半，想想该怎么摆？一共有几种摆法？

思维点拨

有多种摆法，可以找12根火柴动手试试。

137 移火柴，变图形
时间限制：3分钟
是否完成：是（ ） 否（ ）

移动两根火柴，你能重新排列右面的图形，使之出现8个与原先大小相同的正方形吗？

思维点拨

找一个移去两根火柴，只减少一个正方形的图形，然后看哪里只需添上一根就增加一个正方形。

138 妙手回春
时间限制：3分钟
是否完成：是（ ） 否（ ）

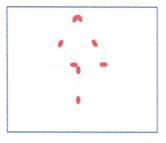

下面有一些形状各异的纸片，你能把它们各剪一刀，使它们各自拼成一个正方形或长方形吗？

思维点拨

仔细观察，这些图形要组成一个正方形或长方形的话，多了什么，少了什么；然后用剪刀把多余的图形剪下，补到缺少的部分。

139 漂亮的小雨伞
时间限制：3分钟
是否完成：是（ ） 否（ ）

芳芳用小木棒在自己的画图本上粘了一把漂亮的小雨伞。画画看见说："我只要移动4根木棒，就能让你的一把小雨伞变成两把。"话刚说完，画画就把伞变成了两把。你知道画画是怎么做的吗？开动脑筋想一想。

思维点拨

既然是一把变两把，那么伞肯定是要变小的。

140 图中的错误
时间限制：3分钟
是否完成：是（ ） 否（ ）

花几秒钟看看这张女人的脸，然后再把书上下翻转，你就会有惊人的发现。请指出图中两处错误各是什么？

思维点拨

注意眼睛、眉毛、嘴唇的不同。

141 圆盘中的字母
时间限制：3分钟
是否完成：是（ ） 否（ ）

观察圆盘，找到它们变化的规律后，在问号处填上合适的字母。

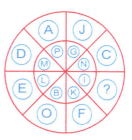

思维点拨

外层字母与内层字母所代表的数值之和有一定的规律。

142 有趣的门雕
时间限制：3分钟
是否完成：是（ ） 否（ ）

有一位艺术家拍了一张照片，照片是一处非常有趣的门雕。如图所示，你能从中看到多少个正方形？

思维点拨

如果正方形无限地延伸下去，那么每增加一个大正方形，就要多出4个小正方形。

143 不该出现的图形
时间限制：3分钟
是否完成：是（ ） 否（ ）

哪一个图形是不应该出现的。

思维点拨

注意小圆圈所在的区域。

A　B　C　D　E

F　F　G　H　I

144 蜘蛛和蜘蛛网

时间限制：3分钟
是否完成：是（　）否（　）

下图中哪两个蜘蛛和蜘蛛网是完全相同的？

A　　B　　C　　D

思维点拨

将图形分别旋转过后再来进行比对。

145 重新拼图

时间限制：4分钟
是否完成：是（　）否（　）

这幅拼图由169个小正方形组成。请你想办法，怎样将它分为三部分，以便重新拼合成一个完整的正方形。需要注意的是，应当沿小正方形的直线来剪开。此外，由于材料两面的性质不同，因此不能把某块翻到反面去，图案的倒顺、间隔，都应照原样准确配合。

思维点拨

先将拼图剪成三块之后再拼合。

146 不存在的图像

时间限制：3分钟
是否完成：是（　）否（　）

如果你选到3个"正确的"区块遮住其余的，你将会看到一个原本不存在的图像。

思维点拨

构成的是一个虚拟的几何图形。

147 火柴棒谜题

时间限制：3分钟
是否完成：是（　）否（　）

智慧爷爷总是来无影去无踪。这天，智慧爷爷趁小亚睡着的时候，在他的书桌上由火柴棒留下了这样一个谜题。题目如下：

接龙游戏

和蔼可亲　亲不隔疏　疏不间亲　亲操井臼　白杵之交
交臂历指　指不胜屈　屈部行鲜　鲜有其比　比比划划
划地为牢　牢不可破　拔本塞源　源清流清　清踔传道

"在每个字上移动一根，把它变成另一个汉字。"

思维点拨

可以把上面的火柴棒放到下面，或者拿出来作为偏旁。

148 串冰糖葫

时间限制：3分钟
是否完成：是（　）否（　）

如右图所示，一共有9颗冰糖葫芦，把3颗冰糖葫芦串成一串，可以串成8串。现在只需要移动2颗冰糖葫芦，就可以串成10串。但还是3颗冰糖葫芦串在一起。一共有几种串法？

思维点拨

找张纸画下来试试，可以考虑移动两对边的冰糖葫芦，也可以考虑移动一条边上的。

149 同桌的题目

时间限制：3分钟
是否完成：是（　）否（　）

玲玲非常聪明，有一天，同桌拿了一道题来问他：（如图）从A点出发，每个地方都要走到，且只能经过一次，该怎么走？玲玲想了想就说出了答案。那么你知道该怎么走吗？

思维点拨

既然每个地方只能走一次，那么就要通观全局，想办法把路越走越宽。

150 最牢固的门框

时间限制：3分钟
是否完成：是（　）否（　）

看左图，A、B、C、D是四扇木制门框，哪一扇门框的结构最牢呢？为什么？

思维点拨

分析各种图形的结构特点就可以找到答案。

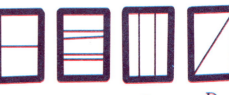

A　　B　　C　　D

151 趣题

时间限制：3分钟
是否完成：是（　）否（　）

图中有6个小圆，现在如果要把3个小圆连成一条直线，只能连出两条，如果擦掉其中一个小圆，把它画在别的地方，就能连出4条直线，且每条直线上也都有3个小圆。你能做到吗？

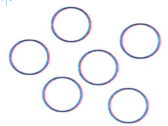

思维点拨

把最左边的小圆画在极远的右边，就可以做到题目的要求。

152 隐藏的动物

时间限制：5分钟
是否完成：是（　）否（　）

在一堆杂乱无章的多边形图中，隐藏了一种动物，你能找到它吗？注意，它是由右边的色彩图形组成的。

思维点拨

在图形中找到与右图相同的图形后，就涂上相应的颜色。

153 劫富济贫

时间限制：3分钟
是否完成：是（　）否（　）

燕子李三从贪官A家偷了钱以后，挨家挨户送，最后到B家。他走的是一条道，并只走一遍，不走第二遍（有走不通的路），而且一

接龙游戏

道傍苦李李　李白桃红　红白喜事　事半功倍　倍称之息
息兵罢战　战不旋踵　踵迹相接　接耳交头　头白齿豁
豁达大度　度量宏大　大败而逃　逃避现实　实报实销

家不少。他是按照什么样的路线走过去的呢？

思维点拨

"一家不少"并不排除去两次以上。

154 看图拼字

时间限制：3分钟
是否完成：是（　）否（　）

仔细观察这些图片，将它们重新排列，会拼成两个字。你猜是哪两个字？

思维点拨

这两个字与学习用具有关。

155 组"上"字

时间限制：3分钟
是否完成：是（　）否（　）

这5块积木可以组成汉字"上"，你知道应该怎么拼吗？

思维点拨

长方形的积木可以单独作为"上"字的一短横。

156 小兔堆积木

时间限制：4分钟
是否完成：是（　）否（　）

小兔的妈妈给她买了一堆积木。吃过晚饭，小兔就在屋外的草地上开心地堆起了积木。她把积木一层一层地往上堆，积木堆好了，无论从哪个方向看都像左图所示的样子，小山羊走过来看着积木的一面说："你这堆积木只有6个。"你说小山羊说的对吗？那么，如果再往上堆一层的话，积木的总数应该是多少个呢？

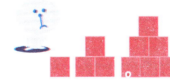

思维点拨

首先数清楚积木有多少层？每层的积木有多少个？再把所得的结果相加，就是积木的总数。

157 立体玩具

时间限制：3分钟
是否完成：是（　）否（　）

能不能将小竹条（如右上图）每两根作一组，交叉镶嵌，装成一个3组互相垂直的立体玩具（如右下图）。

思维点拨

这道题不仅要有敏锐的观察力，还要充分发挥空间想象力。

158 连动齿轮

时间限制：3分钟
是否完成：是（　）否（　）

5个组合的连动齿轮，每个齿轮的齿目都标在旁边。如果你转动1号齿轮两圈，5号齿轮会转动几圈？

思维点拨

要考虑齿轮带动齿轮转动所必需的条件。

159 填字母

时间限制：4分钟
是否完成：是（　）否（　）

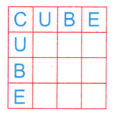

方块内的每行每列都有字母，你能用字母把这些方格全部填满，并使其竖列和横行的单词都一样吗？

思维点拨

这个游戏重在考验游戏者的逆反思维。

160 合适的字母

时间限制：3分钟
是否完成：是（　）否（　）

仔细观察图中字母的变化，并在问号处填上合适的字母。

接龙游戏
销毁骨立　立场不稳　稳步前进　进本退末　末节细行
行家里手　手不辍卷　卷帙浩繁　繁称搏引　引车卖浆
浆酒霍肉　肉薄骨并　并存不悖　悖逆不轨　轨物范世

思维点拨

从左上角字母开始，沿第一列向下，然后沿着第二列上升，最后顺着第三列向下至右下角，观察字母有什么变化的规律。

161 难走的路

时间限制：3分钟
是否完成：是（　）否（　）

要从A处按箭头所示走到B处，在1~13的黑点处，可以左右上下走动，而在其他十字路口只能直行，在"T"字路口只能朝左拐弯，应该如何走？

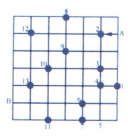

思维点拨

游戏提示可以从B点往回追溯路线。

162 菱形里的钻石

时间限制：4分钟
是否完成：是（　）否（　）

杰森老人的钻石全部放入了菱形内的格子里，请你将钻石分割成相同的四个部分，使每个部分都包括左图中的各种符号。

思维点拨

分割钻石的线路不能用直线，必须用两条曲线。

163 缺失的字母

时间限制：2分钟
是否完成：是（　）否（　）

找出规律，想一想，下图的圆环中缺少下面哪个字母？

思维点拨

从A~O~M~S……，依次类推，按照字母顺序，每次字母前移3、

4、5、6位，并依次循环。

164 三幅窗外照片
时间限制：3分钟
是否完成：是（ ） 否（ ）

三幅窗外照片，哪一幅是右面铁门里的一扇窗户？

思维点拨

注意窗户左下角的柱子与右下角的铁栅栏。

165 和为18的数
时间限制：3分钟
是否完成：是（ ） 否（ ）

小松鼠发现作业中有这样一道难题：把4～8这五个数字填在图中的圆圈中，要使每条线上的数字和都是18。请你来和小松鼠比一比，看谁最先做出来？

思维点拨

把5个数最中间的数放在圆的中间，很快就可以找到结果了。

166 正方形拼图
时间限制：3分钟
是否完成：是（ ） 否（ ）

右面的大正方形是由25个小正方形图案组成的，旁边还有5块不同形状的图案。请你把这5块图案拼成一个大正方形，而且要和前面的大正方形中的图案一致。

思维点拨

用眼看不出来的话，就动手试试。

167 路人摆棋子
时间限制：3分钟
是否完成：是（ ） 否（ ）

接龙游戏	世代书香	香草美人	人不自安	安安合适	适材适所
	所当无敌	敌变我变	变动不居	居安思危	危辞耸听
	听谗惑乱	乱蝶狂蜂	蜂虿有毒	毒赋剩敛	敛锷韬光

小区门口有一位老头经常坐在一个刻有16个小方格的桌子旁，桌子上面放了10个棋子，他每天都拿着棋子在桌子上移来移去。

有一天，有人问他在干什么。他说他在尝试用10个棋子摆出最多的偶数行，即横排、竖排和斜排上的棋子都是偶数。路人一听完，两三下就排出来了答案，并且自称偶数行是最多的。你知道他是如何摆放棋子的吗？

思维点拨

选一个横行和竖行先将棋子摆满空格，再摆余下的棋子。

168 巧妙的安排
时间限制：3分钟
是否完成：是（ ） 否（ ）

在古代的一次城市保卫战中，一位将军带领360个将士守护一座城池。这位将军将360个将士分派在四面城墙上，并使四周敌人都能看到每边城墙上有100个将士守卫。战斗异常激烈，守城将士不断阵亡，兵员逐渐减少至340、320、300、280、260、240、220。但在这位将军的巧妙安排下，每边城墙上的守卫将士始终都能让敌人看到有100名。敌人以为是天神帮助，便惊慌地后撤了。

这位将军是怎样巧妙安排的呢？

思维点拨

利用共用的特点。

169 填图游戏
时间限制：3分钟
是否完成：是（ ） 否（ ）

你能把这6个图形不重叠的填入吗？

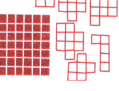

思维点拨

要考虑将不规则的图形放中间才能填入。

170 变换图形

时间限制：3分钟
是否完成：是（ ）否（ ）

由图1转化为图2，那么图3转化为下面哪个图形？

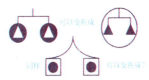

思维点拨

转化的规律是逆时针旋转90度。

171 相对应的颜色

时间限制：3分钟
是否完成：是（ ）否（ ）

有9个一模一样的八边形，你能旋转这9个八边形，使它们面对面的边有着相同的颜色吗？

思维点拨

这道题目有两种不同的解法。

172 扩建游泳池

时间限制：3分钟
是否完成：是（ ）否（ ）

南南家里有一个正方形状的游泳池，游泳池的4个角上栽了4棵树。一天，南南的爸爸对她说："我要把游泳池扩大，使它的面积增加一倍，但是必须保持正方形的外观，而且树的位置也不能动，你来帮我想想，到底怎么做？"听了爸爸的话，南南每天都到游泳池想办法，到现在也没有结果。聪明的你，能帮帮南南吗？

思维点拨

在正方形上画两条对角线，这些对角线把正方形分成了4个相等的三角形，然后考虑在四个三角形上怎么加4个三角形，面积就扩大了一倍。

173 百变火柴棒

时间限制：3分钟
是否完成：是（ ）否（ ）

火柴棒看似简单，其实变化多端。稍一摆动便能拼出多种图案：

(1) 1个正三角形、1个正方形和1个菱形；

(2) 3个正三角形、1个平行四边形和1个梯形；

(3) 3个正方形和7个长方形

用9根火柴棒你能拼出几种来？

思维点拨

先用7根火柴拼出两个大正方形，再用余下的2根火柴在大正方中去拼。

174 缺少的轮子

时间限制：3分钟
是否完成：是（ ）否（ ）

仔细观察图，看最后一个轮子缺的是哪一块？

思维点拨

如图，三个轮子相对应的一瓣中都各有一黑二白分瓣，黑分瓣位置各不相同。

175 颠倒金字塔

时间限制：3分钟
是否完成：是（ ）否（ ）

利用硬币排成金字塔图形，以移动最少的硬币为原则，将金字塔图形上下颠倒。以2～5层的金字塔图形为例，只要移动图中有颜色的硬币，就可以将图形上下颠倒。

请问，要将6层金字塔图形上下颠倒，最少需要移动几枚硬币？

思维点拨

通过观察可以发现，只有当金字塔层数是3的倍数时，才会出现非对称的移动。

176 一封家书

时间限制：3分钟
是否完成：是（ ）否（ ）

某人被公派驻外地，半年后他突然接到农村不识字的妻子寄来的一封信。打开一看，上面并没有字，只有一连串象形文字似的图画。丈夫接到此信，知道妻子一定有事要告诉他，但又不解其意，急得像热锅上的蚂蚁。

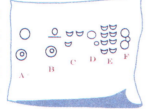

最后他只得把信带在身上，一有空就仔细研究，终于找到了答案。比如A表示他(圈)和他的已怀孕的妻子(同心圆圈)，那么下面的五个图又表示什么呢？

思维点拨

月亮代表的是时间。

177 复杂的图形

时间限制：3分钟
是否完成：是（ ）否（ ）

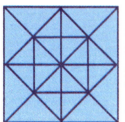

数一数左图中有多少个正方形？多少个三角形？

思维点拨

注意不要漏掉了大中套小的图形和摆放不正的正方形。

178 大小三角形

时间限制：3分钟
是否完成：是（ ）否（ ）

在一个正三角形中内接一个圆，圆内又内接一个正三角形。请问：外面的大三角形和里面的小三角形的面积比是多少？

思维点拨

把小三角形颠倒过来看看。

179 变魔法

时间限制：4分钟
是否完成：是（ ）否（ ）

森林里上数学课了，大象校长对小动物们说："今天我要给大家变个魔法。"于是，它在黑板上画了一个正方形，并切去了一个角。它问小动物们，这个正方形还剩几个角。"5个。"小动物们回答。校长接着又说："你们重新画一个正方形，切去一个角，能让它变成其他的答案吗？"这下可难倒了这群调皮的动物。你来告诉它们正确的答案吧

思维点拨

正方形去掉一个角可以变成五边形，还可以变成三角形、梯形有。

180 重整碎心

时间限制：3分钟
是否完成：是（ ）否（ ）

图中A~H共8块碎片，只要找出其中3块碎片，就可把碎"心"重整。请问是哪3片？

思维点拨

想不到的碎片，也许正是需要的碎片。

181 六角星

时间限制：3分钟
是否完成：是（ ）否（ ）

妈妈给了军军一个漂亮六角星，但是中间画了几条线。妈妈要军军找找，在这个六角形中，有多少个三角形，有多少个长方形，有多少个六边形。你能帮忙找找吗？

思维点拨

用三支不同颜色的笔，分别标出找到的三角形、长方形和六边形。

182 相同的立体图

时间限制：3分钟
是否完成：是（ ）否（ ）

从下面的图形中选择与左面的立体图相同的图形。

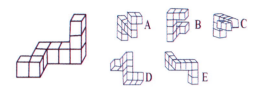

183 思思锯木板

时间限制：3分钟
是否完成：是（　）否（　）

星期天，爸爸拿出一块奇怪的木板（如图），让思思把它拼成一个正方形，并且只能锯两次。你能告诉他要怎么样锯吗？

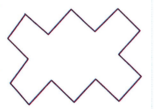

思维点拨

从这块木板的两端去考虑。

184 一台老钟

时间限制：3分钟
是否完成：是（　）否（　）

有一台老钟，每小时慢4分钟，3点以前和一只走得很准的手表对过时，现在这只表正好指在12点。请问：老钟还需走多少分钟才能指在12点？为什么？

思维点拨

对于老钟来说，从3～12点，实际需要的时间是9×64分钟。

185 走迷宫

时间限制：5分钟
是否完成：是（　）否（　）

图中的迷宫看似简单，但要顺利走出是要花费一番功夫的，请你试着走一下。

思维点拨

除了图最上端手指状的木牌，迷宫的路线几乎贯穿了图中的所有区域。

186 你被欺骗了

时间限制：3分钟
是否完成：是（　）否（　）

左面两组图形中

（1）两个正方形哪一个大？

（2）两条对角线哪一条长？

思维点拨

不要被你的眼睛"欺骗"了，它有时会使你产生错觉，不信就用尺子量一量。

187 双胞胎

时间限制：3分钟
是否完成：是（　）否（　）

小琴养了两只小猫，它们是双胞胎，长得一模一样。每天放学回家，小猫就在她身上蹭来蹭

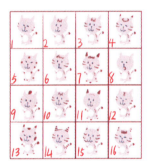

去。一天，小琴做完作业后，小猫就要跟她捉迷藏，只见它们藏到了14只小猫中间，要小琴去找它们，可是她怎么也找不着了。你能告诉小琴她的小猫是哪两只吗？

思维点拨

这16只小猫中，只有两只长得一模一样。

188 打结的绳子

时间限制：3分钟
是否完成：是（　）否（　）

图中有四根绳子，在绳子的两端用力拉，除一根外，其他三根都打不成结。请问哪一根绳子能打结？

A　　**B**　　**C**　　**D**

思维点拨

仔细观察绳子的交叉位置。

189 相同之处

时间限制：3分钟
是否完成：是（ ）否（ ）

下面广告设计图里有五块形状、面积完全相同的部分，请找出来。

思维点拨

既然形状完全相同，就从同一类图形中去找。

190 溜冰姿势

时间限制：3分钟
是否完成：是（ ）否（ ）

在这张图中，你能找到几个同右上方那个儿童溜冰姿势图相同的？

思维点拨

可以一个一个对照右上方的图去找。

191 镜子里的罪犯

时间限制：3分钟
是否完成：是（ ）否（ ）

一个罪犯溜进了一家美容理发店。当公安人员根据线索前去拘捕时，发现镜子里有三个人像。他们掏出相片进行核对，在他们没有拘捕前，你能认出哪个是罪犯吗？

甲　乙　丙

思维点拨

在镜子里左右是会反过来的。

192 绳子与环

时间限制：3分钟
是否完成：是（ ）否（ ）

仔细看看绳子连着几个三角环？几个圆环？几个方环？

思维点拨

注意绳子与环相交时穿越的部位以及颜色深浅。

193 上升还是下降

时间限制：3分钟
是否完成：是（ ）否（ ）

按照箭头指示的方向转动摇把，悬挂的物品A与B是上升还是下降？

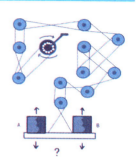

思维点拨

仔细观察轮滑之间线与线的关系，就可以找到游戏的答案。

194 两组有趣的数字

时间限制：3分钟
是否完成：是（ ）否（ ）

?－?＝63

有4个数字(两组)在镜子里面看顺序相反，它们两者之间的差均等于63。请问：这两组数字分别是什么？

思维点拨

先找出由0～9组成的两位数中在镜子里看顺序相反的数。

195 拼成的花瓶

时间限制：3分钟
是否完成：是（ ）否（ ）

这个造型美观的花瓶是位技术高超的工匠用旁边的碎瓷片拼成的。请你仔细观察后，在碎瓷

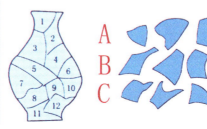

片上写上对应的编号。

196 构成不同的区域

时间限制：3分钟
是否完成：是（　）否（　）

3个相同的长方形叠放在一起，如图所示，它们相交构成7个区域。你能提出一种构成25个区域的方案吗？

197 拉绳子的小丑

时间限制：3分钟
是否完成：是（　）否（　）

图中有一个拉绳子的小丑，你仔细观察，小丑按箭头的方向拉绳子后，挂在绳子上7个杂技演员上升与下降的情况。

198 旋转得到的图形

时间限制：3分钟
是否完成：是（　）否（　）

右图6个图形中，有4个图形可由同一图形旋转不同的角度得到，但有两个不能，你能找出不能的两个图形吗？

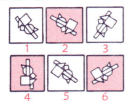

199 钟表密码

时间限制：3分钟
是否完成：是（　）否（　）

A到B就像C到哪块钟表？

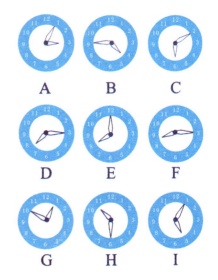

200 不对称的图形

时间限制：3分钟
是否完成：是（　）否（　）

对称有上下对称、左右对称和旋转对称，但在右面四组图中，只有一组与其他三组都不对称，请找出不对称的一组。

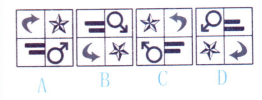

A　　　B　　　C　　　D

接龙游戏

进谗害贤	贤才君子	子不语怪	怪诞不经	经纶济世
世代相传	传柄移籍	籍草枕块	块儿八毛	毛宝放龟
龟鹤遐寿	寿比南山	山包海容	容当后议	议不反顾

第 **3** 章
启动创新思维的
200个想象游戏

001 考验王

时间限制：10分钟
是否完成：是（　）否（　）

星星国王子向智慧公主求婚。智慧公主为了考验王子，就让仆人端来两个盆，其中一个装着10枚金币，另一个装着10枚同样大小的银币。仆人把王子的眼睛蒙上，并把两个盆的位置随意调换，请王子随意选一个盆，从里面挑选出1枚硬币。如果选中的是金币，公主就嫁给他；如果选中的是银币，那么王子就再也没有机会了。王子说："能不能在蒙上眼睛之前，任意调换盆里的硬币组合呢？"公主同意了。

请问：王子该怎么调换硬币才能确保更有把握娶到公主呢？

思维点拨

既然公主同意可以任意调换盆里的硬币组合，那王子就想办法将选中金币的几率提高。

002 乘电梯的西西

时间限制：5分钟
是否完成：是（　）否（　）

西西住在一幢高层大楼的第16楼。平常她和贞贞一起出去，但是某一天，贞贞生病了，她只好独自出去了。她乘电梯到了一楼，然后上了公交车。在她回来的时候，她乘电梯仅仅到了5楼，然后爬楼梯到了第16楼。电梯没有出故障，而西西也的确宁乘电梯也不愿走那么久的路。那么，她那天那么做到底是为什么呢？请你给出一个合理的解释。

思维点拨

西西是一个上学的小女孩，由此你会不难想到？

接龙游戏

顾彼失此	此动彼应	应变将略	略不世出	出尘不染
染苍染黄	黄尘清水	水碧山青	青出于蓝	蓝田出玉
玉惨花愁	愁肠百结	结不解缘	缘波讨源	源深流长

003 紧急试演会

时间限制：8分钟
是否完成：是（　）否（　）

国内一部大型巨资电影正在紧张的拍摄中，但是很不巧的是，女一号因意外受伤无法到场，所以必须紧急寻找一个合适的替身拍一些远景戏。于是，剧组马上举办了一场紧急试演会，有位曹小姐前来应征。她独自进入举行试演的房间之后，评审委员说："请做个动作和台词的即兴表演，什么都可以。"曹小姐当场做了一个表演，结果不必等到试演完毕就不得不采用曹小姐了。

曹小姐究竟做了什么表演使得剧组不得不录用她呢？

思维点拨

题中对即兴表演并没有特殊的要求与规定，但曹小姐能让剧组不得不马上用她，肯定做的事是与众不同的。

004 最该挡住什么

时间限制：8分钟
是否完成：是（　）否（　）

小怀是朋友圈中有名的不折不扣的花花公子，在经历过多次无疾而终的恋情后，他终于找到了一个自认为不错的女朋友。但是，这个女朋友有一个小缺点，就是爱吃醋。这天，他和现在的女朋友在一起吃饭的时候，一不小心把口袋中的东西全掏了出来。这些东西

有酒吧的打火机、兑奖的奖券、便条和旧情人的照片。他在慌张之际，要用手去挡住一些东西，这样可以避免和女朋友之间的不愉快。那么，他用双手挡住的最有效的东西是什么呢？

思维点拨

最有效的方式是遮住能看见一切的东西，想象是什么。

005 高难度的聚会

时间限制：10分钟
是否完成：是（　）否（　）

阿克在雨天不出门，阴天或晴天倒还好说；大尼性格怪僻，阴天或雨天还可以，天一晴就不愿离开家；小可喜欢干脆，讨厌阴天，只有晴天或雨天出门。但是他们约好要聚会。现在不知道聚会日的天气情况，而且那天的天气情况一直不变的话，你说他们能聚会吗？怎么聚会？

思维点拨

3种天气，3个性格怪僻的人，每一种天气都有不愿意出门的人，看来要约一个地点聚会不可能了。但是没有规定，3个人必须到聚会的地点碰面，那么可不可以考虑在某一个人的家里聚会？

006 最大号帽子

时间限制：5分钟
是否完成：是（　）否（　）

寒冷的冬天，在美国纽约的机场上，戴最大号帽子的人是谁？

思维点拨

不要被"寒冷的冬天""在美国纽约机场上"这样多余的条件绕晕了。

007 奇怪的司机

时间限制：6分钟
是否完成：是（　）否（　）

赛尔是警察公认的城里最糟糕与最危险的司机，他经常在马路上开着车狂飙，不是闯红灯、超速，就是在单行道上逆向行驶。然而，奇怪的是，他在将近20年的时间内，都没有一次违规记录，也没有被警察逮捕或告诫，驾照上没有任何不良记录。你知道这是为什么吗？

思维点拨

想想开车就会违章的司机在什么情况下才会不违规。

008 饥饿的哈利

时间限制：5分钟
是否完成：是（　）否（　）

冬天来了，到处都下了厚厚的雪，灰狼哈利正在雪地里有气无力地走着。因为找不到吃的东西，哈利饿得特别瘦，于是它想去农庄里找找吃的。晚上，它趁着黑到了农庄，发现有一只肥羊被关在一个铁笼子里。而笼子的缝隙正好可以让哈利钻过去。可是，如果哈利吃完羊再出来的话，就出不来了。但是哈利又不想放弃这难得饱餐一顿的机会。那么，你能告诉哈利要怎么做才能吃到羊并且可以从容逃脱吗？

思维点拨

东西如果成了碎片就可以从笼子里拿出来了。

009 假如我是总裁

时间限制：8分钟
是否完成：是（　）否（　）

语文课上，黄老师布置一篇课堂作文，题目是《假如我是总裁》。这时，绝大部分学生马上埋头写作，只有一位学生靠在椅子上无动于衷。黄老师走过去问他为什么不写，他说了一句话，让黄老师无话可说。

你猜，他的回答是什么？

思维点拨

当上了总裁，平常的业务就一定很忙，那么肯定需要他人协助。

010 大地震

时间限制：8分钟
是否完成：是（　）否（　）

四川汶川突然发生了大地震，伤亡惨重，收音机里不断播报受灾情况以及寻人启事，王大爷一直在注意收听收音机的报道。

这时有人问他："收音机里播放过你孙子

接龙游戏

长安少年	年复一年	年富力强	强嘴拗舌	舌敝唇焦
焦熬投石	石沉海底	底死谩生	生不逢时	时变是守
守常不变	变风改俗	俗不可医	医时救弊	弊车羸马

的消息吗？"他回答说："没有。"接着他又说："但我知道我孙子肯定平安无事。"王大爷凭什么这么说呢？

思维点拨

收音机里从来没有播放过他孙子的消息，但他知道自己的孙子是平安的，那么，极有可能的是，他的孙子与这个播音员有联系。

011 敏感的娜娜

时间限制：8分钟
是否完成：是（　）否（　）

娜娜是一个奇怪的小孩，对什么都很挑剔，对于数字就更加敏感。她喜欢225，不喜欢224；喜欢900不喜欢800；特别爱144，但讨厌145。

根据以上信息，请你判断出她是喜欢1600还是1700？

思维点拨

不妨思考一下225、900、144这几个数有一种什么样的特殊性质，从而得出她喜欢哪个数。

012 不攻自破

时间限制：5分钟
是否完成：是（　）否（　）

大赫有一次出庭为一家保险公司辩护。

案情是这样的：原告参加了这家保险公司的人身保险，他的肩膀被掉下来的广告牌砸伤了，

而且伤得很重，现在手臂都抬不起来了。于是，他向保险公司提出了巨额的赔偿请求。保险公司凭着多年的从业经验，怀疑原告诈保，于是拒绝巨额赔偿，双方因此闹到法庭。保险公司于是请来了大赫做辩护律师。

大赫仔细分析了案情，又从多方面对原告进行了观察，很快就看出原告所说的伤势有假。开庭时，大赫以一种关心的口吻问原告："为了证明你的伤势，请你给陪审员们看看，你的手臂现在能举多高？"原告慢慢将手臂举到齐肩高时就痛苦不堪，不能再举了。接着，大赫又问了一个问题让原告的伪证不攻自破。

那么，你知道大赫是怎样让原告的伪证不攻自破的吗？

思维点拨

既然伤出在手臂，那么能让谎言不攻自破的话肯定也就出在手臂了。

013 想不到的答案

时间限制：1分钟
是否完成：是（　）否（　）

布布和小伙伴们在一起玩耍的时候，出了这样的一道算术题：1=52=65　3=125　4=165　请问5=？

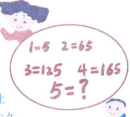

可是，这些题目让他的小伙伴们考虑得太久。因为他们一直在想这些数有什么规律，而忽略了其中最简单的东西。你知道正确的答案是什么吗？

思维点拨

首先认真看题，不要被题中复杂的数字所迷惑，注意观察，就会发现其中的奥妙。

014 炒豆子

时间限制：5分钟
是否完成：是（　）否（　）

软软想用一个锅同时炒红豆和绿豆，炒熟后往外一倒，红豆与绿豆便自然分开，请问软软该怎么炒？

思维点拨

数量很多的红豆和绿豆在同一个锅同时炒肯定不能往外一倒就分开的，想想怎样才能让它随便一倒分开。

015 倒水

时间限制：8分钟
是否完成：是（ ）否（ ）

今天是小里妈妈的生日。中午，家里来了5位客人，妈妈要小里给客人们倒水。一位客人看

着桌子上的10个水杯，其中左面的5个盛满了水，右面的5个是空杯子，就问小里："你能在只移动两个杯子的情况下，使盛水的杯子和空杯子间隔着排起来吗？"可是小里移了很久也没有做到，他觉得这个客人故意刁难他。你知道该怎么移吗？

思维点拨

既然客人说能移动杯子，那么我们可以考虑把盛满水的杯子拿起，再倒在空的水杯里，这样就好办多了。

016 聪明的孩子

时间限制：6分钟
是否完成：是（ ）否（ ）

无量方丈是整个寺庙里最受弟子爱戴的大师，谁都想得到无量方丈的真传。有一天，无量方丈将弟子们全都招到跟前，说谁能回答我下面的问题，我就将我的毕生所学传授给他。弟子们喜不自禁，纷纷跃跃欲试。这

时只见无量大师说"谁能告诉我前面寺庙后院的水池里共有几桶水？"弟子们立马安静下来，面面相觑，都答不上来。

这时，人群中突然钻出了一个小孩。小孩眨了几眨眼睛立即回答了这个问题，并让方丈十分满意。

你能说一说，这个孩子是怎样回答的吗？

思维点拨

要问池中有多少桶水就取决于桶的大小。

017 挪箭头

时间限制：8分钟
是否完成：是（ ）否（ ）

下面有4支印第安箭头，要想挪一下位置就变成5支，你有什么好办法吗？

思维点拨

只要把4支箭头按规矩放好，就可以看见第5支箭头的轮廓。

018 匆忙的早晨

时间限制：5分钟
是否完成：是（ ）否（ ）

小米赶着去上班，于是，他想在3分钟的时间里烤出3张南瓜饼，

可是他家的烤锅一次只能烤两张饼，烤一面所需要的时间是1分钟。你能帮小米想到解决问题的好办法吗？注意：饼的两面都需要烤。

思维点拨

将3张饼子按顺序分配好，相互搭配着烤，就可以起到节省时间的效果。

019 报纸的页数

时间限制：2分钟
是否完成：是（ ）否（ ）

早上正在看报纸的爸爸，突然从报纸中抽出一张，然后让于飞观察，于飞发现第8页和第21页在同一张纸上。这时候爸爸问

他：根据这个，你能否说出这份报纸共有几页吗？亲爱的读者，你能吗？

思维点拨

由于第8页和第21页在同一张纸上，由此可知第8页之前与第21页之后的页数是相同的。

020 最省时间的路线

时间限制：5分钟
是否完成：是（ ）否（ ）

女警瑟儿接到某城有人被绑票的通知，该城的地图如下。现在，请你帮瑟儿从地图中找出一条最节省时间的路线。

思维点拨

先将这幅图瞧明白，然后启动反向思维去找答案，即可得出最省的路线。

021 主考官的题

时间限制：3分钟
是否完成：是（ ）否（ ）

小桃去一个家具公司面试，主考官给她出了一道很奇怪的题目。一盒玩具球中有4个小球，每个小球都是按照标准的重量制造的。在质检过程中，工作人员发现其中一个小球是次品。现在知道那个次品的重量要比其他合格品的重量重一些，如果让你用天平只称量一次，你知道如何判断哪个小球是次品吗？

思维点拨

抓住题中次品球的重量要比合格品重这个条件，然后通过天平来判断。

022 钻石项链

时间限制：5分钟
是否完成：是（ ）否（ ）

欧阳太太有一条非常珍贵的钻石项链，这条项链的挂坠上镶有25颗呈十字架排列的钻石。清点十字架上的钻石是欧阳太太平日里最热衷的事情，她无论是从上往下数，还是从左往上数或者从右往上数，答案都是13。但是，她的数法在无意间被工匠师知道了。当欧阳太太拿着被工匠师修理好的挂坠，当面清点完回家后，工匠师正看着手里从挂坠上取下

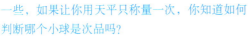

的钻石偷着乐呢。

你知道工匠师在哪个地方动了手脚吗？

思维点拨

既然从上往下是不会变的，那么我们就可以从左右来考虑了。

023 接断桥

时间限制：2分钟
是否完成：是（ ）否（ ）

不弯折或剪开这张纸，你能把断桥接起来吗？

思维点拨

做这道题，你唯一需要的只是眼睛，想想看。

024 能能的妙计

时间限制：2分钟
是否完成：是（ ）否（ ）

文文缠着能能陪他一起打乒乓球。能能被吵得实在受不了，于是想了一个妙计："文文，这袋子里放了两个乒乓球，一个黄色的，一个白色的。现在，要你伸手进去拿乒乓球。如果你拿到黄色的，我陪你玩。但如果拿到白色的，就要放弃了，而且不能再吵我！"

文文的眼睛顿时亮了起来，但此时却瞥见转过身的能能放了两个白色乒乓球进去。那么，不论她拿到哪一个都会是白色的。

请问：文文是不是玩不成乒乓球了？

思维点拨

文文只需要想办法让能能不见着文文拿在手里的球就行。

025 无穷世界

时间限制：3分钟
是否完成：是（ ）否（ ）

这个问题能把你引向奇异的无穷世界：你是一家无穷旅馆的经理，你的旅馆有无穷多个

房间。无论旅馆有多拥挤，你都能给新来的客人安排房间：只要简单地把1号房间的客人移到2号，2号房间的客人移到3号，3号房间的客人移到4号，依次类推。把所有的客人都用此方法安置好后，你就可以把新来的客人安排在1号房间。

不幸的是，当你正打算去休假时，来了一批前来开会的客人，会议讨论的问题一定很热门，因为来了无穷多个人。你已经有了无穷多个客人，那你怎么安排这批新客人呢？

思维点拨

既然是无穷旅馆，那么已有无穷多个客人，再接待无穷多个客人时所需要的房间就是现在的两倍了。

026 多少土在洞里
时间限制：1分钟
是否完成：是（ ）否（ ）

沫沫家后面有一座大山，暑假闲着没事，沫沫就在山腰上挖了一个洞，洞深6米，宽1米，高2米。请问：你知道洞里面有多少立方米的土吗？

思维点拨

认真看清题意，不要被一些"无理头"的条件左右了思维。

027 可怜的妮妮
时间限制：3分钟
是否完成：是（ ）否（ ）

妮妮有一位厨艺高超的妈妈，妈妈每天都会变着花样做各色美味的饭菜。可是，妈妈做的饭菜越是好吃，可怜的妮妮却越是吃不到妈妈做的菜。当然也没有

舍吃的家人抢妮妮的饭菜。你知道这是为什么吗？

思维点拨

既然家人没有抢瑟妮的饭菜吃，那么妈妈做的饭菜是给谁吃的呢？动脑筋想一想。

028 怎么喝到酒
时间限制：2分钟
是否完成：是（ ）否（ ）

晚上，弟弟和哥哥一块吃饭，哥哥拿出了一瓶红酒，喝了一半之后，便找了一个软木塞将瓶口盖住。弟弟很眼馋，也想尝一尝，若不拔去瓶塞，不打破酒瓶，请问：弟弟要用什么办法才能喝到酒？

思维点拨

注意题中所给出的关键条件"软木塞"，既然木塞是软性质的，那么它具有一定的活动性。

029 生熟鸡蛋
时间限制：3分钟
是否完成：是（ ）否（ ）

妈妈去商店买了一大框鸡蛋，准备将它们全煮熟。可是刚煮了一部分，妈妈突然有事要去一趟，于是就将生鸡蛋和熟鸡蛋分别用两个篮子分别装着。淘气的蓓蓓见妈妈不在，便将两个篮子里的鸡

蛋混在了一起。这些鸡蛋从外观上瞧不出有什么差别，打开吧，又容易把生鸡蛋弄坏了，你能想出什么办法，在不打开鸡蛋的情况下就把生鸡蛋和熟鸡蛋区分开吗？

思维点拨

在做题之前，我们需要明白，煮熟的蛋黄与蛋清是一个整体。

030 教授的牌
时间限制：5分钟
是否完成：是（ ）否（ ）

数学家秦教授出差，住在一家星级酒店里。

一天深夜，人们发现他昏迷在酒店的一间包房内，而随身带的钱包却不见了踪影。罪犯在现场没有留下任何痕迹，只是教授的手里握着一张扑克牌"K"。然而，这间酒店的房门号不是

三位数，如果说这张牌代表"013"号房门，酒店又恰好没有这个房间号。但聪明的探长还是一下就明白了，很快抓到了罪犯，

你能想出来吗？

思维点拨

秦教授是一位数学家，他手中的牌与数学中的某一符号谐音，他是想通过这个符号来给出暗示。

031 弯曲的铁丝

时间限制：2分钟
是否完成：是（ ） 否（ ）

雪儿把铁丝绷直，然后用螺丝钉将两端固定住，悬空。再用蜡烛在铁丝中间加热。过了一会儿，他发现铁丝发生了弯曲。请问，你知道这是为什么吗？

思维点拨

这跟铁丝本身的性质有很大的关系，铁丝加热后，会延长。

032 带电的糖

时间限制：2分钟
是否完成：是（ ） 否（ ）

你见过带电的糖吗？很稀奇哦，快来看看吧！

1.关掉房间的灯，拉上窗帘，让眼睛适应黑暗。

2.取两块方糖，像擦火柴一样迅速摩擦两块方糖，或用一块敲击另一块。两块方糖碰撞的时候，你能看到微弱的光芒。

思维点拨

有些固体介质受到挤压时，会产生极化现象。

033 你也来试试

时间限制：4分钟
是否完成：是（ ） 否（ ）

我们知道手巾是用布做成的，只要它一旦碰着了火，就会被烧坏。可是在这里，却有一个办法可以使手巾不会烧坏。你知道是什么办法吗？

1.用手巾把硬币紧紧地包起。

2.点燃香，使其接触包裹着硬币的手巾位置，发现手巾没有烧着。

3.将硬币取出，直接用香接触手巾，发现手巾被烧着。

思维点拨

这是采用转移热量的原理来完成的，想想热量是怎样转移的。

034 哪个长

时间限制：2分钟
是否完成：是（ ） 否（ ）

哥哥画了一个大圆，大圆里又画了许多小圆，小圆的圆心都在大圆的直径上。他问弟弟到底是大圆的周长长，还是小圆的圆周之和长。弟弟说一样长。那么，弟弟说的对吗？

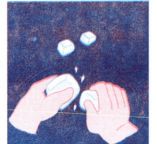

思维点拨

可从大圆与小圆的直径角度去思考。

035 雪地里的脚印

时间限制：3分钟
是否完成：是（ ） 否（ ）

下雪天的早上，小王在门前的大马路上发现了一排奇怪的脚印，他怎么也猜不出来这是谁留下的。你能告诉他是什么物体在沙地上留下这些脚印的吗？

思维点拨

由图可以看出，这不是一个物体所留下的脚印，可以分开来推断不同的脚印的特点猜测。

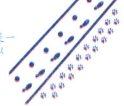

036 两个活宝

时间限制：1分钟
是否完成：是（ ） 否（ ）

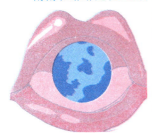

南南和琳琳是班上的两大活宝，特别受欢迎。他俩有一个共同的特点，就是爱吹牛。自习课上，他俩又开展了一场吹牛比赛，比赛谁吃得多。南南说："我能把江里的水一口喝了，我能把南极洲当蛋糕吃了，我还能把地球当成丸子一口吃了。"琳琳说了一句话，南南输了。你知道琳琳说的是什么话吗？

思维点拨

当敌人消失时，就能取胜，想想琳琳该怎样让南南消失。

037 冰箱里的水

时间限制：5分钟
是否完成：是（ ） 否（ ）

鲁鲁从小就特别聪明好动，因此深得亲戚朋友们的喜爱。国庆假的时候，鲁鲁和爸妈回老家探亲，天很热，鲁鲁就闹着要喝冰水，这时，旁边的表叔就趁机考他：把两杯不同温度的水放在同一个冰箱里，温度高的一杯与温度低的一杯哪个冷得快？没想到鲁鲁立马就回答出来了，亲戚们都纷纷夸他聪明。你知道鲁鲁怎么回答的吗？

热 **温**

思维点拨

冷却的快慢是由液体上表面与底部的温度差决定的，知道这一点后，题就很容易得出答案了。

038 机灵的外祖父

时间限制：5分钟
是否完成：是（ ） 否（ ）

周末，妈妈带贝贝去探望外祖父。才进门，贝贝就给外祖父写了一组数（如图），想考考外

接龙游戏	静不露机	机不容发	发短心长	长才广度	度日如年
	年高德韶	韶光淑气	气傲心高	高岸深谷	谷父蚕母
	母慈子孝	孝悌力田	田夫野老	老八辈子	子承父业

祖父，并要求外祖父快速地说出它们的答案。谁知，外祖父看到了这个题目后，马上说出了答案，你知道外祖父说的答案都是什么吗？

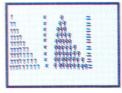

思维点拨

先计算出其中的两道小题，你就会发现隐藏在其中的规律。

039 薇薇卖"羊"

时间限制：1分钟
是否完成：是（ ） 否（ ）

薇薇的家在美丽的内蒙古大草原，那里天蓝水碧，空气清晰。但是薇薇家却非常穷，他

们5口人靠养几十只羊度日。有一天，爸爸对薇薇说："家里最近快揭不开锅了，你今天带50只羊到市场去卖吧。到晚上，再把卖的钱和50只羊全部带回来。"薇薇听了父亲的话后特别为难，边走边想，最后终于想出了办法。你知道薇薇想到了什么好办法吗？

思维点拨

羊是薇薇家的糊口之本，肯定不能卖，只有从羊身上想办法，想想怎么样可以既卖钱，也不用损失羊。

040 聪明的间谍

时间限制：5分钟
是否完成：是（ ） 否（ ）

吴维非常机敏，而且是老板培养的"特务"中最为聪明能干的一位。一次，老板为了搜集商业秘密，让吴维悄悄潜入了某国举行的一个外交会。吴维为了避免保安的追踪，他伪装成一名记者，背着相机和闪光灯，利用伪造的证件潜入了会场。就在他不停地拍照时，一名保安向他走了过来。

"先生，您好，请将您的证件给我看一下。"保安人员对他

说道。

吴维拿出了证件，那个保安人员细心地看了一会，突然说道："你的证件是伪造的，你到底是什么人？"他一边说，一边想要从口袋里取出手枪。

吴维知道自己暴露了，必须马上逃走。值得庆幸的是他站的地方离大门很近，但如果就此转身，对方一旦拔出手枪，自己肯定会被击中。就在这万分火急的时候，他想到了一个办法并且安全的逃了出来。

思维点拨

吴维可以借助他手上的工具来逃跑。

041 阅览室里的问题
时间限制：5分钟
是否完成：是（　）否（　）

在一座学校图书馆的阅览室里，有几张3条腿的凳子和4条腿的椅子，并且它们都有人坐。如果你数出房间里有39条腿，那么是否能算出有几张凳子、几张椅子和几个人？

思维点拨

读书的都是健康人，所以都有两条腿，每张凳子和椅子上只坐一个人。

042 用木板塔桥
时间限制：8分钟
是否完成：是（　）否（　）

有一个山涧4米宽，下面是万丈深渊。山涧上没有桥，来往的人都是带着木板过的。一次，大人带着3.9米长的木板要过那边去，小孩带着4.1米长的木板要到这边来。

大人的木板太短了，小孩又力气小，搭不了桥。两个人各自站在两边干着急。他们应该用什么方法才能够过山涧呢？

接龙游戏	业峻鸿绩	绩学之士	士饱马腾	腾达飞黄	黄道吉日
	日薄西山	山奔海立	立吃地陷	陷坚挫锐	锐不可当
	当场献丑	丑声四溢	溢美溢恶	恶叉白赖	赖骨顽皮

043 怎么安排座位
时间限制：5分钟
是否完成：是（　）否（　）

4对夫妻去看演出。他们全都坐在一排，但是丈夫和自己的妻子并不紧挨着。而且这一排的两端分别坐着一位男子和一位夫人。他们的姓氏分别是安德鲁斯、巴克、克林斯和邓洛普。

（1）邓洛普夫人或者是安德鲁斯先生坐在最靠边的位子上。

（2）安德鲁斯先生坐在克林斯夫妇中间。

（3）克林斯先生坐在邓洛普夫人旁边的第二个座位上。

（4）克林斯夫人坐在巴克夫妇的中间。

（5）安德鲁夫人坐在紧挨着最后的位子上。

（6）邓洛普先生坐在安德鲁斯先生旁边的第二个座位上。

（7）克林斯夫人离最右边的位子要比离最左边的位子近一些。

请推算一下他们是的座位是怎么安排的。

思维点拨

先确定邓洛普夫人和安德鲁斯夫人的位置。

044 怎么让黑三角消失
时间限制：5分钟
是否完成：是（　）否（　）

有一道很简单的题，问题是这样的，请让这页中的黑三角消失在你的眼中。值得注意的是：不能将黑三角挖去或是用纸遮住或是用涂改液涂改等等。

思维点拨

这是一道关于视线的问题，只需注意让目标远离视线之外即可。

045 特别的字母
时间限制：5分钟
是否完成：是（　）否（　）

下列5个字母中哪一个是特别的呢？

H、K、N、E、L

思维点拨

如果拿笔亲自写一下，你的感受会更深。

046 奇怪的单词
时间限制：5分钟
是否完成：是（ ）否（ ）

THIS PARAGRAPH CONTAINS A SECRET. THERE IS A SPECIAL WORD. IF YOU TURN THE PARAGRAPH UPSIDE DOWN AND LOOK AT IT IN A MIRROR, THE SPECIAL WORD WILL MIRACULOUSLY BECOME. AS IT WERE, DECODED WHILE EVERY SINGLE OTHER WORD, INCLUDING 'ZYGOL', WILL HAVE BEEN SLIGHTLY MESSED UP. CAN YOU FIND THE SPECIAL WORD (WITHOUT USING A MIRROR)?

这一段话包含了一个秘密，这里有一个奇怪的单词，如果你把这一段颠倒，并在一面镜子前看它，令人惊讶的是，那个奇怪的单词会和原来一样，而其他每个单词，包括"ZYGOL"，将会轻易地被漏掉。你能发现那个奇怪的单词吗（在不用镜子的情况下）？

思维点拨

颠倒过来以后，从镜子里看这个单词和原来的一样，那么这个单词一定是前后对称的。

047 奇怪的姐妹
时间限制：5分钟
是否完成：是（ ）否（ ）

有一天，阳光明媚，两姐妹在院里晒太阳，突然间想到后院那间不常住的小屋很久没有打扫了，于是姐妹俩商量后决定打扫干净。打扫完以后，一个女孩的脸上脏兮兮的，满是灰尘，

接龙游戏：皮肤之见 结草衔环 卷甲倍道 见财起意 环堵萧然 道傍筑室 意出言外 然荻读书 室迩人遐 外刚内柔 书不释手 遐尔闻名 柔肠百结 手不释卷 名不符实

而另一个女孩脸上却干干净净。脸上干净的女孩跑去洗了脸，而脸上脏兮兮的女孩却没有去洗。为什么会这样呢？注意，屋内没有镜子。

思维点拨

为什么脸上干净的女孩跑去洗脸，而脸上脏的女孩却无动于衷呢？她们看到了什么才会有如此举动？

048 聪明的人
时间限制：5分钟
是否完成：是（ ）否（ ）

杰是远近闻名的聪明人。有一次，他到西班牙去了。到了那里后，他经常去拜访洛克国王。但每次走进王宫的时候，他都不向国王鞠躬。为了迫使杰能低头鞠躬，森叫人在宫门一米高的地方钉上一根横木板。国王想：这一下子，你非低头向我鞠躬不可了，因为只有低着头弯着腰才能进入王宫。

可是，虽有横木板挡着王宫大门，但聪明的杰却还是没有向国王鞠躬就轻轻松松进了王宫。

请问，他是怎么进去的呢？

思维点拨

想象一下，当木板横在门前，只有弯曲身体才能进入王宫，这一条件是无法改变的，那么可以从弯曲的方向进行考虑。

049 如何转败为胜
时间限制：5分钟
是否完成：是（ ）否（ ）

在一次篮球比赛中，一组的甲队与乙队正在进行一场关键性比赛。对甲队来说，需要赢乙队6分，才能在小组出线。现在离终场只有6秒钟了，但甲队只赢了2分。要想在6秒钟内再赢

乙队4分，显然是不可能的了。

这时，如果你是教练，你肯定不会甘心认输，如果允许你有一次叫停机会，你将给场上的队员出个什么主意，才有可能赢乙队6分？

思维点拨

在篮球比赛里有这样一条规则，就是在常规时间内不能分出胜负，就要通过5分钟的加时赛来决定最终的胜利归属。

050 巧妙的安排

时间限制：5分钟
是否完成：是（　）否（　）

3位航海爱好者共有一只小艇，他们想作出一种安排，让每个人随时都可以取小艇使用，

而又不会被别人偷去。为此，他们用3把锁和1条铁链把小艇锁在岸边。每人只有1把钥匙，但都能用自己的钥匙把锁打开，而用不着等待另外两人带着他们的钥匙前来协助。

你知道怎么样做这个巧妙的安排吗？

思维点拨

这道题很难，如何将3把锁锁在一起而又能只用1把钥匙开锁？似乎是不可能完成的，但是如果你考虑把3把锁依次相锁，结果又会如何？

051 如何对调卡片

时间限制：5分钟
是否完成：是（　）否（　）

图中是标"○""×"记号的卡片。卡片的形状与大小完全一样。板盒中还空出了一张卡片的位置，卡片在移到空位上来回移动。请问，你能否将这6张卡片完全对调一下呢？对调的时候这6张卡片不能从盒中取出，也不能把他拿起来跳过中央的位置，放到对方的位置。

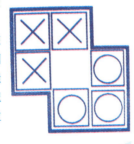

思维点拨

在移动卡片时，想好移动后的卡片与现在的卡片有什么联系。

052 妙招越过山谷

时间限制：5分钟
是否完成：是（　）否（　）

一位旅行家在旅行时经过了一个山谷，他想越过山谷（如图），到对面的悬崖上，因为对面的风景非常漂亮。旅行者想了一下，便找到了方法。你知道他是怎样做的吗？

思维点拨

这也是一个想象题，因此，不能忽视了空中悬挂的弯钩。

053 如何构成三角形

时间限制：5分钟
是否完成：是（　）否（　）

有三根长度分别为2cm、4cm、10cm的木棍。在不折断任何一根木棍的前提下，能否用这三根木棍构出一个三角形？

4cm　　　　2cm

10cm

思维点拨

这个游戏需要游戏者熟知构成三角形的条件，而知道三角形的构成条件后，问题也就迎刃而解。

054 "2岁山"

时间限制：5分钟
是否完成：是（　）否（　）

在某一个国家有一座高山，海拔为12365英尺。当地人根据这一数字，称它为2岁山，你能想到是什么原因吗？

思维点拨

2岁山，看到这个名字你会联想到什么？如果将2岁与12365放在一起，你又会联想到什么？

055 聪明的小偷

时间限制：5分钟
是否完成：是（ ） 否（ ）

古罗马的皇宫里藏有2颗价值连城的宝石。为了防止被盗，侍卫们在装有宝石的盒子里放了一条毒蛇。

可是一天晚上，有一个神偷将宝石给偷走了。他既没有戴手套也没有用任何方式接触到毒蛇，而且把宝石盗走的时候，毒蛇依然安静地待在盒子里。

你知道神偷是怎样把宝石偷出来的吗？

思维点拨

神偷不按常规出牌，而使得自己能够把宝石取走而不被毒蛇所伤。他采用了逆向思维，突破了一些常理的思维定势而使得复杂的问题有了简单的答案。

056 笔直开动的火车

时间限制：5分钟
是否完成：是（ ） 否（ ）

人们曾经认为可以发明一种只靠引力开动的火车。它的每条铁轨都是笔直的，不仅不向左弯或向右弯，而且也不能顺着地球表面弯曲。而是可以穿越两城市间的笔直隧道。隧道的中央固然比两端更接近地心，所以火车的前半段路是下坡，其获得的速度可以供其驶完后半段上坡的路。

如果不考虑摩擦或空气阻力，这种方案可行吗？如果可以，你能估计一下它完成行程的最短时间吗？

思维点拨

理论上可行的方案，实际上不一定可行。

057 坏的计算器

时间限制：5分钟
是否完成：是（ ） 否（ ）

有一个计算器显示某个数字的部分坏了，现在下面是它所显示的内容。

请你判断一下是哪一个数字坏了？

思维点拨

这道题真的很难解，但是如果你认真观察过计算器就会发现，等号永远是在显示屏幕的右侧，如此一来，将这个计算器所显示的等式旋转一下，答案呼之欲出。

058 巧取金币

时间限制：5分钟
是否完成：是（ ） 否（ ）

有一次，国王把一块金币和一块稍大的银币放在葡萄酒中（如图所示），对囚犯说："你们谁能不用手或其他工具，从杯中取出金币，我就给谁自由。"请想想，有什么好办法？

思维点拨

必须首先把限定条件以外的方法排除掉，才可能探索新的方法。不妨先把杯子倾斜一下看看，再联想一下旋风的力量。如果你把注意力转向吹气的问题上，就可以缩短解决问题的时间。

059 吝啬的财主

时间限制：5分钟
是否完成：是（ ） 否（ ）

有个吝啬财主的寿辰快到了，于是他便请了一位画师为自己画了一幅画像，好在寿宴上炫耀一番。画像画好后，财主想压价，借口说画得不像，把价钱压得很低。画师和财主辩了半天的理，财主也不加一文钱。画师想了想，拿

着画便走了。

但是第二天，财主却主动找到画师，并且出了很高的价钱把画买了下来。

请问，画师用什么办法，迫使财主出高价买了他的画呢？

思维点拨

画师面对如此蛮不讲理的财主，一定是用了一些非常规的办法才迫使财主高价买画。对于这样的财主而言，相信没有什么比他的切身利益更能引起他的关注了。

060 珍的赌注
时间限制：5分钟
是否完成：是（ ）否（ ）

珍只带了5英镑在身上，她想到当地电影院里去看10英镑的电影。她对她哥哥说："我和你赌5英镑，如果你给我10英镑，我就给你15英镑。"她哥哥想了一会儿，然后同意了，他这样做明智吗？

思维点拨

仔细从珍说的话中找到破绽。

061 纸片的变化
时间限制：5分钟
是否完成：是（ ）否（ ）

将长方形纸片的两端折成直角状，端放在桌上，然后用力吹气。请问这张纸会出现怎样的变化？

A．吸附在桌面上

B．飞走

思维点拨

要分析对纸和桌面用力吹气会产生什么影响。

062 间谍的绝招
时间限制：5分钟
是否完成：是（ ）否（ ）

甲、乙两个国家在闹边界纠纷。甲国的间谍企图偷越边界潜入乙国，以盗取可靠的信息。

但由于对方戒备森严、未能成功。在无可奈何的情况下，甲国的间谍想通过挖掘地道偷越边境。不过，这个方案似乎行不通，因为挖出的

浮土一增加，就一定会被敌人的侦察机发现。那么，先盖一所小房子，把浮土藏在里面行不行呢？可是这个方法似乎也不行。因为房子不可能盖得很大，浮土一增加，就需要把它运到小房子外面去，同样会露出破绽。

那么，这个间谍到底要怎样才能越境呢？

思维点拨

不能让对方国家发现自己越境，就要想办法把从地道里面挖出的泥土藏起来。

063 奇妙的告示
时间限制：5分钟
是否完成：是（ ）否（ ）

动物园的鳄鱼池边游客很多，但经常有一些不文明的游客往鳄鱼池里面扔垃圾，工作人员

想了好多办法都没有解决这个难题。一个聪明的工作人员想了一个办法。在鳄鱼池边立了一块标牌，上面写了一句话，立刻杜绝了乱扔垃圾的现象。这是怎样的一句话呢？

思维点拨

鳄鱼是一种食肉动物，没有人敢到池里去。如果告示牌抓住了这一点，就可以杜绝鳄鱼池里有垃圾的难题了。

064 等式的成立
时间限制：5分钟
是否完成：是（ ）否（ ）

今天，李雷上自然课时，老师写了几道奇异的等式。同学们看到老师的这个题目，都猜不

透老师的意思。是要他们判断哪些题目错了吗？可是，这些题目都很简单，一看就知道答案。老师的葫芦里到底卖的什么药呢？

看着同学们疑惑的眼光,自然老师说:"同学们,你们知道什么样的情况下,下面的等式能成立吗?"

思维点拨

可以从计算时间方面的单位着手,比如分秒之间的联系、年月之间的联系等。

065 奇怪的现象
时间限制:5分钟
是否完成:是( )否( )

考生在绝对不能作弊的考场中进行测验,居然出现了两张完全一模一样的答卷。如果说这不是一种偶然现象,那么你认为在什么情况下会出现这种现象?

思维点拨

试卷并不是只有做了才会有不同的结果。

066 摘苹果
时间限制:5分钟
是否完成:是( )否( )

一个没有双眼的人看到树上有苹果,他摘下了苹果又留下了苹果。这是为什么呢?

思维点拨

没有双眼的人并不代表他没有眼睛。而摘了苹果又留下了苹果,那么树上的苹果至少有1个以上。

067 番茄汁的去处
时间限制:5分钟
是否完成:是( )否( )

有一位粗心的太太,有一天她自己在家里做了很多番茄汁。可等她不注意的时候,她的两个儿子就开始拿着这些番茄汁开始了游戏。哥哥站在窗下,淘气的弟弟就把一杯番茄汁朝哥哥的头上倒下去

了。番茄汁正好成一条线,落向哥哥的头上。粗心的太太大惊失色,连连埋怨自己的儿子,因为番茄汁倒到了地上,她又要忙着打扫卫生,还要另外制作番茄酱。可当他赶到窗户边一看时,却发现了一个奇怪的问题,哥哥头上一滴番茄汁也没有,地上也没有洒下去的痕迹。请问,番茄汁到底到哪里去了?

思维点拨

地上没有番茄汁,头上也没有番茄汁,而且番茄汁是一种可以食用的东西。那么,番茄汁的去处只有一个可能。

068 巧买鸡蛋
时间限制:5分钟
是否完成:是( )否( )

在全球提倡环保的情况下,很多国家的便利店、超级市场都不提倡用塑料袋了。这天,吉姆穿着背心、短裤、打完篮球准备回家时,想起了妻子交待他要买些鸡蛋回去。于是,他跑到便利店买了10多个鸡蛋回家了。便利店没有袋子,吉姆没有把自己的衣服脱下来装鸡蛋,也没有其他可以装鸡蛋的工具,但他还是把这些鸡蛋拿回家了。你知道吉姆是怎样把鸡蛋拿回家的吗?

思维点拨

装鸡蛋的工具就是他手里的篮球。

069 活宝的表演
时间限制:5分钟
是否完成:是( )否( )

林叔叔是一个大活宝,非常幽默,喜欢在餐后娱乐别人。这次,他肯定地说他可以让一个钢针漂浮在水上。请问,他能否想出这是怎么实现的吗?

思维点拨

不妨试着将针寄托在一个具有吸水力的物体上。

070 难懂的便条
时间限制：5分钟
是否完成：是（　）否（　）

一个人在一家豪华餐厅就餐。上菜后，他朝菜看了看，接着把一张写着"102004180"的纸条交给了服务员后就离开了。服务员把纸条交给收银员，收银员读懂了这张纸条，并把它登记入账。你能读懂纸条上到底写的是什么吗？

思维点拨

将阿拉伯数字的英文读音与这个人的举动结合起来思考。

071 字母的变换
时间限制：5分钟
是否完成：是（　）否（　）

先强调一下这个游戏的步骤。

每次变化一个字母，并且保证它仍然是一个正确的单词，把"TOW"变成"SIX"，如下：

TOW
TOO
TOP
TIP
S!P
SIX

所以，可以经过5步把"TOW"变成"SIX"。那么，"FOUR"到"FIVE"则需要更多步。包括"F"在内，每个字母至少变换一次，你需要多少步才能把"FOUR"变成"FIVE"？把"ONE"变成"TWO"又需要多少步？

接龙游戏

扬长避短　短刀直入　入鲍忘臭　臭不可当　当道振坑
坑蝙拐骗　骗吃混喝　喝西北风　凤鹏电击　击钵催诗
诗肠鼓吹　吹竹调丝　丝恩发怨　怨府祸梯　梯荣阶禄

思维点拨

在玩这个游戏时，要把日常生活中常用的单词牢记于心。

072 反应敏捷的林杰
时间限制：5分钟
是否完成：是（　）否（　）

林杰在滨海大酒店被歹徒挟持，歹徒逼迫他给家里报平安。林杰的电话内容是这样的："亲爱的露，您好吗？我是林杰，昨晚不舒服，不能陪您去夜总会，现在好多了，多亏滨海大酒店经理送的特效药。亲爱的，不要和我这样的'坏人'生气，我们会永远在一起的，请您原谅我的失约，我的病不是很快就好了吗？今晚来您家时再向您道歉，可别生我的气呀!好吧，再见！"

可是5分钟后，警察突然出现在他们面前，歹徒不得不举手投降。你知道林杰是怎么报案的吗？

思维点拨

问题出在林杰给家人打的电话上。

073 逃脱罚款
时间限制：5分钟
是否完成：是（　）否（　）

小说家麦迪很喜欢钓鱼，一天，他正在湖边钓鱼时，一位陌生人走到他跟前说道："您好，在钓鱼吗？""是啊，"麦迪热情地答道，"可今天钓了半天，都没见一条鱼上钩。昨天也是在这儿，我却钓到15条呢!""噢，是吗？"陌生人问道，"那你知道我是谁吗？"麦迪摇了摇头。"告诉你，我是专门检查钓鱼的。本湖禁止钓鱼。"说着，他便从口袋里掏出罚款单，准备记名罚款。

见此情景，麦迪不慌不忙地反问了一句："你知道我是谁？我是作家麦迪！你不能罚我的款，因为……"那位检查人员一听，还真对这位作家毫无办法。

麦迪是如何摆脱罚款的呢？

思维点拨

与麦迪谈话的人的工作是禁止别人钓鱼，而作家的工作是专门编故事。

074 巧妙的拒绝

时间限制：5分钟
是否完成：是（　）否（　）

一位IT业的青年才俊被一个美丽而浅薄的女郎所追逐。女郎想和他结婚，她的理由是："如果我俩结了婚，生出的小孩聪明像你，美丽像我，岂不是天下第一流的人物吗？"青年听了以后，只说了一句话，就巧妙地拒绝了女郎的追求。

你知道他是怎么说的吗？

思维点拨

青年利用了女郎美丽却并不聪明，而自己聪明却并不美丽的理由来拒绝对方。

075 图片字谜

时间限制：5分钟
是否完成：是（　）否（　）

图中并不是一个吐烟圈的小烟鬼，而是一个图片字谜。

如图所示，在小烟鬼吐出来的烟圈上，填加六笔，把烟圈组合成一句话，这句话是男孩对小狗说的。你知道他对小狗说的是什么吗？

思维点拨

既然是由"O"组成的单词，那么最接近的单词就不外乎"G"与"D"了。

076 愤怒的农场主

时间限制：1分钟
是否完成：是（　）否（　）

在南部的一个农场里面，农场主种了很多的蔬菜。一天，一群兔子偷偷地跑到了这个农场里偷吃蔬菜。粗略估算一下，这些兔子有100只左

右。农场主看见后非常生气，拿起猎枪"砰"地一枪打死了一只兔子。请问：农场里还剩多少只兔子？

思维点拨

兔子听见枪声后，第一反应是什么？

077 拉断绳子的秘诀

时间限制：5分钟
是否完成：是（　）否（　）

小李与小欧两个人在玩游戏。如图，小欧把一根细绳子扎在一本很重的书上，然后再拉住绳子的两端，问小李哪端的绳子会先断。

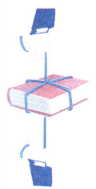

小李回答上面的绳子会断，于是小欧开始拉它们，结果下面的绳子先断了。反过来，小李回答下面的绳子先断，小欧开始拉它们，可是上面的绳子先断了。你知道小欧是怎么控制绳子让两端的绳子任意端先断吗？

思维点拨

这个游戏要运用到惯性的原理。

078 预防偷盗

时间限制：5分钟
是否完成：是（　）否（　）

在某市的一个地铁里，灯泡被偷是时常发生的事。灯座设在伸手可及的地方且无法移动。如果你是政府当局，该如何解决这个问题，防止灯泡被偷事件的再次发生呢？

思维点拨

偷盗时都需在短时间内完成，如果盗贼按照常规的方法无法将灯泡取下来，那么就无法偷走灯泡，因此在灯座的构造方式上要突破常规思维模式。

079 被淹死的鸭子

时间限制：5分钟
是否完成：是（　）否（　）

露西养的鸭子真脏，它们身上的羽毛都被沥青粘在了一起，黑糊糊的，又脏又臭。看着鸭子

接龙游戏

禄无常家	家半三军	军不血刃	刃没利存	存而不议
议论纷纷	纷纭不一	一败如水	水波不兴	兴复不浅
浅尝辄止	止暴禁非	非常之谋	谋臣猛将	将寡兵微

这么脏，露西让它们在水很满的浴缸洗澡，自己就玩去了。等它一回来，鸭子却全部淹死了，你知道这到底是为什么吗？

思维点拨

鸭子能在水中游泳，是因为它的羽毛不怕水。但羽毛粘在了一起，就不能发挥其作用了。

080 爱美的艾利
时间限制：5分钟
是否完成：是（　）否（　）

艾利是一个非常聪明的人，某一天，她和朋友玩游戏。朋友让她把毛衣穿反，即印有刺绣的那一面被穿在了后背，并把艾利小姐手被绑住了。她怎样在不剪断绳子的情况下把套头式毛衣的正面穿在前面呢？

思维点拨

毛衣是套头衫，脑袋也可以活动。因此，艾利完全可以把毛衣从头上脱出来后再想办法把毛衣穿正。

081 硬币的日期
时间限制：5分钟
是否完成：是（　）否（　）

吉拉和伙伴们玩了一个让人匪夷所思的游戏。首先，吉拉转过身，然后任意请1个人把1枚硬币正面朝上放在桌子上。接着，让他将一张空白的纸放在硬币上。现在，吉拉转回身，并宣称要运用她的超能力看穿这张不透明的纸，然后读出这枚硬币上面的日期。如果她读出了这枚硬币的日期，就能得到这枚硬币。

这枚硬币自始至终都是完全被遮盖的，可是吉拉却利用一种工具轻而易举地读出了这枚硬币的日期。你知道她是怎么做到的吗？

思维点拨

要读出硬币上的日期，必须借助铅笔。

082 鸡与鸡蛋的问题
时间限制：5分钟
是否完成：是（　）否（　）

这是一个讨论已久的问题：世界上到底是先有鸡还是先有蛋？午后，两个孩子又开始在进行这个问题的辩论了。作为公证人的你，该如何为他们解答这一难题？

思维点拨

这道题目并没有指明这个蛋一定就是鸡蛋不可。

083 一笔从头画到尾
时间限制：5分钟
是否完成：是（　）否（　）

小西拿来一条硬纸片做成的长条带子，问伙伴们：若蹲着不动，怎样才能在带子上只用一笔从头到尾画一条线呢？你能做到吗？

思维点拨

硬纸片做成的长条带子可以卷成圆圈。

084 多用途的麦秆
时间限制：5分钟
是否完成：是（　）否（　）

把一个空水瓶从桌子上拎起来，工具是一只手和一个麦秆。在做游戏时，要遵守以下两个规则：不能把麦秆系成结；麦秆不能和瓶子外的任何部分接触。

你知道该怎样做吗？

思维点拨

可以把麦秆放入瓶内，使得它能成为一个提起苏打水瓶的工具。

085 机智的吉米
时间限制：5分钟
是否完成：是（　）否（　）

吉米做了一个看起来"不可能"解决的思维

游戏。首先，他在铺好桌布的桌子上放1枚1角硬币。然后，在这枚硬币的两边各放1枚1元硬币，再将1个倒置的玻璃杯放在这2枚1元硬币的中间位置上。玻璃杯放好之后的样子要和上图一致。

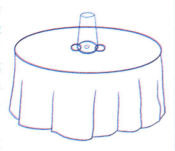

做好这些准备活动后，吉米要把那枚1角硬币从玻璃杯底下移出来，但不能移动玻璃杯或那2枚1元硬币。而且，也不能借助其他东西将1角硬币从玻璃杯下面推出来。

在这么一大堆的限制下，吉米竟然把杯子底下的那枚硬币取了出来，你知道他是怎么做的吗？

思维点拨

条件说不能动玻璃杯也不能动硬币，但没有规定不能动桌布。

086 巧妙的安放
时间限制：5分钟
是否完成：是（ ）否（ ）

在桌子上放两个玻璃杯，它们之间的距离不要太远。然后，将一块较硬的纸放在两个杯口上面。如果在纸的中间再放一个杯子，可以放吗？

思维点拨

一张纸不能支撑一个杯子的重量，那么你完全可以在纸上做一下文章。

087 杯底抽纸
时间限制：5分钟
是否完成：是（ ）否（ ）

桌子上摆着一个喝水的杯子，杯子里面装满了水，在杯子底下有一张白纸。你能在不移动杯子的情况下，取出杯子

下面的白纸吗？

思维点拨

可以利用物理的惯性去解决这个问题。另外，做这个游戏的时候，白纸和杯子一定不能沾水，否则这个游戏不能成功。

088 死里逃生
时间限制：5分钟
是否完成：是（ ）否（ ）

琼正在一条正方形隧道里跑，希望能躲开快向他滚来的大圆石。方形隧道的宽度和圆石的直径一样，都是20米。隧道还有很远才能到尽头，他是否注定要被石头压扁？

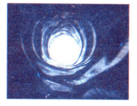

思维点拨

拿出一张纸和一支笔，在纸上画一个正方形，并在正方形内画一个直径等于正方形边长的圆，再结合实际比例，从中你就可以找到正确答案。

089 脸的朝向
时间限制：5分钟
是否完成：是（ ）否（ ）

倘若歇尔、德拉两个人，一个人脸朝东，一个人脸朝西地站着，不准走动，不准照镜子，他们俩怎样才能看到对方的脸？

思维点拨

眼睛对眼睛的时候就可以做到这一点。

090 消失的司机
时间限制：5分钟
是否完成：是（ ）否（ ）

前不久，美女主播蓉在无线电台播报了一起交通事故。报导说，由于桥梁坍塌，一辆卡车和10辆轿车被压。车辆严重受损，但司机却毫无损伤地逃出了驾驶室。当巡警赶到现场时，却不见任何一名轿车司机。当时，并没有轿车司机因此事件而以任何方式投诉。

请问，你知道这是怎么回事吗？

思维点拨

如果轿车司机出事了的话，相信他一定会投诉的，所以并不见得有轿车司机。

091 巧妙的时间

时间限制：8分钟
是否完成：是（ ） 否（ ）

查尼尔堪称本世纪最奇特的音乐节目。峰和德所演奏的两件乐器叫做贝莎风。在他们开始

演奏之前，德将一个旧的手提箱放在桌子上，使这个箱子伸出桌子边大约1/3。接着，便投入到经典的混合曲演奏当中。过了一会儿，这个手提箱突然翻倒在地，演出随即结束，这让大家很吃惊。手提箱里并没有任何钟表装置，那么，你知道他们的演出时间是如何控制的吗？

思维点拨

当没有东西压住的时候，手提箱就会从桌子上倒下来。

092 任你想象

时间限制：5分钟
是否完成：是（ ） 否（ ）

有一个人死在沙漠中，而且是头朝下死的，身边散落着几个行李箱，而这个人手里却紧紧地抓着半根火柴。

你能推出这个人是怎么死的吗？

思维点拨

这个题目，没有标准的答案，你完全可以发挥出自己高超的想象力。

093 翻茶杯

时间限制：5分钟
是否完成：是（ ） 否（ ）

现在有3只茶杯，它们的杯口全部朝下。如果规定你必须两只茶杯一起翻。请问：翻几次才

能使3只茶杯全部口朝上？

思维点拨

拿出3只茶杯，试一试，你就知道了。

094 扑克牌与日历

时间限制：5分钟
是否完成：是（ ） 否（ ）

你知道吗，一副扑克牌至少在6个方面与日历有着惊人的相似之处。赶快来猜一猜，看你能猜中几点？

思维点拨

与日历及扑克牌上面的数字、图案有很大的联系。

095 真话大冒险

时间限制：5分钟
是否完成：是（ ） 否（ ）

在中国的西南方有一个古老的民族。这里每个要出村口的人都得告诉守村口的士兵他出村口进城的目的是什么。如果事后发现他说谎，士兵就要把他吊死在村口的绞架上。如果他说的是真话，那么士兵无权碰他。

一天，有一个人告诉士兵说，他出村口的目的就是让士兵把他吊死在绞架上。

士兵这下傻了眼：如果真的把他吊死在绞架上，此人说的就是真话，按规矩士兵就不能动他了。但如果让他平安出村口，他肯定不会去自寻了断，就成了撒谎。士兵就失职了。

如果您是士兵会如何处理？

思维点拨

这得看士兵想不想手下留情。

096 儿子的答案

时间限制：5分钟
是否完成：是（ ） 否（ ）

从前，当古埃及城陷入纷乱的时候，有位母亲对儿子这么说："如果你正直的话，就会被大

众所皆叛；但如果你不正直，就会被神遗弃。反正都没有好下场，你就别强出头了。"但这位坚强的儿子不但不放弃，还驳得母亲哑口无言，你知道他是如何反驳的吗？

儿子可以就利用母亲说过的话进行反驳，只需将语意颠倒过来。

097 消失的子弹头

时间限制：5分钟
是否完成：是（ ）否（ ）

一天晚上，一声枪响之后，富翁鲁德死在了别墅的花园里。警方到现场调查，见鲁德的胸口有一处伤痕，是被子弹射中造

成的。解剖发现，子弹击中了心脏，伤口有10厘米深。但是，却找不到弹头。

经过警员努力侦查，发现凶手是一名职业杀手，为了使自己杀人后不留下任何线索，采用了一种特制的弹头。这种子弹头射进人体后会自动消失，而不被警方发现。你知道这种特制的弹头是用什么做的吗？

弹头射入人体后会自动消失应该是融入了身体中，想一想什么东西融入到血液中却让警方检查不出来。

098 奇怪的汽车

时间限制：5分钟
是否完成：是（ ）否（ ）

你坐在一辆汽车里，汽车头朝东停在一条笔直的马路上。你沿着马路向前行驶，一段时间后到达距离出发点以西2.7英

里的地方。这是怎么回事？

提示：

（1）这辆车没有盘旋能力。

（2）这辆车没有在拖车上，也没有被牵引。

（3）你没有在环绕地球。

（4）你不能让汽车转弯。

汽车可以向前开，也可以倒车的。

099 锁匠的无奈

时间限制：5分钟
是否完成：是（ ）否（ ）

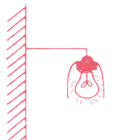

一个锁匠被叫到一个高级的银行，更换一个存放重要文件房间的门锁。只有阻断门前的两束低能量激光，门才能被激活。这样，才能打开覆盖在锁上的一个钢板，然后开门人可以用特制的新钥匙打开门锁。这个系统是自动的，使用过后就会恢复原状。在帮助锁匠把工具拿出储存室之后，银行经理被锁在了储存室内，连锁匠也无法打开门让他出来。为什么？

（1）门是偶然或者故意关上的。

（2）警察和消防部门不得不赶来救出经理。

（3）锁匠必须得再次更换门锁。

（4）锁匠手里仍然拿着钥匙，虽然他在清理工作之前已经测试过门锁了，但他现在也没办法打开门。

（5）激光束仅距离他3英尺远。

门锁是从外面才能打开的，锁匠拿着钥匙却不能打开门锁，想象一下这时他出了什么问题。

100 想过河的小孩

时间限制：5分钟
是否完成：是（ ）否（ ）

在北方的一个小镇上，有个5岁的小孩夏天的时候想越过3米宽的一条河到对岸去和他的小

伙伴玩，可是如果不凭借其他的工具这是办不到的。可是几个月后，他什么工具也没用就轻松地过河了，这个小孩并没有特异功能。你知道他是如何办到的吗？

思维点拨

一个5岁的小孩就算过几个月长大了一点也是不可能跳得过3米宽的小河的。要从时间上去想象并推断。

101 如何寄走名画

时间限制：5分钟
是否完成：是（ ）否（ ）

Lisa的爷爷有一幅名画，卷起来长110厘米，他想让Lisa把它寄给远方的伯父，但邮局只准寄长度不超过一米的物品。你能帮助Lisa想个办法把这幅名画寄出去吗？

思维点拨

画卷既然无法改变其长度，就需要采取一些其它的办法来达到目的。再提示一点，可以制作一个100厘米长的容器，重要的是100厘米长的容器，却能装下110厘米的画卷，这可能吗？

102 恢复原来的数量

时间限制：5分钟
是否完成：是（ ）否（ ）

地上有7个相同的球。从中取出4个，另外加3个，恢复成原来的7个，应该怎么办？

思维点拨

题目并没有说要放回原来的地方，只需恢复原来的7个。

103 9+4=？

时间限制：5分钟
是否完成：是（ ）否（ ）

雪和芸约好中午12点钟在学校吃饭，芸看

了表后，发现自己已经迟到，于是便匆匆去找雪。见面后，雪对芸说："你相信9+4=1吗？"芸听后脸红了，为什么？

思维点拨

联系前文，芸的脸红可能会与迟到有关，那么这个等式又与迟到有什么关系呢？

104 一米深的河

时间限制：5分钟
是否完成：是（ ）否（ ）

信翔校园附近有一条河，它的平均深度是1米。一个小孩身高1.4米，他虽然不会游泳，但肯定不会在这条河里淹死。你说对吗？为什么？

思维点拨

注意一个词"平均深度"，很少会有河流从头到尾都是一样的深度。那么，这个字在这道题里即有了特殊的意义。

105 小猫去哪了

时间限制：5分钟
是否完成：是（ ）否（ ）

阿姨送给小兰一只小猫，这只小猫没有死掉，也没有跑掉，小兰也没有把它送人，为什么3个月后姑妈来小花家却没有看见小猫？

思维点拨

小猫既然没有跑，没有死，那问题一定是出在小猫身上。随着时间的流逝，小猫会有什么变化呢？

106 汽船

时间限制：5分钟
是否完成：是（ ）否（ ）

有两条汽船，往返于甲、乙两地，假如船的速度一样，那么在静水中往返一次所费的时间和在有流速的水中往返一次所费的时间是否相等？

思维点拨

想一下顺风与逆风的作用力，会是一样吗？

107 无重力太空说法

时间限制：5分钟
是否完成：是（ ） 否（ ）

对于太空，有人提出："在毫无重力的宇宙太空中，任何东西的重量都会变成零，换言之，即使是三岁大的飞行员，都有办法用一根拇指的力量，轻易将数百吨重的太空船像打弹珠一样弹射出去。"上述的说明正确吗？为什么？

思维点拨

题目中涉及到重量与质量两个概念，所以我们第一步要做的工作便是分清楚重量与质量的概念以及它们的本质区别。

108 神奇的物体

时间限制：5分钟
是否完成：是（ ） 否（ ）

一个直径只有1厘米的圆孔，却能顺利通过一种体积为100立方米的物体。你能猜出这是什么物体吗？

100立方米

思维点拨

这种物体很特别，严格来说，应该算是一种资源，而且是我们每天生活中必备的资源。

109 象棋谜语（1）

时间限制：3分钟
是否完成：是（ ） 否（ ）

看下面的象棋棋子，你能根据棋局说出一个成语吗？

思维点拨

棋盘上的兵都没有动。至于来源，可以借助网络或者字典。

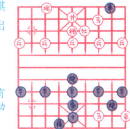

接龙游戏

堕托死生	生财有道	道不拾遗	遗编坠简	简纲捷端
端本澄源	源源本本	本本分分	分外之物	物阜民丰
丰标不凡	凡百一新	新陈代谢	谢馆秦楼	楼船箫鼓

110 象棋谜语（2）

时间限制：3分钟
是否完成：是（ ） 否（ ）

你能根据下面的棋局说出一个对应的成语吗？

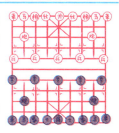

思维点拨

两边的兵离得很近，马上就要进行激烈的搏斗。

111 象棋成语

时间限制：3分钟
是否完成：是（ ） 否（ ）

下图是一个象棋棋盘，请你在每格空白棋子上填入一个适当的字，使横竖相邻的四个棋子能够组成一个成语。

思维点拨

这道题要靠平时的成语积累，也可以借助成语字典来完成。

112 哑谜

时间限制：4分钟
是否完成：是（ ） 否（ ）

主持人将一棵白菜放在桌子上，要求猜谜者做一动作，猜一历史名人。大家都在默默地思考着。忽然，丁丁拿起白菜，不分青红皂白，劈下许多菜帮子扔在桌子上，然后拿着白菜心前去领奖。有的同学对丁丁的所作所为不满，认为开玩笑也应讲究场合。但没想到，丁丁这个"玩笑"正好猜中谜底。

思维点拨

猜谜者用到的是汉字的谐音。

113 秀才贵姓

时间限制：4分钟
是否完成：是（ ） 否（ ）

从前，一个大户人家的老太太过六十大寿，八方宾朋济济一堂。一位秀才进京赶考，路过这里，想求一口饭吃。老太太热情地款待了他。席间，老太太问秀才：

"贵人尊姓大名？"秀才回答："今天不是老太太的生日宴吗？巧得很，我的姓氏与生日宴很有缘。如果把生日宴三个字作为谜面，打一字，谜底即是。"

你知道这位秀才姓什么吗？

思维点拨

生"日"变成"宴"，没"日"之前是什么呢？

114 一条沙绳

时间限制：6分钟
是否完成：是（ ）否（ ）

阿凡提非常聪明，经常用智慧帮老百姓解决问题，还时常捉弄财主老爷。国王很嫉妒他，便和大臣们商量出一个难题，有意要为难他。

国王把阿凡提召入王宫，要他用沙子做一条拴驴的绳子，并限他三天之内必须完成，否则便要抓他坐牢。

老百姓们都很着急，看来阿凡提是难逃这一劫了。但是阿凡提却一点也不着急，每天还是笑呵呵地干活。

三天过去了，国王向他要绳子。可是阿凡提却对国王说了一番话，使国王无法向他要绳子。

请问，阿凡提对国王说了什么话呢？

思维点拨

阿凡提以其人之道还治其身，所以国王无法向他要绳子了。

115 火柴谜语

时间限制：3分钟
是否完成：是（ ）否（ ）

看图中的火柴排列，打一成语。

思维点拨

数一数第二排和第四排火柴的数量。

接龙游戏

鼓唇弄舌	舌敝唇枯	枯肠渴肺	肺腑之谈	谈不容口
口碑载道	道不举遗	遗臭千代	代代相传	传道穷经
经邦论道	道不拾遗	遗臭千年	年高有德	德备四方

116 误打误撞

时间限制：4分钟
是否完成：是（ ）否（ ）

某店一个微型山水盆景上，放着一只玩具虎。要求猜谜者用动作猜两条成语，奖品就是这只玩具虎。一位小朋友想了半天也没猜出来，但又非常想要这只玩具虎，最后他好奇地拿起玩具虎摆弄了一会儿，然后又将它放回原处。奇怪的是工作人员竟将玩具虎递给了小朋友，说："这孩子猜对了。"

你能根据小朋友的动作说出这两条成语吗？

思维点拨

成语与虎有关，先是从假山拿下来了，后又放回假山上去了。

117 武则天解字

时间限制：5分钟
是否完成：是（ ）否（ ）

唐朝武则天称帝，徐敬业和骆宾王不服，谋划造反，约会中书令裴炎为内应。裴炎给徐敬业写的信被查出。信上只写了"青鹅"二字。满朝文武没有一个明白这是什么意思。

后来把信呈送给武则天。武则天不仅看懂了其中奥妙，而且十分恼火，把裴炎给杀了。并于十二月前派李孝逸去镇压。徐敬业兵败，南逃至海陵，为部将所杀。骆宾王下落不明。"青鹅"两字是什么意思呢？

思维点拨

要将字拆开来看，并考虑古代的字是繁体字。

118 探险家问话

时间限制：3分钟
是否完成：是（ ）否（ ）

有一位探险家来到一个猛兽经常出没的村庄里，村里住着老实族和骗子族。探险家想知道今天有没有猛兽出没。就去问一个村民，聪明的探险家问了一个问题就知道今天有没有猛兽出

没。请问：他问了一个什么问题？

思维点拨

探险家问的是一个反问句。

119 撕邮票

时间限制：4分钟
是否完成：是（ ）否（ ）

芳芳想给远方的4个同学写信，于是就买了9张连在一起的邮票。为了很好地保存邮票，她想撕下其中的4张后（不能连在一起撕），剩下的5张邮票至少有一边与另一张邮票相连。你来帮助芳芳，看邮票怎么撕才能连在一起？

思维点拨

为了让邮票有一边与另一张邮票相连，所以中间的一张邮票是一定要保留的。

120 失踪的小鸭

时间限制：3分钟
是否完成：是（ ）否（ ）

一只母鸭带着一群小鸭去河边，在河滩上，母鸭数了一遍，是12只小鸭。它又数了一遍，却变成了10只，在这个过程中，没有别的人或者动物来把小鸭带走，也没有小鸭跳到水中去游泳。那么，这是怎么一回事呢？

思维点拨

既然没有小鸭离开，那么就只有一种情况了，你猜到了吗？

121 为什么摔不伤

时间限制：3分钟
是否完成：是（ ）否（ ）

有一个人从20层大楼的窗户上往地面跳。虽然地面没有任何铺垫物，可是他落地后却没有摔伤。这是怎么回事？

思维点拨

没有具体说明这个人到底是从哪一层跳下来的。

122 讨厌的纸袋

时间限制：4分钟
是否完成：是（ ）否（ ）

在一次高尔夫球比赛中，有个选手接连打出不少好球。就在他胜利在望，准备最后一击时，突然发现，高尔夫球滚进了一个不知谁扔在那里的纸口袋中。此时不能用手触球，用高尔夫球杆击打纸口袋也算一次击球。

你能有一个什么办法来解决这个问题吗？

思维点拨

想想什么办法能在不触及纸袋的情况下让它消失。

123 坑洞里的网球

时间限制：4分钟
是否完成：是（ ）否（ ）

网球比赛时，网球落入地面上的一个坑洞里，这个坑洞不仅弯弯曲曲，而且也不大，其直径只有20厘米左右。手不能进去把球取出，地面土质又硬又黏，也不好挖掘。你说在不损坏网球的前提下，怎样取出才好？

思维点拨

黏性土质具有渗透性差的特点。

124 巧取滚珠

时间限制：4分钟
是否完成：是（ ）否（ ）

科技课上，老师布置了一个有趣的任务：在一段两端开口的透明软塑料管内，装有11颗大

小相同的滚珠，其中有5颗是深颜色的，有6颗是浅颜色的(如图所示)。整段塑料管的内径是均匀的，只能让一个滚珠勉强通过。你要想尽一切办法把深颜色滚珠取出来，如果不先取出浅颜色滚珠，又不切断塑料管，深颜色滚珠是不会出来的。那该怎么办呢？

思维点拨

记住，塑料管是软的。

125 小孩租房

时间限制：4分钟
是否完成：是（ ） 否（ ）

有一家三口人要去另外一个城市工作。他们要在那个城市租住，但是那个城市游客特别多，所以一时找不到

租房。这天，他们总算找到了一个价格合理，条件不错的房子。但是当他们要租住的时候，房东却告诉他们，这房子不租给带着孩子的用户。丈夫和妻子听了，一时不知如何是好，于是，他们默默地走开了。这时他们的孩子对房东说了一句话。房东听了之后，高声笑了起来，并把房子租给了他们。你能猜出这个孩子说了什么话吗？

思维点拨

房东只说不能带小孩，并没有说不能带大人。

126 水滴猜字

时间限制：4分钟
是否完成：是（ ） 否（ ）

什么字，一滴水？什么字，两滴水？什么字，三滴水？什么字，四滴水？什么字，六滴水？什么字，十滴水？什么字，十一滴水？

接龙游戏

坏车杀马	马齿徒长	长材短用	用非所长	长材茂学
学如不及	及瓜而代	代马望北	北窗之友	友风子雨
雨愁烟恨	恨海愁天	天崩地解	解衣衣人	人才济济

思维点拨

在汉字中一点表示一滴水，仔细想想所学过的汉字中，有哪些都用到了点。

127 活蚯蚓

时间限制：3分钟
是否完成：是（ ） 否（ ）

汤姆钓鱼时喜欢用蚯蚓当鱼饵。这天，他共抓了5条蚯蚓，后来分鱼饵时把其中2条蚯蚓切成了2段。这时，汤姆还有几条活蚯蚓？

思维点拨

蚯蚓虽然被切断，但不会死。

128 哪件不一样

时间限制：2分钟
是否完成：是（ ） 否（ ）

左面5种物品中，有哪一种与其他4种物品不一样？锯、牙刷、梳子、钳子、叉子。

思维点拨

看看它们使用部分的形状。

129 瓶子里的蜡烛

时间限制：4分钟
是否完成：是（ ） 否（ ）

4个敞开烧瓶中分别放置了长短、数量不相同的点燃了的蜡烛。第一个瓶子里面放了一支短的，第二个瓶子里放了一支长的，第三个瓶子里放了一支长的和一支短的，最后第四个瓶子里先倒了一些水然后放进了一支长蜡烛。4个瓶子里放着的5支蜡烛灭得最快的是哪一支呢？燃烧得最久的又是哪一支呢？

思维点拨

在瓶内的蜡烛燃烧时间长短与氧气消耗量有关。

130 摆成语
时间限制：3分钟
是否完成：是（　）否（　）

老师今天给了小猴子一个难题：用24根木棒摆了三个字，分别是田、禾、田，你只移动其中的4根火柴，让它们就能变成一个成语。你也来看看能做出来吗？

思维点拨

只移动四根木棒的话，那么，构成的成语就是以"一"开头的。

131 符号谜语
时间限制：3分钟
是否完成：是（　）否（　）

请根据右图的标点符号打一疾病名称。

思维点拨

这两个符号是重复的。

132 令人满意的回答
时间限制：4分钟
是否完成：是（　）否（　）

某个连队中，有个刚入伍的新兵总是分不清左右，因为这个原因他经常挨批评，带队的班长也为此颇感头疼，但他就是改不了。

一次，上级首长前来视察新兵的操练情况。

尽管班长反复叮嘱了他，可到了真正为首长做汇报表演的时候，他却再次出现了失误。当班长喊出"向右看齐"的口令时，只有他一个人把头扭向了左边。于是，首长注意到这个"与众不同"的新兵，就把他叫到自己的跟前，问他为什么会错误地执行了口令。一边的班长直冒冷汗，这位首长可是一向以严厉著称啊！可这个新兵灵机一动，竟然脱口而出地说出了一个理由。等他说完以后，首长

长不仅没有批评他，反而夸他是一个反应很机敏的好士兵呢！那么，你能猜出这个新兵是如何回答问题的吗？

思维点拨

既能为开自己开脱，还能得到首长的夸奖，那肯定是有很具说服力的理由了。

133 阿凡提巧戏同伴
时间限制：4分钟
是否完成：是（　）否（　）

一次，阿凡提和同伴在一起吃西瓜。由于他刚赶了远路，非常之渴，于是坐下便大吃起来。同伴想取笑他，就偷偷把西瓜皮都扔到了他身边。吃完西瓜后，一个人说道："看！阿凡提的嘴多馋！西瓜皮剩下了一大堆。"于是大家捧腹大笑起来。这时阿凡提不慌不忙地说了一句话，表示他们比自己更馋。

你知道他是怎么说的？

思维点拨

就抓住同伴身边连瓜皮都没有来想。

134 一盘竹子
时间限制：4分钟
是否完成：是（　）否（　）

明代艺术家徐文长到姨夫家做客，姨夫半晌才端出一盘菜，却只有一个鸡蛋。姨夫说："文长啊，真是不好意思，你来得真不巧，要是晚来三个月。这个鸡蛋就是一碗鲜鸡汤了。"徐文长笑道："啊，真是难为你了。"

一日，徐文长复请姨夫，半晌，端出一盘竹片，对姨夫说："姨夫啊，真是不好意思，你来得真不巧……"

请问，徐文长是怎样回击吝啬的姨夫的？

思维点拨

竹子不能吃，但竹笋是可以吃的。

135 韩老大请客

时间限制：8分钟
是否完成：是（ ） 否（ ）

从前有一个老财主，又贪又狠。每年秋收以后，哪家佃户不请他吃喝一顿，他就撤租。

这一年，韩老大也租了老财主的几亩地。秋收了，韩老大来请老财主："东家，明天请到我家做客。我家没什么好酒菜，杀只家养的猪，宰只家养的鹅，肉片炒咯哒。割牛

肉，蒸馒头，鱼段儿、虾段儿全熘着。"老财主很高兴。为了能在韩老大家多吃一点儿，老财主头一天晚上和第二天早上都没吃饭。当他肚子咕咕叫着来到韩老大家时，果然闻到一阵阵熘鱼段儿、虾段儿和炒肉片的香味。他连忙跟韩老大签好来年租地的契约，专等好菜上桌。五盘菜端上来了：第一个盘里是烂韭菜，第二个盘里是一只蜘蛛，第三个盘里是一只虫蛾，第四个盘里装着半只花牛儿，最后一个盘子里装着蔓菁顶儿。

老财主问："韩老大，这是怎么回事？"韩老大微微一笑，说："咱们有言在先，这和我说的一样也不差呀！"老财主气得无话可说，饿得晃晃悠悠地回去了。

想一想，老财主为什么无话可说？

思维点拨

韩老大是利用汉语的同音字。

136 彩电和成语

时间限制：4分钟
是否完成：是（ ） 否（ ）

桌子上放着一台彩电。A说："以这台彩电为道具，谁能连做两个简单的动作，打两个成语？"大家都在静静地思索。忽然，B走上前来，将彩电开关打

开，屏幕上出现了画面，有了声音。没过几秒钟，B又把电视

接龙游戏

竭诚尽节	节俭力行	行伍出身	身不由己	己溺己饥
饥不暇食	食辨劳薪	薪桂米珠	珠璧交辉	辉光日新
新仇旧恨	恨海难填	填海移山	山崩地裂	裂裳裹膝

开关关了。B的这两个动作并没有引起人们的注意。谁料，A竟发话了，说B猜中了谜底。

你知道这是哪两个成语吗？

思维点拨

成语跟声音和色彩有关。

137 录用

时间限制：4分钟
是否完成：是（ ） 否（ ）

小张去应聘，主考官没有正面答复小张，而是递给小张一张写有"三山倒挂，二月相连；上有可耕之地，下有流水之川"的纸条。这是一条官谜。小张看了之后，马上高兴地跳了起来。因为他被录用了。你知道这是什么字吗？

思维点拨

要注意小张高兴的原因是他被录用了。

138 图文猜谜

时间限制：1分钟
是否完成：是（ ） 否（ ）

下图是用许多个木字搭起来的一个尖塔，请你猜一中国地名。

思维点拨

新疆的某一地名。

139 两个半小时

时间限制：4分钟
是否完成：是（ ） 否（ ）

小王每天都骑自行车上班，他上班的公司离家很远，骑自行车需要一个小时。可他星期五去上班却用了两个半小时才到（并没有特别的事情发生），这是为什么呢？

思维点拨

注意中国的文字特点就是：有时候相同的意思可能有很多不同的表达方式。

140 傲慢的观众

时间限制：4分钟
是否完成：是（ ） 否（ ）

一次，一位很傲慢的观众在演出结束后，

走到俄国著名的马戏丑角杜罗夫身边讥讽地问道："小丑先生，观众对你非常欢迎吧？""还好。""是不是想在马戏团中受到欢迎，小丑就必须有张愚蠢而丑怪的脸蛋呢？"杜罗夫微笑着很有礼貌地回答了这位无礼的观众，结果把这位观众气得不得了。你知道杜罗夫是怎么回答这位无礼的观众的吗？

思维点拨

他说了一句对方比自己更蠢更丑更能受欢迎的话来回敬无礼的观众。

141 接链条

时间限制：4分钟
是否完成：是（ ）否（ ）

一个铁匠要把这5根分开的链条打成一根长链条。你能找出一种方法，只需要截断其中3个环吗？

思维点拨

独立的三个环就能两两相扣。

142 一服药方

时间限制：7分钟
是否完成：是（ ）否（ ）

明朝时有一县官，鱼肉百姓，无恶不作。在

他生病的时候，访得李时珍（《本草纲目》著者）医术高明，能妙手回春，便亲自登门，请李时珍为他开一服能治病并能延年益寿的药。李时珍平素最恨的就是这帮贪官污吏，便随手为他开了一服药方：

柏子仁三钱　木瓜二钱　官桂三钱
柴胡三钱　益知二钱　附子三钱
八角三钱　人参一钱　台乌三钱

接龙游戏

膝下承欢	欢迸乱跳	跳出圈子	子夏悬鹑	鹑居　食
食不充肠	肠慌腹热	热肠古道	道不相谋	谋臣如雨
雨凑云集	集思广益	益国利民	民保于信	信笔涂鸦

上党三钱　山药二钱

县官拿到药方，如获至宝，回到县衙。他的师爷为人狡猾，精通医理，看了药方后说道："老爷，这哪里是什么益寿药方，这是李时珍在借方骂你呢！"县官按他的指点读去，被气得直翻白眼。这服药方你读懂了吗？

思维点拨

把每种药材的前一个字串起来读一遍。

143 填字游戏

时间限制：4分钟
是否完成：是（ ）否（ ）

河马博士出了一道题：在一个圆圈里，写上四个简单的字，然后让小动物们在这四个字的中心填上一个适当的字，这个字要与其他四个字组成另外四个新的字。看到河马博士的题目，每个学生都认真地写了起来。你也看看，填上什么字最合适呢？

思维点拨

"一"变成"百"。

144 莫扎特的话

时间限制：4分钟
是否完成：是（ ）否（ ）

有位少年向莫扎特请教如何写交响乐。

莫扎特答道："您写交响乐还太年轻，为什么不从写叙事曲开始呢？"少年反驳道："可是您开始写交响乐时才10岁呀？"

"对，"，莫扎特回答道，"……"你知道他是怎么回答的吗？

思维点拨

莫扎特的回答充满了自信，又语含教育。

145 猜城市

时间限制：5分钟
是否完成：是（ ）否（ ）

甲去旅游，乙问他都去哪儿了，他说："海上绿洲，风平浪静；银河渡口，巨轮启动；不冷不热的地方，四季花

红。"开始，乙有些摸不着头脑，不知道甲究竟到过哪里。经甲的启发，乙终于猜出了甲到过的六座城市。你来猜猜看，这是哪六座城市呢？

思维点拨

从字面意思结合全中国城市名去猜。

146 成语迷宫

时间限制：8分钟
是否完成：是（ ） 否（ ）

在课外活动课上，老师给同学们出了一个成语迷宫。方格子里有由60个汉字组成的成语，她要同学们以"山"字作为迷宫入口，以"福"字作为迷宫出口。规则是：每走四格成一成语，且上一成语的词尾与下一成语的词头是同一个字；可上下左右走，不可重走和斜走。

山	童	力	而	惊	人	天	久	别	重
穷	水	尽	为	鸣	定	胜	地	凶	逢
水	尽	心	人	一	如	天	长	化	吉
所	力	尽	师	表	里	安	相	天	人
能	及	意	表	出	事	无	事	无	天
福	得	祸	因	有	己	关	不	安	相

你知道该如何走吗？

思维点拨

可以由最后的因祸得福一步步地往上一步推出。

147 奇怪的对联

时间限制：1分钟
是否完成：是（ ） 否（ ）

有一个姓蔡的县官，和郑板桥是好朋友，他受了郑板桥的影响，很同情老百姓的疾苦，他俩经常在一起，到民间走访了解民情。有一年春节，他俩一起到大街上去散步，访贫问苦。忽然，他们看到一户人家的门上有一副奇怪的对联。

只见那对联的上联是"二三四五"，下联是"六七八九"。蔡县官正感到纳闷，转身

一看，郑板桥不见了。等了好一会儿，只见郑板桥扛了一袋大米、几包衣服，急匆匆地赶来。他们敞开了门，原来那是一个穷书生，正又冷又饿地在发愁。郑板桥把东西送给了主人，蔡县官问郑板桥："是谁告诉你他需要衣服和粮食呢？"郑板桥得意地说："是对联谜呀！"

请猜猜看，郑板桥为什么这么做？

思维点拨

看看对联缺少了什么，就联想一下谐音的字。

148 狼狈的秀才

时间限制：3分钟
是否完成：是（ ） 否（ ）

有一个秀才，自以为读了几年书，就谁都瞧不起。这一天，他写了一首歪诗，独自吟了几遍，越吟越感到得意，就匆匆忙忙地出门，想到朋友家去吹嘘一番。

他走到半路上，口渴得要命，看到路边有一口水井，井水清澈凉爽，就对井边的一个小孩说："小家伙，快打井水给我喝！"小孩说："你先猜出一个谜语，才给你打水！"秀才骄傲地说："一言为定！"小孩大声念道："上边有口无盖头，下边无口没堵头，左边有口没挡头，中间有口无舌头。"

秀才实在猜不出来，只好忍住口渴，狼狈地溜走了。这是个字谜，你知道是哪个字吗？

思维点拨

小孩的字谜就是与喝水有关的东西。

149 字谜塔

时间限制：4分钟
是否完成：是（ ） 否（ ）

右面这个金字塔状的图形，每行字均是一个字谜，你能猜出来吗？

思维点拨

从每行字字面的意思去思考就可以了。

150 丞相的谜语

时间限制：8分钟
是否完成：是（　）否（　）

有个丞相的女儿，到了婚嫁的年龄，前来提亲的人，把丞相府的门槛都踏破了，丞相却认

为，那些有钱人家的公子，全都是没本事的花花公子，女儿怎么能嫁给这种人呢？

有一次，丞相听说一个叫孙义的人比较有才华，于是，他马上让人把孙义请来，想进一步考考他。丞相说："我请教您一个字。一字九横六竖，问遍天下不知，有人去问孔子，孔子想了三天。"孙义等丞相说完，马上说出这个字。丞相高兴得合不拢嘴，把孙义留下来重用，又把女儿嫁给了他。你知道这是什么字吗？

思维点拨

"天"跟"日"有关，建议你围绕"孔子想了三天"这个点去考虑。

151 刁难媳妇

时间限制：6分钟
是否完成：是（　）否（　）

有一女子要回娘家，婆婆就故意刁难她，要她带一样东西回来，否则不能进门。婆婆要的东西，藏在一个谜语里："大圆球，满天红，里面住条小火虫，白天火虫睡大觉，晚上火虫闹天宫。"媳妇怎么也猜不出来，急得哭了。这时，一位老头见状，安慰了媳妇，告诉她谜底，还教她一个新谜

语。媳妇回到婆家，对婆婆说："你要的东西我带回来了"，它是："打我我不恼，背后有人挑，心里似明镜，照亮路一条。"婆婆一听。媳妇不仅猜出了谜底，还通情达理，也不好再为难她了。你知道原因吗？

思维点拨

两婆媳的谜语都是同一样东西，古代晚间常用来照明。

152 图像字谜

时间限制：4分钟
是否完成：是（　）否（　）

请根据下图中的图像，猜猜等式后应填入什么字才会使这个等式成立呢？

思维点拨

把图像联想成文字再来思考。

153 一首词谜

时间限制：5分钟
是否完成：是（　）否（　）

词谜是我国古代传统字谜的一种。它的谜面是一首词，既是词，又是谜。用词的综合意义扣合谜底。词谜的特点基本上与诗谜相同，只是形式是词。你能猜出下面这个词谜吗？

忆江南，
两字同。
四竖又三横。
形状高低恰相反，
低者深下如池井。
高者以嶂屏。

（打两个字）

思维点拨

两字笔画相同，形状高低相反，意思也表示一高一低的两个字。

154 奇怪的指路人

时间限制：4分钟
是否完成：是（ ） 否（ ）

有一个人去远方的一个亲戚家。他走到一个三岔路口。不知道是该往左边还是往右边走。这时，他看见一个人在路边的石头后面休息，于是他前去问路。但是那个人并没有说话。只是抬起头看着他，他又问了一遍。那个人把头缩到石头后面，然后又抬起头看着他。他很生气，正想发怒，突然悟出那人已经给他指出了方向。于是他道谢后继续赶路。你知道他选择的是哪一条路吗？

思维点拨

要注意指路人反复将头缩在石头后面，然后又抬起头，再结合路分为左中右三条就容易明白了。

155 穷亲戚回贴

时间限制：4分钟
是否完成：是（ ） 否（ ）

从前，有个吝啬的老财主要办喜事，发了很多请帖。但有一家关系比较近的穷亲戚却让他感到为难；请他来吧，他送不了多少礼，而且要和别的宾客一样喝酒吃饭，请这样的客人实在不合算；不请吧，又怕招来闲言碎语。

最后，他终于想出一条妙计，在请帖旁边又加了这样几句话："若是来，便是贪吃；若是不来，便是不赏脸。"

那个亲戚看了请帖后，随之备了份薄礼，并写了一张回帖，结果使财主大为难堪。你知道这个穷亲戚的回帖上是怎样写的吗？

思维点拨

穷亲戚只改了几个字便依样画葫芦地回敬了财主。

接龙游戏

八百孤寒	寒蝉凄切	切齿愤盈	盈满之咎	咎由自取
取长弃短	短绠汲深	深闭固距	距人千里	里出外进
进德修业	业业兢兢	兢兢干干	干脆利索	索尽枯肠

156 老师的谜题

时间限制：4分钟
是否完成：是（ ） 否（ ）

课堂上，老师告诉同学们要养成勤动脑筋爱思考的好习惯，还给同学们出了两道题目："今天我们来猜两个人的姓，大家听好了。"然后老师给出了这两个谜语。第一个谜语："头在水里游泳，尾在天上发光。"

第二个谜语："高小姐探头望，李小姐侧耳听。"

思维点拨

第一个谜语要知道水里游的是鱼，天上发光的是太阳；第二个谜语，要着重从"高"和"李"还有"侧耳"去思考。

157 欣欣的谜题

时间限制：5分钟
是否完成：是（ ） 否（ ）

欣欣拿出了妈妈给她出的谜题，让小伙伴们解答。她的谜题是："去上面是字，去下面是字。去中间是字，去上下是字。"听了欣欣的话，其中的一个男孩想了想，马上就说他知道了，还说，这个谜题的答案不止一个。你知道都是些什么字吗？

> 去上面是字
> 去下面是字
> 去中间是字
> 去上下是字

思维点拨

题中说的字必定是上中下结构，把这个字拆开的话，都能成为一个简单的字。

158 几何谜题（1）

时间限制：5分钟
是否完成：是（ ） 否（ ）

> 中途 弯路
> 马路没弯
> 羊打架…

小鹏是个几何迷，凡是与几何有关的东西，他都会搜集起来，然后跟小伙伴们一起讨论。今天，他一走进教室，就给了伙伴一些几何的谜题，你来看看，这些词语表示的是什么几何图形?

①中途（ ） ②弯路（ ）
③马路没弯（ ） ④羊打架（ ）
⑤五分钱（ ） ⑥孤身一人（ ）
⑦失去联络（ ） ⑧并肩前进（ ）

思维点拨

主要是理解字面的意思，进而进行想像，而且他们不都是平面，有的还有点像歇后语。

159 几何谜题（2）
时间限制：4分钟
是否完成：是（ ）否（ ）

小鹏是个几何谜，知道许多关于这方面的知识，但是今天，他就被数学爷爷考倒了，数学爷爷出的是下面的题目，你也来帮帮忙吧。

①找根据（ ）
②垂钓（ ）
③彻底消灭（ ）
④一视同仁（ ）
⑤我先走（ ） ⑥一举歼灭（ ）
⑦医生提笔（ ）

思维点拨

从每句话所暗示的结果中寻找答案。

160 为难的书童
时间限制：5分钟
是否完成：是（ ）否（ ）

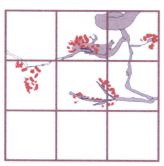

明朝有一个著名的文学家，叫冯梦龙。有一年夏天，冯梦龙起床后，发现后院的桃花盛开了，正在这时，有一位姓李的朋友来拜会。冯梦龙便开玩笑说："桃李杏春风一家，既然您来了，我们就到后院去，一面喝酒，一面赏花吧！"他们来到后院，冯梦龙忽然

想起忘了一样东西，就对书童说："你快去拿一件东西，送到后院来！"书童问："是什么东西呢？"冯梦龙随口就造了一个谜："有面无口，有脚无手，又好吃肉，又好吃酒。"

书童愣在那儿，猜不出应该去拿什么。你能帮帮这个书童吗？

思维点拨

有面有脚用来喝酒，摆宴都要用到的东西。

161 依图猜诗
时间限制：2分钟
是否完成：是（ ）否（ ）

请根据下图所画的男女游泳衣，打五言唐诗一句。

思维点拨

要注意这两件都是游泳的人穿的衣。

162 猜谜语
时间限制：4分钟
是否完成：是（ ）否（ ）

火烧山倒
树毁多少
大人不在
云力自烧

小方出了一个谜语：火烧山倒，树毁多少，大人不在，云力自烧。这个谜题，每句诗打一个字，这四个字合起来就是一个四字成语。你知道小方这个谜语的谜底是什么吗？

思维点拨

按照句子的写意可以猜出字的意思，只要猜中了其中的两个字，就可以轻而易举地猜出这个成语。

163 和骗子打赌
时间限制：4分钟
是否完成：是（ ）否（ ）

在街头，有一个骗子和人打赌赢钱。他们的规矩是，一个人说一句话，如果另外一个人不相信的话，就要给说话的人5块钱。在打赌的人中，有很多人都输了钱。这时，有个小孩从人群中走了出来，他愿意和骗子打赌赢钱，而且，他每次都对骗子说了同样的一句话，骗子每次只能回答

不相信，无奈地给小孩5元钱。于是，小孩很快把大家输的钱赢了回来，并还给了大家。你知道小孩说了一句什么话吗？

思维点拨

小孩能赢回大家的钱，而又令骗子不相信的话，那也肯定是和钱有关的。比如：说骗子欠了他钱。

164 告示牌

时间限制：3分钟
是否完成：是（　）否（　）

在一个小学的附近，有一个废弃的停车场，它成了爱贪便宜的人存放自行车之处。慢慢地，这里停放的自行车越来越多，还有的停放到了马路边上，对学生上学放学造成了很大的影响，可是学校的老师也没有办法。有一天，校长想了一个办法，他在停车场立了一块告示牌，几天后，那些自行车都不见了。你知道校长在告示牌上写的是什么吗？

思维点拨

告示牌上的字一定能起到让所有的车主担心的效果，只有让车主担心自己的利益问题，他们才不会再把车放在废弃的停车场。

165 下雨天看电影

时间限制：4分钟
是否完成：是（　）否（　）

在周末离开公司的时候，小刘对小孙说："如果明天下雨，我就会去电影院看电影。"到

了第二天，天气是晴朗的。小孙想到小刘昨天说的话，他想到小刘一定在家，就走很远的路去了小刘家做客。可是小刘并不在家，小刘的父亲告诉他小刘去电影院了。小孙很生气，觉得是小刘骗了他。

请问，是小刘食言了呢，还是小孙的理解错误？

接龙游戏

池鱼笼鸟　鸟得弓藏　藏锋敛锐　锐挫气索　索居离群
群策群力　力倍功半　半丝拉拉　拉牌推藏　藏锋敛颖
颖脱而出　出尘之想　想当然耳　耳边之风　风兵草甲

思维点拨

小刘说："如果明天下雨，我就会去电影院看电影。"但这并不表明小刘不会在天气晴朗的时候去电影院。

166 大力士举重

时间限制：3分钟
是否完成：是（　）否（　）

力量村里出生的孩子都力大无比。其中有一个大力士可以轻易地举起400斤的东西，但有一天，他竟然连一件200斤重的东西都举不起来，请问这是为什么？当然，他没有生病也没有受伤。

思维点拨

题目一开始就说了这个大力士，没有说其他人。

167 过独木桥

时间限制：3分钟
是否完成：是（　）否（　）

妞妞跟着挑着箩筐的爸爸过独木桥，走到桥中间的时候，迎面走来一个小男孩牛牛，妞妞和牛牛谁也不肯让谁，妞妞的爸爸怎么劝说也不行。于是他急中生智，想出了一个办法，使他们都过去了：你知道妞妞的爸爸怎么做吗？

思维点拨

只要有箩筐，妞妞和牛牛就都能过去。

168 讲什么语言

时间限制：4分钟
是否完成：是（　）否（　）

有四个中国留学生去德国留学，她们在一个可以通行很多种语言的城市中游逛。其中，学生甲会德语和法语，学生乙会罗马尼亚语和日语，学生丙会德语和意大

利语，学生丁会拉丁语和西班牙语。这时路边有一个用法语写的旅游指导，学生甲看了后，用德语把内容讲解给丙听。那么，现在知道旅游指导的甲和丙怎么才能把上面的内容讲解给另外三个人呢？

思维点拨

题中给出的一大堆条件其实是没用的，不要被这些条件迷惑了。

169 拼英文单词
时间限制：4分钟
是否完成：是（　）否（　）

小鸭子和小公鸡是好朋友，它们经常在一起玩。一天，小鸭子在草地上捡了一些木棒，拼成了鸭子的英文单词"duck"。他对小公鸡说："你能移动一根木棒，就把鸭子的单词变成公鸡的单词吗？"小朋友，你知道要怎么拼吗？一起和小公鸡做吧。

思维点拨

先想想鸭子和公鸡的英文单词的写法和读法，然后根据记忆移动一根木棒，使鸭子的单词变成公鸡的单词。

170 画正方形
时间限制：4分钟
是否完成：是（　）否（　）

数学课上，老师在教同学们画正方形和长方形。小刚是个又懒又爱睡觉的孩子，竟然又在课上打起了瞌睡。老师有些生气了，于是把小刚叫起来，给他出了一道题目，只要他能完成就不批评他了。老师说："只用一支粉笔，在黑板上用最少的笔画，画成一个正方形。"小刚很快就画了出来。你知道他是怎么画的吗？

思维点拨

要改变传统的用粉笔的方法才行。

171 巧倒粮食
时间限制：4分钟
是否完成：是（　）否（　）

在一个袋子里先装小米，用绳子扎紧袋子后，再装进大米。在没有任何容器，也不能将它们倒在地上或其他地方的情况下，你能先把小米倒入另一个袋子中吗？

大米

小米

思维点拨

要利用袋子是可以翻过来的这一优势。

172 走进森林
时间限制：4分钟
是否完成：是（　）否（　）

一个探险家在前进的途中遇到一片广袤的森林，请问他最多能走进森林多远？

思维点拨

"走进"森林最远的距离是森林的中部，再往前就是"走出"了。

173 分果汁
时间限制：4分钟
是否完成：是（　）否（　）

7个满杯的果汁、7个半杯的果汁和7个空杯，平均分给3个人，该怎么分？

思维点拨

试着先把半杯倒成满杯。

174 找地方
时间限制：3分钟
是否完成：是（　）否（　）

右图是一座看台，观察后可知上面可以站6个人，但是现在有7个人，你能替多出来的那个人找个地方吗？

思维点拨

换一个角度将会有不同的发现。

175 谁是最高的人

时间限制：3分钟
是否完成：是（ ） 否（ ）

仔细看下图，3个人中，最高的是哪一位？

思维点拨

要注意这是一幅立体空间图，不是平面图。

176 猜点数

时间限制：3分钟
是否完成：是（ ） 否（ ）

下面三个骰子，隐藏的垂直的两个面（背面和侧面）上的点数之和是多少？

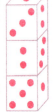

思维点拨

想一想骰子对面两个数的和有什么规律。

177 镜子里的时钟

时间限制：3分钟
是否完成：是（ ） 否（ ）

小明对着镜子穿衣服的时候，看见镜子里的钟表，上面显示的时间是9：35，你知道钟表的实际时间是多少吗？

思维点拨

可以自己找一面镜子，自己试验一下，多试验几次，就能找出其中的规律。

178 不等式变等式

时间限制：3分钟
是否完成：是（ ） 否（ ）

下面的不等式是由14根火柴组成的。请你只移动其中一根火柴，使不等式成为等式。

思维点拨

只移动一根火柴，那就得从74这个数去移了。

179 切木墩

时间限制：3分钟
是否完成：是（ ） 否（ ）

院子里有一个正立方体的木墩。胖胖想把它切成27块用来搭积木。你猜胖胖最少要切几刀才能完成任务。

思维点拨

将一个正方体分成27块小积木，那就是长、宽、高每边都得有3个了。

180 分土地

时间限制：3分钟
是否完成：是（ ） 否（ ）

美国有一个农场主，家里有一块地，形状如右图。他有3个儿子，儿子长大后，农场主决定把地分成3份给3个儿子，要求不仅面积一样大，形状也得相同。你知道的需要增加几根火柴才能按要求摆出分地示意图吗？

思维点拨

左上角的图形已大致定形了，所以只能从右下方来考虑。

181 三位视图

时间限制：3分钟
是否完成：是（ ） 否（ ）

右图是一个立方体从三个方向看的视图效果，请问黑面的对面是什么样子的？

思维点拨

可以根据立方体的结构画一个展开图来看。

182 转动后的骰子

时间限制：3分钟
是否完成：是（ ） 否（ ）

左图是骰子的展开图。现把它放在桌面上，

让3点朝上，右面是5点。接下来把它向后转两个90度(离开观察者)，向右转1个90度，再向前转1个90度(靠近观察者)。应该是哪个点朝上?

思维点拨

可以将条件简化一下，向后一个90度与向前一个90度是可以抵消的。

183 安全道路
时间限制：3分钟
是否完成：是（ ）否（ ）

小猫A准备到小猫B家去玩，但路口分别由5只小狗把守着，你能帮助小猫找到一条避开小狗的安全道路吗?

思维点拨

要避开小狗，只需多拐几个弯就可以了，路线不止一条。

184 灰色和黑色
时间限制：3分钟
是否完成：是（ ）否（ ）

仔细观察，看看图中灰色的部分和黑色的部分哪个面积更大?

思维点拨

要避免视力使你产生的错觉。

185 餐厅的面试题
时间限制：3分钟
是否完成：是（ ）否（ ）

一位刚毕业的学生到一家大型的餐厅应聘主管。主考官出了这样一道题目来考他：请在正方形的餐桌周围摆上10把椅子，使桌子每一面的

椅子数都相等。应聘者想了很久都没有想出来，你能帮帮他吗?

思维点拨

在桌子的两对角先各放一把椅子，再来确定其他的。

186 找不同的图形
时间限制：3分钟
是否完成：是（ ）否（ ）

在A、B、C、D四个奇怪的图形中，有一个与其他三个是不同的，请你把它找出来。

思维点拨

试着把图旋转一定的角度再来看就会发现不同的图形了。

187 标点的妙用
时间限制：3分钟
是否完成：是（ ）否（ ）

标点不仅仅应用在写作中，正确使用标点符号对解数学题也有很大帮助。左面是一道没有标点的古代数学题，你能正确标出标点，然后计算出来吗?

"三角几何共计九角三角几何几何"

思维点拨

不要去考虑三角几何的形状，需要用到的标点符号有书名号、逗号、问号和句号。

188 两颗鸡蛋与诗
时间限制：5分钟
是否完成：是（ ）否（ ）

清朝时期，康熙皇帝要大臣们举荐有才能的厨师。有一名大臣举荐了一个其貌不扬的年轻厨师，在那些资深的大厨中，他显得那么的微不足道。

众位大臣推荐的厨师们纷纷亮出绝活，山珍海味，美不胜收，样样让人馋涎欲滴。轮到

接龙游戏

露出马脚　脚不点地　地丑力敌　敌不可假　假痴不癫
癫头癫脑　脑满肠肥　肥冬瘦年　年谷不登　登崇俊良
良辰美景　景公求雨　雨打风吹　吹糠乞食　食不充饥

这个年轻厨师献艺的时候了，他却说如果能将烹调入诗入画，才算真正的厨艺高超。其他厨师们都大笑起来。说他只是个无名小辈，何以夸下海口。有一位厨师还想故意刁难他一下，就问他："既然如此，这里有两颗鸡蛋，你给我烹出一首诗来如何？"

年轻厨师听罢一笑："请各位稍等片刻。"没一会儿，他就飞快地上了三菜一汤：第一道菜是两个炖蛋黄，碗里还放了几根绿葱；第二道菜里把熟的蛋白切成丝，放在盘里，排成一队，下面垫一片菜叶，第三道菜是一碟炒蛋白，碟正中有一个长方形图案；第四道菜是一碗清汤，上面浮着几片蛋壳。

其他厨师先是愣了片刻，然后纷纷竖起了大拇指。你知道年轻厨师的这四道菜就应了哪首唐诗的四句话吗？

思维点拨

这首诗是唐朝一位有名的诗人写的，两个蛋黄表示的是一种鸟，绿葱表示的是柳条。

189 聪明的木匠

时间限制：3分钟
是否完成：是（ ）否（ ）

我国古代有个木匠跟建筑师鲁班学艺，到南山密林中去修筑香岩寺。

一天，木匠陪鲁班在山上散步，走到一棵古柏和一块怪石跟前，鲁班说："这古树怪石，真是少见！"

木匠说："若在石上建座庙，就更好了。"

鲁班看了看木匠说："好！你就试着在这儿修建一百一十一座庙吧！"

鲁班这么一说，木匠愣住了，心想：这虽是一块巨大的怪石，但哪里能容得下这么多庙啊？

一连两天，木匠都想不出如何建造，愁得他茶饭不思。一天早饭后，木匠又坐在古柏下，看着那巨大的怪石发愁，忽然，他眼睛一亮，高兴地说道："师傅说的一百一十一座庙可以建造啦！"

木匠把自己的想法告诉鲁班后，鲁班夸他聪明，肯动脑筋。请问，木匠是怎样想的呢？

思维点拨

木匠明白了鲁班的话其实是利用了谐音。

190 飞行计划

时间限制：3分钟
是否完成：是（ ）否（ ）

海瑞·赫皮特是一位著名的独立飞行员，他在伦敦家中计划下一次水上飞机的飞行。"也许我可以先飞到北极，"他看着窗外汉普斯特得山，大声地说道："另外，我可以经过美洲。"他望着远处威斯敏斯特修道院和泰晤士河，自言自语道。"你为何不制定一条最短的路线呢？"他的合作伙伴珀尔塞福涅问道。

"这都一样。"他回答道，"当我要远行时，差几公里有什么区别？也许我该再飞到印度……"哪里是赫皮特的目的地呢？

思维点拨

这道题需要对地理知识非常熟悉，同时别忘记地球是圆形的这个关键。

191 钱塘江涨潮

时间限制：4分钟
是否完成：是（ ）否（ ）

每年七八月份是钱塘江涨潮的季节。7月的一天，钱塘江岸边不远处停着一只船，船上挂着一根打了结的绳子，结与结之间间隔25厘米。最下面一个结刚好接触到水面。潮水每小时以20厘米的速度上涨。请问：要经过多少时间潮水可以把绳子的第四个绳结淹没?

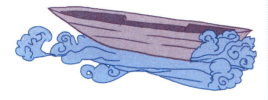

思维点拨

这是一道物理题，这种物理现象要考虑各方面的问题。

192 画中的错误

时间限制：3分钟
是否完成：是（　）否（　）

红红画了一幅非常漂亮的画，小伙伴都说她画得好。可是，你知道这幅画其实是有错误的吗?

思维点拨

这幅画涉及了夏、冬季节、白天、傍晚出现的动物，风吹的方向。

193 读书计划

时间限制：3分钟
是否完成：是（　）否（　）

一个学生制定了一个读书计划：一天读20页书。但第三天因病没读，其他日子都按计划完成了，问第六天他读了多少页?

思维点拨

病了没有读书并不影响他在另外的天数读的页数。

194 杯底的饮料

时间限制：2分钟
是否完成：是（　）否（　）

满满一瓶饮料，怎样才能先喝到瓶底的饮料呢?

思维点拨

要喝到瓶底的饮料，必须借助我们平时喝饮料时常用的一种工具。

195 紧急任务

时间限制：8分钟
是否完成：是（　）否（　）

气象部门观察发现，在半个月后将有飓风袭击澳大利亚北部城市。现在气象台成员只有一个办法：步行翻越一座高山，将是12天，每个人最多只能带8天的粮食。假如每个人的饭量相同，所带的食物也一样，请问，最少需要几个人才能完成任务?

思维点拨

第5天可以由一人带着8天的粮食前进，所以只需考虑头4天的粮食安排。

196 超标的药丸

时间限制：5分钟
是否完成：是（　）否（　）

某制药厂最近新生产了一批感冒药，每100粒装在一个瓶子里，6个瓶子为一箱。在推向市场之前，制药厂必须把这些药丸送到药监局检验。一天，制药厂收到紧急通知：某箱药丸里，有几个瓶子里的药丸超重1毫克。

如果每一

123

瓶都取出一粒药丸来称量，那么需要一共称量6次才能得出结果，能不能想出一个最好的办法，称一次就能把问题解决呢？

思维点拨

6个瓶子中取出的药丸数不能相同，其中任何三个数相加也不能得出相同的数。

197 获取真钻石

时间限制：6分钟
是否完成：是（ ） 否（ ）

年事已高的国王想从众多儿子当中挑选继承人。为了考验儿子们的智慧，国王拿出10颗钻石，其中带有标记的一颗才是真钻石，然后他将这10颗钻石围成一圈，由大家轮流按规则挑选。即任选一颗为起点，接着按照顺时针的方向数，数到17的时候这颗钻石就被淘汰，依次类推，继续数下去，直到最后只剩下一颗钻石。这样，谁得到那颗真钻石，谁就可以做皇位的继承人。

钻石

假如你是皇子，你该怎么数才可以得到那颗真钻石呢？

思维点拨

每数一次，钻石就会减少一颗，真钻石就会在奇数和偶数的位置上轮流变化。

198 两道折痕

时间限制：5分钟
是否完成：是（ ） 否（ ）

有人想把一张窄长的纸条折叠成两半，结果两次都没折准，第一次有一半比另一半长出1厘米，第二次正好相反，这一半又短了1厘米。请问：两道折痕之间有多宽？

思维点拨

如果凭想像觉得困难的话，那就动手试试吧。

199 欧阳修的年龄

时间限制：2分钟
是否完成：是（ ） 否（ ）

有人问欧阳修高龄几何，他含蓄一笑说道："吾今年岁，比六九略多，比七八略少。"他到底多大？

思维点拨

不要单纯从字面去看。

200 何时去旅行

时间限制：3分钟
是否完成：是（ ） 否（ ）

小风说，他将在太阳和月亮在一起时去旅行，你说可能吗？

思维点拨

太阳和月亮有可能在一起吗，那么是什么时候呢？要从文字上去思考。

第 **4** 章

培养发散思维的
200个趣味游戏

001 猜字母

时间限制：5分钟
是否完成：是（ ） 否（ ）

"这是什么?你在用杂乱的字母组成一个单词吗?"章看着玲手中的纸条问道.

"不是的。"玲说，"这是一个序列，我正在猜下一个是什么字母。"

那么，你能看着这些字母，推理出下一个是什么字母吗?

OTTFFSSE

思维点拨

这些字母与英文所表示的数字有关。

002 钓了几条鱼

时间限制：5分钟
是否完成：是（ ） 否（ ）

詹先生非常喜欢钓鱼，每个星期天总要抽点时间去钓鱼场大显身手。今天吃过早餐，他又提着鱼竿出门了。到了晚上，詹先生回来了。他的妻子问："你今天钓了几条鱼?" 詹先生说："今天钓了6只没头的，8只半个的，9只没有尾巴的。"

聪明的妻子马上就明白他钓了几条鱼。你知道吗?

思维点拨

没头的、没尾的、半个的并不真正是指鱼，而是指数字。

003 苹果上的吉祥

时间限制：2分钟
是否完成：是（ ） 否（ ）

昨天，妈妈上街买苹果，居然看到苹果上"印"有很多吉祥字，这些字不是贴上去的，这到底是怎么做到的呢?

思维点拨

这些字是在苹果成熟的过程中生成的。

接龙游戏　拙贝罗香　香车宝马　马到成功　功败垂成　成败论人
人才难得　得不偿失　失道寡助　助边输财　财不露白
白白朱朱　朱陈之好　好吃懒做　做刚做柔　柔肠百转

004 用线钓冰

时间限制：5分钟
是否完成：是（ ） 否（ ）

苗非常喜欢透明的物体，对于晶莹剔透的冰块更是有着特殊的情结。但是，苗每次用手去抓冰块时，它却像泥鳅一样滑。可是，聪明的苗还是很有法子，她居然用一根很细的线将冰块钓了起来。你知道她是怎么把线放在冰块里的吗?

思维点拨

使用一种物质将冰融化成小水窝。

005 咖啡里的手机

时间限制：3分钟
是否完成：是（ ） 否（ ）

梅不小心把自己的手机掉进装满咖啡的杯子里。她急忙伸手从杯子中取出手机。可奇怪的是梅说自己的手指没有湿，而且连手机也没有湿。你说这可能吗?

思维点拨

不要被常规思维所束缚。

006 他能钓几条鱼

时间限制：2分钟
是否完成：是（ ） 否（ ）

汤是一位钓鱼能手，他每次都只用10条蚯蚓去钓鱼。这天，他用去4条蚯蚓钓到2条鱼。请问：当10条蚯蚓全部用完时，他能钓几条鱼?

思维点拨

理清题意后，便能得知正确答案。

007 滚动的圆

时间限制：1分钟
是否完成：是（ ） 否（ ）

一个小圆沿着一个直径是它的3倍的大圆的圆周滚动。当它回到起点时，它转了几圈?

思维点拨

旋转的概念是此题的一个思维陷

附：其实转一圈就是转360度罢了。

008 观看艺术展

时间限制：2分钟
是否完成：是（　）否（　）

奇和他的5个好朋友去看艺术展。为了尽快赶到目的地，他们以每小时100公里的时速行驶在240公里长的道路上。2小时20分之后，他们到达了目的地。卸完行李后，他们发现汽车轮胎一直在漏气。

请问：为什么他们一直没有发现呢？

思维点拨

正常情况下，轮胎漏完气，车子就会走不动。

009 手会被烫伤吗

时间限制：3分钟
是否完成：是（　）否（　）

想一想，如果将手放入100℃滚烫的热水中，即使只有三秒钟的时间，也会被严重烫伤。那么，如果将手放入150℃的空气中，停留五秒左右，这只手会怎样呢？

A．彻底烧烂，整只手完全报废。

B．感觉暖暖的，不会被烫伤。

思维点拨

当手放入热水中，手上形成的气体膜会遭到破坏，因此手会被烫伤。

010 两种金鱼

时间限制：4分钟
是否完成：是（　）否（　）

望着空空的鱼缸，陶呆呆地出神，自从女友走后，他家就再也没有养过鱼。可是，当他看着空荡荡的家时，他下定决心要养一些红金

鱼和蓝金鱼。他所养的金鱼大小差不多。可过了一段时间，陶说，蓝金鱼吃掉的饵食却比红金鱼多两倍。你说说这是什么原因？

思维点拨

题目中没有指出金鱼明确的数量。

011 美观的茶壶

时间限制：1分钟
是否完成：是（　）否（　）

此图所表示的是一个最新的创意茶壶，它看起来既美观，又节省空间。这个茶壶能装1升水。你有办法利用这个茶壶，一次精确地装上半升水吗？

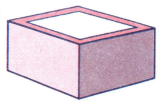

思维点拨

在了解长方体的体积特性时，利用长方体体积对半分割。

012 古灵精怪

时间限制：4分钟
是否完成：是（　）否（　）

琳是个小精灵，妈妈笑着称她为"可爱的小狐狸"。这不，她问妈妈：倘若在一个房子的四周布满镜子，然后当你走进去时，再把门关紧，你觉得自己会看到一片怎样的景象？

思维点拨

想想没有光线射进去的房间会怎样。

013 重物前移了多少

时间限制：1分钟
是否完成：是（　）否（　）

人们曾用圆木做的滚车移动重物，图中两根相同的圆木的周长都是1米。如果圆木滚了一圈，那么重物将前进多少距离？

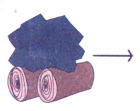

思维点拨

重物前进的距离是相对地面来讲的，而不是相对于圆木。

接龙游戏

转败为成　成败荣枯　枯橘之士　士马精强　强嘴硬牙
牙白口清　清茶淡话　话不相投　投笔从戎　戎马仓皇
皇亲国戚　戚戚具尔　尔汝之交　交臂失之　之子于归

014 辩论会

时间限制：4分钟
是否完成：是（ ）否（ ）

周末的到来，使小伙伴们特别兴奋。同一个院子里的小朋友们聚在一起开小型辩论会。他们讨论的话题是：一根接在电路上的整根铁丝已经热了，这时有冷水滴在铁丝的左端。那么，铁丝右端的温度和刚才相比，会有什么变化？甲说右端的比刚才要冷，乙说右端比刚才更热，丙说右端温度始终不变。你认为谁说得对呢？

思维点拨

在考虑铁丝的热度之前，我们需弄清电阻、电流的关系。

015 可可的奖励

时间限制：2分钟
是否完成：是（ ）否（ ）

可可在一家外企工作，由于她工作积极，所以公司决定奖励她一条金链。这条金链由7个环组成，但是公司规定，每周只能领一环，而且切割费用由自己负责。

这让可可感到为难，因为每切一个金环，就需要付出一笔昂贵的费用，焊接回去还要再付一次费用，想想真不划算。聪明的可可想了一会儿之后，发现了一个不错的方法，她不必将金链分开成7个了，只需要从中取出一个金环，就可以每周都领一个金环，你知道她是怎么做到的吗？

思维点拨

取出第三个金环，形成1个、2个、4个一组。

016 记时沙漏

时间限制：3分钟
是否完成：是（ ）否（ ）

现在有10分钟和7分钟的沙漏计时器。当

然，在本题中，翻转沙漏计时器的时间是可以完全忽略不计的。如果用两个计时器测量18分钟的时间，要怎么办呢？

思维点拨

两个沙漏同时使用，用7分钟的沙漏翻转两次就可以确定14分钟的时间，而10分钟的沙漏则要利用来确定4分钟的时间。

017 司机的问题

时间限制：2分钟
是否完成：是（ ）否（ ）

一位新手司机驾驶小轿车会见朋友，半路上忽然有一个轮胎爆了。当他把轮胎上的4个螺丝

拆下来，从后备箱里把备用轮胎拿出来时，不小心把4个螺丝踢进了下水道。请问：新手司机该怎么做才能使轿车安全地开到距离最近的修车厂？

思维点拨

如果你会开车，如果你也遇到此类难题，你会如何处理？打电话求助？No! 最可靠的是要以自己的智慧战胜困难。既然丢了螺丝，再造出来4个螺丝是不现实的。那么，是否有其他的办法来弥补呢？比如，从其他的轮胎上卸下一个螺丝？

018 边界线有多长

时间限制：3分钟
是否完成：是（ ）否（ ）

"西班牙和葡萄牙的边界线有多长呀？"拉拉天真地问。

"根据我们上个假期用过的西班牙地图，它是987千米。"她爸爸回答。

"但葡萄牙人不同意。"她妈妈说，"他们说它有1214千米长。"

"我想他们都错了。"拉拉说，"我想根据我的小尺，我可以准确地测量它。它有2000千米长。"

"别傻了，继续做你的家庭作业吧。"她妈妈说。

那么，西班牙和葡萄牙的边界线到底有多长？

思维点拨

数学家雨果·斯坦豪斯在1954年指出："河流的长度依赖于你丈量河流尺子的规格。"

019 怎样逃生
时间限制：2分钟
是否完成：是（ ）否（ ）

美国有一种火灾救生器，其实就是在滑轮两边用绳索吊着两个大篮子，把一个篮子放下去的时候，另一个篮子就会升上来。如果在其中的一个篮子里放一件东西作为平衡物，则另一个较重的物体就可以放在另外的篮子里往下送。假如一只篮子空着，另一只篮子里放的东西不超过30磅，则下降时可保证安全。假如两只篮子里都放着重物，则它们的重量之差也不得超过30磅。

一天夜里，威尼的家里突然发生火灾。除了重90磅的威和重210磅的妻子之外，他们还有一个重30磅的孩子和一只重60磅的宠物狗。现在知道每只篮子都大得足以装进3个人和一只狗，但别的东西都不能放在篮子里。而且狗和孩子如果没有威或他的妻子的帮助，自己不会爬进或爬出篮子。

你能想出好办法尽快使这3个人和一只狗安全地从火中逃生吗？

思维点拨

跷跷板的游戏相信每个人在小时侯都曾玩过，解答这道题的思路与坐跷跷板很相似，就是要找到一个平衡点。需要注意的是，由于受到重量的限制，所以一些事先已经降下来的人或狗，之后还需要再升上去以维持篮子的平衡。注意顺序，只要你的反应够快，就一定能找到恰当的方法。

020 假眼睛
时间限制：2分钟
是否完成：是（ ）否（ ）

甲跟乙打赌："我可以咬到自己的右眼。"乙不信，甲把假的右眼拿下来放在嘴里咬了一

下。甲又说："我还可以咬到自己的左眼。"乙仍然不信，结果，甲又赢了，他是怎么做到的？

思维点拨

右眼说假的，并不代表左眼也说假的，既然左眼不是假的，那么关键在于能咬眼睛的牙齿。

021 唯一的答案
时间限制：2分钟
是否完成：是（ ）否（ ）

小明向小伙伴们吹嘘，上课的时候，老师提了一个问题，全班除了他没有一个答对。你猜老师问的是什么问题？

思维点拨

这道题可以从一个特殊的角度去考虑，既然只有小明一个人知道，说明这个问题是针对他的。

022 一模一样的女孩
时间限制：2分钟
是否完成：是（ ）否（ ）

有两个小女孩长得一模一样，生日也完全一样。问她们是姐妹吗，她们说是。问她们是双胞胎吗，她们又说不是。请问为什么？

思维点拨

双胞胎带有一定的局限性，如果不是双胞胎还有什么样的可能呢？

023 盲人过马路
时间限制：2分钟
是否完成：是（ ）否（ ）

有个盲人横穿马路，他身穿黑色衣服，当时既没有路灯，也没有月亮，星星也看不见影踪。但是，司机却一眼就看到了他。请问：这是什么

原因？

思维点拨

难道没有路灯，没有星星，人们就什么也看不见？开动你的思维，实际上只要有一种东西，人们就能够互相看得非常清楚。

024 写反的地址

时间限制：2分钟
是否完成：是（ ） 否（ ）

晓晓写信时，把收信人和寄信人的地址反了，结果信寄回自己家中，不过她不花半毛钱又把信寄给收信人了，为什么？

思维点拨

想象一下，邮递员遇到这种情况时该如何办？

025 等式能成立吗

时间限制：2分钟
是否完成：是（ ） 否（ ）

请将"5＋5＋5＝550"加上一笔，使得等式成立（不可以改成不等式）？

思维点拨

要想让这个等式成立，需要在数字上做文章。多少加5才能得550？

026 袋鼠与猴子

时间限制：8分钟
是否完成：是（ ） 否（ ）

某一天，森林里开起了运动会。袋鼠与猴子比赛跳高，可猴子还没开始跳，裁判员就宣布袋鼠输了。这到底是为什么？

思维点拨

了解跳高的规则，然后再结合袋鼠跳的特点就知道袋鼠为什么输了。

027 奇怪的国王

时间限制：8分钟
是否完成：是（ ） 否（ ）

接龙游戏

愁肠九回　回肠百转　转败为功　功标青史　史无前例
倒行逆施　事倍功半　半半路路　路断人稀　稀句绘章
章甫荐履　履薄临深　深藏简出　出丑扬疾　疾电之光

国王有两个女儿。分别叫丽雅、米拉。丽雅总是说真话，米拉总是说假话。他们其中有一个已经结婚了，另一个还没有。但国王一直没有公开这门婚事，就连是哪个女儿结婚了也还是秘密。

为了给未出嫁的女儿找到合适的丈夫，国王举行了一场比武会，胜者可以说出他希望娶的公主的名字。如果公主是单身，那第二天他们就能成婚。

第一天的比试结束了，只留下了几个人。第二天，国王出了一道怪题，说胜利者可以向其中一个公主问一个问题，但问题不能超过五个字，而且人们也并不知道哪个公主叫什么名字。他该问什么问题？

思维点拨

既然是娶新娘，那么问题也与结婚有关系。

028 猜谜语

时间限制：5分钟
是否完成：是（ ） 否（ ）

星期六的下午，小西与同伴们又聚集到一起了。

"噢，这个谜语的谜底有点让人毛骨悚然！"小茜感慨着，大声地继续读道，"制作它的人不想要它，买它的人不用它，用它的人却从来都看不到。它是什么？"

小凯不由自主地笑笑，并说："这里还有一个谜语，你只能保存我几秒钟，有时你把我丢弃，但是我却伴随你一生，我是什么？"

"属于你的，你也从来不想摆脱的，但是别人用的比你自己用的多得多的，是什么？"峰也加入了出谜语的队伍。

"你喂它就长，但是给它水就会死掉的是什么？"

"做得越多，留在身后就越多的是什么？"看到同伴们的踊跃发言，剩下的几个人也憋不住了。

那么，你知道这些谜语的答案吗？

这些东西都是我们日常生活中很容易见到却又很容易忽略的东西。

029 死前的选择
时间限制：8分钟
是否完成：是（ ）否（ ）

从前，有一个人触犯了法律，被国王判处死刑。这个人请求国王宽恕，国王说："你犯了死罪，罪不能赦，但我还是允许你选择一种死法。"这个人一听，非常高兴地选择了一种死法，而国王一言既出，驷马难追，看到这样的结果只好无奈地摇了摇头。

请问：这个人到底选择了一种什么死法？

最自然的"死"法才能让一个人非常高兴。

030 浪漫的烛光晚餐
时间限制：8分钟
是否完成：是（ ）否（ ）

伦与佩是一对浪漫的夫妻。某一天，他们俩准备共进烛光晚餐。

伦拿了8根蜡烛，把这些蜡烛点燃放在了客厅里，浪漫的气氛一下子就被烘托出来了。可这氛围没有维持多久，一阵风从窗户吹来，就吹灭了3根蜡烛。过了一会儿，又有2根被风吹灭了。为了防止蜡烛再被吹灭，佩斯赶紧关上了窗户，之后，蜡烛就没再被吹灭过，并陪着他们度过了一个愉快的晚上。

你知道最后还能剩下几根蜡烛吗？

光彩陆离 离多会少 少不更事 事必躬亲 亲当失石
石赤不夺 夺戴凭席 席不暇暖 暖衣饱食 食不果腹
腹饱万言 言不谐典 典册高文 文不对题 提名道姓

燃着的蜡烛是会被燃烧掉的。

031 牛能把草吃光吗
时间限制：5分钟
是否完成：是（ ）否（ ）

一头牛一年能吃4亩地的草，如果把它关在16亩的牧场里，请问：几年后牛能把草吃光？

请注意，草是不断地生长的。

032 耐摔的鸡蛋
时间限制：6分钟
是否完成：是（ ）否（ ）

拿一个生鸡蛋，让它自由下落。在地上没有任何铺垫物的情况下，你能使鸡蛋落1米而不破吗？

鸡蛋下落1米后，不一定会落在地上。

033 刀会不会变大
时间限制：10分钟
是否完成：是（ ）否（ ）

把放大镜放到水里看这把刀，它会不会变得更大呢？

这道题的关键在于亲手实践。

034 变换
时间限制：2分钟
是否完成：是（ ）否（ ）

如何把这个骑白马的蓝骑士变成骑红马的白骑士？

只需用你的眼睛就可以做到。

035 让脑筋动起来
时间限制：5分钟
是否完成：是（ ）否（ ）

金姆来问伙计们一个问题，如果圆形是1，

那么八边形是多少？

思维点拨

如果站在某个角度来说，图形本质上的区别，即是该题的答案。

036 如何获得氧气
时间限制：5分钟
是否完成：是（ ） 否（ ）

哈尔滨的冬天非常冷。小古差几个焊接点就将完成焊接任务，可就在这时，氧气瓶里没有氧气了。这时候，怎样做才能快速弄到一点儿氧气，以便完成工作呢？

思维点拨

建议从氧气瓶内的压力去考虑。

037 真花假花
时间限制：3分钟
是否完成：是（ ） 否（ ）

春天来临，窗前的花丛引来了许多勤劳的园丁——小蜜蜂。这时，宾的妹妹拿出两朵看起来一模一样的花，让宾猜哪一朵是真花，哪一朵是假花。妹妹还要求宾只能远远地看，不能用手去摸，更不能去闻。

倘若你是宾，你该怎么办？

思维点拨

可以利用窗前的蜜蜂来想办法。

038 感应
时间限制：1分钟
是否完成：是（ ） 否（ ）

和左图一样在纸上用直尺和笔画线条，然

后仔细观察，发现竖直的线条是倾斜的。可是刚才自己明明是用直尺对着画的，这空间是怎么回事呢？

思维点拨

这得引用著名的倾斜感应来解释。

039 椭圆的地球
时间限制：4分钟
是否完成：是（ ） 否（ ）

因为人类，所以地球是宇宙里最快乐的星球。上地理课时，我们认识到地球是椭圆的概念。那么，地球为什么是椭圆的呢？

思维点拨

当物体处于快速旋转的过程中时，都会发生一种现象。

040 熄灭的蜡烛
时间限制：4分钟
是否完成：是（ ） 否（ ）

杯中燃烧的蜡烛，在没有风、蜡也没有燃尽的情况下，自然熄灭。你知道是什么原因吗？

1.用火点燃蜡烛，然后把蜡烛放在深底杯的杯底。

2.过一段时间，发现蜡烛自然熄灭了。

3.放倒杯子，取出蜡烛，向杯中吹一口气，再次立起杯子，放入点燃的短蜡烛。

4.从冰箱中取出干冰，用毛巾裹好，然后放在硬物上砸碎。把碎片干冰放入杯中，过一会儿蜡烛就熄灭了。

思维点拨

蜡烛的燃烧得借助氧气，在没有氧的情况下就会熄灭。

041 鱼缸里的泡泡
时间限制：3分钟
是否完成：是（　）否（　）

东来看着家里一缸金鱼，正在寻思金鱼为什么老是在冒泡呢？难道水也会吐泡泡吗？

思维点拨

鱼缸里面有一种东西像人一样需要呼吸。

042 水杯
时间限制：5分钟
是否完成：是（　）否（　）

葛瑞的姑姑从英国带回两个特别有个性的杯子和一个水壶。水壶可以盛900毫升的水，其中的一个杯子能盛500毫升，另一个杯子能盛300毫升。现在，葛瑞的姑姑在想：应该怎样倒水，才能使每个杯子都恰好有100毫升？

注意：不允许使用别的容器，也不允许在杯子上做记号。

思维点拨

将水壶中的水倒掉，然后利用两个杯子能盛的水与水壶进行轮流分配。

043 牧师的点子
时间限制：3分钟
是否完成：是（　）否（　）

在放学回家的路上，莉莉和婕拾到了一袋大米。为平均分配这袋大米，她们争吵起来了，最后只好把这个问题交给牧师来处理。牧师给她们俩出了一个绝妙的点子，结果莉莉和婕高高兴兴

地均分了这堆大米。

聪明的你，知道牧师的点子的绝妙之处吗？

思维点拨

充分抓住人物的心理征来思考，分大米与挑大米进行合适的分工调配。

044 贪玩的小妮
时间限制：1分钟
是否完成：是（　）否（　）

小妮将一枚普通的硬币一共抛了15次，每次都是正面朝上。现在，小妮想再抛一次，你知道正面朝上的几率是多少吗？

思维点拨

千万不要让惯性思维把你带入了陷阱。

045 奇怪的事
时间限制：2分钟
是否完成：是（　）否（　）

有一天，一群绑匪绑架了"恩特集团"的老总，并将这位老总一人关在地牢里。

地牢只有一处进口，而且地牢的进口及周围都有人进行彻夜防守，没有一点漏洞。可第二天一看，里面却多出一个男的。请问，你知道这个男的是怎么进去的吗？

思维点拨

不要将思维固定在"老总"这两个字眼上，可以从"老总"这个人的身上去考虑。

046 牙医
时间限制：2分钟
是否完成：是（　）否（　）

森因吃了过多的甜食，导致牙齿被虫子咬得乌黑发亮。星期六的上午，妈妈带他去村子里唯一的一家牙科医院就诊。医院里只有两个医生，一个有一口好牙，另一个的牙齿却很糟糕。妈妈正在犹豫是否去市里就诊，森却坚决选择了牙齿

糟糕的那位医生帮他看牙。请问，你知道这是为什么吗？

思维点拨

请注意，医院里只有两名医生。

047 观察生活

时间限制：3分钟
是否完成：是（ ）否（ ）

罗拉特别善于观察生活，对于生活中的事情，他都特别留意。一天，他将玻璃杯（玻璃杯底部是干的）放进装满水的盆子里，却发现杯子的底部仍是干的，你知道罗拉是怎么做的吗？

思维点拨

在空气的压力作用下，水一般是不会流进去的。

048 恒塔大钟

时间限制：4分钟
是否完成：是（ ）否（ ）

重达3吨的恒塔大钟将在汴城进行展览，这个罕有的家伙在此次展览会上大放异彩。这个大钟既可以为13座城市报时，也可以体现季节的变迁，还可以显示太阳周围的行星运行的轨迹。这个大钟的出现，也引发了人们如下的疑问：从午夜到正午时分，大钟的时针和分针相遇(重合)了多少次？

思维点拨

时针和分针在每个小时里相遇的时间会比前一个

小时晚大约5分钟。

049 无序的数字

时间限制：5分钟
是否完成：是（ ）否（ ）

下面是一组数字，在被打乱之前，它们之间有一个非常有趣的规律。试着找出它们的规律，然后按照规律把下面的数字重新排列。

3、5、13、21、1、1、2、8

思维点拨

你知道著名的斐波纳契数列吗？试着按照由小到大的顺序将它们排列。

050 糟糕的相片

时间限制：2分钟
是否完成：是（ ）否（ ）

东山岛是一个著名的旅游胜地，到东山岛去旅游，不带照相机，一定会觉得很遗憾。正因为这样，宋先生特意买了一架照相机。可是他照相是外行，只好托照相馆按照中午晴天无云的条件对好了光圈和时间等。

不料宋先生按这个条件所照的照片，多半是颜色暗淡，好像傍晚时候的景色。

这是为什么呢？照相馆是不会弄错的，东山岛的天色也不会是阴云满天。

思维点拨

因为题中给出的条件里说到，"托照相馆按照中午晴天无云的条件对好了光圈和时间等"，因此可以确定一件事，是光线出了问题。但是题中又说，"东山岛的天色也不会是阴云满天。"这似乎互相矛盾，其实不然。在什么情况下，晴天时光线也会不足？

051 如何过桥

时间限制：2分钟
是否完成：是（ ）否（ ）

炮火隆隆的战场，枪林弹雨，杀声震天。一辆辆炮车，牵引着大炮，开往前线。炮车行进中，路遇一座桥。桥头的标志牌上写着：最大载重量25吨。然而，每辆炮车重10吨，大炮重20吨，明显超过了桥的载重量，这可怎么办?奉命负责运送大炮的团参谋长小军是军事学院的毕

业生，他急中生智，设计了一个方案，使大炮安然过桥。请问小军的妙计是什么？

思维点拨

在回答这道题时，你应该充分激发自己的想象力。

根据条件可知，炮车和大炮不能同时过桥。只要满足这一条件即可。

052 抠门的学者

时间限制：8分钟
是否完成：是（ ）否（ ）

一个木匠拿着一根雕刻有花纹的小木柱对他的同行说："有一次，一位住在巴黎的学者拿给我一根3米长、宽和厚均为1米的木料，希望我将它雕刻成木柱。学者答应补偿我在做活时砍去的木材。我先将这块方木称一称，它恰好重30千克，而要做成的这根柱子只重20千克。因此，

我从方木上砍掉了1立方米的木材，即原来的1/3。但这个学者很抠门，拒不承认砍掉了1立方米的木材，他说，不能按重量来计算砍去的体积，因为方木的中间部分要重些，也可能相反。请问，我在这种情况下怎样向学者证明，究竟砍掉了多少木材？"

思维点拨

乍一看，这个问题很复杂，但答案却特别简单，以致木匠的办法广为流传。这种小聪明在日常生活中也是很有用的。需要明白的是，这道问题考验的是你是否具有足够的想象力，只要能证明自己的观点，不妨借助一些额外的道具。

接龙游戏

辉煌夺目　目不旁视　视而不见　见德思齐　齐大非偶
偶影独游　游尘土梗　梗泛萍漂　漂母之恩　恩爱夫妻
妻儿老少　少不经事　事不师古　古调不弹　弹尽粮绝

053 小丑玩皮球

时间限制：3分钟
是否完成：是（ ）否（ ）

两个小丑站在急速转动的转盘上，一人把一只皮球朝另一人扔去。你知道皮球的运行轨迹和最终落点吗？

思维点拨

这道题涉及科里奥利效应。

054 棘手的问题

时间限制：2分钟
是否完成：是（ ）否（ ）

这是一个令众多密码高手都深感棘手的问题，但是哈佛的一个大一新生却在无意中揭开了这串密码的真相。你是否能超越这个哈佛大学的新手，找到正确的答案？

8、1、16、22、1、16、4、21、14、9、22、5、8、19、9、20、25

思维点拨

这个数列完全没有任何规律可循，那么它是不是有另一层意义呢？仔细观察一下这些数字你会发现，它们完全都是小于26的。26又与什么可以联系呢？你能够想通其中的关键，你也就知道了本题的答案。

055 猜猜猜

时间限制：10分钟
是否完成：是（ ）否（ ）

有李、林、张、王、孙5个人，分别是甲、乙、丙、丁、戊5个公司的职员。一天上午，他们分别在10点20分、10点35分、10点50分、11点05分、11点20分，在自己的公司里，给其他4个公司中的上述某个人打了电话，所打电话的号码分别是2450、

3581、6236、7904、8769。

已知：

1.10点50分，一位小姐给乙公司打了电话。这位小姐的电话号码不是2450。

2.甲公司的电话号码为7904，张女士没有打这个电话号码，丙公司半个小时前打了这个电话

号码。

3.10点20分所打的那个电话的号码各数之和与李小姐所打的那个电话号码的各数之和相等。

4.丁公司在11点以前护拨通了林女士的电话，这个电话号码的第一个数字是偶数。

5.王先生要通的电话的号码是8769，但这个号码不是戊公司的电话号码。

6.孙先生也打了电话。

请依据上述条件确定：

1.何人在何时给哪家公司打了电话？所要电话号码各是多少？

2.每个人各是哪家公司的职员，其电话号码是多少？

思维点拨

做这道题要先列一个表格出来，将已知的条件中非常明确地先填出来，再根据各已知条件给出的不明确数据进行分析和排除。

056 数字之间加符号
时间限制：2分钟
是否完成：是（ ）否（ ）

在下列每个数字之间加上一个基本的数学运算符号，使等式成立。每个等式中所使用的符号不得超过3遍（运算顺序按数字排列顺序）。

11   12   13   14   140

思维点拨

在这道题中，要使用到括号，以便于可以先作加减运算。

057 复杂的关系
时间限制：3分钟
是否完成：是（ ）否（ ）

"今天下午，我看见爸爸的女儿的女儿的唯一的表兄弟姊妹的父亲，"瑞谈论道，"不得不承认，他是个令人愉快的人，非常聪明，而且带着快乐的表情。"谁是这个不寻常的亲戚，并且瑞是在哪里看见他的呢？

接龙游戏

取长补短　短褐穿结　结草之固　固壁清野　野处穴居
居安思危　危而后济　济苦怜贫　贫病交加　加官进位
位卑言高　高傲自大　大败亏输　输肝沥胆　胆颤心寒

思维点拨

根据"爸爸的女儿的女儿的唯一的表兄弟姊妹的父亲"这句话去分析这个人的性别，以及跟爸爸的女儿的关系。

058 致命弱点
时间限制：1分钟
是否完成：是（ ）否（ ）

鳄鱼凶猛异常，但是它也有致命的弱点，它最害怕见到：

A.绿色 B.蓝色 C.紫色 D.黄色

思维点拨

如果不知道这个常识，那就联想一下水上救生衣的颜色。

059 大于3小于4
时间限制：2分钟
是否完成：是（ ）否（ ）

用3根火柴摆出一个符号，要大于3、小于4。应该怎么摆？

思维点拨

处于3到4中间的数，一定是一个带有小数点的数。那么，就可以想一想在数学中有哪些符号代表一个这样的数。

060 孔会变吗
时间限制：1分钟
是否完成：是（ ）否（ ）

加热这个垫圈直到其膨胀1%。其中的孔是变大变小还是不变？

思维点拨

不垫圈膨胀时，每一部分都在变化，并是只有哪一点在变。

061 殷勤的先生
时间限制：2分钟
是否完成：是（ ）否（ ）

有一位夫人在吃完饭后向先生索要火柴，但当先生殷勤地掏出名牌打火机时，却被太太瞪了一眼，数落了一顿。你猜猜这是为什么？

062 大滚筒

时间限制：2分钟
是否完成：是（　）否（　）

维基市的某个蛋商，在空房间的地板上放置4个蛋。然后用一个铁制的大滚筒，推压整个房间，蛋却一个都没破。这是为什么？

思维点拨

这4个蛋既在地板上，又没有被压破，说明这4个蛋在大滚筒压不倒的地方，哪里才是大滚筒压不到的死角呢？

063 重量会变化吗

时间限制：3分钟
是否完成：是（　）否（　）

如果你顺着一根柱子滑到地表以下很深的地方，你的重量将会如何变化？

A.比在地表时重。
B.比在地表时轻。
C.没有变化。

思维点拨

处于地球内部时，质量和引力会发生相应的变化。

064 爱美的丽丽

时间限制：1分钟
是否完成：是（　）否（　）

丽丽想要在镜子里看到她的全身，这面镜子至少要有多高？

思维点拨

这道题需要用到镜子的反射原理。

065 哪种钟表走得慢

时间限制：1分钟
是否完成：是（　）否（　）

在月球上，哪一种钟表会走得比较慢呢？

A.手表B.电子表

C.闹钟D.钟摆时钟

思维点拨

钟摆运动的周期会受到重力的影响。

066 先点燃哪一样

时间限制：2分钟
是否完成：是（　）否（　）

在1间房子里，有油灯、暖炉及壁炉。现在，想要将3个器具点燃。可是，你只有1根火柴。请问：首先应该点燃哪一样？

思维点拨

无论是你想先点燃什么，你都需要做一个步骤。

067 尾巴朝哪

时间限制：2分钟
是否完成：是（　）否（　）

有一条头朝北的牛，它先向左转3圈，然后再向后转两圈半，接着再往右转，这时候它的尾巴朝哪儿？

思维点拨

无论这头牛怎么转，它的尾巴一般只会朝向一个方向，你猜猜看，是哪里呢？

068 如何打开门

时间限制：2分钟
是否完成：是（　）否（　）

一个人被关在密闭的房间里，只有一扇门，但无论如何也无法把它拉开。如果你是他，你会怎样做呢？

思维点拨

拉不开，说明向里面用力的方法不可取了，试着换一下用力的方向。

069 东山再起

时间限制：2分钟
是否完成：是（ ）否（ ）

一个经理，他把全部财产投资在一种小型制造业上，但由于世界大战爆发，他无法取得工厂所需的原料，只好宣告破产。他无奈地离开了妻子儿女，成为一名流浪汉，对生活失去了信心。一个偶然的机会，他看到了一本名为《自信心》的书。这本书给他带来勇气和希望，他决定找到这本书的作者，请作者帮助他再度站起来。

当他找到作者，说完他的故事后，那位作者却对他说："我已经以极大的兴趣听完了你的故事，我希望我能对你有所帮助，但事实上，我却绝无能力帮助你。"

他的脸立刻变得苍白，他低下头，喃喃地说道："这下子完蛋了。"

作者停了几秒钟，然后说道："虽然我没有办法帮你，但我可以介绍你去见一个人，他可以协助你东山再起。"刚说完这几句话，流浪汉立刻跳了起来，抓住作者的手，说道："看在老天爷的份上，请带我去见这个人。"

后来，流浪汉果真再一次取得了事业的成功。你知道，作者带他去见的人是谁吗？

思维点拨

谁能够帮助一个落魄的人东山再起？想象一下，是超级富翁？还是具有无上权利的人？答案似乎都不准确，一个人的事业能够成功，最关键的问题在哪？

接龙游戏

弊车驽马　马耳春风　风波平地　地地道道　道长论短
短褐椎结　结党聚群　群雌粥粥　粥少僧多　多才多艺
艺不压身　身不由主　主次不分　分崩离析　析辨诡词

070 吃白菜的时间

时间限制：1分钟
是否完成：是（ ）否（ ）

如果3只山羊在6分钟内吃掉3棵大白菜，那么一只半的山羊吃掉一棵半的白菜需要多长时间？

思维点拨

如果你还耐心地去计算半只羊吃白菜的事，那就大错特错了。

071 面对面转圈

时间限制：3分钟
是否完成：是（ ）否（ ）

一张圆桌子上面有一只猴子。小郭同它面对面站着。小郭想转到它背后，于是就绕着圆桌走。可是不管走到哪里，猴子总是面对着他。请问：小郭绕着圆桌走时，有没有绕着猴子走？

思维点拨

在做题之前，我们需要注意小郭和猴子所处的角度。

072 捉小鸟

时间限制：3分钟
是否完成：是（ ）否（ ）

凯与伙伴们一起捕鸟，发现一只小鸟飞进一个小洞里躲了起来。小洞很狭窄，手伸不进去。如果用树枝戳的话，又会伤害小鸟。你能想一个简便的办法，把小鸟从洞里捉出来吗？

思维点拨

想想有什么办法既不伤害小鸟，还能迫使它往洞口外走。

073 变黄的纸

时间限制：3分钟
是否完成：是（ ）否（ ）

看看你周围的书和报纸，如果时间长了，它就会变黄，一旦放在阳光下就更加明显了。但你知道这是为什么吗？

思维点拨

这是因为纸张里的一种物质与空气中的一种成分产生了化学反应。

074 五连体六边形

时间限制：3分钟
是否完成：是（ ）否（ ）

乔家最近搞装修，妈妈为了让房子变得更漂亮，决定买一种最新流行的地板砖。在著名的家居公司，乔他们看到一种活动地板砖。为了

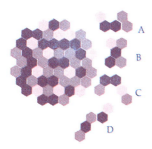

试试视觉效果，他们用五连体六边形地板拼出了左面的图形，还在每个五连体六边形之间用粗线分隔。你能说出上图左边所列的4个五连体六边形中，哪一个没有被用上吗？

思维点拨

将右边的4个图形分别放入左边的图形中。

075 冻豆腐上的小孔

时间限制：3分钟
是否完成：是（ ）否（ ）

炎热的夏天若是吃上一盘冻豆腐，是非常爽的一件事。可是，你若仔细一观察，就发现冻豆腐上面有许多密密麻麻的小孔。这是为什么呢？

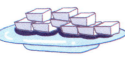

思维点拨

小孔的形式与水和温度有关。

076 放大镜下的维度

时间限制：1分钟
是否完成：是（ ）否（ ）

一个放大镜能把物体的每个维度放大3倍。你用它观察一个15°的角，看到的角应该有多大？

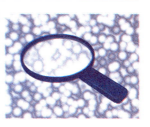

思维点拨

这道题需要不假思索地答出来。

077 月夜凶杀案

时间限制：4分钟
是否完成：是（ ）否（ ）

在一个小镇，某天晚上9点发生了一起杀人案件。第二天，很快就找到了嫌疑犯，刑警察立即对他进行审问。

"昨晚9点左右，你在哪儿？"

"在河边与我女朋友谈话。河水是由东流向西的。"

"在南岸。昨夜是满月。河面上映出的月亮真好看！"

"你说谎！这么说，罪犯就是你。"

请问，刑警的根据是什么？

思维点拨

刑警们判断的根据是凶手的朝向与看到的景象不符。凶手说自己是在东西流向的河南岸坐着，这就说明他是面朝北的，那么面朝北应是一番怎样的景象呢？

078 公鸡的斗争

时间限制：1分钟
是否完成：是（ ）否（ ）

有一幅画画了两只美丽的公鸡，可以肯定的是，它们正在打架。如何能在这个画面上添上一笔，让两只公鸡之间的战争消失于无形？

▶ ▶ ▶ ▶ ▶ ▶

思维点拨

想象是客观外界事物在人脑中的反映，它不是凭空产生的，必须以丰富的知识经验作为基础。没有以知识与经验为基础的想象只能是毫无根据的空想。联系一下你在照镜子时的经验，答案很简单。

079 放风筝

时间限制：3分钟
是否完成：是（ ） 否（ ）

玉儿和同学们在操场上放风筝，小王看到后，便对其他人说：我一次就可以放10万个风筝。朋友们都笑他吹牛，可是他真的做到了，你知道他是如何放的吗？

思维点拨

靠双手放10万个风筝，肯定是行不通的，看来，只能在其他方面做"手脚"。

080 拴苹果

时间限制：3分钟
是否完成：是（ ） 否（ ）

把一个又红又大的苹果系在一根三米左右长的线的一端，另一端系在高处。你能够在剪断这根线的时候，保证苹果不会落地吗？

思维点拨

在这样的情况下，我们可以尝试着制造一个阻碍物。当物体受到阻碍物的作用力时，自然不会掉下来。

081 训练后的牧羊犬

时间限制：5分钟
是否完成：是（ ） 否（ ）

富豪卫杰从美国带回来一只纯正血统的小长毛牧羊犬，为了使这只小长毛牧羊犬将来成为名闻世界的第一犬，卫杰送它到以训练动物闻名的德国哈根别克大学。一年后，长毛牧羊犬学成后回

接龙游戏

鹅飞雀乱　乱极思治　治阿之宰　宰鸡教猴　猴年马月
月光如水　水长船高　高标卓识　识变从宜　宜嗔宜喜
喜不自荣　禁暴正乱　乱极则平　平安家书　书读五车

到富豪身边，没想到它连坐、举手等基本动作都没有学会。可是，训练师曾告诉杰斯文，这只犬能够做出主人所下达的命令和动作。为此，卫杰百思不得其解，你认为这会是什么原因？

思维点拨

既然是闻名的培训基地，自然不会出现撒谎诈骗的情况，而卫杰确实很难对牧羊犬发出任何有效的命令。这里面肯定有些误会，可以考虑这样两个词："德国"、"美国"

082 算命先生

时间限制：5分钟
是否完成：是（ ） 否（ ）

有一个人在街上找算命先生算命。当甲告诉他："我说的话，有60%是正确的。"乙告诉他："我说的话，只有20%是正确的。"这个人想了想，选择乙给他算命了。你知道这其中的原因吗？

甲　乙

思维点拨

用常规的方法来思索，这个人的想法有点不符合逻辑。所以，我们只有打破常规，才能找到正确的答案。

083 水面是上升或下降

时间限制：5分钟
是否完成：是（ ） 否（ ）

大水缸里浮着一个小塑料盆，小塑料盆里装着一个铁球。当你从小塑料盆里取出铁球，然后将它直接放进水缸时，水缸的水面是上升还是会下降？

思维点拨

把铁球放在小塑料盆中与把球丢进水缸，会是两种截然不同的景象。

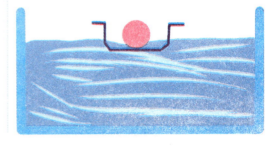

084 佳人的妙法

时间限制：4分钟
是否完成：是（ ）否（ ）

女儿国的国王丽丝对满朝文武百官说："谁能不踏上这个15米宽的地毯，而拿到中间的这顶王冠，我就把它作为礼物送给谁。但在拿的时候只能用手，不能用其他的任何工具。"

于是，这些官员们全都聚在地毯周围争先恐后地伸出手，但谁也够不到。这时，一位绝色的佳人微笑着对所有人说："让我来试试吧！"说着，便轻而易举地拿到王冠。你来猜一猜，她用的是什么方法？

思维点拨

要求不能踏上地毯，也不能借助其他工具，在只用手的情况下，不妨朝地毯上去思考这个问题。

085 最安全的地方

时间限制：5分钟
是否完成：是（ ）否（ ）

许多有些经验的老兵总认为，在战场上要躲在炮弹炸出的新弹坑里，因为根据概率，炮弹再落到那个地方的可能性近乎为零，所以那里是最安全的。你认为这种说法正确吗？为什么？

思维点拨

思考新落的炮弹的概率会受到什么影响？与先落的有无关系？

086 小孩过河

时间限制：5分钟
是否完成：是（ ）否（ ）

一个小孩想跳过两米宽的一条河，试了几次都失败了。可是后来，他什么工具也没用就达到了目的。你知道他用的是什么好办法吗？

思维点拨

我们不能忽略的重点是"后来"这两个字，小孩在后来，与问题有什么关系呢？

087 沉船

时间限制：5分钟
是否完成：是（ ）否（ ）

船慢慢地沉了下去，船上却没有人惊慌，也没有人去穿救生衣，或者上救生艇逃命，大家还是按照原来正在做的事情继续做下去，直到船沉没了，你知道这是为什么吗？

思维点拨

当船慢慢下沉时，却没有人感到惊慌。这足以说明，他们对出现这种情况是有足够的思想准备的。而他们一同去寻死的理由也不太能够解释的通。看来，问题就出自那艘船上。那艘船一定是一艘很特别的船。

088 不怕危险的小鸟

时间限制：4分钟
是否完成：是（ ）否（ ）

一天，小森去野外玩，看见两只小鸟停在高压线上，它们"叽叽喳喳"地叫着，仿佛是在一起讲笑话。小森觉得很奇怪，高压线上的电压很高，小鸟怎么还能够安全地在电线杆上歇息，你知道为什么吗？

思维点拨

这里有好几个原因，第一，与小鸟的身体有关，第二，小鸟站在一根电线上与站在两根电线上的结果是截然不同的。

089 神奇的载人工具

时间限制：5分钟
是否完成：是（ ）否（ ）

在这个世界上有一种东西可以以近2000公里小时的速度载着人奔驰，而期间不必加油或其它燃料？你知道答案吗？

090 让硬币跳舞
时间限制：5分钟
是否完成：是（　）否（　）

杰克做了一个非常有意思的游戏。他拿出一只玻璃空瓶，在瓶口边缘上滴几滴水，小心

地把一枚硬币盖在瓶口上，并刚好封住瓶口。做完这些工作后，他用双手捂住这只空瓶。不一会儿，瓶口的硬币一跳一跳，好像在跳舞一样。你知道这是为什么吗？

思维点拨

这个游戏与空气的热胀冷缩有关系。

091 方师傅过桥
时间限制：6分钟
是否完成：是（　）否（　）

横架在尖江上的一座桥，其最大的负载重量是7吨，而方师傅开着一辆满载着6吨钢索的车需要经过这座桥。然而，光货车车身就重2吨，再加上钢索，明显超过了桥的载重量。请你帮方师傅想个办法通过这座桥吧。

思维点拨

想一想，有什么方法可以分摊货车与钢索在桥上的重量，使它们的重量不超过桥的总负载。

092 行驶的汽车
时间限制：4分钟
是否完成：是（　）否（　）

一辆从天津开往杭州的汽车，为什么能够在没有星星、月亮，也没有路灯的马路上既快速又安全地行驶？

接龙游戏

安安稳稳　稳操胜算　算减一升　升沉荣辱　辱国殄民
民变蜂起　起兵动众　众恶必察　察察而明　明白晓畅
畅所欲为　为法自弊　弊多利少　少成若性　性急口快

093 阶梯施罗德
时间限制：8分钟
是否完成：是（　）否（　）

请你在施罗德阶梯的每一个台阶上各放一张黑、白卡片，使每一个台阶的卡片上的数字之和为5个连续的数字，即：9、10、11、12、13。

思维点拨

在这看似不可能完成的任务中，我们可以从数字中开始找突破口，有些数字很特别。例如，6和9。

094 12的一半
时间限制：4分钟
是否完成：是（　）否（　）

芬蒂说："12的一半是7，"小文听见了，嘲笑小芬，"12的一半是6，这是小学生都知道的事情，你不知道吗？"可小芬却坚持自己的意见，并证明了这个等式存在的可能，你知道是什么吗？

$$7+7=12?$$

思维点拨

要知道这道题的答案，必须从罗马数字上做足文章。

095 上到第8层要多久
时间限制：4分钟
是否完成：是（　）否（　）

李经理去公司上班，由于她的办公室设在第8层，因此她准备乘电梯前往，可不幸的是这天刚巧停电，电梯停开。从第1层走到第4层需要48秒，如果李经理以同样的速度往上走到第8层，请问她还需要多少秒才能到达8层？

先不忙着作答，题目似乎没有我们想像的那么简单。因为，第4层到第8层与第1层到第4层大有区别。

096 蜘蛛的启示
时间限制：5分钟
是否完成：是（ ）否（ ）

一年冬天，拿破仑带领自己的军队开始向荷兰重镇出发。荷兰的军队为了抵挡拿破仑的大军，就打开了所有的水闸，淹没了他们前进的道路。在不得已的情况下，拿破仑命令所有人后退。正当大家非常焦虑的时候，他看见一只蜘蛛在吐丝，于是拿破仑果断地命令军队停止撤退，在原地扎营。两天过去后，洪水并没有席卷而来，拿破仑带领军队攻破了荷兰的重镇。

请问，你觉得蜘蛛给拿破仑带来了什么启示？

思维点拨

蜘蛛在冰冷的冬天吐丝，这预示着什么呢？这与天气有关吗？

097 加标点符号
时间限制：4分钟
是否完成：是（ ）否（ ）

语文课上，老师在黑板上写了一段没有标点符号的句子，"知止而后有定定而后能静静而后能安安而后能虑虑而后能得。"他叫两位同学站起来，将这句话念一遍。

一位同学念成"知止而后有，定定而后能，静静而后能，安安而后能，虑虑而后能，得。"另外一位同学更搞笑，他念成"知止而后有定定，而后能静静，而后能安安，而后能虑虑，而后能。"

老师在旁边听了后，说他们俩的标点符号标错了，你知道正确的标点应该怎么标吗？

思维点拨

在不能正确理解意思的情况下，我们可以去寻找它们之间的规律。

098 船的变化
时间限制：4分钟
是否完成：是（ ）否（ ）

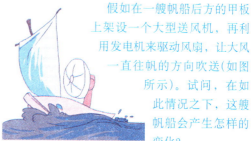

假如在一艘帆船后方的甲板上架设一个大型送风机，再利用发电机来驱动风扇，让大风一直往帆的方向吹送（如图所示）。试问，在如此情况之下，这艘帆船会产生怎样的变化？

A．向前行 B．向后跑 C．原地不动

思维点拨

船只借助帆的每一面所产生的力量沿着迎风方向移动。

099 如何落下
时间限制：4分钟
是否完成：是（ ）否（ ）

图中是一个单摆，绳一头系着一个小球，当球摆动到最高点的一刹那，绳子突然断了，请问球将如何落下？

思维点拨

在最高点绳断了，这时球的惯性也消失了。

100 几堆水果
时间限制：2分钟
是否完成：是（ ）否（ ）

有4元/千克的香蕉一堆，2元/千克的苹果一堆，4元/千克的橘子一堆，合在一起，你猜共有几堆？

101 发怒的关公

时间限制：4分钟
是否完成：是（ ） 否（ ）

一个铺子的老板前去关帝庙祈福，想让关公保佑他财源广进，生意兴隆。但是，关公却大怒，一时电闪雷鸣，暴雨大作，这个人被吓跑了。但是，这个人是一个很规矩的手艺人，开着合法的店铺，平时为人和善，乐于助人。那么，你知道关公为什么发怒吗？

思维点拨

这个人是为生意祈福的，肯定是他的生意好了，对别人就会不利，所以关公才会发怒。

102 安阳古城

时间限制：6分钟
是否完成：是（ ） 否（ ）

小敏在游览安阳古城时，见到一个很奇怪的文字表格，那是一个由63个字组成的文字迷宫。必须按要求走，将文字中的"起点"一词作为入口，"终点"一词作为出口，使所走的相邻的两个字能连成一个词，且只能横走或竖走，不可以斜走。你知道如何才能走出这个词语迷宫吗？

识	常	平	面	起	来	朝
居	住	和	面	点	头	脑
言	格	体	字	数	口	袋
论	乐	气	活	生	信	心
文	章	品	物	书	念	境
句	节	省	国	者	作	界
展	笔	亲	名	景	风	雨
开	始	终	最	色	船	量
眼	目	点	要	纸	鱼	类

思维点拨

从起点开始，再用点组词，一步步地探索

103 犹太人和驴

时间限制：4分钟
是否完成：是（ ） 否（ ）

以前，犹太人受到了严重的种族歧视，德国著名诗人海涅就是犹太人。一次，有个人想捉弄海涅一下，便对他说道："我曾经到过一个美丽的小岛，那岛上除了缺少犹太人和驴以外，什么都有。"面对这样带有侮辱性的语言，海涅只平静地说了一句话，那人听了之后立马灰溜溜地走了。请问海涅是怎样反击的？

思维点拨

海涅是犹太人，而那个人说岛上只缺犹太人和驴。

104 楚王救爱将

时间限制：6分钟
是否完成：是（ ） 否（ ）

楚王的手下有一名爱将犯下过失，按律例该当斩首。可楚王想救他一命，但又不能违背律例。于是，他想出了一个特殊的行刑方式：刑场上站着两个人，手中各拿着一瓶酒。楚王告诉爱将：

(1)这是两瓶外观上无法区分的酒，一瓶是美酒，一瓶是毒酒；

(2)两个人有问必答，但一个只回答真话，另一个只回答假话，并且从外表上无法断定；

(3)两个人彼此间都知道谁说真话谁说假话，谁拿美酒谁拿毒酒。现在只允许爱将向两个人中的任意一人提一个问题，然后判定哪瓶是美酒并把它一饮而尽。如果你是那名爱将，你将如何设计问题，并找出美酒呢？

思维点拨

向一人提一个关于他的对方将如何回答他手里拿的是什么酒的问题，然后把所得到的回答反过来，就能找出美酒了。

105 青蛙

时间限制：4分钟
是否完成：是（　）否（　）

夏天的时候，在农村随处都能听到青蛙的叫声。它们经常在水里钻来钻去，为什么不会被淹死呢？难道是它们有特异功能吗

思维点拨

朝青蛙呼吸的生理特性上去思考。

106 令人费解的谜语

时间限制：5分钟
是否完成：是（　）否（　）

古时候，长安的大街上设有专门的谜台。一日，有人在谜台两旁的石柱上各挂了一件东西，左边挂一只脸谱，右边挂一千文钱，写明"以左右两物为谜面，猜一俗语，猜中者以一千文钱相赠"。众人纷纷议论，

皆不得中，就这样几天过去了。忽然有一个人走上前来推开众人，拿起一千文便走。众人拦住了他，道："你连谜都没猜，怎么能把钱拿走？"谜主却把手一摆说："让他走吧，他已经猜出来了。"

谜底究竟是什么呢？你猜得出来吗？

思维点拨

来人通过自己的肢体语言和实际行动揭示了正确的谜底。

107 被击败的财主

时间限制：5分钟
是否完成：是（　）否（　）

有一位吝啬的财主，为了霸占长工的工资，

他总是出些刁钻古怪的谜题来为难那些长工。如果长工们回答对了，就加倍给工钱；如果回答不出来，这一年的工钱就没有了。他的谜题是："坐也坐，卧也坐，立也坐，走也坐，打一动物。"然而，财主今年雇用的长工中，有一个小伙子特别聪明，他不仅猜出了财主的谜题，还给了一个谜题让财主猜。如果财主能回答这个问题，他不但不要工钱，还会给他白干一年的活。他的谜题是这样的："坐也卧，卧也卧，立也卧，走也卧，打一动物。"财主左思右想还是回答不出来，只得乖乖地　兑现他的诺言，给了长工双倍的工钱。聪明的你，一定知道这两个谜语的谜底分别是什么吧！

思维点拨

通过动物的特点进行想象。

108 贺礼

时间限制：5分钟
是否完成：是（　）否（　）

明末清初的降臣洪承畴做60大寿时，当时一位很出名的书法家给他送了一副对联作为贺礼：

一二三四五六七孝悌忠信礼义廉

洪承畴看后很高兴，就把它挂在正堂的中央，当时很多有学问的人看后大笑。后经人解释，洪承畴气得当场昏了过去。你知道这副对联怎么解释吗？

思维点拨

对联是骂人的，先看后一句缺少的是什么，再结合前面缺少的就容易想到了。

109 近视眼购物

时间限制：5分钟
是否完成：是（　）否（　）

刘珊的视力相当差，几乎是取下眼镜便什么

也看不见了。虽然平时她戴有框眼镜的次数多于戴隐形眼镜，但在购买某件物品的时候，她觉得还是戴隐形眼镜比较适合。

那么，刘珊购买的是什么物品呢？

思维点拨

这件物品肯定是要拿掉眼镜才能购买的。

110 坐不到的地方
时间限制：3分钟
是否完成：是（ ） 否（ ）

多多对爸爸说："爸爸，我可以坐到一个你永远坐不到的地方！"爸爸笑着对他说："这不可能。"可是，多多真的做到了。你觉得可能吗？

思维点拨

往自己身体上去考虑。

111 留影
时间限制：1分钟
是否完成：是（ ） 否（ ）

旅游区内有一座黄牛石雕，牛头在李明的左边。李明想在这里留影纪念，他希望牛头能在自己的右边，但又无法移动沉重的石雕。如果你是李明，你会怎么办？

思维点拨

不要围绕石雕去伤脑筋，换一种思维方式就可以了。

112 需要几架飞机
时间限制：5分钟
是否完成：是（ ） 否（ ）

南方航空公司推出了一个环球飞行计划。但

有几点要求：

（1）每个飞机只有一个油箱，飞机之间可以相互加油（没有加油机）；

（2）一箱油可供一架飞机绕地球飞半圈。

为使至少一架飞机绕地球一圈，至少需要出动几架飞机飞行几次（包括绕地球一周的那架在内）？

思维点拨

所有飞机从同一机场起飞，而且必须安全返回机场，不允许中途降落，中间没有飞机场。加油时间忽略不计。

113 贪婪的书虫
时间限制：5分钟
是否完成：是（ ） 否（ ）

爸爸有两本线装书，它们的厚度都是2.4厘米，封面和封底的厚度也都是1.5毫米。有一只书虫钻进了书中，它从上册的封面开始啃书，一直啃到下册的封底。你能计算出这只书虫啃了多厚的书吗？

思维点拨

要注意古书的装帧方式与现代书的区别。

114 比大小
时间限制：5分钟
是否完成：是（ ） 否（ ）

宇航员梵奇骄傲地对他的父亲说："他已经绕行地球20圈了。"父亲对他说："这一点也不稀奇，我已经绕行太阳50圈了呢！"你觉得梵奇的父亲是在吹牛吗？

思维点拨

宇航员绕行地球是借助宇宙飞船的，那么父亲如果绕行太阳要借助什么。

115 两匹马
时间限制：5分钟
是否完成：是（　）否（　）

女王拥有两匹马，她带着这两匹马去攻打邻国。经过激烈的战斗，邻国的人马都被杀光了。战争结束后，胜利者和失败者全部并排躺在同一个地方，请你解释这是为什么。

思维点拨

想一想真正的战争失败者和胜利者会不会并排躺在同一个地方，就容易找到结果。

116 犯愁的设计
时间限制：3分钟
是否完成：是（　）否（　）

集邮是很多人的爱好，邮票拥用很多的忠实"粉丝"。每一张邮票都有它背后的历史。想想能收集一张有纪念价值的邮票，也是令人感到非常兴奋的事情。你能设计出一套邮票，最多只贴3枚，就可以支付1～70元的所有邮资吗？这套邮票最少多少枚？面额分别是多少？

思维点拨

得用到4个奇数和3个偶数，才能自由组合。

117 哭和笑
时间限制：2分钟
是否完成：是（　）否（　）

请问，哭和笑有什么相同之处？

思维点拨

从字面去考虑。

118 小雅的闹钟
时间限制：5分钟
是否完成：是（　）否（　）

小雅有一座漂亮的闹钟，夏天走时非常准

确，你来猜一猜，它到了冬天将会变快还是变慢？应该如何调整？如果这个钟在北京走时准确，冬天运到上海将会变快还是变慢？这时又应该如何调整？

思维点拨

要考虑到热胀冷缩的原因。

119 气球的变化
时间限制：5分钟
是否完成：是（　）否（　）

天天和弟弟分别将两个大小一样而且装满水的气球，放在装凉水的盆子中。可是其中的一个气球沉入水里，另一个却浮在水面。请你说一说，这是为什么？

思维点拨

如果两个气球里装的都是凉水，那么都会沉入水中，可现在只是一个沉在水里，一个浮在水面，那么就是水的温度不同。

120 找规律
时间限制：5分钟
是否完成：是（　）否（　）

森林里的数学竞赛快要到了，河马博士出的试卷中，有一些找数的规律的题（见右图），你也来和小动物们竞赛，看到底谁最厉害？

思维点拨

第一组个数的规律要从金字塔的最底层开始找，看2和3怎么样才能得到5；第二组数的规律要从金字塔的最顶层开始找，看0和两个1有什么样的关系。

121 成套的餐具
时间限制：5分钟
是否完成：是（　）否（　）

甲来到餐具店，一看价钱，发现自己所带的钱正好可以购买21把叉子和21把匙，或者买28把小刀。但他需要买成套的餐具，如果买的

叉子、匙、小刀数量不一样，就无法成套，所以他必须买同样多的叉、匙、小刀，并且正好将身上的钱用完。那么你能帮他想个办法吗？

思维点拨

总钱数如果只买叉子和匙是可以配套起来的，所以可以把1把叉子和1把匙的价格加在一起设未知数，然后将1把小刀的价钱和总钱数分别设未知数，建立一个等式求解。

122 韩信点兵

时间限制：5分钟
是否完成：是（　）否（　）

"韩信点兵"是我国古代数学类名著《算经十书》里《孙子算经》中的一道中外闻名的计算题，此题原文是：

"今有物不知其数，三三数之剩二，五五数之剩三，七七数之剩二，问物几何？"题意是：现有一些物品，不知道它的数目。三个、三个计数，最后剩下两个；五个、五个计数，最后剩下三个；七个、七个计数，最后剩下两个。这些物品至少有多少个？

请你想一想，此题应怎样解？

思维点拨

可以按照一个条件一个条件去寻找，也可以根据这数除以3和7都余2来求得。

123 鸡和兔子

时间限制：5分钟
是否完成：是（　）否（　）

奶奶家里养了好多小动物，其中兔子与鸡关在一个笼子里。童童问奶奶："兔子有多少只？鸡有多少只？"奶奶笑眯眯地说："笼里有鸡头、兔头共36只，有鸡脚、兔脚共100只，你

算算，兔子和鸡各有多少只？"

你知道笼子里，鸡有多少只，兔子有多少只吗？

思维点拨

这道题可以运用代借法，假如36只动物的头都是鸡头的话，那么就会多出一些脚，而多出的这些脚就是兔子少算的脚，由此，就可以算出兔子有多少只，相反，也可以推出鸡的只数。

124 巧摆扑克牌

时间限制：5分钟
是否完成：是（　）否（　）

牌组成了一个三角形的形状，而且，每条边上四张牌上的数字相加结果都要等于21。你会做吗？自己拿着扑克牌也来玩一下。

思维点拨

可以拿一副扑克牌，挑出其中同一个花色的A～9的9张牌，自己不断地摆放，慢慢地的摸索规律。

125 发车次数

时间限制：5分钟
是否完成：是（　）否（　）

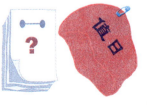

学校到火车站有一趟公交车，每隔20分钟发出1次。如果从上午8点发出第1次公共汽车，那么，到下午6点共发出多少次？

思维点拨

注意不要漏掉了整点发车的次数。

126 值日

时间限制：5分钟
是否完成：是（　）否（　）

一个宿舍住着7个男生，他们每周每人值日一次。如果甲比丙晚一天值日；丁比戊晚两天值日；乙比庚早三天值日；己的值日在乙和丙值日的正中间，而且是星期四。

那么，他们每个人分别在什么时候值日呢？

思维点拨

不要被众多的人搞昏了头，先从已知的己的值日是星期四一个一个去推算。

127 四个人的年龄
时间限制：5分钟
是否完成：是（ ）否（ ）

在一个旅馆里，四个互不相识的人坐在了一张桌子上，他们互相通报了年龄后发现，四个人的年龄两两相加的和分别是35、56、60、71、82，其中，有两个人没有相加过。由此，你能算出他们的年龄分 别是多少吗？

思维点拨

将四个人的年龄分别设为a、b、c、d，再列方程式。

128 猎人杀狼
时间限制：5分钟
是否完成：是（ ）否（ ）

有五个猎人经常一起去打猎。有一天他们一起去杀狼，在晚上整理猎物的时候，发现A与B共杀了14头狼，B与C共杀了20头狼，C与D共杀了18头狼，D与E共杀了12头狼。而且，A和E杀狼的数量一样多。然后，C把他的狼和B、D的狼放在一起平分为三份，各取其一。然后，其他的人也这么做。D同C、E联合，E同D、A联合，A同E、B联合，B同A、C联合。这样分下来，每个人获得的狼的个数一样多，并且在分的过程中，没有出现把狼分割成块的现象。那么，你能算出每个人各打了多少头狼吗？

思维点拨

根据A和E杀狼的数量是一样多的，先得出B比D多杀狼的头数，再往后推算。

129 用加号连数
时间限制：5分钟
是否完成：是（ ）否（ ）

用9、8、7、6、5、4、3、2、1九个数按顺序用加号连起，使和等于99。（数字可以连用）

9 8 7 6 5 4 3 2 1

思维点拨

数字可以连用就是说可以：21，43，65。

130 4个4的算式
时间限制：5分钟
是否完成：是（ ）否（ ）

4 4 4 4 = 1
4 4 4 4 = 2
4 4 4 4 = 3
4 4 4 4 = 4
4 4 4 4 = 5

用4个"4"列出得数为1，2，3，4，5的5个算式。

思维点拨

列算式的时候要充分运用数学符号和括号。

131 一个人的岁数
时间限制：5分钟
是否完成：是（ ）否（ ）

一个人在公元前10年出生，在公元10年的生日前一天死去。请问：这个人去世时是多少岁？

思维点拨

年号里没有称为0年的年，而生日前一天或者后一天之差，在年龄上就差一岁。

132 等于100的算式
时间限制：1分钟
是否完成：是（ ）否（ ）

请你用5个1和5个3组成两道最简单的算式，使其答案都等于100。

11111
33333

思维点拨

题目并没有要求是什么样的算式，即加减乘除法都可以用。

133 小猪的题目

时间限制：5分钟
是否完成：是（ ） 否（ ）

今天轮到小猪出题给同学们做了。它来到了教室，在黑板上写下了这样一道题，让同学们写出问号中的数。同学们陆续来到教室，看着黑板上的题目，没有谁能做出来。你来看看，问号处应该填什么数呢？

思维点拨

前面横排和竖排的"1"是已经定好了的，只要仔细观察"3"是怎么得来的，然后依次推下去，就可以得出最后的答案。

134 豪华游轮

时间限制：5分钟
是否完成：是（ ） 否（ ）

一艘从港口驶入纽约湾的豪华巨轮，在途中撞到了岸边的石头，船身受到了损坏，需要及时进行修理。一个绳梯从甲板放下，一直到达水面。绳梯的各条横档之间相距

30厘米。当海水落潮时，水面上的横梯一共有50条横档。纽约港的水位每小时会上升15厘米。那么，你能计算出6个小时后当海水处于高潮时水面上的横档的个数吗？

思维点拨

记住这艘巨轮是会跟随潮水的变化而上下变化的。

135 尝试的次数

时间限制：5分钟
是否完成：是（ ） 否（ ）

老张是一个管家。他的老板外出旅游去了。所以老张拿着所有房间的钥匙，并且每天都要进去打扫一遍。这所房子一共有10个房间，他把每个房间的钥匙上都写上了号码。这样便于确认。但是这天他的孙子把

所有的号码全撕去了，他无法确认房门的钥匙，要是在一个一个试的情况下，他最多需要试多少次才可以确认每个房门的钥匙呢？

思维点拨

最后一个门是不需要试就可以判定的。

136 赛跑

时间限制：5分钟
是否完成：是（ ） 否（ ）

森林里又开始一年一度的运动会了，参加赛跑的有：兔子、猴子和狐狸。第一场，兔子和猴子举行100米的短跑，结果，兔子领先猴子10米先到达了终点。第

二场，猴子再与狐狸比赛，结果，猴子领先狐狸10米取胜。

第三场是狐狸和兔子开始比赛，你能知道比赛结果吗？兔子领先狐狸多少米呢？

思维点拨

可以在图上列出它们三个一起赛跑的图示，再一个一个地分析。

137 移数字

时间限制：5分钟
是否完成：是（ ） 否（ ）

请移动右面等式中的一个数字（只能是数字，而且不能将数字对调，也不能移动运算符号），使等式成立。

$$101-102=1$$

思维点拨

数字的位置不能对调，那就只能考虑几次方的表示方式了。

138 冰和水

时间限制：5分钟
是否完成：是（ ） 否（ ）

冰融化成水后，它的体积减少1/12，那么当水再结成冰后，它的体积会增加多少呢？

139 取弹珠

时间限制：5分钟
是否完成：是（ ）否（ ）

一个玻璃瓶里一共装有44个弹珠，其中：白色的2个，红色的3个，绿色的4个，蓝色的5个，黄色的6个，棕色的7个，黑色的8个，紫色的9个。如果要求每次从中取出1个弹珠，从而得到2个相同颜色的弹珠，请问最多需要取几次？

思维点拨

玻璃瓶里装有8种颜色的弹珠，如果真的算你倒霉的话，最坏的可能性就是前8次摸到的都是不同颜色的弹珠。而第9次摸出的任何颜色的弹珠，都可以与已摸出的弹珠构成"同色的两个弹珠"。

140 古董商的买卖

时间限制：5分钟
是否完成：是（ ）否（ ）

有一位古董商收购了两枚古钱币，后来又以每枚60元的价格出售了这两枚古钱币。其中的一枚赚了20%，另一枚赔了20%。请问：和他当初收购这两枚古钱币相比，这位古董商是赚是赔，还是持平？

思维点拨

假设甲古币收购时花了A元，乙古币B元。那么，A（1+20%）=60，从而可以得出A与B的价格。

141 大挂钟报时

时间限制：4分钟
是否完成：是（ ）否（ ）

皮皮家的大挂钟报时的时候，相邻两次的钟声间隔时间为5秒钟，如果大挂钟连续敲12下，要花多少时间？

思维点拨

注意是相邻两次的间隔，不要搞混了。

142 反插裤兜

时间限制：5分钟
是否完成：是（ ）否（ ）

发挥一下想象，怎么才能把你的左手放入右边的裤兜里，而同时又将右手放入到左边的裤兜里

思维点拨

问题的重点不在手应该如何放。

143 有趣的数字

时间限制：5分钟
是否完成：是（ ）否（ ）

有这么一个数字：它个位上的数字是3，如果把3换在这个数的首位，那么它就扩大1倍，你知道这个数和扩大后的数各是多少吗？

思维点拨

因为原数位上是3，把3换到首位后，新数是原数的2倍，所以把原数乘以2应为新数。新数的个位应是原数的十位，新数的十位应是原数的百位。

144 这叠纸有多厚

时间限制：5分钟
是否完成：是（ ）否（ ）

有一位疯狂的艺术家为了寻找灵感，把一张厚为0.1毫米的很大的纸对半撕开，重叠起来，然后再撕成两半叠起来。假设他如此重复这一过程25次，这叠纸会有多厚？

A．像山一样高

B．像一栋房子一样高

C．像一个人一样

高 D．像一本书那么厚

第一次撕开变成了2张0.1毫米厚的纸，第二次撕开变成了22张，第三次变成23张，依次类推就可得到225张0.1毫米厚的纸了。

145 如何分配钥匙

时间限制：5分钟
是否完成：是（ ）否（ ）

小明有两个兄弟，他们三兄弟分别住在3个互不相通的房间，每个房间门上都有两把钥匙。请问：如何安排房间的钥匙才能保证小明三兄弟随时都能进入每个房间？

思维点拨

可以分别把3个房间命名为甲、乙、丙。

146 智取硬币

时间限制：5分钟
是否完成：是（ ）否（ ）

有10枚硬币，甲、乙两人轮流从中取走1枚、2枚或者4枚硬币，谁取最后一枚硬币就算输。请问：该怎么做才能获得胜利？

思维点拨

这是一个后发制胜的游戏。

147 韩信的兵

时间限制：6分钟
是否完成：是（ ）否（ ）

有一次，刘邦问韩信大将军，他统领的士兵有多少。韩信回答说："兵不满一万，每5人

一列、9人一列、13人一列、17人一列都剩3人。"刘邦听了韩信的话，不知道韩信到底统领了多少士兵。你能告诉刘邦，韩信统领的兵有多少吗？

思维点拨

首先找到题目中对题目解答有帮助的条件，认真分析其中的共同点。

148 帮忙切苹果

时间限制：5分钟
是否完成：是（ ）否（ ）

小松鼠家来了5个同学，松鼠爸爸想把家里的苹果分给6个可爱的孩子。可是家里只有5个苹果，而且松鼠爸爸希望每个苹果最多只切成3块。你能帮松鼠爸爸想想办法吗？

思维点拨

可以先从5个苹果中拿出一部分来切。

149 数学迷

时间限制：5分钟
是否完成：是（ ）否（ ）

小山羊是个"数学迷"，一天她对同座的小兔子说："你随便用一个一位数，先乘以9再乘以12345679，当你告诉我积是多少时，我马上就能知道这个一位数是多少。"

小兔子想好了一个一位数，按小山羊的要求算了之后，报出积是777777777，小山羊马上接着说："你那个一位数是7。"

这是什么道理呢？

思维点拨

先看一看9乘以12345679是个什么样的数。

150 两物相遇

时间限制：5分钟
是否完成：是（ ）否（ ）

某河上下两港相距90公里，每天定时有"超越号"、"越洋号"两艘船速相同的客船从两港同时出发相向而行。这天,"越洋号"从上港出发时掉下一物,此物浮于水面顺水而下,两分钟后,与"越洋号"相距1公里。预计"超越号"出发后几小时与此物相遇?

思维点拨

根据2分钟后,浮物与越洋号相距1公里,可求出船速,再利用浮物的速度即水流的速度,可以与逆水而上的"超越"号流速度相抵消。

151 巧数钢材

时间限制:5分钟
是否完成:是( ) 否( )

爸爸从外面买回了一堆钢材,摆成了如右所示的图形。在下面的每一层钢材都比上面的多一根。已知,最底下的钢材是12根,一共摆了12层,爸爸问小伟:那堆钢材共有多少根,条件是不能去数,只能运用简便方法计算。你来和小伟一起计算,看这堆钢材一共有多少根?

思维点拨

钢材的数目每层有1、2、3……12,然后运用高斯算法计算。

152 孩子的年龄

时间限制:6分钟
是否完成:是( ) 否( )

经理问小刘:"我3个孩子年龄的乘积是36,而且,3个孩子年龄的和就是昨天的日期。请问三个孩子的年龄分别是多少?为什么?"小刘说还想知道其中的一个条件。于是,经理又告诉小

刘,他最大的孩子可以拉小提琴了。于是小刘很快就算出了3个孩子的年龄。(提示:昨天的日期是13日。)

思维点拨

先根据三个孩子年龄的乘积是36这一条件,把3个数字相乘是36 的数都列出来;再筛选年龄和是13的数,再根据最后一个条件,推出三个孩子的准确年龄。

153 差了钱

时间限制:5分钟
是否完成:是( ) 否( )

炎炎妈妈的水果店有两种哈密瓜,一种10元2斤,一种10元3斤。这两种哈密瓜每天都可以卖30斤,收入250元。有一天,妈妈不小心把两种哈密瓜混到了一起,而且每斤的重量各是30斤,这两种哈密瓜的外表一样,分又分不出来。后来,妈妈想了一个办法:把

这两种哈密瓜以20元5斤的价格出售,但是,到了晚上算账的时候,只有240元,还有10元钱到哪去了? 你知道吗?

思维点拨

计算哈密瓜在三种情况下的平均价格,就可以找到原因了。

154 银杏树

时间限制:5分钟
是否完成:是( ) 否( )

小北家里有一棵古银杏树,人们都想知道它的年龄,都跑来问小北。刚开始,小北耐心地告诉别人那棵银杏树的年龄,可是,久而久之,也就觉得厌烦了。于是,一家人商量,在树上挂了一块牌子,让别人计算出银杏树的年龄。牌子上写的是:"要问我年龄多少岁,

100比我小，1000比我大，从左往右每位数字增加2，各位数字之和是21。"那么，你知道古银杏树有多少岁吗？

思维点拨

先根据题意确定年龄是几位数，再根据从左往右每位数字增加2，就可以设最左边的数字为X，再列方程解答。

155 带了多少鸡蛋

时间限制：5分钟
是否完成：是（ ） 否（ ）

两个农妇共带100个鸡蛋去卖。一个带的多，一个带的少，但卖了同样的钱。一个农妇对另一个说："如果我有你那么多的鸡蛋，我能卖15元。"另一个说："如果我只有你那么多鸡蛋，只能卖6元。"

你知道两人各带了多少鸡蛋吗？

思维点拨

可以通过设未知数求得鸡蛋的数量。

156 羊的数量

时间限制：5分钟
是否完成：是（ ） 否（ ）

甲赶了一群羊在草地上往前走，乙牵了一只肥羊紧跟在甲的后面。乙问甲："你这群羊有100只吗？"甲说："如果再有这

么一群，再加半群，又加1/4群，再把你的一只凑进来，才满100只。"

请问：甲原来赶的那群羊有多少只？

思维点拨

本题载于我国明代著名数学家程大位的《算法统宗》一书上。可以假设羊有100只，然后再根据甲所说的列出算式。

157 石头剪刀布

时间限制：5分钟
是否完成：是（ ） 否（ ）

丁丁经常喜欢和他的两个同胞兄弟用猜拳来决定谁做家务，可老是平手，分不出胜负。于是，丁丁就想：如果一次只有两个人的话，就不会出现这么多次平手了。你认为丁丁的想法正确吗？

思维点拨

两个人猜拳的排列组合有9种（3×3），所以有1/3的机会是平手。

158 电铃系统

时间限制：5分钟
是否完成：是（ ） 否（ ）

某户人家的门铃整天在响，令其苦不堪言。一位朋友帮他在大门前设计了一排6个按钮，来访者只要摁错了一个按钮，哪怕是和正确的同时摁，整个电铃系统将立即停止工作。在大门的按钮旁边，贴有一张告示，上面写着：A在B的左边；B是C右边的第三个；C在D的右边；D紧靠着E；E和A中间隔一个按钮。请摁上面没有提到的那个按钮。

这6个按钮中，通门铃的按钮处于什么位置？

思维点拨

如果用F表示通门铃，则6个按钮自左至右的位置以此是D、E、C、A、F、B。

159 人与头发的关系

时间限制：5分钟
是否完成：是（ ） 否（ ）

假设有这样一个特大城市，它的人口数量比城中任何一个人的头发的数量都要多，并且该城中没有一个人是秃子。那么，下面两个结论，哪一个是正确的？

（1）城中头发数量正好一样多的居民不存在。

（2）城中至少有两个头发一样多的人。

思维点拨

可以假设城中没有居民的头发数量正好一样多。

160 奸商

时间限制：5分钟
是否完成：是（ ）否（ ）

游戏大转盘成了奸商发财的诀窍，玩法就是在一个转盘里放着十个写有字的纸团，但有九张是写着"死"，一张写着"生"的。如果你可以抽到那张有"生"字的纸条，就可以拿到一千元的资金。如果抽到"死"的话，就得罚一千元。其实，萨尔知道里面全部都是"死"字，但他还是拿到奖金。你知道萨尔是怎么做的吗？

思维点拨

萨尔运用了逆向思维来操作。

161 第二批人

时间限制：5分钟
是否完成：是（ ）否（ ）

9个冒险者在沙漠中迷了路。早晨起来一看，所带的饮用水只够喝5天了。次日，他们发现了一些足印，知道还有一些人也在沙漠中，于是寻踪追去。追上以后，发现他们已经没有水喝了，两批人合用这些水，只够喝3天。你知道第二批人共有几个人吗？

思维点拨

要注意他们是在次日与第二批人碰上的。

162 应删的数

时间限制：5分钟
是否完成：是（ ）否（ ）

如图所示，欲使竖列和横列的数字总和等于70，只须删掉四个数字即可。试问，应删掉哪四个数字？

21		21
	14	14
21		14
	28	35

思维点拨

依次将横列和竖列的数字分别相加，然后减去70得到的共用数就行了。

接龙游戏

惊采绝艳 艳丽夺目 目不忍视 视富如贫 贫病交迫
迫不得已 已成定局 局地扣天 天兵天将 将门有将
将明之材 材大难用 用计铺谋 谋臣武将 将相之器

163 考考你

时间限制：5分钟
是否完成：是（ ）否（ ）

求A、B、C的值(如图)。

12	21	A
B	13	19
20	16	C

思维点拨

提高你的观察能力、分析能力，看看如何从类似无规律的现象中，找出规律。

164 聪明的小熊

时间限制：5分钟
是否完成：是（ ）否（ ）

今天是小熊5岁的生日，到了中午，小熊邀请的小伙伴到齐了，加上小熊一家人，刚好是8个。切蛋糕时，小熊只切了三刀，就把蛋糕平均分成了8块。你知道聪明的小熊是怎么切的吗？

思维点拨

可以先切两刀，这样蛋糕就切成了4块。

165 一百个馒头

时间限制：5分钟
是否完成：是（ ）否（ ）

一百个馒头一百个僧人，大僧人三个更无争，小僧人三人分一个，大小僧人各几人？

思维点拨

根据题意1个大和尚吃3个馒头，3个小和尚吃1个馒头，那么4个和尚刚好是吃4个馒头。

166 上课的人数

时间限制：5分钟
是否完成：是（ ）否（ ）

一学校的750名学生或上历史课，或上算术课，或者两门课都上。如果有489名学生上历史课，606名学生上算术课，问有多少名学生两门课都上？

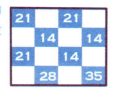

思维点拨

根据上历史课的人数，可求出只上算术课的人数，那么多出来的上算术课的人数就是两门课都上的人数了。

167 订购商品

时间限制：5分钟
是否完成：是（ ） 否（ ）

张先生向商店订购某种商品80件，每件定价100元。张先生向商店经理说："如果你肯减价，每减1元，我就多订购4件。"商店经理算了一下，如果减价5%，由于张先生多订购，仍可获得与原来一样多的利润。则这种商品每件的成本是多少？

思维点拨

利用减价1元多订4件商品与减价5%所得利润相等列等式求出每件商品的利润，根据原定价，即可得出每件商品的成本。

168 一夜之间

时间限制：5分钟
是否完成：是（ ） 否（ ）

如果从早上醒来，发现自己在每个方向上都大了一倍，高了一倍，胖了一倍，厚了一倍，那时其体重是以前的几倍？

A.10 B.9 C.6 D.8

思维点拨

可以将自己假设为一个立方体，当它长、宽、高增加一倍时，看它的体积怎样变化。

169 井里的蜗牛

时间限制：5分钟
是否完成：是（ ） 否（ ）

蜗牛不小心掉进了一口10米深的井里，很难爬出去。可蜗牛却开始攀爬井壁，每爬一天，就上升3米，但每次上升前会下落2米。请你也给蜗牛打打气，告诉它一共要爬几天才能爬出来？

接龙游戏

器满将震	覆瓿之用	用尽机关	关门打狗	狗逮老鼠
鼠窜蜂逝	逝将去汝	汝南晨鸡	鸡虫得丧	丧胆消魂
魂不附体	体规画圆	圆凿方枘	领异标新	新发于硎

思维点拨

要注意蜗牛在最后一次爬出井时，是不会再下落的。

170 找规律填数

时间限制：5分钟
是否完成：是（ ） 否（ ）

星期天，几个小伙伴在一起玩游戏，小雅当老师，其余的小伙伴就当学生。只见小雅老师戴着黑框眼镜，拿着教鞭，严肃地走到小黑板前面，在上面画了3个三角形（如图）。她让同学

们填出问号所代表的数。你知道小雅老师出的题目的答案吗？

思维点拨

想想看，每个三角形中，上面两个数相加，再除以多少，就是下面的数。

171 天气情况

时间限制：5分钟
是否完成：是（ ） 否（ ）

天气预报说今天半夜12点钟会下雨，那么再过72小时后会出太阳吗？

思维点拨

要注意天气预报说下雨的时间。

172 昆虫的只数

时间限制：5分钟
是否完成：是（ ） 否（ ）

蜻蜓有6条腿，2对翅膀；蜘蛛有8条腿，没有翅膀；蝉有6条腿，1对翅膀。现在有一些蜻蜓、蜘蛛和蝉，已知它们的总数是18只，共有118条腿，20对翅膀。其中每种昆虫各有多少只呢？

蜻蜓和蝉都有6条腿，只有蜘蛛是8条腿。所以第一步可以考虑6腿昆虫和8腿昆虫。

173 新女友的生日

时间限制：7分钟
是否完成：是（ ） 否（ ）

小冬在新认识的女朋友家里遇到了她的弟弟，小冬想知道女朋友的生日是哪一天，就偷偷问她的弟弟。

谁知道她的弟弟说："我姐姐的生日月份和日子都是个位数，把它们连着读成一个十位数的时候，这个十位数的3次方是个四位数，4次方是个六位数，并且这个四位数和六位数的各个数字正好是0～9这10个数字，而且没有重复。"这下把小冬给难住了，你能帮他算出女朋友的生日是哪一天吗？

根据十位数的三次方是一个四位数，可以确定这个十位数的十位不超过3。

174 卖书

时间限制：5分钟
是否完成：是（ ） 否（ ）

大四的时候，三个好朋友把自己的课外书放在一起摆地摊出售，一共卖了73元。已经知道甲的书的总价值是乙的60%；乙的书

的总价值是丙的120%。那么，三个人如何分配这73元？

可以书价的百分比设未知数求解。

接龙游戏	研发新刃	刃树剑山	山崩地陷	陷入僵局	局地吁天
	天不假年	年华垂暮	暮翠朝红	红不棱登	登峰造极
	极古穷今	今非昔比	比比皆是	是长是短	短吁长吁

175 IQ大测试

时间限制：5分钟
是否完成：是（ ） 否（ ）

你能算出来，从你生下来到现在。是睁眼的次数多还是闭眼的次数多？

关键要抓住现在是睁眼还是闭眼的。

176 渔夫卖鱼

时间限制：5分钟
是否完成：是（ ） 否（ ）

渔夫有100斤鱼，卖4块钱一斤。

一个买鱼的人说："我把鱼全买了，不过我要分开称，鱼头1.5元一斤，鱼身2.5元一斤，这样鱼

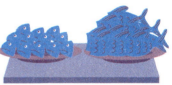

头加鱼身就是4元了。"

渔夫想了一下，觉得没有什么错误，就同意卖了。

渔夫把鱼头和鱼身切开，鱼头40斤，鱼身60斤，共计210元。

回到家后，渔夫的妻子一看丈夫卖鱼得的钱，说："100斤鱼能卖400元钱，怎么就只有210元钱呢？"买鱼的人到底是在什么地方占了便宜，你们知道吗？

首先要清楚鱼头和鱼身没分开称时，都是4元一斤的。

177 3个9

时间限制：3分钟
是否完成：是（ ） 否（ ）

用3个9所能写出的最大的数是多少？

这个数等于多少，至今还没有人计算过。

178 剧院

时间限制：5分钟
是否完成：是（　）否（　）

一个剧院在上演精彩节目，刚好120个座位全坐满了观众，而全部入场费刚好为120元。

剧院的入场费收取办法是：男子每人5元，女子是每人2元，小孩子则每人为1元。那么，你可以据此算出男、女、小孩各有多少位。

思维点拨

根据条件可以判断小孩子的人数应该是最多的。

179 冰雪聪明

时间限制：5分钟
是否完成：是（　）否（　）

有一位姑娘到一家新开张的布店里要买两匹布，她精心挑了两匹布后问多少钱？店铺的伙计说："姑娘真是好眼光，今天是本店的开张吉日，只收半价。"姑娘一听就说："既然是半价，那我买你两匹布再把一匹布折合成一半的价钱还给你，这样咱们就两清了。"

如果你是这位伙计，你会答应这笔买卖吗？

思维点拨

假设两匹布就只收20元钱，一匹布就值10元。

180 兔子繁殖

时间限制：5分钟
是否完成：是（　）否（　）

一对兔子每个月可以生一对小兔子，而一对兔子生下后第二个月也开始生小兔子。那么，从刚出生的一对兔子算起，满一年时可以繁殖出多少对兔子？

思维点拨

要注意每一对增加的兔子到第二月可以繁殖一对兔子，而原来的兔子每月仍可繁殖一对兔子。

181 相距有多远

时间限制：5分钟
是否完成：是（　）否（　）

小人国和奶油国开始打仗了。小人国的国王发射了一枚导弹，奶油国的国王也发射了一枚导弹，这两枚导弹相距41600千米，处于同一路线上，他们彼此相向而行。其中，小人国的导弹以每小时36000千米的速度向奶油国行驶，奶油国的导弹以每小时24000千米的速度向

小人国行驶，那么，他们在碰撞的前一分钟彼此相距有多远呢？

计算时，请不要用笔也不用任何其他的计算工具。

思维点拨

碰撞前的一分钟的距离，就是两枚导弹在一分钟内一共能行驶多远。

182 卡片游戏

时间限制：5分钟
是否完成：是（　）否（　）

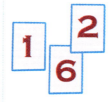

2，1，6的3张卡片，请你变换一下它们的位置，使它们变成刚好能被43除尽的一个3位数。

思维点拨

此题解答的关键是"6"这张卡片。

183 为什么不让座

时间限制：5分钟
是否完成：是（　）否（　）

在一个以文明礼貌而著称的城市，有一个残疾人上了公交车后，却没有人让座。车上的每个人都是非常有礼貌的，并且他们也都非常反感不给"老弱病残孕"乘客让座的行为。可是，他们为什么不给这位残疾人让座呢？

184 思维游戏

时间限制：5分钟
是否完成：是（ ）否（ ）

在酒会上，你可以与你的客人做这个思维游戏。准备2个葡萄酒瓶的瓶塞，然后按照图1的样子把它们夹在手上（即：每个瓶塞都横着放在拇指的分岔处）。

现在，按照图2的样子用右手的拇指和中指抓住左手上的瓶塞（两根手指抓住瓶塞的两端），与此同时，再用左手的拇指和中指抓住右手上的瓶塞，然后，把两个瓶塞分开。

思维点拨

上面的操作听起来很简单，但是初学者在尝试的时候会出现图2的情况。而这正是这个题要避免的，必须2个瓶塞自然地分开。

185 用直尺测量牛奶

时间限制：5分钟
是否完成：是（ ）否（ ）

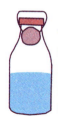

有一个牛奶瓶，其下半部分是圆柱形，高度为整个瓶高的3/4；其上半部分形状不规则，占瓶高的1/4。现在瓶内只剩半瓶牛奶，在不打开瓶盖的情况下，利用一把直尺，怎样测定这些牛奶占整个牛奶瓶的百分比？

思维点拨

牛奶瓶的内径在求百分数时可以不计。

186 七边形谜题

时间限制：5分钟
是否完成：是（ ）否（ ）

杜登尼是一位数学天才，这是他所提出的一个非常难解的七边形谜题。请在右图中填入1～14的数字（不能重复），使得每边的三个数之和等于26。

接龙游戏
旦旦而伐 伐冰之家 家藏户有 有案可查 查无实据
据鞍顾眄 眄视指使 使臂指 指成之间 间不容息
息鼓偃旗 旗鼓相当 当断不断 断长补短 短小精干

思维点拨

先将最小的7个数在七边形每边的中间填好，再来考虑其他的数。

187 比酒量

时间限制：5分钟
是否完成：是（ ）否（ ）

一群酒徒聚在一起要比酒量。先上一瓶，各人平分。这酒真厉害，一瓶喝下来，当场就倒了几个。于是再来一瓶，在余下的人中平分，结果又有人倒下。现在能坚持的人虽已很少，但总要决出个雌雄来。于是又来一瓶，还是平分。这下总算有了结果，全倒了。只听见最后倒下的酒徒中有人咕哝道："嗨，我正好喝了一瓶。"

你知道一共有多少个酒徒在一起比酒量吗？

思维点拨

可以先假设有X个酒徒，然后根据条件列出关于喝一瓶酒的酒徒的等式来求解。

188 公转与自转

时间限制：5分钟
是否完成：是（ ）否（ ）

如图所示，两枚象棋紧贴在一起。马固定不动，车的边缘紧贴马并围绕着马旋转。当车围绕着马旋转一周回到原来的位置时，它围绕着自己的中心旋转了几个360度？

思维点拨

不要轻易下结论，可以实际操作一遍试试。

189 昆虫聚会

时间限制：5分钟
是否完成：是（ ）否（ ）

蜜蜂、蝴蝶、蜻蜓如图A所示正排队参加昆虫聚会。忽然，队长让它们变成了如图B的排列。如果：

（1）相邻的叶子是空的，就可以飞过去；

（2）隔一个叶子相邻的叶子是空

的，也可以飞过去；

（3）不可以两只昆虫同时停在一片叶子上。

请问：它们一共要飞几次才能完成图B的顺序呢？

190 跳棋上的圆圈
时间限制：5分钟
是否完成：是（ ）否（ ）

妈妈问了小跳一个既简单又容易的题目："你知道跳棋上共有多少个圆圈吗？"可是小跳答不出来，你能来帮他算算吗？

191 哪个读数大
时间限制：4分钟
是否完成：是（ ）否（ ）

在秤上放着一个装着很多苍蝇的玻璃瓶，玻璃瓶的瓶口是密封着的。那么当苍蝇都停落在玻璃瓶的底部的时候秤的读数会大呢，还是苍蝇在玻璃瓶中乱飞的时候秤的读数大呢？

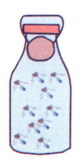

192 上五楼
时间限制：4分钟
是否完成：是（ ）否（ ）

小林家住在五楼，可是电梯坏了，他自己也没有走楼梯，却上了五楼回到家里，这可能吗？

193 哪只熊会挨饿
时间限制：2分钟
是否完成：是（ ）否（ ）

雄熊每顿要吃30斤肉，雌熊每顿要吃20斤肉，幼熊每顿吃10斤肉。动物园里有两只熊，但饲养员每天只买回来20斤肉，是不是有熊会挨饿？

194 CD的纹路
时间限制：6分钟
是否完成：是（ ）否（ ）

一张CD唱片转速是100转／分钟，这张CD唱片能运转45分钟。那么，这张唱片有多少条纹路？

195 高僧画佛
时间限制：5分钟
是否完成：是（ ）否（ ）

相传武则天信佛，有一天，京城中很多有名的画家都被召到宫中去作画，这些画家个个身怀绝技，画功超群。

武则天向画家们宣布："这里有一张3尺的宣纸，我想要在上面画一尊8尺高的佛像，谁来接旨？"画家们没有一个人敢答应，纷纷感到奇怪，3尺高的宣纸怎么能画8尺高的佛像呢？

这时，有一个高僧站出来说："让我来画吧。"说完，他大手一挥，很快就画了一幅8尺高的佛像。大家一看，无不心悦诚服，连武则天也是赞不绝口？

猜猜看，这个高僧到底是怎么做到的呢？

思维点拨

武则天并没有要求佛像的姿势。

196 距离
时间限制：6分钟
是否完成：是（　）否（　）

有一次我乘车外出，经过一段长1.914公里的公路。凭借秒表，我看到每分钟经过的电话线杆数目乘以1.914后，正好等于车的时速（公里／小时）。确定汽车保持匀速，而电话线杆之间的距离都是相等的。那么，两根相邻电话线杆之间的距离是多少？

思维点拨

将经过的时间和电话线杆分别设为未知数，再根据题设条件列方程式求解。

197 巨人
时间限制：8分钟
是否完成：是（　）否（　）

一个奇怪的村子，几乎每个人个子都很高，但是个子最高的要数年仅16岁的小柱，他的身高是两米五，是全村公认的巨人。

出生以来到现在，小柱由于行动不便从没有离开过村子。这天，村子里来了一位身高两米六的观光客，连小柱看了也自叹不如。他对这名观光客说："这可是我出生以来，头一次见到有人长得比我高呢！"

没想到这位观光客很肯定地对他说："不，你一定见过，而且肯定见过很多比你高的人！"这位游客为什么这么说呢？

思维点拨

要注意小柱说的是自出生以来。

接龙游戏

定倾扶危　危机四伏　伏处枥下　下笔不休　休兵罢战
战天斗地　地负海涵　涵今茹古　古调单弹　弹尽援绝
绝处逢生　生财之路　路见不平　平白无辜　辜恩背义

198 受训的牧羊犬
时间限制：8分钟
是否完成：是（　）否（　）

麦克夫人从美国买回来一只长毛牧羊犬的幼犬，为了使这只幼犬变成世界第一的名犬，麦克夫人送它到以训练动物闻名的德国哈根别

克大学。一年后，长毛牧羊犬学成后回到夫人身边，没想到它连坐、举手等基本动作都没有学会。可是，训练师曾告诉她，这只犬能够做出主人所下达的命令和动作。为此，麦克夫人百思不得其解，你认为这会是什么原因？

思维点拨

可以从幼犬受训的地点去找原因。

199 缺少燃油的车子
时间限制：6分钟
是否完成：是（　）否（　）

露西和丽丽驾着各自的汽车一起去郊外旅游。回来时发现每辆汽车只剩下可以走3公里路程的汽油，他们距离加油站还有4公里，又没有工具可以把一辆汽车的汽油加入另一辆汽车内。你能为他们想个办法到达加油站吗？

思维点拨

要想一个不用燃油又能让车子前进的办法。

200 拉不动的马车
时间限制：3分钟
是否完成：是（　）否（　）

有个傻子在马车上套了一匹马赶路，走了几里路嫌太慢，又回家套了一匹马，可套上这匹马以后，两匹马却怎么也拉不动这辆马车了。你知道这是怎么回事吗？

思维点拨

马车没有变，变了的只有马匹，所以要从马匹来考虑拉不动的原因。

思考笔记

第5章

探求演算思维的
200个数学游戏

001 蜜蜂采蜜

时间限制：5分钟
是否完成：是（ ）否（ ）

一只蜜蜂外出采花粉，发现一处蜜源，它立刻回巢招来10个伙伴，可还是弄不完。于是每只蜜蜂回去各自找来10只蜜蜂，大家再采，还是剩下很多。于是蜜蜂们又回去叫同伴，每只蜜蜂又叫来10个同伴，但仍然采不完。蜜蜂们再回去，每只蜜蜂又叫来10个同伴。这一次，终于把这一片蜜源采完了。你知道这块蜜源的蜜蜂一共有多少只吗？

思维点拨

当蜜蜂第二次回去招同伴时，回去的蜜蜂一共有11只了。

002 有多少颗钻石

时间限制：6分钟
是否完成：是（ ）否（ ）

一位在某地淘金的财主不仅淘到了大量的金子，而且淘到了许多钻石。为了向别人炫耀自己的富有，他决定用自己淘到的钻石镶一个世界上绝无仅有的无价之宝。他决定，第一天从保险柜里取出一颗钻石；第二天，取出6颗钻石，镶在第一天那一颗钻石的周围；第三天，在其（如左图）外围再镶一圈钻石，变成了两圈。每过一天，就多了一圈。这样做7天以后，镶成了一个巨大的钻石群。请问，这块无价之宝一共有多少颗钻石？

思维点拨

开始时只有1颗，第二天增加了6颗，第三天又增加了12颗，第四天又增加了18颗……找到每天增加的数，计算七天的总数。

接龙游戏

义不容辞	辞不获命	命辞遣意	意夺神骇	骇龙走蛇
蛇杯弓影	影骇响震	震风陵雨	雨栋风帘	帘窥壁听
听聪视明	明参日月	月黑风高	高不可登	登锋履刃

003 正确的时间

时间限制：4分钟
是否完成：是（ ）否（ ）

一天夜里，邻居听到一声惨烈的尖叫。早上醒来，发现昨晚的尖叫是受害者发出的最后声音。负责调查的警察向邻居们了解案件发生的确切时间。一位邻居说是12：08分，另一位老太太说是11：40分，对面杂货店的老板说他清楚地记得是12：15分，还有一位绅士说是11：53分，但这4个人的表都不准确。在这些人的手表里，一个慢25分钟，一个快10分钟，还有一个快3分钟，最后一个慢12分钟。你能帮警察确定作案时间吗？

思维点拨

这是一个看起来复杂其实很简单的问题。从最快的手表中减去最快的时间就行了，或者将最慢的手表加上最慢的时间也可以得出相同的答案。

004 贩马的商人

时间限制：3分钟
是否完成：是（ ）否（ ）

英国的一个商人要把自己养的马赶到另一个国家去卖，可是在途中每经过一个边境都要交过境的费用。每到一个边境的时候，商人对卫士说："我身上没有钱，我把我一半的马匹给你，算作过境的费用。但是，你要把我给你的马匹中留出一匹马来还给我，行吗？"卫士见有便宜可占，就同意了。

就这样，商人用同样的方法过了5个关口，最后到达另一个国家时，他还有2匹马。请你算一算，商人带了多少匹马来国外卖？

思维点拨

这道题需运用逆向推理，可以从商人最后所剩的马数一步步地往前推算即可算到原有的马匹数量。

005 小杨的游戏题
时间限制：8分钟
是否完成：是（ ） 否（ ）

小杨乘车去上班，做了一个非常有意思的游戏。现在，他把游戏拿来跟大家分享一下。

去上公交车的时候，车上包括小杨在内有16名乘客。车驶进车站，这时4人下车，又上来4人；在下一站上来10人，下去4人；在下一站下去11人，上来6人；在下一站，下去4人，上来4人；在下一站又下去8人，上来15人。

还有，请你接着算，公共汽车继续往前开，到了下一站下去6人，上来7人；在下一站下去5人，没有人上来；在下一站只下去1人，又上来8人。

好了，请你记住，最后公交车上有多少人，这辆公共汽车停了多少站。（不要重复计算）

思维点拨

这道题最好是两个人合作，一个念出题目，另一个进行口算。另外，在进行口算的同时，要能记住公交车停靠的次数。

006 数字迷宫
时间限制：3分钟
是否完成：是（ ） 否（ ）

下图是由数字组成的城堡，要如何走，才能从进口处安全走到出口处？

思维点拨

不一定每一个数字都要走到。

007 特别的年份
时间限制：3分钟
是否完成：是（ ） 否（ ）

13
24
79
34
45
58

20世纪有一个年份特别有意思，把它写在纸上，再把纸倒过来看仍然是这一年的年份数。这到底是哪一年呢？

思维点拨

6和9到过来会变成9和6。

008 填空
时间限制：5分钟
是否完成：是（ ） 否（ ）

请按照顺序，填出图中最下面的数字。

11
36
71
116
171

思维点拨

从上往下看，看每两个数字之间变大的规律。找到了规律，就能找到这个游戏的答案。

009 工资
时间限制：6分钟
是否完成：是（ ） 否（ ）

史密斯买下一个农场，他聘请了3个外国人为他工作。他要每天支付工头1.1美元、杂工每天1美元，助手每天90美分，平均每人每天1美元。但到了第二天，有两人同时来要求缩短每天的工作时间，并增加工作天数。史密斯觉得他们的要求还是合情合理的，就增加了两人的工资，他们两人也很满意。一个季度结束后，史密斯为他们总共303天的工时向每人支付了101美元。请计算一下他们的工资和工时各是多少？

思维点拨

两个要求缩短每天的工作时间、增加工作天数的人，他们第一天的工资和之后的工资数目是不同的。

010 捣蛋鬼
时间限制：6分钟
是否完成：是（ ） 否（ ）

李佐是班上的"破坏大王"，他的手就跟长了刺一般，什么东西只要经过他的手，都不能幸免。你看，老师怕同学们忘记日期，特地买了一本日历。她还交待班长看着李佐，别让他把日历损坏了。可是，李佐趁班长不注意的时候，连着撕了9张日历纸，这些日期数相加是54。请问：李佐撕的第一张是几号？最后一张是几号？

思维点拨

根据连着的日期是每日增加1的，可设第一张为X，再列算式求解。

011 挽救面粉

时间限制：1分钟
是否完成：是（　）否（　）

有7幢房子，每幢养了7只猫，每只猫吃了7只老鼠，每只活的老鼠会吃掉7个麦穗，而每个麦穗可以产7单位面粉。问这些猫挽救了多少单位面粉？

思维点拨

这道游戏并不需要你单独算出猫的数量或是老鼠的数量来。

012 分香蕉

时间限制：2分钟
是否完成：是（　）否（　）

动物园里有猩猩、猿、猴，总共的数量为100只。管理员每天都会拿100个香蕉分给这100只灵长类动物。每只大猩猩有3个香蕉，每只猿有2个香蕉，而猴因为最小，只有半个香蕉。你能否根据上面所给出的信息计算出动物园里的大猩猩、猿、猴各有多少只吗？

思维点拨

根据猩猩、猿、猴总共的数量和香蕉的数量来列方程。

接龙游戏

美	药石	石火风灯	灯蛾扑火	火光冲天	天不绝人
人财两失	失魂丧胆	胆颤心惊	惊愕失色	色胆包天
天不 遗	遗臭千秋	秋风落叶	叶公好龙	龙德在田

013 赚了还是赔了

时间限制：4分钟
是否完成：是（　）否（　）

朱明在新建的星星小区内开了一家小型饰品店。他的店内有两个用水晶做成的小饰品，朱明把它们当作镇店之宝。昨天，朱明把这两个镇店之宝卖了，他先把第一个水晶饰品以198元卖掉，赚了10%，然后又把第二个水晶饰品以198元卖掉，这次赔了10%。那么，朱明在这两个水晶饰品交易中是赚了还是赔了？

思维点拨

按照饰品的价格以及比例来算。

014 生日的日期

时间限制：5分钟
是否完成：是（　）否（　）

哈利在新认识的女朋友家里遇到了她的弟弟，哈利想知道女朋友的生日是哪一天，就偷偷问她的弟弟瑞比。谁知道瑞比并没有直接说出姐姐的生日，而是告诉哈利："我姐姐的生日月份和日子都是个位数，把它们连着读成一个十位数的时候，这个十位数的3次方是个四位数，4次方是个六位数。并且这个四位数和六位数的各个数字正好是0到9这10个数字，而且没有重复。"这下把哈利给难住了，你能帮他算出女朋友的生日是哪一天吗？

思维点拨

根据"十位数的3次方是一个四位数，4次方是个六位数，可知这个数不小于18，不大于21。

015 年龄

时间限制：3分钟
是否完成：是（　）否（　）

刘太太搬了新家，因为不了解周围的环境，她只好去向邻居打听一些相关的事情。她的邻居是个热心肠的人，很快就和刘太太成了好朋友。一天，邻居问

起刘太太的年龄，刘太太笑着说："我20多岁就大学毕业。大学毕业几年后，我就到了一个大学教书，现在已经教了45年了。我比我儿子大了27岁，现在我的年龄的个位数和十位数交换一下就是我儿子的年龄。"你知道刘太太现在的年龄是多少吗？

思维点拨

根据题中的条件，我们可以先设刘太太年龄的个位数为A，十位数为B，那么就可以列出一个这样的算式：$(10B + A) - (10A + B) = 27$。再根据题中所提出的条件，求出一个正确的答案。

016 半盒子鸡蛋

时间限制：1分钟
是否完成：是（ ）否（ ）

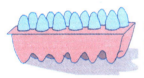

往一只盒子里放鸡蛋，假定盒子里的鸡蛋数目每分钟增加一倍，一小时后，盒子满了。请问：在什么时候是半盒子鸡蛋？

思维点拨

盒子里的鸡蛋是每分钟增加一倍的，由此往前推理就可找到答案。

017 商店的常客

时间限制：2分钟
是否完成：是（ ）否（ ）

某商店服务小姐在回答"光顾商店的常客人数"时，这样回答："我这里的常客啊，有一半是事业有成的中年男性，另外1/4是年轻上班族，1/7是在校的学生，1/12是警察，剩下的4个则是住在附近的老太太。"试问，服务小姐所谓的常客究竟有多少人呢？

思维点拨

这道游戏中常客人数为一个固定值，那么可以根据代数中设未知数列方程式的方法来求解。

接龙游戏
田父献曝　曝鳃龙门　门不夜关　关门大吉　吉丢古堆
堆棠盈几　几次三番　番窠倒白　白头深日　日不识丁
丁丁列列　列晶而食　食不　口　口不言钱　钱过北斗

018 点菜

时间限制：5分钟
是否完成：是（ ）否（ ）

一个服务员正在给餐厅里的51位客人上蔬菜，蔬菜有胡萝卜、豌豆和花菜。要胡萝卜和豌豆的人比只要豌豆的人多2位，只要豌豆的人是只要花菜的人的2倍。有25位客人不要花菜，18位客人不要胡萝卜，13位客人不要豌豆，6位客人要花菜和豌豆而不要胡萝卜。请问：

（1）多少客人3种菜都要？

（2）多少客人只要花菜？

（3）多少客人只要其中两种菜？

（4）多少客人只要胡萝卜？

（5）多少客人只要豌豆？

思维点拨

根据已知条件先推理出只要豌豆的人数。

019 林科的电话号码

时间限制：5分钟
是否完成：是（ ）否（ ）

林科所在城市的电话号码是四位，一次他搬了新家，得到了一个非常不错的电话号码。这个电话号码很好记：新号码正好是原来号码的四倍；原来的号码从后面倒着写正好是新的号码。

现在，你能够推测出他的新电话号码吗？

思维点拨

根据"新号码是原号码的四倍"，"原来的号码从后面倒着写正好是新的号码"，可推理出这个新号码要么是4开头的数，要么是8开头的数，而且个位数与千位数存在倍数关系。

020 猫和狗比赛

时间限制：5分钟
是否完成：是（ ）否（ ）

科恩是个有趣的宠物教练员，一天，他决定让久经训练的猫和狗进行10米直线往返跑比赛。狗每一次跳跃有0.3米远，猫仅仅为0.2米，但是狗跳2次的时间猫能跳3次。那么，猫和

狗谁会获胜？

思维点拨

根据狗每次跳跃的距离，要完成10米的直线往返跑比赛，这对于它来说肯定不会刚好是跳了10米这样一个整数。

021 红手套黑手套

时间限制：2分钟
是否完成：是（ ） 否（ ）

衣柜里放着一些红手套和黑手套，两种颜色手套的数目一样多。

为了保证取出一双同样颜色的手套，你闭着眼睛至少要从衣柜里摸出多少只手套？

为了保证取出两只不同颜色的手套，你闭着眼睛至少要从衣柜里摸出多少只手套？

让人感到惊奇的是，这两个数目是一样的。假设这个计算是完全正确的，想想看，衣柜里有多少只手套？

思维点拨

从两种颜色的手套中取出一双同样颜色的手套，至少从衣柜中取出3只手套；而要取出两只不同颜色的手套，从衣柜里摸出的手套的数量，至少要比衣柜中某种颜色的手套的数量多1只。

022 求解

时间限制：1分钟
是否完成：是（ ） 否（ ）

你能用一种特别的方法算出下面这个算式的答案吗？

（66−1）（66−2）（66−3）……（66−98）（66−99）=？

思维点拨

依次推理可找到其中的一个特殊值。

023 被认定的数

时间限制：3分钟
是否完成：是（ ） 否（ ）

有数字1～36，杜德将球押在一个他认定的数字上。这个数字能被3整除，并且每一位数相

加，所得之和介于4与8之间。这个数字是一个奇数。并且当该数字的每一位数相乘，所得之积也介于4与8之间。

杜德所认定的数字是哪一个？

思维点拨

先找出1～36之间能被3整除的数。

024 山脚至山顶

时间限制：5分钟
是否完成：是（ ） 否（ ）

一位脚有残疾的小商贩说，他爬山的速度是1.5公里/小时，下山的速度是4.5公里/小时。他爬一座小山来回共用了6个小时。请问，你知道山脚离山顶距离是多少？

思维点拨

山脚到山顶的距离是个定量，利用小商贩上山的速度和下山的速度以及来回共用的时间就可以求得山脚到山顶的距离。

025 猪过缝隙

时间限制：3分钟
是否完成：是（ ） 否（ ）

假定地球是一个极大的标准圆球，现在有一根长绳子，它比地球的赤道周长还要长10米。若用此绳子将地球等距离(在赤道上)围住，那么在地面与绳子之间还有一道小小的缝隙。请问一头高70厘米的猪，在不碰到绳子的情况下，能不能走过去缝隙（不许跨过去)?

这道题所考验的可不仅仅是想象力，在这道题中你不仅要有想象力，更要有严谨的解题技巧。

026 坐电梯

时间限制：6分钟
是否完成：是（ ）否（ ）

当江华先生感到很懒散的时候，他宁可站在电动扶梯上，让它花40秒时间载着自己到顶部。当他感到有一些体力的时候，他宁可在电动扶梯上每1秒钟走两步，这样他到达顶部所花的时间只是他仅仅站在电动扶梯上到达顶部所花时间的一半。

电动扶梯有多长呢？另外，在任何时候电动扶梯上有多少步台阶能被看到呢？

当他在电动扶梯上走的时候，江华先生花了20秒到顶部，这个时候他走了40步（每秒两步）。

027 物品的重量

时间限制：5分钟
是否完成：是（ ）否（ ）

A.4小时20分 B.3小时15分 C.6小时14分

?   80   60

D.7小时13分 E.4小时12分

42   78

每辆拖拉机的工作时间如图所标注，拖拉机下面的数字是其运送物品的吨数，其中存在着一定的规律，那么你能推算出拖拉机A所运送的物品的吨数吗？

看看相邻的两辆拖拉机的时间与吨数存在什么联系，小时与分钟数要拆开来用。

接龙游戏

美锦学制	制锦操刀	刀笔老手	手不释书	书符咒水
水大鱼多	多才为累	累死累活	活蹦活跳	跳梁小丑
丑声远播	播恶遗臭	臭不可闻	闻宠若惊	惊耳骇目

028 酒鬼喝啤酒

时间限制：8分钟
是否完成：是（ ）否（ ）

有一个酒鬼非常喜欢喝酒。最近，酒鬼家附近的一家超市的啤酒搞促销活动，5个空瓶就能换一瓶啤酒。这个机会，让酒鬼乐不思蜀，每天就抱着瓶子往嘴里灌酒。一个星期过去后，酒鬼一共喝了161瓶啤酒，这些酒中，有一些是用空啤酒瓶换的。那么，你知道酒鬼一共买了多少瓶啤酒吗？

可以假设，酒鬼先买了161瓶啤酒，喝完了这161瓶啤酒后，空瓶子就可以换回32个啤酒瓶，还余下一个啤酒瓶。把这些啤酒瓶退掉的话，发现只要买129瓶啤酒。从得出的结果开始往前面推算。

029 李明的胜算

时间限制：4分钟
是否完成：是（ ）否（ ）

李明和李历都擅长用弹子打中目标。如果李明有两粒弹子而李历只有一粒，那么李明获胜的概率是多少？

将两人的弹子数合在一起来计算可能出现的情况。

030 投硬币

时间限制：5分钟
是否完成：是（ ）否（ ）

王深叫他的一个朋友投硬币200次，并记下每一次的结果。当朋友把结果给王深后，王深想知道他的朋友是否的确投了硬币。他要通过什么办法才能检验呢？

如果你了解本福德法则，你很快就可以帮王深找到检验的办法。

031 日期

时间限制：3分钟
是否完成：是（　）否（　）

下面日历上的3个日期的数字之和为42，则这3个日期为哪3天呢？

思维点拨

此题可以用设未知数的方式解答。

032 圆点的数量

时间限制：5分钟
是否完成：是（　）否（　）

图中的长方形内到底有多少个圆点？注：边上的半圆不算。

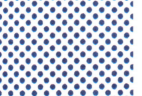

思维点拨

如果是一个一个去数圆圈的办法是很不高明的，你应该设法估计图中有多少个点。

033 苹果的数量

时间限制：2分钟
是否完成：是（　）否（　）

篮子里的7个苹果掉了4个在桌子上，还有一个不知掉到哪去了。思思把桌子上的苹果拾进篮子里，又吃了一个。请问篮子里还剩下几个苹果？

思维点拨

你只需注意这两个细节，一个是"不知掉到哪去了"，另一个是"又吃了一个"。

034 豆子的数量

时间限制：8分钟
是否完成：是（　）否（　）

著名的艺术家和科学家列奥纳多·达·芬奇在他的一本笔记本中记述了一些小窍门。为了了解这个小窍门，你需要一些简单的道具，

比如豆子。

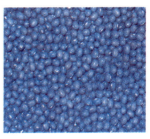

你在两只手上分别放上相同数量的豆子，从右手上移4粒豆子到左手。数一下右手上剩下的豆子数量，然后把它们扔掉。再扔掉左手中与刚才扔掉的相同数量的豆子，最后你再拿起5粒豆子，你现在一共拥有13粒豆子。

事实上，最后的豆子数量和你一开始所拿的豆子数量没有任何关系，你总是在最后一共拥有13粒豆子。这是为什么呢？

思维点拨

这是被称为"关于数字的思考"游戏中最早知道的例题之一，因为它开始包含了许多数字。解这道题时，让我们称那些数字为"B"，取"B"粒豆子在每只手上，然后再依次推理。

035 找奇数

时间限制：5分钟
是否完成：是（　）否（　）

你能找出和为100的5个奇数吗？和为100的6个奇数呢？

思维点拨

奇数个奇数之和是不能构成一个偶数的，而偶数个奇数之和则可以构成一个偶数。

036 完全数

时间限制：3分钟
是否完成：是（　）否（　）

完全数是指一个数的全部约数（包括1但不包括这个数本身）之和仍然等于该数。最小的完全数是6，它的约数是3、2、1，而它也是1、2、3的和。迄今为止，已经发现了38个完全数。你能给出第二小的完全数是几吗？第三小的呢？

思维点拨

目前所知道的完全数还都是偶数，所以第二小的完全数要从偶数里去寻找。

037 抢30

时间限制：5分钟
是否完成：是（　）否（　）

聪明的小孩周津发明了一种叫"抢30"的游戏。游戏规则很简单：两个人轮流报数，第一个人从1开始，按顺序报数，他可以只报1，也可以报1、2，第二个人接着第一个人报的数再报下去。但一个人最多只能报两个数，而且不能一个数都不报。例如，第一个人报的是1，第二个人可报2，也可报2、3；若第一个人报了1、2，则第二个人可报3，也可报3、4。接下来仍由第一个人接着报，如此轮流下去，谁先报到30谁胜。

周津很大度，每次都让伙伴先报，但每次都是他胜。伙伴们觉得其中肯定有猫腻，于是坚持要周津先报，结果每次还是周津胜。

其实，周津每次都胜利是因为他发现了其中的规律，你知道其中的规律是什么吗？

思维点拨

30这个数与3的倍数有关，因此要自己取胜，就必须报一个与3的倍数有关的数。

038 计时员的难题

时间限制：5分钟
是否完成：是（　）否（　）

在"快马女王"洛狄龙的一次表演赛中，计时员在计时的时候出了一点问题。第一位计时员记下了快马在前3/4公里中用了81.375秒，而第二位计时员记录下了在后3/4公里中用了81.25秒。马在前一半和后一半路程所用速度相等。两位计时员的计时都是正确的，不过，要让这两位没有数学头脑的计时员算出快马跑完1公里全程的时间还是有不小难度。你能否算出正确结果呢？

思维点拨

将时间分成四个段来计算，很容易就可以得到跑完全程所用的时间。

039 找出余下的3个数

时间限制：6分钟
是否完成：是（　）否（　）

5个一位整数之和为30，其中一个是1，一个是8，而这5个数的乘积是2520。你能说出余下的是哪3个数吗？

思维点拨

先根据5个数的乘积是2520，找出个位数中能被其整除的那个数。

040 毕达哥斯拉的弟子

时间限制：8分钟
是否完成：是（　）否（　）

古希腊名著《诗华集》记载了一道诗体数学题：

"我尊敬的毕达哥斯拉哦。你——缪斯女神的家族！请你告诉我，你的弟子有多少？"

"我一半的弟子，在探索着数的微妙；还有1/4，在追求着自然界的哲理；1/7的弟子，终日沉默寡言深入沉思；除此之外，我还有3个弟子是女孩子。这就是我全部的弟子。"

你能推算出毕达哥拉斯一共有多少个弟子吗？

思维点拨

这道题利用数学中设未知数列方程式的方法极易求得它的解。

041 玩弹子游戏

时间限制：5分钟
是否完成：是（　）否（　）

哈里和吉姆玩打弹子游戏。游戏之初，他们的弹子数目相等。在第一回合中，哈里赢得了20颗弹子。但到最后，哈里输掉了手中弹子的2/3。结果吉姆的弹子数是哈里的四倍。那么，请你算算游戏开始时，每个孩子手上有多少颗弹子？

思维点拨

将两人原有的弹子数设为未知数。列方程式时要注意，最后哈里手中的弹子数是原来的数量加上20的1/3；而吉姆的弹子数是原来的数量减去20，再加上从哈里手中赢得的哈里最后弹子数的2/3。

042 速度

时间限制：2分钟
是否完成：是（ ） 否（ ）

运输系统的现代化是个渐进的过程，重点主要放在减少旅行的时间上。一般来说，运行相同的距离，现在火车所需要的时间是最初的3/4。如果用分数表示，现在火车的运行速度是最初速度的多少倍？

思维点拨

利用运行相同距离火车最初与现在所需要的时间，可以推出火车最初与现在的速度。

043 夫妻俩的钱

时间限制：5分钟
是否完成：是（ ） 否（ ）

妻子交给丈夫100元钱的话，两人手里有同样多的钱。丈夫交给妻子100元钱的话，妻子拥有的钱是丈夫的2倍。请问，他们原来各有多少钱？

思维点拨

以两人手中钱数相等（妻子向丈夫交100元钱的状态）为前提来推理就可以了。

044 篮球赛的结果

时间限制：8分钟
是否完成：是（ ） 否（ ）

一场精彩的篮球赛刚刚结束，球迷们便议论纷纷：

（1）选手们体力真棒，比赛中双方都没有换过人。

（2）双方技术都很高，得分最多的一名队员独得30分；有3名队员得分不满20分，并且他们所得的分数各不相同。

（3）客队的个人技术相当接近，得分最多的和最

少的只差3分。

（4）全场比赛中只有3名队员得分相同，都是22分，而且他们不在一个队。

（5）主队的个人得分，正好是一组等差数列。

请根据以上信息来推算这场球赛的具体结果。

思维点拨

先要推算得22分的3名队员分别在哪个队，再推算得30分的队员在哪个队，然后再根据相关条件推出球赛的具体结果。

045 尽快到达终点

时间限制：8分钟
是否完成：是（ ） 否（ ）

这是一道关于乡间越野障碍赛马的小问题。图中赛马比赛似乎将接近尾声，整个赛程只剩下 $1\frac{3}{4}$ 公里了，而领骑的几名运动员之间差距非常小，所以相当明显，谁能找到通向旗帜的捷径，谁就能取得赛马比赛的胜利。从图中可以看到，终点的旗帜正在长方形田野远处的角落里迎风招展，长方形土地的边上有一条道路，一边长1公里，另一边长3/4公里。从大路骑向到达终点旗帜的路程为 $1\frac{3}{4}$ 公里，所有的马都能在3分钟内到达。骑手们都想穿过田野走捷径，但由于田野地面崎岖不平，在长方形土地上骑行时，速度要减少1/4。请问，骑手们应该在1公里长的路段上的什么位置穿过石墙，直接朝终点跑去，从而尽快地到达终点？

思维点拨

先将他们按原路的速度求出来，再通过速度与时间的比例关系求出以原来减少1/4的速度在不超过3分钟的时间所需经过的最长路程。

046 残忍的杀戮

时间限制：5分钟
是否完成：是（ ） 否（ ）

在战争中，有64个人被敌人逮到了，敌人决定按一种方式来杀戮他们，最后剩下的一个人可以活命。这种方法是：

让所有的人都编上号码，然后围成一个圆圈。先从一号杀起，每隔一个杀一个，直到剩下最后一个人。刘松是一个聪明的人，他站到一个位置上，最后正好就剩下了他。那么，你知道他是几号吗？

思维点拨

每一次杀的都是奇数位置的人，那么就要找一个随着数目减少却永远处于偶数位置的地方站立了。

047 婴儿体重问题
时间限制：5分钟
是否完成：是（　）否（　）

奥图勒夫人想称称她婴儿的体重，而她又是一个很吝啬的人，因此她希望只花1分钱就可以把大家的体重都称出来，包括她自己的体重和狗的体重。通过称量，她发现她自己的体重比狗和婴儿的体重之和还重50公斤，狗的体重比婴孩轻60%，大家总体重量为85公斤。请趣题爱好者朋友们帮这位好太太算算孩子、奥图勒夫人自己和小狗的体重各是多少？

思维点拨

根据奥图勒夫人的体重比狗和婴儿的体重之和还重50公斤，而大家总体重为85公斤，很容易就可以算出奥图勒夫人的体重。

048 餐桌安排
时间限制：10分钟
是否完成：是（　）否（　）

一个监狱看守要管理一大群因犯，并且要对他们用餐时的餐桌进行安排。下面就是座位的安排规则：

（1）每张餐桌都要安排相同数目的因犯。

（2）在每张餐桌上就餐的人数必须是单数。

监狱看守在安排过

接龙游戏

短衣窄袖	袖里藏刀	刀刀见血	血风肉雨	雨断云销
销魂荡魄	魄散魂飞	飞白挽粒	粒米束薪	薪尽火传
传风扇火	火急火燎	燎原烈火	火尽灰冷	冷嘲热讽

程中发现了下列问题：

每桌3人，会剩下2人无法安排。

每桌5人，会剩下4人无法安排。

每桌7人，会剩下6人无法安排。

每桌9人，会剩下8人无法安排。

但是当每桌11人时，所有的犯人全部能安排好。总共有多少名囚犯？

思维点拨

找出每桌的人数与剩下的人数存在什么样的关系，再来进行推理。

049 干洗店的难题
时间限制：8分钟
是否完成：是（　）否（　）

在一个干洗店里，只带夹克来的顾客比只带裤子来的顾客多1人。带裤子、夹克、裙子三样东西来的顾客是只带裙子来的顾客的3倍。带夹克、裙子但没带裤子的顾客比带裙子、裤子但没带夹克的多1人。9个人只带了裤子，只带夹克的顾客与只带裤子和裙子但没带夹克的顾客一样多。32个顾客没带裙子，24个顾客没带夹克。

（1）有多少顾客三样衣服都带来了？

（2）只带三样衣服中任意一样的顾客有多少？

（3）只带夹克的顾客有多少？

（4）只带其中两样衣服的顾客有多少？

（5）带衣服来的顾客总共有多少？

思维点拨

先推算出只带裤子、夹克和裙子的顾客数分别是多少，再推算出三样衣服都带的人数。

050 有多少只企鹅
时间限制：3分钟
是否完成：是（　）否（　）

动物园里，企鹅和爱斯基摩狗紧挨着，它们一共有72只，200条腿。请问：有多少只企鹅？

051 杨先生的假期

时间限制：5分钟
是否完成：是（　）否（　）

杨先生总是去同一个地方度假。今年，他的钱有点紧张，于是他只带了420美元作为住宿费和零用钱。他对自己的支出做了详细的预算，力图使假期尽可能地长一点。当钱花完的时候，他的假期也就不可避免地结束了。杨先生把自己的花费又重新计算了一遍，发现如果每天少花7美元，那他的假期就可以延长5天。

杨先生的假期有多少天？

思维点拨

根据已知条件设未知数列方程式，可推算出杨先生的假期。

052 天气

时间限制：15分钟
是否完成：是（　）否（　）

当我们回忆童年时代的夏天时，往往只会记住那些阳光灿烂的日子，而忘记那些阴沉沉的雨天。

最近，我收集了一些有关家乡天气变化的数据，总结出了六月份天气变化的概率；如果今天是好天气，那明天天气好的概率是3/4；如果今天下雨，那明天天气好的概率是1/3；今天是星期四，天气温暖晴好，我打算星期天出去散步。那么星期天是好天气的概率是多少？

思维点拨

先推算出以后三天天气变化的所有概率，再来推算星期天是好天气的概率。

053 波波算年龄

时间限制：8分钟
是否完成：是（　）否（　）

波波问前来做客的姨妈的年龄。姨妈知道波波的数学很好，就对波波说："我的年龄和你妈妈的年龄合起来是44岁，你妈妈的年龄是过去某一时刻我的年龄的两倍。在那一时刻，你妈妈的年龄又是将来某一时刻我的年龄的一半。到将来的那一时刻，你妈妈的年龄又是她现在年龄的两倍。你能算出来我现在是多少岁了吗？"波波被搅糊涂了，你能帮他算出来姨妈现在的年龄吗？

思维点拨

根据姨妈的年龄和妈妈的年龄合起来是44岁，可推断姨妈的年龄应在22岁以下，然后再根据其他的条件进行推理。

054 会员的数量

时间限制：6分钟
是否完成：是（　）否（　）

羽毛球俱乐部有189名会员；8名会员加入俱乐部的时间不到3年，11名会员的年龄不满20岁，70名会员戴眼镜，140名会员是男子。

在所有的会员中，加入俱乐部的时间不少于3年，年龄至少20岁、戴眼镜，并且是男子的会员最少有多少名？

思维点拨

从假设所有的女会员都戴眼镜开始推断。

055 油箱里有多少燃油

时间限制：5分钟
是否完成：是（　）否（　）

一架轻型飞机下午1点钟从英国伦敦出发了，目的地是592英里之外的柏林，去接刚刚

完成一项秘密任务的M15特工。当飞机的油箱加满时，它可以携带12加仑的燃油。飞机的飞行时速是90英里，每加仑燃油可飞行60英里。但令人遗憾的是，飞行员忘记了在伦敦加油。在距离柏林还有202英里时，燃油耗光了。

当飞机离开伦敦时，油箱里有多少燃油？

思维点拨

根据飞机已飞行的路程，可以推算出所耗费的燃油，即是油箱里原有的燃油。

056 兑奖

时间限制：8分钟
是否完成：是（ ）否（ ）

端获得了25000美元的现金奖，当他到银行去兑这笔钱时，银行职员手头只剩下了150张面值100美元的纸币和160张50美元的纸币。剩余的钱将用面值20美元的纸币支付。那么，端要拿到多少张面值20美元的纸币，才能使取款总额达到25000美元？

思维点拨

先推算出面值100美元的纸币和50美元的纸币总共有多少钱。

057 兄弟4人的任务

时间限制：8分钟
是否完成：是（ ）否（ ）

兄弟4人去野炊，他们一个在挑水，一个在烧水，一个在洗菜，一个在淘米。现在知道：老大不挑水也不淘米，老二不洗菜也不挑水；如果老大不洗菜，那么老四就不挑水；老三既不挑水

也不淘米。你知道他们各自在做什么吗？

思维点拨

先推断每个人可能会做的事，最后根据某一个条件确定一个人该做的事，其他人的工作任务就可推断出来。

058 羊圈

时间限制：4分钟
是否完成：是（ ）否（ ）

一位牧羊人打算为羊群建造一个长方形的羊圈。他用一段原先修建的墙作为其中的一条边，

又用了一些早已做好的篱笆。篱笆每段长2米，并且篱笆与篱笆之间不能重叠。羊圈的短边必须大于20米，长边大于40米。他只用了45段篱笆。要使建造好的羊圈的面积尽可能最大，羊圈的长、短边尺寸应该是多少？

思维点拨

45段篱笆是要用来建造三条边的。

059 奇怪的数字

时间限制：3分钟
是否完成：是（ ）否（ ）

有三个不是零的数字，它们的乘积与它们的和都是一样的。请问：你知道是三个什么数吗？

思维点拨

我们知道很多事情的发生与概率有很大的关系，就拿这道题来说，当这三个数字越大时，它们的乘积与和一样的概率就越小。

$$X \times Y \times Z = \square$$
$$X + Y + Z = \square$$

060 路程

时间限制：4分钟
是否完成：是（　）否（　）

暑假，小新去乡下看望年迈的奶奶，他透过窗户看到一个路标上标有数字15951。

这个数字的第一个数和第五个数相同，第二个数和第四个数相同。当汽车行驶了两个小时后，小新又看到另一个路标上的数字，仍然是第一个数和第五个数相同，第二个数和第四数相同，那么，请问你知道汽车两个小时一共行驶了多少公里？另一个路标的数字是多少吗？

思维点拨

这道题不需要你动笔去算，我们只需考虑汽车正常行驶2个小时所能行驶的路程，就可以推出第一个数和第五个数仍为1，再看看"15951"和"两个小时后"这两个已知条件，答案就很明朗了。

061 列队

时间限制：5分钟
是否完成：是（　）否（　）

上体育课时，李老师要求班上的40名学生面向他排成一行，从1开始依次报数。第一轮报数完毕后，李老师要报数为4的倍数的学生向后转，第二轮下来，李老师又请报数为6的倍数的学生向后转。请问这时，面向老师的有多少人？

思维点拨

首先我们必须明白，在1和40之间有三个数，它们既是6的公倍数，也是4的公倍数。

062 作曲家生死年份

时间限制：4分钟
是否完成：是（　）否（　）

有一位作曲家，他生于19世纪，也同样死于19世纪；他诞生的年份和逝世的年份都是由4个相同的数字组成，但排列的位置不同；他诞生的那一年，4个数字之和是14；他逝世那一年的数字的十位数是个位数的4倍。

你能根据以上的条件算出这个人生于何年，死于何年吗？

思维点拨

因作曲家生于19世纪，也同样死于19世纪，由此，我们可以得知他诞生的年份与逝世的年份都为18**年。

063 数字连用

时间限制：2分钟
是否完成：是（　）否（　）

用9，8，7，6，5，4，3，2，1九个数按顺序用加号连起，使和等于99。（数字可以连用）

9 8 7 6 5 4 3 2 1

思维点拨

所谓"数字连用"就是指可以将两个数合在一起，例如21或43。

064 小贾买餐具

时间限制：6分钟
是否完成：是（　）否（　）

小贾跟女朋友逛街时，看中了一套精美的餐具，本想全部买下来，可是付账的时候发现自己所带的钱不够，他身上的钱正好可以购买21把叉子和21把匙，或者买28把小刀。如果他买的叉子、匙、小刀数量不一样，就无法成套，所以他必须买同样多的叉子、匙、小刀，并且正好将身上的钱用完。如果你是小贾，你该怎么办？

在不知道单价的情况下，我们可以将1把叉子和1把匙加在一起的总看设为A，将刀子的价钱设为B，小贾所花的钱设为C，然后根据所给的条件列出方程。

065 烧鸡

时间限制：5分钟
是否完成：是（　）否（　）

街对面的一家烧烤店的生意很红火，当店主准备打烊时，又来了两位客人要买烧鸡，可是店里只剩下最后一只2斤的烧鸡。鸡腿每斤比鸡身要贵2元钱，甲顾客用29元6角买了鸡身，乙顾客用8元2角买了鸡腿。那么，鸡身和鸡腿各有多重？

在计算鸡身、鸡腿的重量之前，我们可以看到这又是一个列方程求解的题目，所以第一步工作，便是将鸡身的单价和重量分别设为X、Y。

066 小华擅长的运动

时间限制：5分钟
是否完成：是（　）否（　）

1栋103住着连小华在内的7个人，已知其中有6人擅长游泳，有5人会滑冰，有4人喜欢打乒乓球。请问，小华最多有几个室友擅长这三种运动？

三种运动都会的人肯定不会超过擅长人数最少的运动，这一点肯定是难不倒我们的，那么，有了这个隐藏的条件，解题就变得容易多了。

067 小狗们的难题

时间限制：3分钟
是否完成：是（　）否（　）

一天，小孙走在放学回家的路上，看到两只小狗在争论不休。小孙由于好奇，于是跑了过去，看到有一道数学题被写在地上，小孙看了看（算式如图），

4	6	9	13
7	10	15	?

于是，他拿起笔，很快就做好了题目，解决了小狗们的难题。你知道小孙是怎样得出结论的吗？

规律隐藏在横排中，并且第二排的规律必须以第一排为参照物，但结果是不同的，另外，你还可以想一下第一排的13以及第二行的10和15是怎样产生的，只要找出这个规律，题目就迎刃而解了。

068 马奶奶买鸡蛋

时间限制：5分钟
是否完成：是（　）否（　）

马奶奶在买鸡蛋的时候，付给杂货店老板12美分。但是由于马奶奶嫌它们太小，又叫老板无偿添加了2个鸡蛋给自己。这样一来，每打（12个）鸡蛋的价钱就比当初的要价降低了1美分。想想黄奶奶一共买了多少个鸡蛋？

在不知鸡蛋价钱的情况下，要解出这道题来，实在有点为难。可是题目中还有一个重要的已知条件"加2个鸡蛋，每打鸡蛋的价钱就比当初的要价降低了1美分"这就说明，鸡蛋前后两次的价格

不同，这样，我们刚好可以利用鸡蛋前后两次的差价来计算。

069 有奖销售

时间限制：7分钟
是否完成：是（　）否（　）

大型商场的传单上写着如下的广告词：凡在本商场一天之内购物金额累计满40元者可领取奖券一张，共发行10万张奖券。设特等奖2名，各奖2000元；一等奖10名，各奖800元；二等奖20名，各奖200元；三等奖50名，各奖100元；四等

有奖销售

奖200名，名奖50元；五等奖1000名，各奖20元。

这种有奖销售和实行"九八折"的销售方式相比较，哪一种让利给顾客的多？

思维点拨

不要被题中一长串的数字和条件蒙蔽，我们首先得明白九八折的让利百分比是2%，而有奖销售时，奖金占销售额的百分之几呢？再将两者进行比较，就很简单了。

070 恶霸打水

时间限制：8分钟
是否完成：是（ ）否（ ）

清朝时的一位宰相，在城门上贴了一张公告。说自己有一道题，如果有人能答出来，就可以得到10两银子的奖赏，但是答不出来的话，就要罚100两银子。当地的一位恶霸听到这个消息，马上就赶到城里去答题。题目是：用一个木桶，一次精确地打出半桶水，不能多也不能少，而且不能使用木棒或者绳子来量。可是恶霸怎么打也打不到精确的半桶水，不是多了就是少了，只好给了宰相100两银子，灰溜溜地走了。

你知道这半桶水应该怎么样打吗？

思维点拨

这里需要巧用圆柱体的体积公式，圆柱体的体积公式：体积=底面积×高。

071 迷雾灯的数量

时间限制：6分钟
是否完成：是（ ）否（ ）

富丽堂皇的宫中，有一座神殿，殿里陈设着两种迷雾灯，一种是上吊3个大灯、下缀6个小灯的九星连环灯；一种是上吊3个大灯、下缀15个小灯的十八星连环灯。已知大灯有408个，小灯有1437个，那么一共有多少盏？两种灯各有多少盏？

思维点拨

由于两种迷雾灯中吊有的大灯数是相等的，所以，我们可以计算出灯的总盏数，再根据两种小灯的情况，可以分别求出两种迷雾灯各为多少盏。

072 猜灯谜

时间限制：7分钟
是否完成：是（ ）否（ ）

元宵佳节，奶奶做了一个非常漂亮的灯笼。这个带有成语和数字的灯笼是小伙伴们争抢的玩具。她告诉孩子们，谁能独立完成灯笼上的题，她就把灯笼送给谁。于是，几个小朋友赶紧奋战起来。这个灯谜（如图），要巧用数字和成语填空，使它竖行为成语，横行为数字等式。

请问，你能告诉小朋友们，应该怎么填这个灯谜吗？

思维点拨

这里需要注意一个问题，成语中包含的数字，能使等式的结果成立。

073 期末考试考题

时间限制：5分钟
是否完成：是（ ）否（ ）

一次期末考试的卷上有6道大题，在50名考生中，答对的共有202人次，其中每个人都至少答对了2道题。答对2道题的有5人，答对3道题和答对5道题的人数一样多，答对4道题的有9人。据此，你能算出全部答对的有几个人吗？

接龙游戏：敌国通舟 舟车之苦 苦不堪言 言不达意 意合情投 投畀豺虎 虎饱鸱咽 咽苦吐甘 甘败下风 风餐水栖 栖风宿雨 雨过天青 青春不再 再拜稽首 首倡义兵

思维点拨

6道大题，50名考生，倘若全部答对的话，那么答对的共有300人次，然后再根据题目中提供的条件，一步一步地进行推算。

074 射箭

时间限制：5分钟
是否完成：是（ ） 否（ ）

体育馆的教练们做了一只独特的靶子，上面用数字标好了每环的分数，如下图。请问：如果你是一名射击手，你一共需要射多少支箭才能使总分正好等于100分？

思维点拨

我们知道组成的数不能超过100，所以只能从最小的数开始考虑。还有题中并没有要求我们不能重复使用某些数字。

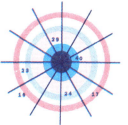

075 溜冰爱好者

时间限制：6分钟
是否完成：是（ ） 否（ ）

两位优雅的溜冰爱好者珍妮与莫德站在相距1公里的冰面上进行滑冰比赛，她们各自朝着对方站着的地点滑去。

珍妮在一阵猛烈寒风的推动下，滑行速度是莫德的2.5倍，因而比莫德提前6分钟到达。那么，两位爱好者完成赛程各需要用多少时间？

思维点拨

两位溜冰爱好者需要完成的路程是相等的，根据时间乘以速度等于路程的原理，很容易就可求得各自所需的时间。

076 死者的年龄

时间限制：5分钟
是否完成：是（ ） 否（ ）

葬礼上，姐姐问同来悼念的小维死者是哪一年出生的。

小维说："这个我也不是很清楚，不过我可以告诉你几个已知条件：
(1)死者没有活到100岁；
(2)当死者N岁时，那一年正好是N的平方，今年是1990年，现在你应该能算出他的出生年月来了吧？"

请你帮忙算死者的出生年吧！

思维点拨

既然死者没有活到100岁，而今年又是1990年，那么我们可以得知他的出生年处在1890～1990这个范围之内。

077 今年几岁

时间限制：6分钟
是否完成：是（ ） 否（ ）

售票员向坐在农夫一旁的男孩子询问他的真实年龄。农夫发现居然有人对他的家人感兴趣，顿时感到受宠若惊。他得意地回答："我儿子的年龄是女儿年龄的5倍，老婆的年龄是儿子岁数的5倍。我的年龄为老婆年龄的2倍，我们所有人的年龄之和正好是祖母的年龄，而今年正好是她81岁的生日。"

请问，小男孩今年几岁？

思维点拨

根据他们各自年龄的倍数关系，将其中一位的年龄设为未知数列方程式即可。

078 聪明的诸葛亮

时间限制：8分钟
是否完成：是（ ） 否（ ）

诸葛亮是三国时期非常聪明的一位谋士。一天，他将手下的士兵召集在一起，说想考考他们，并给他们出了一道题目："你们从1～1024中任意选出一个整数，记在心里，我最多提10个问题，只要

求你们回答'是'或'不是'。10个问题全答完以后，我就知道你心里记的是哪个数。"

诸葛亮才刚刚说完，一个谋士站了起来说，他已经选好了一个数。诸葛亮问道："你这个数大于512？"谋士答道："不是。"诸葛亮又接连向这位谋士提了9个问题，这位谋士都一一如实做了回答。诸葛亮听了，最后说："你记的那个数是1。"你知道诸葛亮是怎样算出来的吗？

思维点拨

虽说诸葛亮聪明无比，但他毕竟只是一个凡人，不可能有未卜先知本领。既然如此，那么他一定是在某些地方应用了一些小小的诀窍。想一想，若对1024进行一半一半的取法，那么取到多少次的时候，结果能为1呢？

079 棋子的数量

时间限制：8分钟
是否完成：是（ ）否（ ）

淘气的小星总是把爸爸的棋子当玩具，有一次，他却发现黑棋子是白棋子的2倍。于是，他从这堆棋子中每次取黑棋子4个、白棋子3个，若干次后，白棋子取尽，而黑棋子还有16个。小雄想知道黑棋子和白棋子分别有多少粒？你能帮帮他吗？

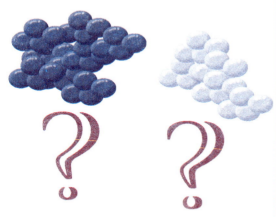

思维点拨

想一想，我们是否可以根据题中"黑棋子要比白棋子多2倍"及取棋子时黑、白棋子的关系来列方程呢？

080 电车

时间限制：5分钟
是否完成：是（ ）否（ ）

电车最初造出来的时候，查理请他的未婚妻乘坐电车。但苦于囊中羞涩，他们决定回来的时候走路。

如果电车的速度是9公里/小时，他们走路的速度是3公里/小时，而他们来回的时间必须在8小时以内，他们最多能乘坐多长时间的电车？

思维点拨

将乘电车的时间设为未知数，再根据乘车与步行的路程相等的关系列方程式即可求得其解。

081 建亭子

时间限制：4分钟
是否完成：是（ ）否（ ）

一个小区打算修建8条笔直的小路，并在小路的每个交叉口上分别修建一座休息的亭子，以供小区的人拉玩乐，那么，小区里最多要修建多少个亭子呢？

思维点拨

根据几何定律，两条直线相交，只会产生一个交叉点。

082 小石磨

时间限制：5分钟
是否完成：是（ ）否（ ）

两个憨厚的叙利亚人共同拥有一个小石磨，但是他们两家相隔很远，所以，他们商量由其中年长的那位保管石磨，等到石磨的面积大小因磨损减小到现在的一半时，就把石磨交由另一个人保管。石磨的直径为22厘米，中间转轴穿过的地方有一个10/7

厘米的圆孔。那么，当石磨交给另外一个人的时候直径为多少？

思维点拨

这道题的关键是别忘了减去中间小圆孔的面积。

083 找规律

时间限制：8分钟
是否完成：是（　）否（　）

请找出下图中的数字规律，在问号处填上适当的数字。

思维点拨

初看时，脑子就有点被弄糊涂了，但是，你若多瞧几次的话，就会发现每列纵向上的数字有一定的规律。

254　345　176
111　501　336
223　434　531
253　103　102
156　101　?
412　189　410
366　119　237
223　206　?

084 国际会议

时间限制：8分钟
是否完成：是（　）否（　）

一次国际会议上，出现在会场的人之中有10人是东欧人，有6人是亚太地区的，会说汉语的有6人。欧美地区的代表占了会议代表总数的2/3以上，而东欧代表占了欧美代表的2/3以上。由此可见，会议代表人数可能是多少？

A.22人　B.21人　C.19人　D.18人

思维点拨

中国有句古话，叫做"磨刀不误砍柴工"，意思就是办事时，不一定要立急着手，而是先要进行一些筹划、计划，做好充分准备，创造有利条件，这样才会大大地提高办事效率。解题也一样，首先我们必须将题看清，这样才不至于浪费时间，做"无用功"。

接龙游戏

庸人害物	物归旧主	主观主义	义不屈节	节节败退
退步抽身	身操井臼	白灶生蛙	蛙螟胜负	负才傲物
物归原主	主敬存诚	诚欢诚喜	喜不自胜	胜任愉快

085 算算看

时间限制：5分钟
是否完成：是（　）否（　）

莉莉和吴迪是时尚达人族中的一员。周末的时候，莉莉和吴迪最爱逛小饰品屋。今天，吴迪挑选了4件精美的小饰品，莉莉在心里算了一遍，总共6.75元，

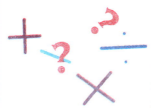

其中有两件分别为1元和2.25元。吴迪准备付钱时，莉莉发现店主用计算器算价时按的是0.25乘以27！她正准备提醒店主时，奇怪地发现，计算器算出的数字也是6.75元。店主没按错数字。那么，你知道这4件小饰品的单价各是多少？

思维点拨

我们可以假设其中的一件商品的价钱的尾数为0.5，这样便可以推算出其他两件商品的价钱。

086 下一个数字

时间限制：3分钟
是否完成：是（　）否（　）

按照如图所示的顺序，下一个数应该是多少？

2 3 5 7

思维点拨

做这道题时，千万不把心思花费在寻找规律上，因为这道题没有规律可寻，但是可以考虑一下数字的性质。

087 彬彬的难题

时间限制：8分钟
是否完成：是（　）否（　）

彬彬是大伙眼中公认的"天才"。平时，神气、机灵的彬彬不知今天是怎么回事，一整天都呆在家里，而且还愁眉苦脸的。正在大家为此感到纳闷的时候，"小灵通"小东告诉大伙，原来，彬料妈妈回家给彬彬出

24×(18=(1218
8×(13=18×(13
79×(13=3(197

了一道题目，他从中午想到了晚上还是没有做出来。题目如图所示，快告诉彬彬一个正确的答案吧！

思维点拨

算一算，看着加入一个什么样的数，能得到一个包含图中数字的结果。

088 飞机的飞行时间
时间限制：6分钟
是否完成：是（ ） 否（ ）

因海风的袭击，一只在海面行驶的游船遭到重创，游船上的旅客随时都有生命危险。一艘紧急救援船接到通知后，立即从港口出发，前往出事地点。出事地点距离港口840公里，救援船的速度是每小时20公里。船的甲板上停着一架小型飞机。在离目的地还有若干公里时飞机起飞，以每小时220公里的速度向出事地点飞去。如果从船离开港口算起，到飞机到达目的地，飞行员在路上用了22小时，那么飞机在空中飞行了多长时间？

思维点拨

距离的公式为：距离=速度*时间，那么我们可以结合飞行员一共花费的时间和离港口的距离来计算。

089 买东西
时间限制：3分钟
是否完成：是（ ） 否（ ）

新学期开始了，小雨想去商场买些文具，她

需要1支圆珠笔、1支钢笔、1支铅笔和1个橡皮擦。售货员阿姨告诉小雨：买3支圆珠笔和1个橡皮擦是3元钱；买2支钢笔和一个橡皮擦是2元钱；买3支铅笔和1支钢笔再加上1个橡皮擦是1.4元。你知道小雨买下她所需要的文具要多少钱吗？

思维点拨

依据题中给出的几个已知条件，可以发现，把每一样文具都拼凑成三个后，再用它们的和除去3，就是一支圆珠笔、一支钢笔、一支铅笔和一个橡皮擦的价钱。

090 五颜六色的灯
时间限制：8分钟
是否完成：是（ ） 否（ ）

元旦晚会的舞台上挂了一排彩色灯泡，按"三红四黄五绿"的次序排列。现在，想一想第54只灯泡是什么颜色？第158只呢？

思维点拨

既然是按"三红四黄五绿"的次序排列，那么一排是12只灯泡，可是，第54只灯泡是第几排的第几只呢？

091 容易挥发的药水
时间限制：6分钟
是否完成：是（ ） 否（ ）

正在读小学四年级的小明在一次偶然的情况下发现了一种容易挥发的药水，这种药水到了第二天，就会变为原来的1/2瓶；到第三天又变为第二天的2/3瓶；第四天又变成了第三天的3/4瓶。

请问：若药水只剩下了1/30瓶时，是第几天？

A.5天　B.12天　C.30天　D.100天

思维点拨

可以根据题意计算出第三天与第四天分别剩下了多少药水，然后依据科学归纳类推的方法求解。

092 相互帮助
时间限制: 5分钟
是否完成: 是（ ） 否（ ）

杰杰和唯唯两人的关系特别好，他们不仅仅是同事，而且还是多年的哥们。他们俩都在牛奶站工作，每天早上都要送一条街道的牛奶。杰杰负责送街道左面的住户，唯唯负责街道右面的住户。两边的住户数是相等的。

但是杰杰每天早上起得比唯唯要早15分钟。所以他总是先从唯唯那边替他送前4家的牛奶，这时唯唯也来了，杰杰就开始从自己这边的第一家开始送。唯唯送牛奶的效率特别高，他总是先杰杰送完。然后，他过了街道来杰杰的这边，替杰杰送最后10家的牛奶。

那么，唯唯每天要比杰杰多送多少家的牛奶？

思维点拨

根据杰杰替唯唯送4家，而唯唯替杰杰送最后10家，可以知道，唯唯每天送出的要比自己原本要送的多6家，而杰杰每天比原本的要少送6家。

093 找关系
时间限制: 5分钟
是否完成: 是（ ） 否（ ）

根据范例，请在右图的问号处填入合适的数字。

```
5   0        6   2
  18          15
4   8        7   7

    9   5
      ?
    6   9
```

思维点拨

看看正方形的两对角线上数与中间的数存在什么样的关系。

094 各种动物的数量
时间限制: 7分钟
是否完成: 是（ ） 否（ ）

如果7只企鹅=2头猪，1头猪+1只鸟=1条狗，2头猪+5只企鹅=2条狗，4匹马+3条狗=2只鸟+8头猪+3只企鹅，已知企鹅的值为2，那么狗、马、鸟和猪的值分别为多少？

思维点拨

既然已知条件中告诉了我们企鹅的值为2，那么，我们就可以根据题中的条件，求出猪的值。

095 张飞卖猪
时间限制: 6分钟
是否完成: 是（ ） 否（ ）

据说，张飞曾经是一名猪贩。一日，他挑着两筐小猪来到市集上，刚放下担子，就有一个红脸大汉走过来对他说："我要买你两筐小猪中的一半零半头。"话音刚落，又过来一个黑脸老粗说："你如卖给他，我就买他剩下的一半零半头。"没等张飞答话，又挤过来一个白面书生说："你若卖给他俩，我就买他俩剩下的一半零半头。"张飞一听，不由黑须倒竖，怒上心头，心想：小猪哪

有卖半头的，这不是存心欺侮俺老张吗？正想开口破骂，又仔细一想，忽然答应了。结果，两筐小猪正好卖完。

现在只知张飞的猪总数不超过10，请你猜猜看，张飞一共卖了多少头小猪？他们三人各买了多少头？

思维点拨

既然小猪不能卖半头，可知，他们三个人各自所买的一定是个整数。再结合红脸大汉的话，就能明白张飞的猪的头数一定是个奇数。

096 找替代品

时间限制：6分钟
是否完成：是（ ）否（ ）

制笔厂发出10箱铱金笔，其中有1箱是用不锈钢材料做的替代品。10个箱子外形和颜色都一样，只是重量上有差别：铱金笔每支重100克，不锈钢替代品每支重90克。

要求：用一个天平只称一次，把这箱替代品检查出来。你知道怎样称吗？

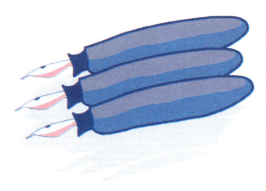

思维点拨

利用箱子里取出的支数与重量的出入，可以判断出哪个箱子装着替代品。

097 出错的账本

时间限制：3分钟
是否完成：是（ ）否（ ）

一天，会计师美美在整理公司账目时，意外发现现金比账面少153元。她知道实际的钱数不会错，只能是记账时有一个数字点错了小数

点。那么，她怎么才能在几百笔帐中找到这个错数呢？

思维点拨

如果是小数点点错了，那么少的钱数是实际的9倍。根据这个原理，来想一想，看看你是否能够找到问题。

098 参观实验室

时间限制：3分钟
是否完成：是（ ）否（ ）

导游带领一群游客去参观一个先人的遗址，因为地方小，所以规定每次只能进四个人，而且，每个女士旁边必须至少有另外一个女士，那么，有多少种可能的排法呢？

思维点拨

因题中对男没有明确的要求，那么男士的旁边可以站着男士，即全为男士的情况。

099 灯塔上的柱子

时间限制：10分钟
是否完成：是（ ）否（ ）

老灯塔的中柱是细细钉在一起的大杆子，从图上可以看出，灯塔四周是带铁栏的旋转楼梯。每一个楼梯下面都有一根小柱子支撑。每两根小柱子之间的距离是0.333米，可以不费力地算出需要多少步能走到塔顶。灯塔平台的楼梯长度正好是100米。从图上可以看出，旋转楼梯共有4圈，直径为7.85米。根据这些数据，请算出圆柱的周长是多少？共有多少根柱子？

思维点拨

可以找一张直角三角形的纸片包住一支铅笔，缠成类似于灯塔柱子的样子，然后展开来根据题设条件进行计算。注意不要误入栏杆和三角形的斜边相等的陷阱，柱子的数量要符合实际情形。

100 衣服的洗涤费

时间限制：6分钟
是否完成：是（　）否（　）

查理与弗雷迪把穿得很脏的硬领与袖套拿到一家洗衣店里清洗，衣物总共有30件。几天后，弗雷迪先从洗衣店里取回了一包清洗好的衣服。他发现其中恰好包括当初送洗的袖套的一半与硬领的1/3，他洗这一包衣物付的洗衣费为27美分。假如4只袖套同5只硬领洗涤费相等。请问，查理想将剩下的衣物全部取回还需要支付多少洗衣费？

思维点拨

这道游戏的关键要从"4只袖套同5只硬领洗涤费相等"这个条件入手。

101 玛莎的葡萄园

时间限制：10分钟
是否完成：是（　）否（　）

殖民地时代，一名健壮的殖民者来到一个贫瘠的小岛，他和女儿玛莎一起在荒芜的土地上艰辛地劳作，希望开垦出一个葡萄园。为了鼓励玛莎，殖民者送给玛莎一块2723平方米（约52.17米见方）的土地，玛莎可以自己开垦，收获的果实也归她所有。

按照常规，在种葡萄时要保证每两株葡萄的间距至少为9米，玛莎模仿着其他人的方式种植葡萄。不过，玛莎这块葡萄园最后收获的葡萄超过了岛上其他任何葡萄园的产量，而且培育出了

很多新的贵重品种，这些品种逐渐在岛上普及开来。

现在你试着想想，在玛莎这块2723平方米的土地上，按照每两株葡萄间隔至少9米的

要求，最多能栽种多少株葡萄？

思维点拨

在正方形的土地上，在每两株葡萄要求一定的间距的情况下，要想使种植的数量最多，就得考虑以正方形的对角线为基线来种植。

102 小屠夫问题

时间限制：5分钟
是否完成：是（　）否（　）

美国南北战争时北军总司令、美国第18任总统格兰特在路上相中了一匹马。马的主人是一位聪明的德国人，当得知格兰特是美国总统后，以半价把马卖给了他。

马是浅色的，格兰特很喜爱它，并给马取名为"小屠夫"。几年之后，华尔街出现动乱，格兰特家族发生了严重的经济问题，他万不得已以493.68美元的价格把"小屠夫"和它的伙伴一起卖了。格兰特对这个价格非常不满意，朋友就劝慰他："你在小屠夫身上赚了12%，在另外一匹马上亏了10%，加起来你还是赚了2%。"格兰特说："也许是应该像你这样计算。"不过从他深有含义的笑容可以看出，他不像是在开玩笑，这个答案显然是经过深思熟虑的。

你看，如果格兰特在一匹马上亏了10%，在另一匹上赚了12%，加起来赚了2%。那么每一匹马的价格是多少？

思维点拨

先根据卖出的价格和赚得的2%的利润求出两匹马买进的价格，再根据一匹马赚得的百分比和亏了的百分比可求得每一匹马买进的价格。

103 女儿们的年金

时间限制：5分钟
是否完成：是（　）否（　）

琼斯为他的三个女儿设置了一种年金。女儿们每年按各自的年龄比例分配年金。第一年，最大的女儿得到了所有年金的一半。第六次分配时，马塔得到的年金比第一年得到的少了1美元，菲比比第一次得到的年金少了1/7，玛丽安

得到的年金是第一次的两倍。请算一下，琼斯为女儿们设置的年金为多少？

思维点拨

到第六次分配时，玛丽安得到的年金是第一次的两倍，这说明玛丽安是最小的女儿。另外要注意到第六次分配时，由于她们增加的年龄数是一样的，但是三人的年龄比例确发生了变化。

104 调整位置

时间限制：4分钟
是否完成：是（　）否（　）

有一对愚蠢的父子抬着一台驴去赶集，没走多远，他们就碰到了一位自称公正的牧师。这位牧师说，由于父亲比儿子强壮，所以，他应该分摊总共220公斤重量中的大部分。他们应该把驴调整到合适的位置，让父亲承担其中的125公斤，儿子承担其中的95公斤。我们先不去讨论这对父子的做法和牧师的建议是否合理的问题，现在，需要你思考的是：如果担子长度为2.25米，那么，照牧师的说法应该怎样调整位置呢？

思维点拨

根据各自承担的重量与总重的比例关系，计算出驴距其中一人的距离与担子总长的比例关系，即可得到驴在担子上的位置。

105 如何分工

时间限制：5分钟
是否完成：是（　）否（　）

霍博斯和诺波斯为斯波斯种一块地。两人发现他们各有专长。霍博斯20分钟撒完一行种子，盖完一行种子则需要3倍的时间；诺波斯撒种子

的速度为他的一半，不过他盖种子的速度同他自己撒种子的速度是一样的。斯波斯的地有12行，报酬为5美元，如果他们必须同时完成工作，他们要怎样

分工，分配报酬？

思维点拨

先将他们的工作平均分配后，再来计算他们所需的时间是否存在差异。再根据"他们必须同时完成工作"的题设条件来确定该如何分工，分配报酬。

106 农夫家的小鸡

时间限制：5分钟
是否完成：是（　）否（　）

农夫琼斯跟妻子商量："玛丽亚，若照我所想的卖掉75只小鸡，那么我们的鸡饲料还可以多维持20天。然而，如果照你的想法再买100只小鸡的话，那么鸡饲料就会提前15天耗尽。"

玛利亚问："然而，亲爱的。我们现在究竟有多少只小鸡呢？"问题就是，你知道他们究竟有多少只小鸡吗？

思维点拨

先计算出1只小鸡每天的饲料量，再将小鸡的数量、饲料能够维持的天数以及饲料总量分别设未知数，然后根据题设条件列方程式求解。

107 渡轮问题

时间限制：3分钟
是否完成：是（　）否（　）

两艘渡轮同时从河的两岸出发，其中一艘渡轮时速较快，它在离对岸720米处与另一艘渡轮相遇。到达对岸后两艘船各停靠10分钟上下客人，然后各自返航。两艘渡轮在距离另一岸400米处再次相遇。你能否从上面给出的这些数据中算出河有多宽？

两艘船到达对岸各自停靠的时间长短对该题是没有影响的，思考一下两船所行驶的总路程与河宽存在什么样的倍数关系。

108 钱要如何分配

时间限制：5分钟
是否完成：是（ ） 否（ ）

弗兰克和萨米用48美分购买了一个西瓜，弗兰克出了30美分，萨米出了18美分。他们将按照这个比例来分西瓜。正在此时，比利从这里经过，他们两人以全价把西瓜的三分之一卖给了比利。比利走后，他们两人平分了剩下的西瓜，可是，他们又该如何分配钱呢？

卖掉西瓜的钱和剩下的西瓜，弗兰克和萨米都应按照原来出钱的比例5：3来分配。但由于卖掉1/3的西瓜后，他们两人平分了剩下的西瓜，所以萨米应将多分食的那一份西瓜折成钱还给弗兰克。

109 信使问题

时间限制：5分钟
是否完成：是（ ） 否（ ）

一位信使从行进中部队的尾部向前部传递信息，然后再返回尾部。整个过程中部队只向前进50公里，部队队伍为50公里长。请问，信使送信和返回经过的路程是多少？

假如部队静止不动，他往返的全程共需要经过100公里。不过，如果部队正在前进，他从部队尾部到前部要经过的就不止50公里的路程，而返回到尾部的路程不足50公里。

110 茶叶的重量

时间限制：6分钟
是否完成：是（ ） 否（ ）

中国人对算数很有感觉，每位中国商人都是数字、重量和尺寸判断方面的专家。

这道题目说的是一个茶烟店的小老板，他出售一种相当畅销的混合茶，这种茶由两种茶叶混合而成，其中一种的成本为每公斤5个角子，另一种成本为每公斤3个角子。他配制了40公斤混合茶，以每公斤6个角子的价格出售，结果获得了1/3的利润。

那么请问，这种混合茶中包含的两种茶叶分别有多少？

将两种茶叶的重量分别设为未知数，再根据题意列方程式求解。

111 男同学的年龄

时间限制：8分钟
是否完成：是（ ） 否（ ）

一位老师希望把年长一点的孩子编到他的班里。他把男同学和女同学分成两组，每天给年龄较大的那组一次奖赏。

第一天，一组只有一个男同学，而另一组也只有一个女同学。男同学的年龄是女同学年龄的两倍，所以，第一天男同学一组得到了奖赏。

第二天，女同学把她的姐姐带到了学校，两人的年龄正好是男同学年龄的两倍，因此第二天是女同学一组得到了奖赏。

第三天，男同学把他的哥哥带到了学校，两人的年龄之和是两个女同学年龄之和的两倍，所以这一天是男同学们得到了奖赏。

第四天，两个女同学带来了她们的姐姐，三人的年龄之和正好等于两个男孩年龄之和的两倍。所以，这一天的奖赏就被女同学们得到了。

如果第四天恰巧是最后来的那位姐姐21岁的生日。请算一下，第一个男同学的年龄是多少？

在这道游戏中，年龄要以天为单位来计算，另外要注意不论是男同学还是女同学，他们的年龄每天都在增长。

112 商店的砝码

时间限制：2分钟
是否完成：是（　）否（　）

某商店的货物均以（整数）公斤计，而且顾客称取的货物从不超过50公斤。请问：商店最少需要一组多重的砝码才能为顾客自由称取货物？

思维点拨

这一组砝码中的任意一个、两个或多个砝码的重量应可以自由组合出从1～49的重量。

113 弹力球

时间限制：5分钟
是否完成：是（　）否（　）

将一个弹力球从距离地面54.56米高的比萨斜塔上掷下。如果弹力球每次反弹起来的高度等于前一次的1/10，请问到它静止不动时总共经过了多少距离？

思维点拨

从第一次弹起又落下开始，每次所经过的距离是弹起高度的两倍，即弹起的高度与再次落下的高度相等。

114 救济款问题

时间限制：8分钟
是否完成：是（　）否（　）

一位好心的女士每周都为一些特别困难的人捐救济款。她说："如果减少5个人的话，每人就可以多得到2元。"每一位被救济的人都希望其他人没有来。但是，第二周领救济款的时候，不仅没有缺一个人，而且还多了4个人，这样他们每人领到的救济款就比以前少了1元。你知道在第一星期他们每人得

到了多少元吗？

思维点拨

根据减少5个人，每人可以多得到2元钱，可以求得他们第一星期每人得到的钱数与减少5个人后的人数的比例关系，再根据后面的条件求得具体的人数及所得救济款数。

115 逆风骑车

时间限制：7分钟
是否完成：是（　）否（　）

一位自行车骑手顺风骑车的速度为3分钟1公里，逆风骑车的速度为4分钟1公里。如果没有风，骑手的骑车速度是多少？

思维点拨

根据骑车的速度和风的速度分别设未知数，即可求得其解。

116 寺庙的历史

时间限制：10分钟
是否完成：是（　）否（　）

在意大利有一座古老的寺庙，寺庙有一个奇特的规定，那就是一位被称为黑道士的僧人要求他们每周捐献一枚硬币，也就是把差不多10%的善款捐出来。我们不必去管那些硬币值多少钱，这与我们的题目无关。他们每个星期六向一个箱子里放入一枚硬币，根据寺庙的规定，只有到了一个特殊的日子才可以开箱清点，这特殊的日子

必须是一年的最后一天，并且这一天也必须是星期六。

现在我们这样假设，这个奇特的寺庙在某一年的第一天建立，这天正好是星期天，以后每周的星期六向存钱箱里放入一枚硬币，在下一个正好是星期六的年底，他们把存钱箱中的硬币取出来清点。硬币能平均成四堆、五堆和六堆，每一堆的硬币数相同。请问，这个寺庙有多少年历史了？

思维点拨

先算出一年有多少周，再算一算需要间隔多少年才能遇到一个好是以星期六结束的年底，另外由于硬币能平均分成四堆、五堆和六堆，那么要算出来的这个数，必须再找到一个能被60整除的数。

117 扑克筹码

时间限制：7分钟
是否完成：是（ ） 否（ ）

当龚德尔斐表演时，在屏幕上展示了他在全世界搜集来的著名思维游戏题。右图中的正是恶名昭著的、置人于困境的拉斯维加斯扑克筹码。人们为了解答这道难题花费了许多钱。这个题是：如何将5个扑克筹码排成两行？要求其中一行有3个筹码，而另一行要有4个筹码。

思维点拨

可以将筹码重叠起来。

118 多少块手帕

时间限制：12分钟
是否完成：是（ ） 否（ ）

由于一个怪异的老太太的奇特购货方式，彼得在做完这笔生意后就完全算不清自己的账目了。

老太太先是买了几副鞋带，接着她又买了鞋带数目四倍的针钱包，最后又买了鞋带数目八倍的手帕，共计3.24美元。她买进每件东西所花的美分数刚好等于她买进这种东西的件数。

你能帮彼得算算老太太究竟买了多少副鞋带、多少个针线包和多少块手帕吗？

思维点拨

根据"买进每件东西所花的美分数刚好等于她买进这种东西的件数"可知每类物品所花的钱是件数的平方。将鞋带的件数设未知数，根据题意列方程式很容易就可求得其解。

119 警官的难题

时间限制：12分钟
是否完成：是（ ） 否（ ）

奥尼尔太太对颇具数学头脑的克兰西警官说："我用每串3先令的价格买了几串黄香蕉，又用每串4先令的价格买了同等数量的红香蕉。可是，如果我把钱平均分配，分

别购买这两种香蕉时，我能多买到2串。请你来告诉我到底是怎么回事儿？"

思维点拨

将购买红、黄香蕉的总价以及香蕉的串数（两种香蕉的串数相等）分别设未知数，再根据题设条件列方程式即可求得其解。

120 电话线杆

时间限制：10分钟
是否完成：是（ ） 否（ ）

有一次我乘车外出，经过一段长1.914公里的公路。凭借秒表，我看到分钟经过的电话线杆数目乘以1.914后，正好等于车的时速（公里/小时）。确定汽车保持匀速，而电话线杆之间的距离都是相等的。那么，两根相邻电话线杆之间的距离是多少？

思维点拨

将经过的时间和电话线杆分别设未知数，再根据题设条件列方程式求解。

121 S的面积

时间限制：10分钟
是否完成：是（ ） 否（ ）

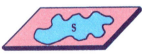

假如有一张比例尺是1：1000000的地图，它的长是1米、宽0.6米。地图上有一个不规则的地方S，如图，怎么样用秤称出S的面积呢？

思维点拨

既然要用秤称，那就得先将这张地图黏合在一张平整的木板上，称出整个木板的质量，假定为a克。再沿地图上S这个地方的边界锯下，称一下其质量，假定是g克。然后列出重量与面积之间的比例关系：S的实际面积/整个地图的实际面积≈g/a。

122 装修房子

时间限制：10分钟
是否完成：是（ ） 否（ ）

丘比打算装修一间房子，发现通过组合的方式签合同比与工人单独签合同更好。比如他签了这样一个合同。

裱褙工和油漆工：1100美元；

油漆工和水管工：1700美元；

水管工和电工：1100美元；

电工和木工：3300美元；

木工和泥瓦匠：5300美元；

泥瓦匠和裱褙工：2500美元。

那么丘比要修好这间房子，需向工人各支付多少钱？

思维点拨

比丘需要支付的工钱的总数是不会变的。

123 牛群问题
时间限制：20分钟
是否完成：是（ ） 否（ ）

太阳神有一牛群，由白、黑、花、棕4种颜色的公牛母牛组成。在公牛中，白牛多于棕牛，多出之数相当于黑牛数的（1/2+1/3）；黑牛多于棕牛，多出之数相当于花牛数的（1/4+1/5）；花牛多于棕牛，多出之数相当于白牛数的（1/6+1/7）。在母牛中，白牛数是全体黑牛数的（1/3+1/4）；黑牛数是全体花牛数的（1/4+1/5）；花牛数是全体棕牛数的（1/5+1/6）；棕牛数是全体白牛数的（1/6+1/7）。请问：白、黑、花、棕色的公牛和母牛各有多少？

思维点拨

将公牛与母牛按颜色分别设未知数，再根据题设条件列方程求解。

124 承担重量
时间限制：10分钟
是否完成：是（ ） 否（ ）

耶路撒冷的所罗门神庙是世界最伟大的建筑之一。修建神庙所用的大理石采自0.5公里之外的采石场，神庙的位置高出采石场0.25公里。每块大理石的长宽高都是18厘米。从古代的图画上可以看到，大理石石块是由三个人抬到神庙的。如果前面的人离石块的距离是36厘米，请问，后面两个人应该怎样站位才能使三人承担同等的重量？

量？

思维点拨

从采石场到神庙的路程存在一定的斜度，这道题要考虑重心后移的问题。

125 半边圆的规律
时间限制：5分钟
是否完成：是（ ） 否（ ）

问号的地方填上什么数字可以完成这道难题？

思维点拨

将两个大圆按垂直的方向分成两半，再从两个半边圆中的三个数字中找到与中间的小圆相关的运算规律。

126 移盘子
时间限制：5分钟
是否完成：是（ ） 否（ ）

贝拿勒斯塔是世界的中心，在这里有3根高45.7厘米的钻石针，每根针都如身体一般粗细。在这里面的一根针上串着64个纯金的盘子，最大的一个盘子放在黄铜板子上，上面放着依次缩减的64个纯金盘子。这就是婆罗门塔。随着时光流转，僧人每天都按照婆罗门定的规则把盘子从一根针向另一根转移，一次只能移动一个盘子。而且每个盘子都只能放在比它大的盘子上。当64个盘子都转移到另外一颗钻石针上的时候，塔、寺庙和婆罗门就将消失，世界末日就要来临。

若是一人一次拿一个盘子，那么，要全部转移一个婆罗门塔需要的次数是（264-1）次，即18446744073709551615次，即使僧人不出任何差错，每秒钟移动一个盘子，也需要亿万年才能完成这一壮举。现在，我们把盘子数量减少到13个，这样要把一摞盘子搬到另外的一个位子至少需要多少步呢？

要求允许你把搬下来的盘子放成两摞，但是任何一个盘子都不能放在比它小的盘子上面。

思维点拨

要改变传统的用粉笔的方法才行。

127 雏菊游戏趣题

时间限制：10分钟
是否完成：是（　）否（　）

在瑞士阿尔卑斯山区，流行着一种通过摘花瓣来预卜女孩子未来婚姻状况的游戏，每人轮流随意摘取一片花瓣或者两片相邻的花瓣。按照这种方法玩下去。直到摘完，摘到最后那一片的人就是胜者，把光秃秃的花枝留给对方。

现在也请你来玩玩这个游戏。如图所示，图中有一朵13片花瓣的雏菊，两人轮流在花瓣上做一点小标记，一人一次在一片花瓣或相邻的两片花瓣上做记号。最后一个做记号的人就是赢家，而另一方只得承认失败。你知道谁一定能获胜吗？是先做记号的人还是后做记号的人呢？要怎么做才能获胜呢？

思维点拨

这道游戏的技巧在于怎样做才能将余下的花瓣分成数量相等的两组。

128 修路工人的问题

时间限制：15分钟
是否完成：是（　）否（　）

一位数学家找了两名工人挖一条从新房子延伸到公路的百米小道。他可以支付100美元，不管两个工人如何分工。

两人从两头开始向中间挖路。从房子一头开始挖路的工人倒土需要走的路要长一些，但是土的数量少一些。因此，他们同意向他支付90美分每米，向另外一人支付1.1美元一米。修好之后，他们按照事先的协定计算，两人各得50美元，于是他们两人平分了100美元。而雇主数学家却认为，根据他们两人的约定，他们不可能算出同等的报酬。这让两人十分不悦。请问，如果两人想得到相同的报酬，

他们各应该干多少工作？

思维点拨

先根据他们所得到的报酬将他们各自修路的长度计算出来。

129 钟表的时间

时间限制：5分钟
是否完成：是（　）否（　）

下边钟面上显示的时间之间是有一定规律的。你能根据该规律推断出3号钟面上应当显示的时间吗？

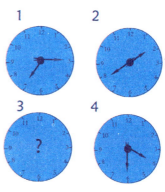

思维点拨

从第1号到第2号钟表的变化可看出：分针向前走了，而时针向后走了。

130 分装扑克牌

时间限制：5分钟
是否完成：是（　）否（　）

如果有9张扑克牌，分别要装在4个塑料袋里，保证每个塑料袋都有扑克牌，并且每个塑料袋里扑克牌都是单数，你能想出方法吗？

思维点拨

9张牌分散装在4个袋里是无法让每个袋都为单数的，所以只能考虑重复利用。

131 数字组图

时间限制：8分钟
是否完成：是（　）否（　）

如果按照正确顺序排列，以下瓷片可以组成一个正方形，横向第1排的数字等同于纵向第1列的数字，以此类推。你能成功地组合吗？

思维点拨

第一横行和第一纵行的数字排列是5、6、7、2、

4、6、9、3。

132 精明的太太

胡特太太是个精明的家庭主妇，她在周末瓷器促销时花了1.3美元购买盘子。促销活动时期，所有商品的价格比原价格降低了2美分。星期一时，她以原价把盘子都退了，换成了杯子和碟子。根据现在的价格，一个盘子的价格与一个杯子和一个碟子的价格相等，所以她多换得了16样东西。碟子价钱较低，只值3美分，所以胡特太太多换了10个碟子。如果是在周末，她用相同的钱能买到多少个杯子？

思维点拨

根据题意可知，胡特太太换得的碟子和杯子的总价值是1.5美元，而碟子比杯子的个数要多10个，碟子加杯子的总数比盘子的个数要多16。

133 卖出的报纸

五个机灵的报童一起卖报。汤姆·史密斯卖的报纸是总数的1/4再加上一份报纸。比利·琼斯卖的报纸是剩下的1/4再加上一张。勒德·史密斯卖掉的报纸是前两人卖剩下的报纸的1/4再加上一份。查利·琼斯卖掉的报纸是前三人卖剩下的报纸的1/4再加上一份。这时史密斯家的两个孩子比琼斯家的两个孩子多卖出100份报纸。不过，他们中最小的孩子小吉米·琼斯把剩下的所有报纸都卖出去了。琼斯家三个孩子卖的报纸比史密斯家两个孩子卖的报纸多多少份？

思维点拨

将报纸的总数设未知数，再根据题设条件列方程式即可求得其解。

134 增产与减产

某工厂六月份比上月增产百分之十，七月份比上月却减产百分之十。请问，七月份的产量比五月份的产量多还是少？

思维点拨

一下子想不出来，就设定一个月的产量算算就知道了。

135 不同的箱子

每个箱子的重量如图所示。哪一个箱子的重量不符合排列规律？

A 33kg
B 35kg
C 60kg
D 42kg
E 15kg

思维点拨

观察每一组数字的个位与十位，再从中找到共同的规律。

136 野餐的人数

一年一度的野餐会那天镇上所有的马车都被动用了。走到半路时，有十辆马车发生了故障，剩下的每辆马车上都必须再多载一个人。返回的时候，他们又发现有十五辆马车坏了，如此一来，剩下的每辆马车就比早上出发时多载了三个人。请你算算有多少人参加了这次野餐会？

思维点拨

将车辆的总数和原来每辆车上的人数分别设未知数，再根据题设条件列方程式即可求得其解。

137 找规律填数

根据规律推断问号部分应当填入的数字？

63　33
49　　　　61
64　　　　61
57　　？

思维点拨

不要想得太复杂了，再仔细看一看题目你就能找到原因了。

138 晾衣绳的长度

哈更太太和她的朋友奥尼尔太太一同买了一条36米长的晒衣绳，由于哈更太太支付了其中大部分的费用，她得到较长的那段绳子，其中一段是另外一段绳子的5/7。请问，另外一部分绳子的长度是多少？

思维点拨

可以将绳子分成12分，再按两段绳子的比例来计算它们的长度。

139 白菜地问题

维格斯太太对玛丽说，她今年的正方形白菜地比去年的大，所以，她今年可以多收获211棵白菜。你可否估算出维格斯太太的白菜地横向与纵向各有多少行白菜呢？

思维点拨

因为菜地是正方形的，所以多出来的白菜数就是两邻边的数量，但要注意横行和纵行相交点的那一颗白菜是公共的。

140 金属环

在一本古老的游记书里面有这样一幅图片，图中描绘的是一种古老的称量方法。岛上居民从地里收获了大量的农产品，包括大米、烟叶、棕榈和糖等等，他们用这些农产品与流动商贩交换日常用品。我特地注意到了商贩称重的方式，他们用这种独特的方式称量从当地人那里收来的农产品。秤的结构非常简单，只包括1根平衡杆和4个尺寸不同的金属环，尺寸不同的金属环代表不同的重量。这些商贩们随身携带这些金属环，他们把金属环像手镯一样套在手臂上。凭借这些环，商贩能够称量出0.25公斤至10公斤的物品。这种称量的方法可以让商贩的计量精度达到0.25公斤。那么，你知道这4个金属环的重量分别为多少吗？

思维点拨

因为计量精度要达到0.25公斤，因此所有金属环的重量应当都是0.25的倍数。而且4个数加起来的和等于10。

141 普通股的价值

乔西在最近一次召开的董事会上说："先生们，根据公路营运的实际利润，我们要支付的股息占全部股份的6%，但是有4000000美元的优先股我们必须支付7.5%的股息，所以我们对普通股只能支付5%的股息了。"凭借着上面的这些条件，你能算出普通股的价值吗？

思维点拨

将普通股与全部股份的价值分别设未知数，再根据题设条件列方程式即可求得其解。

142 金字塔的台阶

时间限制：5分钟
是否完成：是（　）否（　）

国王和他的护卫到一座金字塔去巡视，不幸遇上了一头狮子。从上图可以看见，国王的护卫腰挎宝剑，努力抵挡着接近他们的狮子。

他们要爬上最低的一座法老的金字塔。国王飞快跑上塔顶把自己的东西放在安全之处。国王一次可以爬上5步台阶，国王的护卫一次能爬上6步台阶，而狮子一次能爬上7步台阶。照这种速度爬金字塔，如上图的情况，他们都不能刚好到达顶点。不过，就是下面的台阶都看不到了，你也可以找出足够的数据估算出小金字塔的台阶数目。请问，金字塔有多少步台阶？

思维点拨

根据他们爬台阶的数目计算如果他们刚好都到达顶点，金字塔的台阶数目应是多少步，再结合图中的情形，看多少步台阶能形成图中的情形。

143 两车相遇

时间限制：5分钟
是否完成：是（　）否（　）

从伊凡尼斯到格拉斯哥距离是189公里，游客可以选择铁路或者选择老式马车旅行。选择老式马车可以节省半天时间。现在有这样一道题目：

火车和四轮马车分别同时从格拉斯哥和伊凡尼斯出发，凭借里程碑，我能算出在两车相遇时，该地点与伊凡尼斯的距离要比它与格拉斯哥的距离大。相差的公里数与马车所

用的小时数相同。通过以上条件，你能否计算出两车相遇时，我们距离格拉斯哥还有多远？

思维点拨

将火车的速度、四轮马车的速度以及相遇点距离格拉斯哥的距离分别设未知数，根据题意列方程式即可求得其解。要注意"相差的公里数与马车所用的小时数相同。"这里马车所用的小时数是指从伊凡尼斯至相遇点所用的小时数。

144 一场斗争

时间限制：7分钟
是否完成：是（　）否（　）

在泰国，人们经常喜欢玩一种斗鱼的游戏，他们有两种斗鱼。一种又肥又白，称做"国王"，另外一种又黑又小，称为"魔鬼"。两种鱼相互敌对，只要一遇到就会斗至死。一条"国王"大鱼可以对付一到两条"魔鬼"小鱼，不过小鱼的战术方法灵活多变，它们会联合作战。一条大鱼与3条小鱼实力相当，如果照这样打斗下去，那么就算打斗几个小时也不会出什么结果。而若4条小鱼对付一条大鱼，只需3分钟就可以把大鱼杀死，而5条一起发动致命一击的时间则按比例减少。那么，4条"国王"大鱼对付13条"魔鬼"小鱼，谁会最终获胜？获胜一方需要多长时间呢？

思维点拨

可以先将小鱼的力量均分来牵致大鱼，看有没有多余的力量用来杀死大鱼。如果有，杀死大鱼后，这些小鱼就可以腾出力量来和其他的小鱼来对付大鱼了。

145 热气球之旅

时间限制：5分钟
是否完成：是（　）否（　）

如果由某种机械装置驱动的热气球顺风飞行可以在10分钟内飞行5公里，但逆风返回起点要1个小时。那么，在没有风时飞完整个旅程的10公

里需要多少时间？

先将风速求出来，再求得无风时，热气球的速度，即可得知没有风时飞行10公里需要多少时间。

146 台球问题

时间限制：3分钟
是否完成：是（ ） 否（ ）

这天，阿法巴姆教授和朋友一起打台球，他在100分一局的比赛中让了布鲁门斯特英20分。后来，古格里辛姆也加入了比赛，在100分一局的比赛中，布鲁门斯特英能够让古格里辛姆20分。他们三人一起打台球。自然，阿法巴姆教授也应该向古格里辛姆让分。

简单说来，在100分一局的比赛中，A让B 20分，B让C 20分，那么，在200分一局的比赛中，A能让C多少分？

先算出在100分一局的比赛中，A让C的分数。

147 聪明的奥特利

时间限制：8分钟
是否完成：是（ ） 否（ ）

奥特利花了243美元买了一块地，把地分成若干小块后，他又卖还给原来的地主，卖价是每小块18美元。成交后，他赚到的钱应等于6小块地按买价计算的价值总和。那么，他将地分成了多少小块出售？

将若干小块地设未知数，并根据题中的已知条件列方程式便可求得它的解。

148 速度与长度

时间限制：8分钟
是否完成：是（ ） 否（ ）

这是一个发生在铁路上的颇为惊险刺激的事件。有一天，凯西的奶牛站在距离桥梁中心点5米远的地方，安宁地欣赏着湖水。突然，它意识到了离它较近的桥头方向飞驰驶来一列火车，这时，火车距离较近的一端桥头正好2倍于桥长，速度是90公里/小时。在这紧急关头，凯西的奶牛迅速朝火车的驶来的方向冲去，最后一条腿刚离开铁轨时，只差1米就会被火车撞到。如果是照普通人的做法向反方向逃跑的话，它还差0.25米才能逃离。

请问，你能算出桥的长度与奶牛的速度吗？

做这道游戏时，要注意奶牛刚好跑离桥头时，火车距离桥头还差1米的距离；而如果向反方向逃跑，奶牛跑至离桥头0.25米远的位置时，火车也刚好到达这一位置。它们之的联系是所用的时间相等。

149 误差

时间限制：5分钟
是否完成：是（ ） 否（ ）

硅谷一家大集团致电欧洲供应商要求订一批半导体材料，这家大集团非常精确地指定交货日期。但是，信誉良好的欧洲供应商每一批交货日期都至少有一个月的误差，有些货物太早送到，有些货物却迟到。硅谷大集团打电话质问其原因，欧洲供应商说他们的货物都是由物流公司经营的，物流公司却说他们也是按照合同上的时间按时送达的。

那么，问题出在哪一个环节呢？

如果你知道美国人和欧洲人在书写日期上的习惯，你就会发现这道题很简单。

150 汤姆的小猪

时间限制：7分钟
是否完成：是（ ） 否（ ）

汤姆的小猪从猪圈里逃走了。汤姆从图中右上角大门进来追猪，小猪在大门南面250米的树

下。人和猪同时奔跑。并且都以匀速前行。小猪是向东逃跑，可是汤姆却不往南方向追跑，而是始终都正对着小猪追跑。如果汤姆的速度是小猪速度的 $1\frac{1}{3}$ 倍，那么试问，他在抓住小猪之前已经跑了多少路？

■ 思维点拨

解决这类问题，首先应算出人与猪在直线上向前行进时，人要走多少路才能追上猪。这一数字还应加上人与猪在直线上相向而行时，人把猪抓住的行走距离的1/2。

151 孩子们的难题
时间限制：6分钟
是否完成：是（ ）否（ ）

哈尔勒姆的三个男孩在上学的途中迷路了，他们尽力寻找学校的位置，不过接近午餐的时候，他们还在兔子岛附近转悠。此时，哈里手中有4根法兰克福香肠，托米有7根，而吉米没有。为了支付自己的那一份香肠，吉米拿出了11分钱，分给哈里和托米。如此，三人的支出就相等了。但三个孩子发现，两人要分11分钱和三人要分11根香肠都是一件难办的事情。哈里和托米要怎么分11分钱呢？法兰克福香肠的价格是多少？

■ 思维点拨

吉米为自己的那一份香肠支付了11分钱，那么另外两人也应该支付这么多钱，由此可知11根香肠的总价。

152 女孩们的栗子
时间限制：8分钟
是否完成：是（ ）否（ ）

这个有趣的题目讲的是三个采果子的小女孩

儿，她们商量好了按年龄大小分配果子。这里面包含着一道趣题，它可能会让一些读者难以下手。但是这些女孩儿们却从没有被这些算术题

目难住。三个小女孩一共采到了770颗栗子，她们打算像以往那样，根据她们年龄的大小按比例进行分配。以前，当玛丽拿4颗栗子时，尼莉拿3颗；而每当玛丽拿到6颗时，苏茜可以拿7颗。那么，每个女孩子各可分到多少颗栗子？

■ 思维点拨

将玛丽与苏西的比例翻一倍，再通过玛丽与尼莉之前的比例关系，可以求得三人之间的年龄比例关系。

153 难解的遗嘱
时间限制：8分钟
是否完成：是（ ）否（ ）

1803年，老船长约翰•史密斯在格洛斯特去世，这位公民将他贩卖奴隶与走私交易中赚来的不义之财留给了他的九位继承人，他们是：他的儿子、儿媳与小孩；女儿，女婿与小孩；前妻所生的儿子，他的老婆与小孩。一共是三家。船长在遗嘱中规定，每个丈夫分得的钱要多于他的妻子，而每个妻子到手的钱都要比孩子多。并且，每个男人与其妻子所得的钱数之差应等于每个女人与其孩子分得的钱数之差。所有的钱全部都是币值1美元的钞票，每个继承人都拿到一个纸口袋，其中装着一些密封的信封，而每只信封里的钱数等于这只纸口袋里的信封数。遗嘱里还写着："玛丽与萨拉拿到的钱正好等于汤姆与比尔拿到的钱，而内德、比尔与玛丽所拿到的钱数之和要比汉克多出299美元。为了照顾贫困的琼斯一家，他们拿到的钱要比布朗一家多出三分之一。"

从图上不能看出九位继承人的年龄，但根据史密斯船长的遗嘱，你猜出每位继承人的姓氏以及所拿到的钱数吗？

思维点拨

根据"玛丽与萨拉拿到的钱正好等于汤姆与比尔拿到的钱，而内德、比尔与玛丽所拿到的钱数之和要比汉克多出299美元。"这句话可知，玛丽和萨拉应是同辈人，而汤姆与比尔则是两辈人。

154 女孩们的体重

时间限制：5分钟
是否完成：是（　）否（　）

几个女学生发现了一个省钱妙法，她们只花一分钱就可以称出所有人的体重。一次在秤上站两人，然后一次换一个人，轮流上去称量两人

的共同体重。她们按照这种方法称得的体重分别为，64.5公斤、62.5公斤、62公斤、61.5公斤、61公斤、60.5公斤、60公斤、59公斤、58和57公斤。请问，这五个小女孩儿各自的体重是多少？

思维点拨

先找出上面这组数字之间的规律。

155 让天平平衡

时间限制：5分钟
是否完成：是（　）否（　）

图1

图2

"在等式的两边同时加上或减去同一个数，等式仍然成立。"这是代数的一个基本原理。从而我们也能够推出："和相同数字相等的两个数字相等。"

从图1中可以得出，1个圆锥+3个方块=12颗珠子。从图2中得出，1个圆锥=1个方块+8颗

珠子。这时我们在天平的两边都加上3个方块，由于两边加上的东西同等重，天平依然保持平衡。

图2说明，1个圆锥+3个方块=12颗珠子；图1说明，1个圆锥+3个方块=4个方块+8颗珠子；故而，如果4个方块+8颗珠子=12颗珠子，那么4个方块=4颗珠子。所以方块和珠子是一样重的。

那么，假如天平左边有一个圆锥，右边应该放上多少颗珠子或方块才能使天平保持平衡？

思维点拨

根据方块和珠子是一样重的，那么从图1中很快就可以找到你要找的答案。

156 琼斯的损失

时间限制：5分钟
是否完成：是（　）否（　）

这个问题也称作"果园管理问题"，大约在半个世纪前的伦敦广为流传。甚至英国的一些数学家也解答不了。

"果园管理问题"是这样的，两名男子在市场上卖苹果，其中一位叫史密斯的先生因有事要马上离开，于是，他请琼斯先生帮他把苹果卖掉。两人的苹果同样多。但是琼斯的苹果个头大一些，1分钱卖两个，而史密斯的苹果1分钱卖三个。接受了史密斯的请托后，琼斯先生希望能更公平一些，于是他将两人的苹果合在了一起，2分钱卖五个。

过了一天，史密斯先生回来时，苹果已经全部卖完了，但是，他们分钱的时候发现少了7分钱。正是这个苹果问题让数学家们迷惑了很长一段时间。

假如她们平均分配卖苹果的收入，一人一半，那么，琼斯在这次不愉快的合作中损失了多少呢？

思维点拨

先求出以琼斯先生的方式，每卖掉一个苹果他将损失多少钱。然后再根据损失计算他所拥有的苹果总数。

157 价格问题

时间限制：6分钟
是否完成：是（ ） 否（ ）

小苏西把31分钱放在柜台上，说"给我3把丝线和4把毛线。"她对售货员所说的话是妈妈教的。但是，小苏西想像妈妈一样自己做主买一点东西。于是，苏西说："我现在改了主意，我要4把丝线和3把毛线。"

售货员说："那么，你还差1分钱。"

"哦，那就算了，还是照旧吧。"小苏西一边说就一边拿着买来的东西跑出了门。

请问，丝线和毛线的价格分别是多少呢？

思维点拨

将丝线和毛线的价格分别设未知数，根据题设条件列方程式即可求得其解。

158 打高尔夫球

时间限制：6分钟
是否完成：是（ ） 否（ ）

打高尔夫球是许多人都喜爱的一项运动，在这些人当中，有一个高手，他用数学知识设计了一个获胜的妙招。他说："如果直接向球洞击球，可以只用两种击球距离就可轻易取胜。"球场有9洞，距离分别为150、300、250、325、275、350、225、400、425码，假如每次击球，球都会飞满足够长的距离，而且你可以到球穴的另一边，用任一种方法往回打，那么怎样击球才能使击球杆数最少？（注：1码=0.9144米）？

思维点拨

注意洞球之间距离的规律。

159 购置一幢别墅

时间限制：5分钟
是否完成：是（ ） 否（ ）

史密斯先生和他的妻子准备在郊外购置一幢

小别墅。史密斯先生说："如果把你的钱拿出3/4给我，再加上我的钱，我们就可以买一栋价值5000美元的房子，而你剩下的钱还可以购买屋后的小树林和小溪。"

"绝对不行，"他妻子回答说，"如果把你的钱拿出2/3给我，再加上我自己的钱，我们就可以买下那栋房子，而你手头余下的钱，正好可以买下小树林和流淌不止的小溪。"

那么，小树林和小溪值多少钱？

思维点拨

将史密斯夫妇各自拥有的钱分别设未知数，根据题意列方程式求得其解，即可得知小树林和小溪的价值。

160 农田的面积

时间限制：5分钟
是否完成：是（ ） 否（ ）

农夫赛克斯向艾克抱怨，他要支付80美元现金以及许多小麦作为租赁一块农田一年的地租。

他说，若小麦的价格为每升75美分的话，这笔费用相当于每亩7美元，但现在小麦的市价已涨到每亩1美元，所以他所付的租金相当于每亩8美元。他认为这个租费太高了。请问，这块农田的面积有多少亩？

思维点拨

将农田的亩数和小麦的升数分别设未知数，根据题意列方程式即可求得其解。

161 蘸水笔写字

时间限制：5分钟
是否完成：是（ ） 否（ ）

如果用蘸水笔写数字，每写一个数字符号0、1、2、3、4、5、6、7、8、9（共十个）需蘸一次墨水，那么要把0~15的各数连续写出，共需蘸多少次墨水？

思维点拨

注意是一个符号一次。

162 使等式成立

时间限制：5分钟
是否完成：是（　）否（　）

四边形中有3个数学符号没有填入。从顶部开始顺时针计算，问号部分应当填入什么数学符号才能使等式成立呢？

思维点拨

你可以在"－"和"×"之间选择。

163 愚蠢的盗贼

时间限制：8分钟
是否完成：是（　）否（　）

一天，一位先生发现自己的酒窖被盗。里面丢失了两打（每打为12）香槟酒。如果盗贼的减法和除法运算能力很好的话，他们应该已经在享受这些香槟酒了。盗贼偷了一打2升每瓶的香槟和一打1升每瓶的香槟。但是，他们发现东西太沉了，就决定把两种香槟各喝掉5瓶。为了不让人发觉任何作案痕迹，他们也随身带上了空酒瓶。回到老巢后，他们遇到了难题，他们不知道如何平分这些赃物。包括7个1升的满瓶、7个2升的满瓶、5个1升的空瓶和5个2升的空瓶。然而他

们必须平分这些酒和空酒瓶。事实上，如果这些盗贼还有些常识的话，他们可以不用打开酒瓶分香槟酒的。结果盗贼们没有安静地思考，而是大吵大闹起来。搞得十分混乱，并引来了警察。通过上面的信息，你能算出这帮盗贼有几个人？他们应该怎么平分偷来的香槟吗？

接龙游戏

席履丰厚	厚礼卑辞	辞严气正	正大堂皇	皇天后土
土鸡瓦犬	犬吠之盗	盗食致饱	饱经世变	变化有时
时乖命蹇	蹇蹇匪躬	躬逢其盛	盛德遗范	范水模山

思维点拨

因为酒和空酒瓶是可以平分的，先将酒和瓶分开来看，从香槟酒的总数量和所有酒瓶的总数量中可以得出，这伙盗贼的人数只能是一个唯一的数。

164 摆放书本

时间限制：5分钟
是否完成：是（　）否（　）

有9本用1到9编号的书，如果按图上的方式，把6、7、2、9号书本放在第1、3、4、5、8号书本的上面，刚好可以得到一个分数，分数的值为1/2。同理，通过更改位置，每次都使用所有九本书，还可以得到其他的分数，分数值分别为1/3，1/4，1/5，1/6，1/7，1/8和1/9。你能试试如何摆放这书本吗？

思维点拨

要得到以上的分数值，摆放这些书本的方法并不是唯一的。

165 反恐组的难题

时间限制：6分钟
是否完成：是（　）否（　）

国际反恐组织得到消息，制造了多起恐怖事件的"黑鹰"组织首领伯德和另一些核心成员，一年前躲避到G国来了。现在"黑鹰"组织内部人员接触频繁，似乎在酝酿新的恐怖计划。经过缜密的调查发现，该组织的成员碰面形式很奇怪：头目的第一名助手隔一天去头目那里一次，协助他处理事情；第二名恐怖分子隔两天去一次，第三名恐怖分子隔三天去一次，第四名恐怖分子隔四天去一次……第七名恐怖分子每隔七天才去一次。为了避免打草惊蛇，并且把恐怖分子们一网打尽，亚伯拉罕决定等到7名恐怖分子都碰面的那天再行动。你知道这7名恐怖分子什么时候才会一起碰面吗？

思维点拨

计算出7名恐怖分子一起碰面的日期是很容易的，但值得注意的是他们是一年前就躲避到G国来的。

166 婷婷坐车

时间限制：3分钟
是否完成：是（　）否（　）

婷婷每天都乘坐公共汽车上学。离婷婷家门不远处，有一个公共汽车站。汽车和电车都是每隔10分钟就来一次，票价也一样，只是汽车开过之后，隔2分钟电车才来，再过5分钟下一趟汽车又开过来。

根据以上信息，你认为婷婷坐哪一辆车更省事更划算？

思维点拨

每辆车的价钱都一样，而且间隔时间也不长，婷婷没有必要走一站地再坐车。

167 桶口直径

时间限制：5分钟
是否完成：是（　）否（　）

铁匠莫森要为他的阿姨打一个平底桶用来装啤酒。桶深正好12厘米，能装7050立方厘米啤酒，桶口宽度是桶底的2倍。根据上面这些数据你能算出容积为7050立方厘米，深度为12厘米的啤酒桶桶口直径吗？

思维点拨

问题的重点不在手应该如何放。

168 羊群里的羊

时间限制：6分钟
是否完成：是（　）否（　）

一个木匠帮人修羊圈。他看到，修建一个正方形的羊圈比修建一个长方形的羊圈要少用两根桩子。他说：

"不管是修成什么形状的羊圈，所关的羊都是同样多的。不过，正方形羊圈的每根柱子上都可以拴一只羊。"请问，这个羊群里至少有多少只羊呢？

思维点拨

要注意"不管修成什么形状的羊圈，所关的羊都是同样多的。"

169 省钱方法

时间限制：5分钟
是否完成：是（　）否（　）

购票须知：门票每张5元，50人以上的团体票可享受八折优惠。可现在全班45人加上王老师总人数才46人，享受不了八折优惠。那么，能不能想办法省钱呢？

购票须知

思维点拨

要想省钱当然还得往享受打折上去考虑。

170 高明的理发师

时间限制：8分钟
是否完成：是（　）否（　）

福里茨是一位高明的理发师，他说自己可以在15分钟内完成最好的剃须与理发。不过，国际协会并不认可这是一项正式纪录，因为照片上没有明确标注指针的位置。理发师和他的顾客则都坚认，他们在理发结束时，看到分针和时针间的距离与理发开始时它们的距离相等。理发开始时，分针在时针后面，理发结束时分针在时针前面。

聪明的读者，你们能不能帮他们找出理发开始和结束时时针与分针的位置？

（注：小圆圈中是秒针的位置）

思维点拨

满足条件"结束时看见分针和时针间的距离与理发开始时它们的距离相等。开始时，分针在时针后面，理发结束时分针在时针前面"，但如果你仔细观察了图中秒针的位置，你会发现答案只有唯一的一个。

171 水池的深度

时间限制: 8分钟
是否完成: 是( ) 否( )

诗人朗费罗是一位杰出的数学家。他的作品里有这样一道荷花题目，大意是这样的：池子里有朵荷花在水面之上的部分高出10厘米。被吹倒后，荷花刚好被水淹没，荷花的花尖和水面接触点与荷花没倒之前与水面的交叉点之间的距离为21厘米。请问，水池的深度是多少？

思维点拨

这道题要用到欧几里得的一个数学定理：圆内的两条弦相交，被交点内分成的两条线段段长的积相等。

172 填入符号

时间限制: 5分钟
是否完成: 是( ) 否( )

在这个四边形中需要填上数学符号"+，−，×，÷"。你能在每两个数字之间正确地填入相应的数学符号，从而使最后结果等于62吗？

思维点拨

可以提醒你的是，这4个数学符号中，有3个需要被重复使用两次，另外还需要使用括号。

173 代售白酒

时间限制: 8分钟
是否完成: 是( ) 否( )

汉普郡的戒酒镇指定了一位白酒代理商，他获得了独家经营白酒一年的权利。他得到了12美元的启动资金和价值59.5美元的货物。代理商在年末盘点时，他已经购买了283.5美元的白酒，总销售额为285.8美元。镇里给他5%的代理费作为工资。图中标出了代理商和镇

委员会对账的情形，酒瓶上都标出了零售价。请想想，汉普郡今年从白酒销售中获利多少？

思维点拨

图中小瓶的酒是以美分为单位的，先计算出剩下的白酒的价值，再结合一年的总销售额可计算出代理商销售白酒所提高的价格百分比。

174 填图形

时间限制: 3分钟
是否完成: 是( ) 否( )

观察下边的4个三角形，找出规律，指出最后一个三角形中应当放入一个什么样的几何图形。

思维点拨

从三角形顶点上的数字找规律。

175 土地的宽度

时间限制: 3分钟
是否完成: 是( ) 否( )

得克萨斯州有位农场主拥有大量土地，他自己一人种不完，就将一块土地的一半出租给一位

邻居耕种。这块地有2000米长，1000米宽，但由于中间有部分不适应耕种，所以他们商定围绕这块地的周边划出一条环带状土地以得出总面积的一半，而不是从中间对半分开。

思维点拨

这里面含有一条可适用于一切矩形土地的简单规则。要利用矩形的边长与对角线来进行计算。

176 方块的重量

时间限制: 10分钟
是否完成: 是( ) 否( )

市场监督员琼斯的责任是确保整个镇子的秤和计量的准确性，以确保煤炭主不多侵占煤炭工人1吨煤，直爽的屠夫不会亏了本。在图1中，3个金字塔和8个木头方块一样重。如果他把1个方块放在天平的长臂上，那短臂就需要6个金字塔图2。如果1个金字塔重1克，那么8个方块重多少？

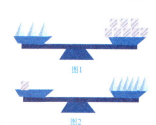

图1

图2

思维点拨

这道题要用到这样一个计算原理：在天平的两边分别称重，将两边得的结果相乘，结果的平方根就是物体的真实重量。

177 摆麦袋

时间限制：8分钟
是否完成：是（ ）否（ ）

下图中9袋小麦的摆法是两边各一袋，然后各两袋，中间有三袋。如果我们以左边第一只麦袋上的数字7，乘以邻近的两只麦袋上的28，得196，正好等于中间三袋上的数。但是右边的5乘以34并不得196。现在请重新摆放这9只麦袋，使得最边上的麦袋上的数字，乘以相邻的两只麦袋上的数都等于中间三袋上的数。请问：至少需要移动几个麦袋？该怎样移呢？

思维点拨

要使得最边上的麦袋上的数字，乘以相邻的两只麦袋上的数都等于中间三袋上的数。那么1号袋是不需动的。

178 空罐子

时间限制：1分钟
是否完成：是（ ）否（ ）

一次放进一颗糖块，一个能装3斤糖的空罐子放进多少颗糖块就不是空罐子了？

思维点拨

小心被误导。

179 用了多长时间

时间限制：3分钟
是否完成：是（ ）否（ ）

在一个无风的天气里，某人从A地乘摩托车到B地，车速每小时35公里，途中并无坡道，只有一处需要轮渡。过轮渡时并没

有等待，车一到就上船了，共用了80分钟。回来时仍是原来的路线，在轮渡处也正好赶上班次，车速也一样。可是到了目的地一看表，却走了1小时20分钟，这是怎么一回事？

思维点拨

计算出1小时20分钟到底是多少分钟。

180 选择哪家公司

时间限制：6分钟
是否完成：是（ ）否（ ）

创新和高科两家公司同时在招聘，他们的招聘广告上其他条件都完全相同，只有两点不同。如果你是应聘者，从收入多少来考虑，你会选择哪一家公司？

（1）创新公司年薪100万元，每年提薪一次加20万元；

（2）高科公司半年薪50万元，每半年提薪一次加5万元。

思维点拨

不要被脑海中的一些抽象数字所左右了，可以把第一年、第二年、第三年的具体数字列出来看看。

181 步行了多长时间

时间限制：6分钟
是否完成：是（ ）否（ ）

一位妇女通常下午5:30下班。她先在超市打个电话，然后乘坐下午6:00的火车。6:30火车到达她住的小镇车站。她丈夫每天开车从家里出发，6:30到车站接她，也就是她刚刚下车的时候。今天，这位妇女比平时早5分钟下班，她决定直接去车站，而不在超市打电话了，尽量赶上下午5:30出发、6:00到小镇车站的火车。因为她丈夫没有在车站接她，所以她开始步行回家。她丈夫按照平时的时间离开家，在路上遇到步行的妻子后，调转车头，让她上车。然后开车回家，到家时比平时早了10分钟。

假设所有的火车都是准时的，在丈夫接她上车之前，这位妇女步行了多长时间？

丈夫接到妻子的地方到火车站和再回到原地所花费的时间是相等的。

182 几天后相遇

时间限制：8分钟
是否完成：是（　）否（　）

王刚和刘平同时从A地向B地出发。王刚每天走7公里；刘平第一天走1公里，第二天走2公里，第三天走3公里，这以后每天多走1公里。这二人从出发经过多少天可以相遇？

根据刘平每天多走1公里，先找到他们所走路程相等的那一天，此后刘平每天多走的路程与前面少走的路程抵消，就可以算出他们要经过几天相遇了。

183 喝完酒的时间

时间限制：10分钟
是否完成：是（　）否（　）

亚丽和约萨是一对恩爱的夫妻，他们有着相同的爱好，都喜欢喝酒。

（1）如果他们俩一起喝，平均每60天可以喝完一大桶葡萄酒，8个星期可以喝完一桶白兰地；

（2）如果让约萨单独喝葡萄酒，那么他需要30个星期才能喝完；

（3）如果让亚丽一个人喝白兰地，那么她至少需要40个星期才能喝完。

另外，他们喝酒时还有一个怪癖，有白兰地时约萨只喝白兰地；有葡萄酒时亚丽只喝葡萄酒。你知道他们要多长时间才能喝光半桶白兰地

和半桶葡萄酒吗？

先算出约萨喝完半桶白兰地要多长时间，亚丽喝完半桶葡萄酒要多长时间；看谁先喝完半桶酒，先喝完了酒的人还会喝另一种酒，直到酒没有了。

184 完美的方案

时间限制：10分钟
是否完成：是（　）否（　）

有四个人赶集归来，因为回来得太晚，路看不太清。当他们走到一座狭窄而且没有栏杆的桥边时，谁都不敢过桥。而四个人中，只有一个人带了手电筒，但这座桥只能承受两个人的重量。如果各自单独过桥的话，需要的时间是3、4、6、9分钟，如果两个人同时过桥，那所需要的时间就是比较慢的那个人单独过桥所需的时间，你能帮他们设计出一个完美的方案，让这四个人用最快的时间过桥吗？

只有一个手电筒，那么必定需要有人往返送手电筒，所以应考虑让速度最快的人来做这个往返过程，才能节省最多的时间。

185 错在何处

时间限制：15分钟
是否完成：是（　）否（　）

我们都知道一头大象的重量和一只蚊子的重量不可能相等。但是，现在我们设x为一头大象的重量，y为一只蚊子的重量。两者重量的和为2v，则$x+y=2v$。由此方程，我们能进一步得：$x-2v=-y$；　$x=-y+2v$两式等号左右分别相乘，得：$x^2-2vx=y^2-2vy$，加上v^2得$x^2-2vx+v^2=y^2-2vy+v^2$或$(x-v)^2=(y-v)^2$取平方根：$x-v=y-v$，$x=y$，这么一来，这头大象的重量（x）等于这只蚊子的重量（y）。错在何处？

注意取平方根时存在什么问题。

186 要多少块地板

时间限制：6分钟
是否完成：是（ ） 否（ ）

已知：用41块咖啡色和白色相间的地板砖可摆成对角线各为9块地板砖的图形。

求：如果要摆成一个类似的图形，使对角线有19块地板砖，一共需要多少块地板砖？

思维点拨

可以先看一些小一点的数目。比如类似的图形当对角线是3块的时候，一共需要5块地板砖；如果类似的图形当对角线是5块的时候需要13块；对角线是7块的时候需要25块；对角线是9块的时候需要41块……上列数目依次是5、13、25、41……从每一次增加的地板数量，找到它们的规律。

187 相加等于800

时间限制：5分钟
是否完成：是（ ） 否（ ）

将6个8组成若干个数，使其相乘和相加后等于800，你该如何排？

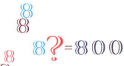

思维点拨

将它们组成个位数和十位数，再运用相加和相乘来列算式。

188 获救的人数

时间限制：8分钟
是否完成：是（ ） 否（ ）

海利跟朋友一起去旅行，船上有25个人，可是他们在途中触到了暗礁。20分钟以后，船就会沉没，而船上只有一条救生艇可以用。这条救生艇最多只能载5人，而到达岸

边的时间是4分钟。请你来帮帮海利，如果用这条救生艇，最多能救多少人呢？需不需要采取其他的措施？

思维点拨

要考虑到救生艇返回所需的时间，以及返回时必须要乘坐一个划救生艇的人去救其他的人。

189 盐水的浓度

时间限制：8分钟
是否完成：是（ ） 否（ ）

请你做做试验：从装满100克、浓度为80%的盐水杯中倒出40克盐水，再倒入清水将杯盛满，这样反复三次，现在杯中盐水的浓度是多少？

思维点拨

先根据倒出的40克盐水，求出杯中的盐分减少的量，即可求出杯中加水后新的含盐量，依次计算三次。

190 请算这个数

时间限制：7分钟
是否完成：是（ ） 否（ ）

有一个数，当它加上100后，所得的数是一个正整数的平方，然后用所得的数，再加上68，

$$\boxed{} + 100 = \boxed{?}\ (正整数的平方) \quad + 68 = \boxed{?}\ (正整数的平方)$$

又是另外一个正整数的平方。请算出这个数。

思维点拨

找出百位上两个正整数的平方相差68的数，再根据条件就可以推断出来了。

191 工人们的难题

时间限制：10分钟
是否完成：是（ ） 否（ ）

一位电工接到一个施工合同，要求他在后墙装一个话筒，与前门的按钮相连接。管理员可以借此提醒滔滔不绝的演讲人在什么时候停止演讲。工人们对这根电线的长度讨论了很久，你能够帮他们解决这一问题吗？

大厅宽3.66米，3.66米高，长度为9.15米。要求必须紧贴墙、天花板和地面布线，话筒位置在后墙的正中央，离天花板的距离为0.915米，

接龙游戏

雄辩高谈　谈霏玉屑　屑榆为粥　粥粥无能　能刚能柔
柔肠粉泪　泪迸肠绝　绝德至行　行不副言　言不顾行
行不苟合　合胆同心　心不由主　主客颠倒　倒绷孩儿

按钮在前墙的正中间，离地面0.915米。现在不去想墙的厚度，也不去考虑电线是否是双股这些问题。那么，最短需要多少电线？

思维点拨

先将大厅用平面图图的方式展开来，再找到话筒与按钮之间最短距离的路线进行运算。

192 古老的建筑

时间限制：15分钟
是否完成：是（　）否（　）

通向一个村子的每条道路上都有一个经过登记注册的文物保护建筑。如今，它们已不再发挥原来的作用，而是变成家庭的住所了。根据下面提供的

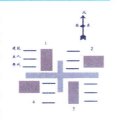

线索。你能说出1～4号建筑最初设计的目的，建造的年代，以及它们目前主人的名字吗？

线索：

（1）火车站是距离现在最近的建筑，建于1854年，它位于从莫顿的住所所在的道路开始顺时针旋转90°的道路上。

（2）你从北边进入村子所经过的建筑建于1825年。

（3）从十字路口直着往前走，你会从建于1772年的建筑走到旧风车那儿，这两座建筑现在都不属于维克斯一家。

（4）3号建筑比卡特住的年代要久，但比不上昔日的收费站年代久。

（5）刘易斯一家的住所在图中的号码是偶数，建于18世纪。

建筑：旅馆，火车站，收费站，风车

年代：1761，1772，1825，1854

主人：卡特，刘易斯，莫顿，维克斯

A.像山一样高。　　B.像一本书那么厚。

C.像一个人一样高。　D.像一栋房子一样高。

思维点拨

先推算3号建筑的建造年代，再根据已知条件推断各建筑的年代、所住主人的名字。

193 半个柠檬

时间限制：5分钟
是否完成：是（　）否（　）

多多把柠檬总数的一半加半个放在屋子的东面，把剩下的一半加半个的1/2放在屋子的西面，另一个被藏在冰箱上面，不过柠檬的总数少于9个。请问多多一共有多少个柠檬？

思维点拨

单数的一半再加上半个，正好是整数。

194 不吉利的数

时间限制：10分钟
是否完成：是（　）否（　）

一个将军带领500多名士兵攻占了一个城市之后，他就把全体的士兵集合在一起，准备列队在各个街道上游行。他先把士兵排成四列纵队，最后剩下一人；他又把士兵排成六列纵队，最后也是剩下一人，把士兵排成八列纵队，最后还是剩一个人，他感觉很不吉利，于是马上下令撤离了这座城市。那么，你知道他的士兵人数最多是多少吗？

思维点拨

先求出4、6、8的最小公倍数，再用最小公倍数求出将军有多少士兵。

195 七角星

时间限制：10分钟
是否完成：是（　）否（　）

如图的七角星中有15个小圆圈。请把从1至15这15个数分别填入圆圈中，使每一个菱形的4个数的总和都为30。快试一试吧！

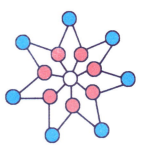

思维点拨

先找出中间的数放在最中间的圆圈里。

196 谁能得奖

时间限制：5分钟
是否完成：是（ ） 否（ ）

爸爸拿着5个梨子对熊弟弟淙淙和熊哥哥林林说："你们两人每次最多只能拿2个梨子，吃完了才可以再拿，谁吃得多就可以得到爸爸珍贵的奖品。"爸爸的话刚说完，林林就拿起两个梨子吃了起来，淙淙看着哥哥，拿起一个梨开始吃了起来。如果淙淙和哥哥吃梨的速度一样，淙淙有赢的机会吗？

思维点拨

谁最先吃完手里的梨，谁就可能拿到剩下的2个梨。

197 树上的鸟

时间限制：6分钟
是否完成：是（ ） 否（ ）

3棵树上共停了36只鸟，如果从第一棵树上飞6只到第二棵树上，然后从第二棵树上飞4只鸟到第三棵树上，那么3棵树上的鸟的只数相等。请问：原来每棵树上各停了多少只鸟？

思维点拨

要把问题简单化，根据题意可发现实际上是飞2只到第二棵树上，飞4只到第三棵树上，数量就相等了。

198 接下来的数

时间限制：5分钟
是否完成：是（ ） 否（ ）

一天，快乐王子来到了一个数字城。城里的居民都擅长数学，快乐王子走在街道上，听得街角处有一个人在喃喃自语地数数："172、84、

40、18……，"快乐王子不知何故，便向一位行人请教。那人说："我是在按一定的规律往下数的。"快乐王子认真想了一会儿，终于发现了其中的奥妙，知道了下面应该接什么数字。你知道吗？

思维点拨

这组数的规律是：都是每一个数的一半还少一点。

199 三位数

时间限制：8分钟
是否完成：是（ ） 否（ ）

有一个三位数，它的十位上的数是百位上的数的3倍，个位上的数是百位上的数的2倍。这个数可能是多少？

思维点拨

先找出符合百位与十位条件的数，再找个位上的数。

200 交叉路口

时间限制：7分钟
是否完成：是（ ） 否（ ）

这是一个有关报纸的题目。一个卖报的小贩卖了70份《回声报》、60份《月球报》、50份《广告人报》。有14名顾客买了《回声报》和《月球报》，12名顾客买了《月球报》和《广告人报》，13名顾客买了《回声报》和《广告人报》，3名顾客3份报纸全买了。

多少名顾客到这个报摊买过报纸？

思维点拨

先算出买各种报纸的人数，再将买各种报纸的人数相加，即可得到顾客的人数。

第6章

答案

第1章 挑战福尔摩斯的200个推理游戏

1 当然可以喝。在一个晴朗的午后说"今天天气真好啊",对方回答"是的",可想而知对方一定是说实话的人。水自然也可以喝。

2 她没办法问任何问题,因为她已经问了两个问题,而两个问题需要的钱是20欧元,而现在她也没有多余的钱问问题了。

3 林用嘴对着杯子使劲吹一口气,乒乓球就自动跳出来了。

4 由一只蚂蚁把沙粒拉出凹处,放在通道里;然后另一只蚂蚁进入凹处;再由那只蚂蚁推着沙粒过凹处后暂停;然后另一只蚂蚁爬出凹处,沿通道爬走;最后那只蚂蚁将沙粒拖回凹处,自己走开。

5 这位善辩的律师是女的。

6 绳子的一头虽然拴住了羊脖子,但另一头并没有拴在树上。所以,羊是自由的,能够吃到牧草。

7 从落叶上分析的。如果车子在森林中停放两天,车内的尸体上一定会盖满落叶;如果车上落叶很少或基本没有,证明车子放到这里时间不长。而罪犯只能步行离开,在大森林里,既容易留下痕迹,又不容易走远。

8 先把口袋分成3个一组,取其中两组称。如果秤上有一组比较重,那么戒指在这3个口袋的一个里面;如果秤上两组口袋一样重,那么戒指在另外3个口袋的一个里面。然后在3个口袋取两个摆到秤上称,如果有一个比较重,那么戒指就在这个口袋里;如果两个一样重,那么戒指就不在秤上的那个口袋里。

9 最多可能有7个男孩,最少1个。

10 考古学家意识到,公元纪年始于耶稣诞生之后。在那之前的古币制造者是不可能预见到会有这种纪元方法的。公元前铸造的钱币,上面绝对不会这样来标记年份。

11 洛林说自己从镶画的玻璃中看到歹徒的长相,这是他的漏洞,因为油画从来不用玻璃框镶。

12 叫店主端一盆水来,让盲人把4枚硬币放进水里。硬币进水后如果水面浮起油脂,那就证明钱是店主的。

13 37—37—37。这几个数计算如下:

$37 \times 3 = 111$;$37 \times 6 = 222$;$37 \times 9 = 333$。

14 因为桌上剩下的芝麻饼是第三个旅行者醒过来时的2/3,所以他醒来时,桌上的盘子内会有12块儿芝麻饼;同样,这12块芝麻饼是第二个旅行者醒过来时的2/3,所以,他醒来时,盘子里有18块芝麻饼,这18块芝麻饼是第一个旅行者醒来时的2/3,这就是说盘子里原来有27块芝麻饼。

15 将一个宽口玻璃杯倒满水,剪一块比缝纫针稍宽的软纸,把这根针轻轻地放在纸的中间,然后把这张有针的软纸放入水中。过一会儿,软纸会因吸满水而沉入杯底,此时这根针将因为水面张力的扶持而漂浮在水面上。

16 卡林扮演了高尔夫球手和理发师;迪克扮演了喇叭手和作家;罗杰扮演了计算机技术员和卡车司机。

17 这个雕塑组一共有3个人。如果3个人用3个月将"世界之窗"刻完,那么,1个人要用9个月才能完成,而9个人则用1个月就可以完成。

18 在只有一个灯泡的房间里,不可能在房间的两面纸门上都照有人影,所以中间的房间应该有两个人。

19 这个声称为救朋友而跳进湖里的人,在零下5摄氏度的气温下走了1.5公里,照理来说,裤子早该结冰了。而他却全身湿漉漉的。说明他只是到旅馆附近才故意弄湿自己,以掩饰谋害朋友的罪行。

20 凶手先为猫注射麻醉剂,再把棉花团系在猫尾巴上。然后把猫尾巴塞进煤气橡皮管出口处。这样,即使把煤气打开、煤气也不会泄露出来,而过了1小时。大约在10点左右,麻醉剂药力过后，猫醒了过来，一走动，棉花团便从橡皮管内拔了出来。煤气大量外泄，室内正在熟睡的被害者连同猫，才会一起中毒而死。

21 假如莉莉的话是真实的话，那么小美的话就是假的；相反，如果莉莉的话是假话的话，那么小美的话就是真话。据此推测，莉莉和小美之间必定有1人在撒谎。依此类推，茜茜和王克之间也必定有1人撒谎，而不管谁在撒谎，晓娜说的都不是实话，所以一共有3人在撒谎。

22 张特买的是"英雄牌"衣服，吉吉买的是"佳人牌"衣服，晓苏买的是"豪杰牌"衣服，乔乔买的是"风华牌"衣服。

23 假设甲瓶是果汁，则乙瓶不是白酒。而其他3瓶的标签均正确，则丙瓶也不是白酒。因为丁瓶是可乐，所以乙和丙必有一瓶是白酒。根据乙瓶的标签，那么乙瓶应是白酒，这与"装有果汁的瓶子标签是错误的"这个条件不符，故甲瓶不是果汁。假设乙瓶是果汁，根据其他瓶子的标签正确这个条件，这与甲瓶上的标签矛盾，故乙瓶也不是果汁。假设丁瓶是果汁，则丙瓶的标签也不符，故丁瓶也不是果汁；假设丙瓶是果汁，那么丁瓶是可乐是错误的，所以丁瓶不是可乐。根据甲瓶的标签可知乙瓶是白酒，那么丁瓶只可能是啤酒，甲瓶是可乐。综上所述：甲瓶子装的是可乐，乙瓶子装的是白酒，丙瓶子装的是果汁，丁瓶子装的是啤酒。

24 最少有翠翠和另外3个人。翠翠的姐姐嫁给了翠翠丈夫的哥哥，她丈夫弟兄二人的妈妈是翠翠妈妈的姐姐，并且嫁给了翠翠的伯伯。

25 甲会日语、德语，乙会法语、德语，丙会英语、法语，丁会英语、德语。

26 科恩的儿子是图2中的人，他叫乔，伊恩的儿子是图4中的人，他叫佛瑞德，泰克斯的儿子是图1中的人，他叫杰克，约翰的儿子是图3中的人，他叫史蒂夫。

27 水面一点也不会升高，因为冰块融化成水的体积正好是它排开水的体积。

28 哥哥将毒包在冰块里，当哥哥喝那杯酒时，冰块还未融化，所以毒液还未渗透到酒中，当弟弟慢慢喝完酒时，毒已混在酒液里了。

29 绑匪是邮差。因为在没有门牌和真实姓名的情况下，只有他能安全收到钱，但如果是挂号信就不行了，所以他要求用普通邮件。

30 事实上这个人没有看到车门（就像图中所画的那样）。这说明车门肯定是在另一侧——靠街边台阶的一侧。因为这是纽约，而纽约的车辆是靠右行驶的，所以公交车向A方向开。

31 守夜者被解雇是因为他在工作时间睡觉。

32 大徒弟说了谎，是他偷走了佛珠。因为，住持方丈走了半个月，昨晚应是农历初一，没有月亮，怎么会有月光呢?

33 因为良伟先生寄回家的是信箱钥匙，钥匙寄回去又被投到信箱里了，他妻子还是打不开信箱，拿不到钥匙。

34 青年人声称他昨天刚刮去了长了几个月的胡子，但他面孔黝黑，下巴呈古铜色，如果他真的在阳光下待了几个月没有刮胡子，那么长胡子的地方看上去应该显得白一些。

35 那些空胶桶就是偷运出去的橡胶。工人们先将橡胶做成桶形，待运出厂后，再将它熔化掉，转卖给别人。

36 她打开的是贴有混合饼干标签的罐头。假设她打开这个罐头，看到的是浓茶饼干，由于标签是错误的，所以这个罐头本应该贴有浓茶饼干标签。这就意味着贴有消化饼干标签的罐头应该装有混合饼干，因此贴有浓茶饼干标签的罐头必然装有消化饼干。以上的逻辑推理过程同样也适用于她打开贴有混合饼干标签的罐头时，发现的是消化饼干的情况。

37 方块5。

38 从第3个星期六是18号可以得知，第3个星期三是15号，即第1个星期三是1号，第2个星期三是8号，第4个星期三是22号，第5个星期三是29号……如果你愿意，你甚至可以将这个月份中的每一天是星期几都表示出来。

39 因为教科书里说非洲盛产钻石，于是他断定是有人用鸵鸟来运钻石，于是很快就锁定了作案的人群。

40 这个男子是1973年出生的。注意先估计大约年份为1970年左右，再根据数字和年份和相等的特征推算出结果。

41 这是一个错误的结论，错误的根源在于"重复分类"。因为可能该地区中30%的人同时患有这三种维生素缺乏症，而其余70%的人根本没有患任何维生素缺乏症。

42 进攻

43 毒品埋在下午3点时云杉树顶在地面的投影处。

44 有一件事必须明白，邦德先生是不会被冻死的。冰箱所做的事情就是将热量从内部传递到外部，而这需要用到大量的电力。由于冰箱的外面是房间，事实上这个房间会慢慢地热起来。因此，邦德先生有可能死于脱水、窒息或者被热死。

45 矮个子胳膊和手短，高个子胳膊和手长，警长是个大个子，由他站在上面就能够着窗户了，用这个办法他们爬出了窗户，抓住了罪犯。

46 打开第二个箱子。第一个箱子上的话是假的，如果它是真的，那么，第二个箱子的话也是真的，这是矛盾的。第一个箱子上的假话有三种可能：第一个箱子上的话前半部分是假的，后半部分是假的，都是假的。如果前半部分是假的，珠宝在第一个箱子里，并且，第二个箱子上的话是假的，这时，根据第二个箱子的判断，珠宝在第二个箱子里。这和上面的判断冲突。如果后半部分是假的，那么，珠宝在另外一个箱子里，并且第二个箱子上的话是真的，可以判断珠宝在第一个箱子里，这也是矛盾的。所以，第一个箱子上的话都是假的，这时，珠宝在第二个箱子里，并且第二个箱子里的话是假的，这时根据第二个箱子的判断，珠宝在第二个箱子里。

47 儿子唱得实在太难听了，父亲只好希望用口琴把儿子的嘴堵上。

48 如果装错了，一定是两封都有错误，不可能只有一封信装错的情况出现。检查时恩恩又马虎了。

49 小偷从入口逃走了。

50 你就是船主，年龄还需要算吗？

51 因为凶手自首了。

52 不相信，因为弟弟在梦中被吓死，女王是不可能知道弟弟的具体梦境的。所以，可以确定的是女王在撒谎。

53 里泽探长会向右边的路追下去。通常骑自行车时，骑者的重量都是加在后轮上面的；因此在平路、或是下坡时，前轮的痕迹较浅，后轮的痕迹较深。可是上坡时，因为骑者的力量向前倾，而重心是置于自行车的踏板与把手之间，所以前轮与后轮的痕迹深度就会完全相同。根据这一点，侦探推出凶手是往右边跑的。因为左边的痕迹是别人从斜坡上下来导致的痕迹。而右边就是上坡的痕迹。

54 他留给后人的是"一无所有"。

55 因为船在大风中航行，并且会摇晃，而那名自称是作家的小姐，在写稿子的时候，却能写出整齐秀丽的字，所以嫌疑最大。

56 时髦小姐。因为如果是另外两个人的话，他们应该连那位小姐的钱包一块偷走才对，就算他们不全偷，他们也不知究竟哪个钱包是来西的。

57 当德厚开始拉绳子时，他会发现自己也升在空中而且跟离地面的高度与钟相同。当钟距离地面1米时，德厚也是1米。无论他拽绳子有多快或者慢，他距离地面的高度始终与钟相同。

58 因为这个船夫自己不会游泳，所以必然小心行船，比较安全。

59 根据碑铭上所说的，方丹太太比她的丈夫先去世。如果是那样的话，她怎么会是寡妇呢？

60 米贝撒了谎。因为第113页和第114页是一页。

61 他没有吹牛，因为他游的是死海。死海中所含的盐分很高，几乎是一般海水的7倍，所以浮力很大，人在水中根本就不会下沉。死海比海平面低390米，所以只要下潜一点点，就到了海平面以下390米了。

62 因为家里如果再死一个人，又可以举行一次葬礼，那个很帅男子又会来参加葬礼，妮妮就又可以见到他了。

63 因天平的特性，所以无论你加减什么物体，它都会保持平衡。

64 房屋的施工人员忘记把门牌号安装在各个单元内的各个房间上。他们在五金店把这些号码以每个1元出售。因为天使庄园只有9个单元，每间房屋只需要一个号码。因此，4个顾客买4个号码一共要花4元。

65 撒尔家族获得8箱，汉迪家族获得6箱，荷兰人的咖啡厅获得4箱，爱德家族获得2箱。

66 死者是个修理工。他躺在车下修车的时候，千斤顶松脱，车子砸下来把他压死了。

67 如果真像她所讲的那样，歹徒是在门外朝她丈夫开枪，弹壳就不会落在房间里，也不会落在左侧。因为从自动手枪里飞出的弹壳应该落在射手的右后方几英尺处。

68 祖父的生日宴会有许多人参加。下面列出的是在场的家庭成员，其中也包括祖父：2个弟兄、2个姐妹，他们的父母，以及父母各自的父母——这样，对孩子而言就有1个祖父和1个外祖父，1个祖母和1个外祖母。因此，共有10位家庭成员。

69 年轻人终于明白，原来缠住自己的，是女友的头发。所以他很后悔，于是自杀了。

70 罗珊一次也不可能赢。因为白曼会一直出石头，无论罗珊出什么，都是他输。

71 四位男士只有两人是白皮肤，根据条件（3）可知杰克和皮特是白皮肤；根据条件（4）可知杰克是高鼻子；而综合条件（5）可知皮特并非高鼻子。到此可知只有杰克符合梅梅的两个条件，但在这四人中有一位符合她要求的全部条件，那么这个人必定是杰克。

72 假设达克是杀人犯，那么只有达克的供述是错误的，与题意不符，所以达克不是杀人犯；假设巴鲁是杀人犯，那么只有西德和达克说的是对的，与题意不符，所以巴鲁不是杀人犯；假设西德是杀人犯，那么只有阿夫的供述是错误的，与题意不符，所以西德不是杀人犯；假设达克是杀人犯，那么只有达克自己的供述是错误的，与题意不符，所以达克也不是杀人犯；假设莱克是杀人犯，得到的结果是只有3句是对的，

因此是莱克制造了这起谋杀案。

73 迈克的妻子是图2中的人，她叫琼；雷克斯的妻子是图1中的人，她叫来娅；汤姆的妻子是图4中的人，她叫简；伊恩的妻子是图3中的人，她叫凯特。

74根据条件（2）和（5）可知目击者是女性；根据（1）和（4）可知叔叔是同谋；根据条件（3）和（6）可知婶婶是凶手；根据目击者是女性，可知目击者是侄女，而被害者是侄儿。

75 根据"立立的套头毛衣是带条纹的，拉拉的衬衫是带斑点的"、"拉拉的套头毛衣和小宝毛巾上的图案相同，小宝的套头毛衣和克立毛巾上的图案相同"和"相同的衣物上没有相同的图案，且同一个人的三件衣物的图案也各不相同"这些已知条件首先可以推断出拉拉的毛巾是带条纹的。然后可推断出拉拉的套头毛衣是没有花纹的，再可推断出小宝的毛巾是没有花纹的。接着，根据"相同的衣物上没有相同的图案"，可以推断小宝的套头毛衣和立立的毛巾都是带斑点的。最后，根据"同一个人的三件衣物的图案也各不相同"可以推断小宝的衬衫是带条纹的，立立的衬衫是没有花纹的。即：（1）小宝（2）条纹的（3）小宝（4）带斑点的（5）没有花纹的

76 如果巴克说的是实话，那么尼克说的也是实话，所以与条件不符。如果巴克说的是假话，那么尼克说的也是假话，两个人都说谎是符合"他们之中至少有一个人在说谎"这个条件的，故两人都说了谎，根据说的内容可知尼克的年龄比较大。

77 根据"照片上的人的丈夫的母亲，是我丈夫的父亲的妻子的女儿"可知照片上的人是个女的，她的婆婆与"我的丈夫"是兄妹或姐弟关系。而我丈夫的母亲只生了他一个孩子，则说明她的婆婆是我丈夫的继母的孩子。所以，这个人是在看她丈夫的继母的外孙媳妇的照片

78 将这一家人的关系列一个图表，可以推断出，洛那·简和胡安的4个孩子既是乔恩和黛安的孙子，也是约翰和洛林的外孙；而弗雷泽和苏丝的3个孩子既是约翰和洛林的孙子，也是乔

恩和黛安的外孙。孙子辈实际只有7人。故这个大家庭的人数是：乔恩和黛安2人和他们的3个孩子（里卡、胡安、苏丝），洛林和约翰2人和他们的2个孩子（洛娜·简、弗雷泽），7个孙子，总共16人。

79　根据条件（2）、（4）和（5）可推断赵迈出生在上海；根据（3）可推断出学国际金融的应出生在南京或长沙，而根据（1）在学国际金融的应是赵迈或李治，所以李治出生在长沙，进一步推断志汤出生在南京，根据（4）可知志汤学的是外语专业，出生在南京。

80　向平是个女孩。如果向平是个男孩，那么第二个说话的肯定是母亲，她说的第一句话肯定是在撒谎，第二句话是真话。但是，家庭中的男孩们没有撒谎，所以这个观点是错误的。如果说向平是个女孩，第一个说话的是父亲，那么第二个说话的是母亲，她说的第一句话是实话，第二句话是假话。在那种情况下，向平应该说真话，说的是"我是个女孩"。但是这表示第一个说话的人在撒谎，但是男子不能撒谎。所以说这个观点也是错误的。因此经过推理，第一个说话的人是母亲，向平说："我是个男孩。"母亲和女孩说的第一句话都是假话。

81　说实话的是刘利，因为刘利和西玛不可能同时是说谎人，这就是说阿里肯定在撒谎。由于刘利说他撒谎，所以刘利肯定在说实话。因为刘利说实话，所以西玛肯定也在撒谎。

82　彼得的兄弟是图3中的人，他叫瑞科；莱克斯的兄弟是图2中的人，他叫伊恩；艾伦的兄弟是图1中的人，他叫约翰；戴夫的兄弟是图4中的人，他叫佛瑞德。

83　假设左边的机器人说的是实话，那他自己就是说实话的机器人，这与他的回答自相矛盾，所以他说的是谎话。因为左边的机器人说的是谎话，可知中间的机器人并不是诚实的人，右边的机器人才是诚实机器人。根据他所说的是实话，可知中间的机器人是骗子机器人，并推知左边的机器人是犹豫不决的机器人。

84

名字	班级	喜欢的课程	喜欢的体育运动
丽丽	6	代数	壁球
贝贝	2	生物	跑步
克拉	4	历史	游泳
桃瑞	3	地理	网球
梅梅	5	化学	篮球

85　1号牢房关的是骗子；2号牢房关的是牧师；3号牢房关的是赌棍。首先假设3号牢房说的是真话，那么1号牢房关的应是牧师；根据牧师说真话，可知1号牢房关的不是牧师，进一步也推知3号牢房的人也没有说真话。所以2号牢房的人才是牧师，因为牧师说真话，所以1号牢房关的是骗子，3号牢房关的是赌棍。

86　在阳光下，黑罐子吸收的热量比白罐子多，所以那个黑罐子比别的罐子烫。即使眼睛看不见，也能很快分出哪个是黑罐子。

87　根据常识可知，报时钟会在整点报时，而录音机会录下所在地方的全部声音。如果真的是在书房被枪杀的，那么磁带中就理应录上了昨晚报时钟报22点的鸽子叫声。之所以录音中没有鸽子的叫声，是因为凶手是在别处一边录音，一边枪杀受害人。

88　他所说的1000米指的是铁轨之间的缝隙加起来有1000米，因为每两根铁轨之间都有一定的缝隙。

89　白天，由于光照的角度和强度是变化的，塔身各处的温度也是不一样的，热胀冷缩的程度因此也是不一样的，所以上午和下午不仅出现了倾斜现象，倾斜角度也不一样。夜间，铁塔各处的温度是相同的，所以就恢复了垂直状态。冬季气温下降，塔身收缩，所以就变矮了。

90　这是在图书馆，她是在为自己超期还书付罚款。

91　他在第一杯咖啡里放了糖。

92　不是。鲨鱼是不会睡觉的。

93　第（3）种方法。

94　坐在A排13座的男子（条件6）不可能是

皮特或亨利（条件1），也不可能是罗伯特（条件4）。朱蒂不会坐在13号座位（条件5），这也排除了查尔斯和文森特坐在A排13座。因此，根据排除法，坐在该位子上的男子一定是托尼。安吉拉也坐在A排（条件1），这一排一定还坐着另一名女子（条件3）。她不是尼娜，因为她的座位是B排12座（条件2），也不可能是珍妮特和蕾蒂亚（条件7）。条件5又排除了朱蒂。因此根据排除法，玛克辛一定坐在最前排。她的座位不可能是10号或11号（条件4），并且我们知道也不会是13号。因此一定是12号。那么罗伯特的座位在这一排10号（条件4），这样便剩下了安吉拉，她应该在11号。

因此根据条件1，皮特的座位是B排11座。在那一排一定还有第二个男子（条件3），他不是亨利，因为他肯定在C排（条件1）。而且，线索5也排除了文森特的座位为B排10号或13号这两个未确定的座位。我们知道托尼和罗伯特在A排，因此根据排除法，查尔斯一定在B排，他的座位不可能是13号（条件5），所以一定是10号。那么根据条件5，朱蒂一定在C排10座，文森特在该排11座。因此根据条件1和7，亨利一定在C排12座，蕾蒂亚在同排13座。这样便剩下B排13座，是属于珍妮特的。综上所述：

A排：10罗伯特，11安吉拉，12玛克辛，13托尼

B排：10查尔斯，11皮特，12尼娜，13珍妮特

C排：10朱蒂，11文森特，12亨利，13蕾蒂亚

95 他们的座位顺序是：1.科林；2.埃迪；3.艾伦；4.比尔；5.戴维；6.格雷斯；7.简；8.英蒂拉；9.菲奥纳；10.希拉。

96 根据"肉类在水果后在的第四排"可知肉类和水果中间有三排货架，再根据"肉类在面包货架的前面"和总共6排货架，可知肉类在第5排货架，水果在第1排货架，面包在第6排货架；根据"罐头在奶瓶前面的第2排"可知罐头和奶瓶中间还有一个货架，而"洗衣粉紧挨着奶瓶"可知洗衣粉在罐头和奶瓶中间。货架的顺序是：1.水果；2.罐头；3.洗衣粉；4.奶瓶；5.肉类；6.面包。

97 罗马在欧洲，新德里在亚洲，费城和华盛顿在北美洲的美国，巴西利来在南美洲。根据甲的话可以确定他来自新德里；根据乙的话可以确定他或者来自华盛顿、或者新德里、或者巴西利亚；根据丙的话可以确定他或者来自罗马、或者新德里、或者巴西利亚；根据丁的话可能确定丁来自华盛顿或新德里。因为甲来新德里，其他的人则可以用排除法来确定，即甲来自新德里，乙来自巴西利亚，丙来自罗马，丁来自华盛顿，戊来自费城。

98 由1、4、6、7组成的四位数字总是可以被9和3整除。因此，除非将6翻转成9，两个问题的答案都是不存在的。如果这个四位数是由1、4、7、9组成，它将不可能被9整除，但总能被3整除。

99 需要往返9次。按照年龄大小的顺序，把5个孩子设为A、B、C、D、E，河的两岸分别设为"近岸"和"对岸"，从而可以按照下表顺序来渡河：

往返顺序	在近岸的孩子	在船上的孩子	在对岸的孩子
1	A、C、E	B、D	没有
2	A、C、E	B	D
3	B、E	A、C	D
4	B、E	A、D	C
5	B、D	A、E	C
6	B、D	C、E	A
7	B、D	C、E	A
8	B、D	没有	A、C、E
9	没有	B、D	A、C、E

100 根据条件（3）可知最北的宾馆拥有158间客房。既然佩里经营南面的宾馆，根据条件（4）排除了西面的宾馆拥有197间客房，并且西面的宾馆也不可能拥有203间客房，所以一定是224间。根据条件（4），西面宾馆的经营者也不可能是盖伊，我们知道他也不是佩里。根据条件（1）排除了马克，因为马克的宾馆拥有的客房比至尊宾馆少。因此，西面宾馆的经营者一定是鲁珀特。我们知道至尊宾馆不是盖伊经营的，并且根据条件（1）排除了马克和鲁珀特，因此，

它一定是佩里的宾馆，位于南面。所以根据条件（1），马克一定经营北面的宾馆，即客房最少的宾馆。这样便可确定盖伊经营的城堡位于广场的东面。因此根据条件（4），至尊宾馆拥有203间客房。条件（5）告诉我们，精致宾馆不可能是马克经营的，事实上是鲁珀特经营的，这样便剩下马克经营的宾馆为宏大。综上所述：

东面：城堡宾馆、盖伊、203间客房

南面：至尊宾馆、佩里、197间客房

西面：精致宾馆、鲁珀特、224间客房

北面：宏大宾馆、马克、158间客房

101　根据条件（1）绿色邮筒不可能属于门牌号为228或234的那一家，而且232号的邮筒是蓝色的，因此绿色邮筒一定在230号。根据条件（2）阿琳不可能住在228号，并且既然她家的邮筒是黄色的，那么这条线索便排除了230号和232号，因此她家一定是234号。现在通过排除法，巴伦夫人的红色邮筒一定是228号。所以根据条件（1），詹勃夫人一定住在232号。杰玛一定是住在228号的巴伦夫人的名字。根据条件（2），阿琳不是费西宾夫人的名字，所以她一定姓弗林特，这样便剩下了费西宾夫人，她一定住在230号。根据条件（4），路易丝不是詹勃夫人的名字，因此一定是费西宾夫人的名字。这样便剩下詹勃夫人，她的名字叫凯特。综上所述：

228，杰玛　巴伦，红色

230，路易丝　费西宾，绿色

232，凯特　詹勃，蓝色

234，阿琳　弗林特，黄色

102　蓝色。假设维尼和戴比的帽子都是白色的，而会场上只有两顶白帽子，那么比尔应该立刻回答自己的帽子是蓝色的。所以，维尼和戴比戴的帽子有两种可能：①一顶白色和一顶蓝色；②两顶都是蓝色。戴比看得到维尼的帽子，如果维尼戴的是白色的话，便符合①的状况，那么戴比应该可以答出自己的帽子是蓝色的才对。他之所以答不出来的原因，相信你也已经猜到了吧，那就是因为维尼的帽子是蓝色的。

103　假设"今天"是星期日，那么"当后天变成昨天的时候"即后天是星期二变成星期六

了，"当前天变成明天时"，即前天是星期五变成星期一，这两天距离星期天都是一天，所以"今天"是星期日，他们已经错过了庆生的日子。

104　本尼迪克特　马歇尔，播音员，8年

丹兹尔　班克斯，行李搬运工，6年

劳伦斯　阿达姆松，航空调度员，7年

马太　莱德，保安人员，4年

昆廷　佛里斯特，电气技师，5年

105　33次。　12:00～16:00，每一小时有2次，如12:11和12:22，共8次；16:00～19:59，每小时只有1次，共4次；20:00～22:00，每小时2次，共4次；22:00～23:00有15次；23:00～24:00有2次。

106　因为只有2顶红帽子，已知商人的是红帽子，若A带的是红帽子，B带的只能是黑帽子，而B没有回答，说明B不能从A的帽子断定自己的是什么颜色的帽子，所以A一定是黑帽子。其实A和B都是黑帽子，就看谁反应快了！

107　请注意笔记本电脑的电源插头并没有插上，而当尸体被发现时，电脑屏幕还亮着，机内电池不可能维持3天的能量消耗。这说明遗书是后来被人伪造输入的。

108　毒酒是温酒温出来的。这里的锡壶大多是铅锡壶，含铅量很高。酒保把锡壶直接放在炉子上温酒，酒中就带上了浓度很高的铅。多饮几杯，就会出现急性铅中毒。

109　苏（sue）寄了这封信每当打字机敲出字母"Z"，打字机的菊花轮就向前移一位。在信中"Z"出现了六次，所以菊花轮总共向前移了六次。这封信的末尾原本应该如下：

Every time I type the letter it starts to go funny. I must get it fixed when I come home. （每次我打字母z时就变得很有趣，回家我得修理一下打字机了。）

Lots of love. （非常爱你的）

Sue(苏)

110　第一包只有丙一人猜是红的，所以肯定是对的。丙猜第一包是红的对了，那他猜第五包是白的就错了；此外，只有戊猜第五包是紫的

所以这也是对的。因此，戊猜中了第五包的，他猜的第二包一定是错的，而第二包又不可能是紫的，只能是乙猜对了，是蓝的。这样，我们很容易推断出第三包是甲猜对了，是黄的；第四包是丁猜对了，是白的。

111　1.小娜；2.大象；3.小马；4.猫；5.小娜

112　扔最重的那一个。

113　由于老李的年龄肯定比他的儿子和女儿大，从而年龄相同的必定是他的儿子、女儿和妹妹，这样，老李的儿子和女儿必定是（1）中所指的双胞胎。因此，老李的儿子或者女儿是常胜将军，而老李的妹妹是表现最差的选手。根据（1），常胜将军的双胞胎一定是老李的儿子，而常胜将军无疑是老李的女儿。

114　如果哥哥猜对的话，那么弟弟和妹妹都对；如果姐姐猜对的话，那么妹妹也对；如果妹妹猜对的话，那么哥哥也对。因此，只有弟弟猜对了，即小洪的压岁钱少于100元。

115　慧心是在前面那家店打工的男孩的妈妈。不过，看起来慧心和她儿子感情不是太好。

116　小能在一层买了一双鞋，阿务在三层买了一本书，学学在二层买了一架照相机，小险在四层买了一块表。

117　这5种比值的价值顺序由小到大的排列为：C、D、E、B、A。

118　保温瓶是装开水的，里面会有水垢。水垢的成分是氢氧化镁、碳酸钙等碱性物质，遇到酸性的酸梅汤就会融化，产生对人体有危害的东西，用过后就会危害人的身体健康。

119　可以把帽子挂在枪口上，这样就能轻松做到了。

120　捞月亮的一共有11只猴子

121　因为在横渡五次黄河之后，人应该在河的对岸，不可能立即回家。

122　从一端到另一端，顺序一次是：白色、绿色、黑色、红色、银色、黄色、黄色、紫色。

1.银色；2.红色；3.蓝色；4.黄色

123

名字	年龄	坐骑	食物
阿萨	14	碰碰车	热狗
小乔	11	大长柄勺	油炸食品
顿顿	12	陀螺	棉花糖
莱思	15	鳄鱼	口香糖
恩恩	13	大山	冰淇淋

124　黄鸟捉的是4厘米的红色虫子，白鸟捉的是3厘米的黑色虫子，黑鸟捉的是6厘米的红色虫子，绿鸟捉的是5厘米的黑色虫子。

125　这块矿石是铁。云的两个判断都错。

126　如果8个保镖中有3人猜对，杀手是C击中的；如果8个保镖中有5人猜对，杀手是G击中的。

127　他们说的都不对，因为飞机越过南极和北极之后，就会改变方向。

128　因为铝制品长期在空气中氧化，就形成一层保护膜——氧化层，它可以防止铝进一步氧化，使铝锅使用的时间变长。

129　南极。

130　如果丙作案，则甲是从犯；如果丙没作案，则由于乙不会开车，不会单独作案，因此，甲一定参与作案。丙或者作案，或者没有作案，二者必居其一。因此，甲一定参与作案。

131　主任看了足球赛。

132　(1)是丁讲的；(2)是乙讲的；(3)是戊讲的；(4)是丙讲的。其中乙和丙是兄弟，甲是乙的妻子，戊是甲的父亲，丁是丙的儿子或女儿。

133　张先生是最高领导人，张先生直接给朱先生和董先生安排工作；朱先生直接给王先生、李小姐安排工作；董先生直接给赵小姐、杜小姐安排工作。

134　凶手就是男侍者。他在汤中放了大量的盐，使女特务喝后感到口渴。于是叫他拿水，而毒药则放在第一杯水中，当男侍者再拿杯去倒第二杯水时，暗中已换了另一个杯子。

135　将这两块铁皮板放在天平两头称一称，即可知道各自的面积大小。重量大的面积也大。重量小的面积也小。重量相等则面积相等。

136　因为船夫要找的人是王贵，但是他敲门

时喊的却是他的夫人，这表明他知道王贵肯定不在家中，所以他一定是杀死王贵的个凶手无疑。

137 叫小明。

138 我相信我正处于这两者之间，这就是答案。

139 米。

140 茶。

141 商人妻子解释画说：八只八哥，八八六十四。四只斑鸠，四九三十六，合起来正好是一百元。

142 猪尾巴、猪耳、猪腰子、猪板油、猪肚子

143 答案是人。早晨，象征人刚出生的时候，是靠腿和手爬行走路的，所以早上起来的时候四条腿；中午象征人到了中年，是两条腿直立行走的，所以中午两条腿；晚上三条腿就是指人衰老的时候要借助拐杖走路，那么这个拐杖就形成了人的第三条腿，所以晚上三条腿。

144 3胜1败。

145 按照校长的要求，他是不会选择A和C的。另外，从条件中得知，C和D当中必定有一位与B和E的职业相同，因此，B和E是秘书。所以校长必定会选择D女士做学校的舞蹈教师。

146 老大、老四和老五有钱，说假话；老二和老三没钱，说真话。

147 甲手中的牌是黑色牌。这是因为：

(1)丙看见了甲、乙手中的牌之后，不能猜出自己手中的牌的颜色，可以断定出甲、乙手中的牌绝不可能都为红色牌，这是因为红色牌只有两张，若这样，丙就知道了自己手中的牌肯定为黑色，所以只能出现下列两种情况：情况1：甲、乙二人手中的牌都为黑色；情况2：甲、乙二人手中的牌为一红一黑。(2)乙听了丙回答之后，又看了甲手中的牌，而不能猜出自己手中的牌的颜色，可以断定，甲手中的牌不可能为红色；若为红色，则根据上述情况2，乙就知道了自己手中的牌肯定为黑色；只有在甲手中为黑色牌时，乙才不能猜出自己手中的牌的颜色，因为此时，他手中的牌为红色或黑色，二者都符合丙的回答后得出的上述两种情况的结论。(3)所以甲听了丙和乙的回答后，立即可断定自己手中的牌为黑色。

148 小东说的话不对，右边的水壶装的水要多，因为左边的水壶是向同一个方向倾斜的，所以没有等到水装满就会流出来。

149 再读一遍这道题，你会发现：90元被当做了奇数，45元一下变成了50元，因此错误，票价占了乘客的便宜。

150 左边15块，右边26块。

151 根据（1）、（2）、（3），可以推出狐狸大婶手中的牌的花色分布有下面的三种情况。

① 1 2 3 7

② 1 2 4 6

③ 1 3 4 5

根据条件4，红桃和方块有5张，所以排除了③，要么有其中的花色相加都不能成为5。

根据条件5，红桃和黑桃总共6张，所以排除了①，因为其中的花色相加都不能成为6。

因此，确定了②为花色的分布情况。

根据条件5，其中要么有2张红桃和4张4张黑桃，要么有4张红桃和2张黑桃。

根据条件4，其中要么有1张红桃和4张方块，要么有4张红桃和1张方块。

综合以上的分析，狐狸大婶手里一定有4张红桃、1张方块、2张黑桃，剩下的就是6张梅花。

152 婷婷估错了。小美得了第一名，亮亮得了第二名，佳佳得了第三名，婷婷得了第四名。

153 不可能。死囚会被处死。因为如果死囚提出"今天不能执行绞刑，因为我已经知道了今天要被处以绞刑，按照法官的命令，今天就不能执行绞刑了"的要求时，行刑者可以这样回答："要是这样的话，说明你还没有想到今天要执行绞刑，按照规定，你没有想到今天被处死。所以今天能够对你执行绞刑。"

154 配用的轮胎可以用下面的组合：123(第一次可行驶1万里)，124，134，234，456，567，568，578，678。

155 "鸡尾酒"先生所收到的礼品是"威士忌"先生送的。"威士忌"先生送给"鸡尾酒"先生茅台酒；"鸡尾酒"先生送给"伏特加"先

生白兰地；"伏特加"先生送给"茅台"先生"威士忌"酒。

156 甲拿的两张牌是1，9；乙为4，5；丙为3，8；丁为2，6。剩下的那张牌是7。

157 老年人和年轻人是父女关系。之所以很多人对此题久思而未得其解，那是他们陷入了逻辑思维障碍陷阱，错误地接受了题目的心理暗示，认为那个年轻人是男性，其实题目中没有任何条件规定年轻人必须是男性。

158 因为贝塔的预言是错的，所以伽玛后来也没有当上特尔斐城的预言家，伽玛的预言也是错误的。伽玛曾经预言："欧米伽不会成为竖琴演奏家。"既然这个预言是错的，那么欧米伽日后将成为竖琴演奏家，而不是预言家。排除了贝塔、伽玛、欧米伽，只能推出预言家是阿尔法。因为欧米伽的预言是错的，所以后来她没有同名叫阿特克赛克斯的男人结婚。

159 周二吃了 1个椰蓉面包，4个豆沙面包；周三吃了4个椰蓉面包，2个豆沙面包；周四吃了2个椰蓉面包，5个豆沙面包。

160 丁组力气最大，乙组第二，甲组第三，丙组最小。

161 喜欢科幻小说的读者不喜欢言情小说

162 死者的侄儿如果把相机打开一个小时，那么所得到的照片，不可能有清晰闪耀的7颗星。因为在北半球，所有的星星会在1小时内绕北极旋转15°，所以北斗星在相机上的显示应该是七段弧，而不是清晰的星星。

163 实际上，管家让人在镜子后面涂了点黑颜料，摸过镜子的人，手上都有黑色。手上没有黑色的人，一定是心中有鬼，那么肯定是他偷了宝砚。

164 清洁工人。他利用吸尘器吸出了钻石。

165 根据李太太的问话，可能有三种情况：两只都是母的；一只是公的一只是母的；两只都是公的。所以两只小猫都是公的概率只有1/3。但根据王太太的问话，两只小猫都是公的概率就是1/2。

166 山中山路转山崖，山客山僧山里来，山客看山好景好，山杏山桃满山开。

167 当时正有巡逻机在天空飞，会有电波干扰，电视是不能正常播放的，因此B说慌了。

168 走电失火决不能用水灭火，只能用喷射四氯化碳或二氧化碳的灭火机灭火。会计说自己是用水把火扑灭的，又肯定说火灾系走电引起的，这显然违反常规。

169 吵架的两个人分别是公安局长的父亲和丈夫。

170 这只熊下落的速度这么慢，只能是充气的玩具熊。下落阻力约等于重力，所以要2分钟。而这只玩具熊可以是任何颜色的。

171 这只熊是白色的。其原因是：地球不是圆的，而是椭圆的；根据万有引力，离地心越近，地球引力越大；只有在两极，熊才能在2秒钟的时间里下落20米。这在其他的地方是不可能实现的；而南极没有熊，北极只有一种北极熊，所以这只熊当然是白色的。

172 地球。在地球上你随便往上空扔一个小石头，它都会回来的。

173 打开一个开关，过一会关掉，再打开另一个开关，马上走到乙屋里。亮着的灯泡的开关就是第二次打开的开关；然后用手摸两个没有亮的灯泡，因为有一个开关事先打开了一会，所以有一个灯泡是热的，因此它就对应第一个开关。剩下的一个开关就对应另一个没有亮的灯泡。

174 拉拉属于乙家庭。甲家庭的年龄组合为：8，10，11，12，丙家庭的年龄组合为：1，4，7，9。

175 这位飞行员的名字就是"你"的名字

176 瞎子会直接和售货员说要买的物品

177 是大猴菲菲最先发现有人开枪，因为，在自然界中，光的传播速度最快，每秒钟可达到30万公里，其次是声音。

178 劳伦看了信上的日期后，才推断凶手可能是美国人。因为英国人写时间是先写日期，再写月份。但美式写法则刚好相反，是先写月份，再写日期。

179 等式为：9567+1085=10652；ME=15，DO=70。

180 因为A盒子在这些盒子的最下面，任何人看不到也摸不着。

181 钱包是小莲拾到的，因为同同说钱包不是他拾到的，也不知道是谁拾到的，由此就可以判定：他的第二句话是假的，第一句话是真的。由此可以判断小莲说的第一句话是假的，所以钱包就是小莲拾到的。

182 不可能。按照统计规律，全部妇女所生的头胎中男女比例各占一半。如果母亲生了男孩就不能再生孩子，而生女孩的母亲仍然可以生第二胎，比例是男女各占一半。生男孩的的母亲退出生育队伍，生女孩的仍然可以生第三胎。在每一轮比例中，男女的比例都各占一半。因此，将各轮生育的结果相加起来，男女比例始终相等。当女孩们成长起来成为新的母亲时，上面的结论同样适用。

183 王大明、张二明、李三明、赵四明。

184 甲1100米，乙1200米，丙800米，丁900米，戊1000米。

185 C。首先假设答案为G、C或I，再依"只有4个人说实话"的条件，剔除不合适的人选。

186 李琳是农夫家的女儿，被探险家从黑狼爪下救出来的；依云是宾馆家的女儿，被探险家从红狼爪下救出来的；茉莉是书店家的女儿，被探险家从白狼爪下救出来的。

187 小女儿采了3束，二女儿采了1束，大女儿最懒，一束都没有采。

188 埃兹拉是电影主角。

189 3个人。

190 被拘留的是甲。此人知道被害人当时是在锁房门，而不是开房门。他一定是一直窥视着这座房子，否则他不可能知道被害人是要出门还是要进家门。

191 可以用5个风铃花连成一个圈。

192 第一步，农夫可以先带兔子到对岸，然后空手回来。第二步，农夫带狗到对岸，但把兔子带回来。第三步，农夫把兔子留下，带菜到对岸，农夫空手回来。最后，农夫带兔子到对岸。这样三件东西都带过河去了，一件也没有遭受损失。

193 不一定。如果她们围成一圈的话，沙沙就会在林林的右边。

194 B。

195 (4)最正确。(1)(2)(3)有些以偏概全。

196 设检票开始时等候检票的旅客人数为X人，排队队伍每分钟增加y人，每个检票口每分钟检票z人，最少同时开n个检票口，就可在5分钟内让全部旅客检票检票进站。根据已知道条件列出方程式：开放一个检票口，需半小时检完，则$X+30y=30z$；开放两个检票口，需要10分钟检完，则$X+10Y=2×10z$；开放n个检票口，最多需5分钟检完，则$X+5y≤n×5z$；可解得$X=15z$，$y=0.5z$。将以上两式带入$X+5y≤n×5z$得$n≥3.5$，所以$n=4$。

197 要用4年。扩大招生后的第一年的新生入学数是400人，第二年是500人，第三年是600人，第四年的新生是700人。而在第四年，二年级学生为600人，三年级学生为500人，共计1800人，增加900人。

198 可以先设客人的人数为X，则需要的小碗为X/2只，菜碗为X/3只，汤碗为X/4只，列出的式子为：$X/2+X/3+X/4=65$，解得$X=60$。所以，一共有60个人来给举人贺喜。

199 60天。

200 40支。

第2章 激发空间思维的200个图形游戏

1 每个连续的六边形有6 (n-1)个元素，所以下一个六边形的数目是37+6 (5-1)=61。

2 C。该图规律为：逆时针旋转90°。

3 下降。

4 虽然我们看起来这线段的长度是有差别的，但所有的线段长度确实都是相同的。

5 加上1片叶子，加上2个花瓣，减少1个花瓣并增加1片叶子。以此类推。如图：

6 E。在每一纵列中，从上到下，圆形递减。

7 4。在首行中，所有的图形都是垂直方向对称的；而第二行中，为水平方向对称；第三行中，沿对角线对称。

8 第四幅。

9 中间一幅。

10 蜗牛。前6种动物为一组，不断重复，每次都把前组的第一个动物去掉，顺序就是：12345623456345 6456。

11 上图是夏天，因为在夏天11点时，阳光正对着屋顶照射，从窗户里透进来的阳光比较少。下图是冬天。

12 如果你数一数各个字母出现的次数，就会发现字母"D"出现一次，"I"出现两次，"S"出现3次，"C"出现4次，"O"出现5次，"V"出现6次，"E"7次，"R"8次。按这个顺序排列字母，就能得到单词"discover"（发现）。

13 不考虑正方体的对称性，共有 4096（4^6）种方法摆箭头。但除去对称性带来的重复情况，就只有192种不同的方法了。

14 小罗可以遵循以下规则，从而总是获胜：将第一枚硬币放在桌子的正中心；然后，每一枚都放在对手所放硬币的对称位置上，而这总是可行的。因为小罗的放置总是安全的，所以他不会输。而列特最终会因无法再放上硬币，输得一塌糊涂。

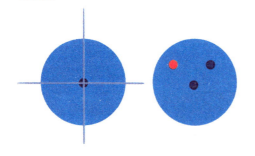

15 向上是1，向下是6。这是因为骰子的结构是一点和四点是相对的位置，三点和六点是处于相对的位置，二点和五点是处于相对的位置，所以向上是1点，向下是6点。

16 最上面的星星。因为其他的同色星星都可以分别成为正三角形。

17 11+1+8=20。

18 如图。

19 芭芭拉从第8扇门进去，这样能一次吃完所有点心且路线不重复。其路线如下图：

20 图片就是答案。

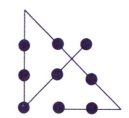

21 如图。

22 第三幅不可能。因为两张出现在角上的邮票不可能叠起后相邻。

23 这2个圆圈实际一样大。只是参照物不同，导致视觉上的差别。

24 此题图片就是答案。

25 击发的顺序是D、A、C、B、E。后发射的子弹，其裂痕在先发射的子弹裂纹处被挡住停下。

26 1-M，2-G，3-R，4-H，5-D，6-S，7-E，8-B，9-K，10-F，11-P，12-C，13-I，14-A，15-J，16-L，17-O，18-N，19-Q，20-T。

27 A。

28 图片就是答案。

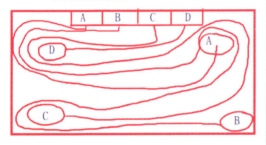

29 6个小正方体的一面有颜色；12个小正方体两面有颜色；8个小正方体三面有颜色；没有小正方体四面都有颜色；1个小正方体所有的面都没有颜色。

30 图片就是答案。

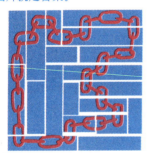

31 图片就是答案。

32 这些字母的共性在于它们都是数字。每个数字，即从1到9，都与各自的镜像刻在一起。如果你把每个字母的左半部分遮住，你就会看到真的是这样。所以，所缺的数字是6。

33 E，因为只有这个图中没有曲线

34 C。最小部分顺时针旋转90°。中间部分保持不动，最大部分逆时针旋转90°

35 A和F。

36 原来的25颗棋子不动，只需要把新加的5颗棋子像下图那样与别的棋子重叠就可以了。

37 正确顺序是8-9-4-5-3-7-1-2-6。

38 E。其他图形含有相同的元素，即黑色长方形区域。

39 Merry Christmas（圣诞快乐）。

40 字母拼成"PLAYTHINKS"（思维游戏）。

41 将玻璃杯的"底"向玻璃杯"右边"的木棒挪到玻璃杯的柄脚的左边（如图所示）。这样，杯子就倒过来了，同时，樱桃也就到了杯子的外边。

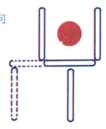

42 旋转的硬币转了整整一圈，虽然它仅仅移动了半圈的距离。在下面的图中，AB两点相距的1/4圆弧和AC两点相距的1/4圆弧相等，当从点B旋转到点C的时

候，硬币经过半个圈的旋转后已经上下颠倒了。当从点D旋转到点E的时候，硬币将再次上下颠倒，而和右面的硬币图像一模一样了。

43 D与其他的图案不相同。因为A、B、

C、E这4个图的黑色色块在中间并且左右对称，但是D不符合这个条件。

44 移动的顺序是：（1）5号跳到8号，拿掉7号；（2）2号跳到5号，拿掉4号；（3）9号跳到2号，拿掉6号；（4）10号跳到6号，拿掉8号（5）1号跳到4号，拿掉2号；（6）3号跳到7号，拿掉4号；（7）5号跳到8号，拿掉7号；（8）6号跳到10号，拿掉8号。

45 图1中展示了切割线，图2展示了这3块儿是如何在重组后形成一个正方形的。

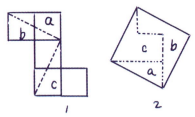

46 图片就是答案。

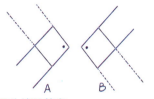

47 图片就是答案。

48 只要把图颠倒过来就行了。

49 图片就是答案。

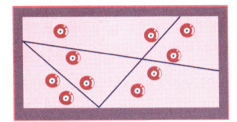

50 如图。

51 结果是两根带子，一根顺时针扭曲，一根逆时针扭曲。

52 一个正十二面体可以用60种不同的方法放在桌子上。

53 你可以一笔画出这个图形，但要仅当你从一个蓝色的点出发，并回到另一个蓝色的点。

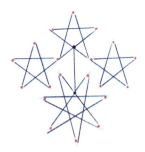

54 如图所示，把纸靴夹在方框中，再把方框对折起来，从下端套小圆环。然后套在纸靴上。

55 2、3、8和10，每一排的圆圈都是沿着顺时针方向旋转90度。

56 当你走到只有左转或者右转两种选择的T字路口时，选择左转就行了。

57 只需3种颜色。

58 7号门是正确答案。很多情况下人们会选比问题中的门更方的形状作为答案。这是因为更大的那扇门对观察产生了影响。

59 图片就是答案。

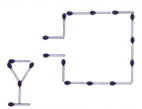

60 正方形是由5块拼凑而成,当这五块中最大的两块互换位置后,被对角线切开的每个小正方形都变得高比宽多出一点,言外之意便是图2的正方形也不再是严格的正方形。而缺失的那一小块正方形,也正是图2比图1增加的面积。

61 B+D=E,A−C=D,问号处分别为1、9。

62 图片就是答案。

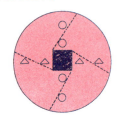

63 B。

64 图中浅色部分最大的地方就是婴儿的轮廓。

65 图片就是答案。

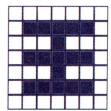

66 正确的顺序是A、B、C、D。A图钓鱼人来到河边,B图是准备钓鱼,C图是已经开始收杆,D图是满载而归。

67 F是第二大的圆,E是第二小的圆。

68 图片就是答案。

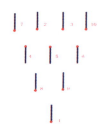

69 图片就是答案。

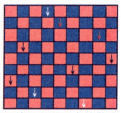

70 太极图就是舅舅要求的做法。

71 蚂蚁搬家的规律是:左上角的蚂蚁向右侧移动,右上角的蚂蚁向下方移动,右下角的蚂蚁往左移动,左下角的蚂蚁往上移动,而中间的蚂蚁一直不动。

72 Q楼。

73 建筑师们用同样方法获得的其他正面图是建筑剩余的那些面,每个都是平面视图,而没有透视图。

74 滑冰者可以转得更快。当她把手移向胸前时,她减小了转动惯量,因为质量往中心靠拢。为了补偿这点,其角速度会增加。如果转得太快了,她还可以伸展开她的手臂以减慢速度。每一个运动的物体都有动能。旋转产生的动能取决于两个因素:其质量的分布和其旋转的速度。

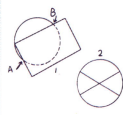

75 左边:10+7+3;右边:30+2−12。

76 一个正方形。如果三角形各顶点上的数字和为偶数,图形即为正方形;如果是奇数,图形即为三角形。

77 把一张纸的一角放在该圆的圆周上,这张纸的两边与该圆的圆周交于A和B点,这A和B两点就是该圆直径的两个端点。用同样办法,还能找到该圆的另一条直径的两个端点:C和D点。连AB和CD,其交点即该圆圆心。

78 最少切分成6个部分,然后拼成十字架。方法如图。

79 如图。

80 从下图中可以看出，这座桥需要从中间开始建造。

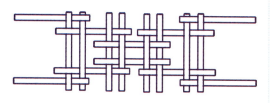

81 如果把图形翻过来，液体会慢慢流到中间的空厢，等到水位到达弯管的顶部，就会迅速把中间空厢里的液体抽干。这个过程会不断地重复，直到上面空厢里的液体完全被抽干。为什么会出现在这样的现象呢？因为虹吸管长的一端液体的重量达，引起液体从上面的空厢流出，直到上面的空厢被完全抽空。

82 图片就是答案。

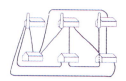

83 图片就是答案。

84 将画向左旋转90度。

85 将书放到墙角处。

86 4×4×4−16=48。

87 将一只瓶子的瓶口朝下，让4只瓶子的瓶口成一个正四面体。

88 因为他们的身高相等，所以影子也一样长。

89 图片就是答案。

90 有10条可行的路径。

91 可以变成以下三种算式：（1）41−41+111=111；（2）141−11+11=141；（3）111+41−11=141。

92 图片就是答案。

93 A，Q。

外层圆环中，从字母C开始，按照顺时针方向，相邻字母对应的数值差依次为2、3、4、5……

内层圆环中，从字母N开始，按照逆时针的方向，相邻字母对应数值差也依次为2、3、4、5……

94 从各边中点连成的平面切开即可。

95 挑一个好天气，从中午一直等到下午。当太阳的光线给每个人和金字塔投下阴影时，就开始行动。在测量者的影子和身高相等的时候，测量出金字塔阴影的长度，这就是金字塔的高度。因为测量者的影子和身高相等的时候，太阳光正好是以45度角射向地面。

96 至少需要15步。

97 正五角星12个，正六角星20个。

98 从顶部A开始，下面有两条可以选择。

而从两个B分别向下一行移动，那么，可以有4种选择到达第三行。也就是说，每到下一行可以选择的移动方法是所在行的2倍。从顶部A向下共有10层。所以，如果按照1×2来算，然后将所得结果乘以2，接着再乘以2，这样重复10次，你便得到所有可能的移动方法，即1024种。用数学表达式表示就是2×2×2×2×2×2×2×2×2×2。

99 1加2再乘3再减4再除5答案是1；1加2再除3再乘4再除5答案是1。

100 图片就是答案。

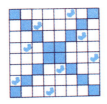

101 瓶内的空气会呈球形，周围是水。

102 很容易就能使他们分开。一个人用双手抓住他的绳子，使他的绳子在他同伴另一侧形成一个松弛的绳圈。然后他把绳圈塞进同伴手腕上的套索中，容易发现，要使绳子圈不扭曲，只能穿过一只手腕，然后他把绳圈绕过同伴的手指。当他把绳圈绕过同伴的手并从套索中拉出后，他们就自由了。

103 和雨竖直下的一样长。

104 图片就是答案。

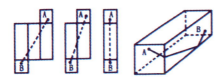

105 图片就是答案。

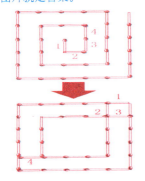

106 将六角星的上下两个角剪下来，一分为二，拼到左右两个缺口上。

107 图片就是答案。

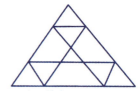

108 图片就是答案。

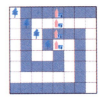

109 Z应该是黑色。因为所有的黑色字母都能一笔写完，白色的字母就不能。

110 D。其余都长在藤蔓植物上。

111 案件的破绽就在那顶帽子。由于昨晚有台风刮过，因此，死者的帽子不可能遗留在现场。

112 A。

113 2、5不一样

114 箭头e和箭尾3是配对的。

115 图中打'×'处，就是无法被光照到的地方。照在墙壁上的光线的明暗度有差异，差异大约可分成5种程度，亮度顺序由大而小是1、2、3、4。如果灯罩的内侧不是可以折射的材质的话，4的部分应该也无法照到。如图。

116 灰色字母是字母表中那些仅左右对称的大写字母，而黑色字母是那些仅上下对称的大写字母。

117 图片就是答案。

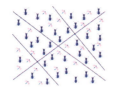

118 残兵败将。

119 也许你会有点惊讶，因为还是深色的那一面朝上。这是该几何图像看来很有说服力的原因，虽然它不可能在实际中制造出来。

120 C工人，因为正五角形不可能将墙面完全铺满。

121 图片就是答案。

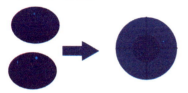

122 答案是图形1。可以在4个图形上试着把折线画出来，如果呈现出和黑影部分相同的图形，就是答案。或者仔细观察展开图，观察四边形的黑影部分的切口处是否平行及两个四边形的间距等，也能够找到答案。

123 190条直线。如果用20个点，那么第一个点要与其他19个点连接，这样就有19条线；第二个点可以和18个点连接，有18条线，所以可以用19+18+17……+1=190。

124 大三角形是小三角形的4倍。

125 图片就是答案。

126 第一幅图中的空白面积大。

127 黑鼠。

128 图片就是答案。

129 图片就是答案。

130 图片就是答案。

131 图片就是答案。

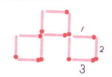

132 图片就是答案。

133 图片就是答案。

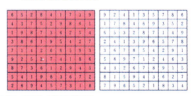

134 图片就是答案。

135 将两根火柴棒底端的正方形对齐，然后将其中的一根转动45度角即可。

136 图片就是答案。

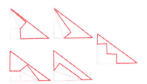

137 从A、B、C或D中的任意一个正方形的外侧移动两根火柴，使E和F分别组成正方形。如图：

138 图片就是答案。

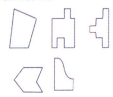

139 图片就是答案。

140 女人的眼睛画错了，上睫毛短，下睫毛长，嘴巴的上唇和下唇颠倒过来了。

141 H。字母A、B、C……分别代表数字1、2、3……，由于每组圆盘中的外层字母与内层字母的正数序号之和为17，而字母I代表代数字9，因此问号处必须是数字8，即字母H。

142 16个。

143 F。因为两个小圆圈始终在一个区域。

144 C和D。

145 将拼图按图1粗线所示剪成三块，再如图所示拼合。

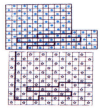

146 6、8、13构成了一个原本不存在的三角形。

147 图片就是答案。

148 3种。

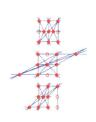

149 A-F-C-D-E-B-G-L-I-J-K-H。

150 D。因为三角形的三条边长确定后，它的形状不易改变，而D是由两个三角形组成的。

151 图片就是答案。

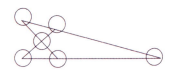

152 找到的图案为一只非常漂亮的蝴蝶，如图所示。

153 图片就是答案。

154 书桌。

155 图片就是答案。

156 小山羊说得不对，积木有14个，第一层是3×3，第二层是2×2，第三层是1，如果再加上一层，那么最底下的一层是4×4，那么这堆积木是30个。

157 能。如图：

158 每个轮子要有相同的齿距，整个齿轮组才能转动。按照这样的组合没有一个齿轮可以转动。无论你向哪个方向转动，最后传递回来的都是相反的力量，所以答案是一圈也转不了。

159 图片就是答案。

C	U	B	E
U	G	L	Y
B	L	U	E
E	Y	E	S

160 A，从左上角字母开始，沿第一列向下，然后沿着第二列上升，最后顺着第三列向下至右下角，按照字母表的顺序，每两个相邻的字母间相隔5个字母。

161 A—2—3—10—11—7—6—B。

162 图片就是答案。

163 E。

164 2。

165 这几个数是4、5、6、7、8，最中间的数是6。所以，把6放在最中间的圆里，而剩下的四个数中，4+8=12，5+7=12，分别与6相加等于18，所以4和8在一条直线的圆里，5和7在另一条直线的圆里。

166 图片就是答案。

167 图片就是答案。

168 图片就是答案。

169 图片就是答案。

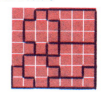

170 E。

171 图片就是答案。

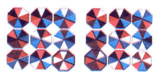

172 图片就是答案。

173 图片就是答案。

174 图片就是答案。

175　7枚。只要移动图中顶上的3枚、左下角的3枚和右下角的1枚，就可以将金字塔上下颠倒了。

176　如图，通过2个正凸透镜的光线的弯曲度会更大，因此2个凸透镜的聚光能力要比一个凸透镜强。

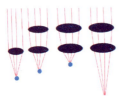

177　15个正方形，72个三角形。

178　大三角形是小三角形的4倍。

179　切去一个角后，除了剩5个角外，还可以剩3个角、也可以剩4个角。

180　B、E、F。

181　如果把图形翻过来，液体会慢慢流到中间的空厢，等到水位到达弯管的顶部，就会迅速把中间空厢里的液体抽干。这个过程会不断地重复，直到上面空厢里的液体完全被抽干。

为什么会出现在这样的现象呢？

因为虹吸管长的一端液体的重量达，引起液体从上面的空厢流出，直到上面的空厢被完全抽空。

182　C。

183　图片就是答案。

184　36分钟。如果目前是12点，则已经过了9×60分钟。所以还需36分钟。

185　图片就是答案。

186　两个正方形一样大，两条对角线一样长。

187　3和10。

188　B。

189　图片就是答案。

190　图中最下方中间的那个儿童与右上方的儿童溜冰姿势图相同。

191　丙。

192　绳子套着3个三角环，3个圆环，1个方块环。

193　A上升，B下降。

194　81和18，92和29。

195　A：6，7，8，1；B：2，3，4，5；C：12，11，10，9。

196　图片就是答案。

197　仔细观察可以发现，1、3、5、7这4个小丑上升，2、4、6这3个小丑下降。如下图：

198　2、5不一样。

199　E。

200　B。

第3章 启动创新思维的200个想象游戏

1 王子可以在装有金币的盆里留1枚金币，把另外9枚金币倒入另一个盆里，这样另一个盆里就有10枚银币和9枚金币；如果他选中那个放1枚金币的盆，选中金币的几率是100%；如果选中放19枚钱币的盆，摸到金币的几率最大是9/19。王子选中两个盆的几率都是1/2。所以，根据前面的两项几率，得出选中金币总的几率是100%×1/2+9/19×1/2=14/19。这样就远远大于原来未调换前的1/2。

2 西西是个每天上学、放学回家的小女孩。当她早上进入电梯时，她可以够得着标有"1楼"的底部按钮。但是回家时，她够不着任何高于"5楼"的按钮。如果与成年人贞贞作伴，那么西西可以请她帮忙按一下"16楼"的按钮，然后可以一直乘电梯到家。

3 曹小姐打开试演房间的门，对外面的其他应征者说："这次的紧急试演会已经结束了，我已经确定了合适的人选，大家都回去吧。"结果外面的人听见后都离开了，这样就剩下曹小姐一个人。剧组因为紧急用人，所以只能录用她了。

4 眼睛。因为遮住她的眼睛，小怀的女朋友就什么也看不见了。

5 每一种天气都有人不喜欢出门，但是，可以在某一个人家里聚会，就可以避免有人在不喜欢的天气里出门。晴天在大尼家聚会，雨天在阿克家聚会，阴天在小可家里聚会。

6 戴最大号帽子的人是头最大的人，不论在任何地方，答案都是一样的。

7 因为赛尔在20年内都没有开过车。

8 这只狼钻到笼子里，把羊撕成一块块的，从笼子里扔出来，自己再钻出笼子，就可以吃到羊又不被笼子困住。

9 我在等秘书。

10 他的孙子就是那个播音员。

11 1600，她喜欢的数字都是某个数的平方。如225是25的平方，900是30的平方，那么喜欢的当然的1600，因为它是40的平方。

12 大赫是这样问原告的，"那么受伤以前，你能举多高呢？"原告下意识地很快把手举过了头顶。顿时，在场的人一片哄笑，原告这才明白自己上当了。

13 1。因为1=5，所以5=1。

14 锅里只炒一粒红豆和一粒绿豆就行了。

15 从左边数，将左边第二个杯子的水倒进第七个（即原空杯子的第二个）杯子里，然后放回原处；再将左边第四个杯子的水倒进第九个（即原空杯子的第四个）杯子里，然后放回原处，这样就达到题目的要求了。

16 聪明的小孩是这样回答的，他说："要看是怎样的桶，如桶和水池一样大，那就是一桶水；如桶只有水池一半大，那就是两桶水；如桶只有水池的1/3大，那就是3桶水。如果……"

17 按照下图的样子放置箭头，你就会"发现"在中间的位置上出现第五个箭头的轮廓。

18 假设3张饼分别为1、2、3，烤饼的具体步骤为：先将1和2两张饼各烤一分钟，然后把1饼翻过来，取下2饼，换成3饼；一分钟后，取下1饼，将2饼没有烤过的一面贴在烤锅上，同时将3饼翻过来烤。

19 因为在第8页之前有7页，所以在第21页之后肯定有7页。报纸总共有28页。

20 根本不需要从像迷宫一样的城中去穿行，直接沿城的外墙去解救就行了。

21 在天平两端各放两个小球，次品的那端肯定重。然后，在天平两端各拿走一个小球。如果这时天平是平衡的，那么刚才重的那端拿走的小球是次品；如果天平还是不平衡，那么现在天平上重的那端的小球就是次品。

22 工匠师只要在水平一排的两端各偷走一颗钻石，再把最底下的一颗钻石移到顶上，就可以蒙骗住愚昧的欧阳太太。

23 你只需仅仅通过看这座断桥就把它接起

来。你所要做的只是以一定距离斜视这幅图。

24 当然不是。文文从袋子里拿出一个乒乓球之后，立刻藏在身后。能能肯定要求文文把它亮出来，而此时文文就说："只要你看看袋子里面留下的是什么颜色的乒乓球，就知道我拿的是什么颜色的乒乓球。"能能当然会无话可说。

25 你只要把客人移到号码是其现在居住的房间号码的两倍的房间里就行了。1号房里住的客人移到2号房，2号房里的客人到4号房，3号房时的客人到6号房，依次类推。最后，所有奇数号的房间都空了出来，就能安置所有新来的客人了。

26 既然是一个洞，怎么会有土？所以，洞里没有土。

27 原来妮妮的妈妈是一家餐厅的厨师，她做的菜越是好吃，客人就会越多，自然妈妈也会越忙碌，而没有时间回家给妮妮准备美食了。

28 将软木塞往瓶内推。

29 旋转鸡蛋，容易转起来的是熟的，而很难旋转的是生的。因为煮熟的鸡蛋蛋白和蛋黄是一个整体，容易转动。而生鸡蛋的蛋黄和蛋清是液体，所以转起来比较困难。

30 "牌"与"π"谐音，π即圆周率3.1415926……一般取3.14计算。数字家用π的数值提醒人们，罪犯是住在这间酒店314号房间的人。

31 因为我们已经把铁丝两端都固定，而铁丝受热后发生了延长，所以它无法伸，只能发生弯曲。据有关研究人员发现，如果把铁丝设法降低到很低的温度，会发生收缩，而如果两边又固定住，收缩超过一定的限度，就有可能发生断裂。

32 这是关于压电现象的游戏。自然界中有些固体介质当被挤压、拉长时，晶体会产生极化，在相对的两面上产生异号束缚电荷。糖的晶体就有这种特性。在糖分子中都存有化学能，敲击两块方糖，压力的作用能将化学能转化为光能，因而就能够看到光亮。

33 包裹着硬币的手巾受热时，部分热量会传导到硬币里，将燃点的热量分散了，因此不容

易烧起来。而没有包裹着硬币的手巾，热量没法传送，因此容易被燃烧。

34 一样长，弟弟说对了。因为图中所有小圆相加的直径与大圆的直径相等，而周长等于圆周率与直径乘积的2倍，所以当大圆与所有小圆相加的直径相等时，它们的周长自然也相等。

35 有一条木制假腿的海盗推着一辆两轮车，海盗的狗跟在他后面。

36 琳琳说："我能把你吃了。"

37 温度高的一杯冷得快。热水急剧冷却时，这种温度差较大，而且在整个冻结前的降温过程中，热水的温度差一直大于冷水的温度差。上面的温度愈高，从上面散发的热量就愈多，因而降温就愈快。

38 规律是：得数的位数是被乘数和乘数的和，而个位上的数必定是3，被乘数有多少位，在3的前面就有被乘数的位数减1个2，在2的前面是6，6的前面就有被乘数的位数减1个7。

$7 \times 9 = 63$

$77 \times 99 = 7623$

$777 \times 999 = 776223$

$7777 \times 9999 = 77762223$

$77777 \times 99999 = 7777622223$

$777777 \times 999999 = 777776222223$

$7777777 \times 9999999 = 77777762222223$

$77777777 \times 99999999 = 7777777622222223$

$777777777 \times 999999999 = 777777776222222223$

39 薇薇将羊群赶到市场，把羊身上的羊毛剪下来卖掉，再把羊一只不少地赶回来。

40 只要闪光灯向对方的眼睛闪一下，可以使他的眼睛暂时失明，吴维便可趁机逃走。

41 是的。有一个唯一的解：你只要记住，每条腿都数过了——凳子的腿、椅子的腿和人的腿！这样，对于每张有人坐的凳子有5条腿（三条凳子的腿和两条人腿）。而每张有人坐的椅子有6条腿。所以，5×（凳子数）+6×（椅子数）=39。由此就很容易解出，有3张凳子、4张椅子和7个人。

42 小孩可以把木板向山洞的那边伸出一小部分，并站在木板的另一端压住；大人可以把

木板搭在小孩的木板上，就可以从容的过去了。然后他可以压住木板，让小孩过到另一边。

43

邓洛普夫人	巴克夫人	克林斯先生	安德鲁斯先生
克林斯夫人	邓洛普先生	安德鲁斯夫人	巴克先生

44 将右眼闭上，用左眼只看黑圆圈。

45 L，因为只有L可以一笔完成。

46 被解码的特殊单词就是"DECODED(解码的)"：当你在镜子前面看它的时候，这个单词没有任何改变(看一眼就会明白)。原因就是这个单词从头到尾的字母都是轴对称的，别的单词都至少含有一个没有对称轴的字母。

47 她们把小房子打扫干净后，屋里没有镜子，但彼此能够看到对方的脸。脸上干净的女孩看到另一个女孩脸上很脏，就以为自己脸上也很脏，于是跑去洗脸了。而另一个女孩恰恰相反。

48 他把屁股朝向国王，撅着屁股退进王宫的。

49 假设自己是教练，可以让队员向自己的篮筐里投篮。等到双方在常规时间内战平，在加时赛内分出胜负。

50 将3把锁一个套一个地锁在一起，3人中任何一人都可用他的钥匙把锁打开或重新锁上。

51 移动卡片其实是不可以做到的，但是，你只要把盒子旋转180°的方位就可以。

52 图片就是答案。

53 图片就是答案。

54 12个月365天。

55 神偷把盒子倒放，然后把盖子拉开一点，仅仅使3颗宝石能掉出来，这样就不会接触到毒蛇了。

56 从理论上来说，重力火车方案是可行的。有趣的是，任意两点间的路程都将花去相同的时间：42分钟左右。事实上，如果地球是中空的，那么一个物体从地球一处穿过地球落到另一处所花的时间恰恰也是42分钟。当然，地球不是中空的，摩擦力和空气阻力不能被忽视。

57 倒着看，应该是1+5=6，但是6的右下部分因为坏了无法显示，所以变成了E。

58 用嘴着杯口用力吹气，那么银币就会旋转起来，金币就会飞出去。

59 画师用笔在财主画像的脖子上添了一个枷锁，并大书一个"贼"字，然后拿到大街上去卖。街上的人看到这幅画后都认出是财主。于是一传十，十传百，大家纷纷都围着画看，开心极了。财主知道后很尴尬，只好花高价把这幅画买回家，烧掉。

60 他这样做不明智。他拿出10英镑，珍说："谢谢！"然后就准备离开。她哥哥说："嗨，如果你不给我15英镑，你就打赌输了！""哦，是啊，我是输了。"珍说，"所以我欠你5英镑。"她拿出5英镑还给哥哥，然后面带微笑地带着10英镑走进了电影院。

61 A。纸与桌面受到吹气的影响，将会产生一定程度的压力。猜纸片会飞走的人，是属于直线型思考的人。

62 首先建一座小房子，挖出地道中的一部分土，然后一面向前挖，一面用挖出的土填埋身后的地道，就可以安全地偷越边界。也许有人会这样想，这样做会不会把气孔堵死呢？其实这是不必担心的。既然小房子里堆着一部分浮土，那么在地道里就一定有相当于那土堆体积的空隙存在，足以供偷越国境者呼吸。

63 凡向鳄鱼池内扔垃圾者，必须自己捡回。

64 24（秒）+36（秒=）1（分）；11（小时）+13（小时）=1（天）；158（天）+207（天）=1（年）；46（年）+54（年）=1（世

纪）；3－2=1算式原本相等。

65 他们都交了白卷。

66 他没有双眼，但是他有一只眼睛。他看到树上有两个苹果，摘下一个并留下一个，所以他摘了苹果又留下了苹果。

67 哥哥朝上张开大嘴，把流下的番茄汁全部喝进去了。

68 吉姆把篮球里的气放掉，把球压瘪，使球呈一个碗形，然后把鸡蛋放在里面拿回家。

69 将一个宽口玻璃杯倒满水，剪一块比缝纫针销宽的软纸，把这根针轻轻地放在纸的中间，然后把这张有针的软纸放入水中。过一会儿，软纸会因吸满水而沉入杯底，此时这根针将因为水面张力的扶持而漂浮在水面上。

70 纸条上写着："I ought to owe nothing for I ate nothing。"（我什么也没吃，所以什么也不用付。）（用了数字的谐音。）

71 把"FOUR"变成"FIVE"：用7步可以完成，例如：FOUR、POUR、POUT、PORT、PORE、FORE、FIRE、FIVE使用普通单词，把"ONE"变成"TWO"总共需要10步：ONE、ODE、ODD、ADD、AID、LID、LIP、TIP、TOP、TOO、TWO。

72 林杰在打电话时做了点手脚。在通话时，他一讲到无关紧要的话，就用手掌心捂紧话筒，不让对方听到。而讲到关键的话时，就松开手。这样，家人就收到了这么一段"间歇式"的情报电话："我是林杰……现在……滨海大酒店……和坏人……在一起……请您……快……来……。"

73 他说："虚构故事是我的职业。"

74 如果聪明如你，美丽像我，岂不是糟糕了吗?

75 在第1、4、5、7、8、9个烟圈上各填一笔，把它们组成这样一句话："GOOD DOG DO GO"（好狗走开）。

76 只剩下一只死兔子了，因为其他的兔子都跑光了。

77 当小欧把下面的绳子慢而稳地拉住，上面的绳子就要承受书的重量和下面绳子的拉力。于是这根绳子上的拉力就要比下面的绳子大，它当然会先断。如果小欧猛地一拉，惯性就会起作用。一开始书还没有被这一猛拉影响，所以拉力没有被传递到上面的绳子。于是下面的绳子受到了更大的力，先断了。

78 改造灯座。让灯泡向左旋入，不像其他大部分灯泡是以顺时针方向旋进去的。当小偷想偷灯泡时，不知不觉中将灯泡拧得更紧了。

79 鸭子的尾部有一个尾脂腺，能不断分泌出脂肪。鸭子在游泳的时候，有个经常扭回头，把头贴在尾部，然后在羽毛上擦来擦去的动作，其实，它就是用头把这些脂肪涂在羽毛上。脂肪把水和羽毛隔开了，所以鸭子的羽毛不会被水浸湿，也不会被淹死。而羽毛黏在一起的鸭子，羽毛上的脂肪已不起作用。由于羽毛被水浸湿，所以鸭子就淹死了。

80 首先，把毛衣从头上脱下，这样就把它翻了个面，让它的里面向外挂在绳子上。然后，把毛衣从它的一只袖子中塞过去，这样又翻了个面。现在它正面向外挂在绳子上，最后，把毛衣套过头穿上，这样就把毛衣的正面穿在前面了。

81 用一支铅笔在硬币上的纸上直接涂画。这时，硬币的轮廓将会出现在纸上，当然也就看到了硬币的日期。

82 爬虫类在地球上出现的时间比鸡早得多，而且爬虫类也会下蛋，所以地球上是先有蛋。

83 把带子卷成一个圈。转动这个圈，笔不动，带圈转动就行了。

84 将麦秆从一端约3厘米的地方轻轻地折起来，使麦秆呈现"V"形。然后，把这一端插入瓶内，慢慢调整麦秆直到把它楔牢（如图所示）。这样，你便可以把瓶子从桌子上提起来了。

85 将食指放在桌子上，方向要与这枚1角硬币相对。然后，轻轻地用手指抓动桌布。这样，硬币会慢慢地向相反的方向移动，不一会儿，它就可以从玻璃杯下面"走"出来。

86 按照下图所示的样子把纸打成褶，这样纸就可以承受一个杯子的重量了。

87 抓紧纸，利用物理的惯性，迅速地把纸从杯底抽出，这样，杯子最多晃两下就会恢复原状。

88 因为圆很大，所以它和正方形隧道间有很大的空隙。如果躲在这空隙里就不会被压到。

89 面对面站着。这样当然也是一个脸朝东，一个脸朝西。

90 轿车是作为货物由货车载运的。

91 在演出开始之前，先在手提箱内放两样东西。在伸出桌子的那边放一大块铁，而在另一边放一大块冰，冰块的重量再加上手提箱这边的重量便可以抵消铁块的重量。但是，当冰块融化的时候，水就会均匀地分布在手提箱里，这样，铁块的重量足以使手提箱从桌子上掉下来。这也可以称得上是一种计时装置。

92 此题无标准答案，任你去想象，例：几个人乘热气球旅行，路过沙漠，气球漏气，很危险。大家把行李全都扔下去了还不行。只好扔下去一个人，大家决定拿几根火柴来决定，谁抽到半根就把谁丢下去。事情就是这样。

93 永远无法做到。

94 （1）常用的扑克牌有52张（除两张王牌），而一年则有52周（2）每一种花色的扑克牌都有13张，而每个季节都有13周；（3）扑克牌有4种花色，而一年有四季；（4）一副扑克牌有12张肖像画(J、Q、K的总数)，而一年则有12个月；（5）红色的扑克牌代表白天，而黑色的扑克牌则代表黑夜，（6）如果你把所有的数值都相加，其中J等于11，Q等于12，K等于13，总数等于364，再加上1张王牌或两张王牌(每张当1看)，就得到一年的天数。

95 "让士兵把他吊死"不等于"自寻了断"。此题的大前提是说谎就要被士兵吊死，说真话无事。当"问题人"出村口后，对士兵说一句"请把我吊死"时。即已达成此题要求，即说了真话。之后士兵是否答应"请把我吊死"的请求，并吊死他。与此题的大前提已无必然关系。出于

逻辑。士兵既可答应"请把我吊死"的请求，并吊死他；也可不答应"请把我吊死"的请求。

96 儿子说："如果我正直的话，就不会被神遗弃；如果我不正直，就不会被大众所背叛。所以不论如何，我都不会被背叛的。"

97 凶手利用与死者同血型的血液，经过快速冷冻，变成固体做成弹头。这种弹头射入人体后，会受体温影响而解冻融化成血液，使弹头自动消失。

98 先向前开，再倒车。

99 当锁匠设置好自动激活系统之后，正在储存室内收拾余下的工具，这时，他和经理一起被锁在了储存室内。储存室内没有激光束，从储存室里面不能更改门锁设置。

100 在夏天小孩无法过河，但过几个月后是冬天了，冬天下了大雪，河面上结了厚厚的冰，小孩就可以轻松地走到河对岸去了。

101 Lisa做了一个一米长、高若干的盒子，把画卷斜放在盒子里就可以寄走了。

102 取出4个时，把它们放在另外一处，添3个球时，与这4个球放在一起，摆成原来的样子即可。

103 雪的意思是，9点钟加4点钟是下午1点钟。

104 不对，因为是平均深度，并不能保证有的地方深于两米。

105 它已长成大猫了。

106 不相等。

107 不正确。重量是一种"重力加速度"，而在重力静止不动的太空中，根本没有所谓的重量问题，然而质量却丝毫没有增减。所以，太空船依然是太空船，任何人均无法将它玩弄于股掌之间。

108 水。

109 按兵不动。

110 短兵相接。

111 丢车保帅、车水马龙、一马当先、身先士卒、自相矛盾、如法炮制、调兵遣将、行将就木、兵荒马乱。

112 刘邦（"留帮"）的谐音。

113 安。

114 当国王向他要绳子时，阿凡提说："我

什么样的沙绳都会搓，只是不知道国王您要的是哪种？您应该给我一根沙绳的样子，我保证搓一个一模一样的出来。"国王一听傻了眼。他哪有什么沙绳？没办法，只好放了阿凡提。

115 一五一十。

116 调虎离山、放虎归山。

117 此题需要从繁体字"鵝"的角度考虑。武则天看了之后说："青者，十二月，鵝者，我自与也。"原来，"青"字可以分解成"十二月"三字，"鵝"字可以分解成"我自与"三字，是裴炎约定徐敬业"在十二月打过来，我自然从内部与你们合作"之意

118 "如果我问你'今天没有猛兽出没，是吗？'你会回答我'是'，对不对？"

119 剪掉四个角上的邮票。

120 这只母鸭不识数。

121 虽然是20层的大楼，但没有说那个人是从哪一层的窗户往下跳的，可以从20层大楼的第一层的窗户往下跳，这样就不会摔伤。

122 用打火机将这个纸袋点燃，使之最后烧成一撮灰，高尔夫球自然就露出来了。

123 把水倒入坑洞中，因为洞壁是黏性土质，水不会渗入土中，网球就浮出来了。

124 由于塑料管是软的，可以把塑料管弯过来，使两端的管口互相对接起来，让两颗浅颜色滚珠滚过对接处，滚进另一端的管口，然后使塑料管两头分离。恢复原形，就可以把深颜色滚珠取出来。

125 小孩说："先生。我要租这间房子，我没有孩子，我只带来两个大人。"

126 永、冰、江、泗、洲、汁、汗。

127 有7条蚯蚓，因为被切为两段的蚯蚓都活着。

128 钳子。其他都是锯状物。

129 C图中的长蜡烛最先灭。瓶子里放了两支蜡烛，氧气的消耗量肯定是最大的，另外，燃烧产生的二氧化碳受热上升，所以，长蜡烛比短蜡烛灭得更快。D图中的蜡烛灭得最晚。因为，一方面溶解在水中的氧气受热后被释放出来，另一方面燃烧产生的二氧化碳又融进水中。所以，

D图中的蜡烛灭得最晚。

130 一日千里。

131 重感冒。

132 他说："报告首长，大家都向右看的时候，我怕会有敌人从左边出现，所以就向左看了。"

133 "看来，我没有你们那么馋。要不你们怎么连瓜皮都吃下去了呢？"

134 要是早来三个月，这盘竹片就是一碗鲜美的竹笋了。

135 蜘蛛，是家养的蛛（猪）；蛾，是家养的蛾（鹅）；肉片炒咯哲（搁着）；半只花牛儿是割的"牛肉"；蔓菁顶儿是蔓（馒）头；鱼段儿、虾段儿熘着是"留着"；没有好酒（韭）菜，所以上的是烂韭菜。

136 有声有色、不露声色。

137 用。

138 塔里木。

139 两个半小时加起来就是一个小时啊。

140 的确如此。如果我能生一张您那样的脸蛋儿的话准能拿双薪。

141 把一条短链上的3个截开，然后用这个3环把其他链条串起来。

142 只要把药方中每味药的第一个字连起来读，就能明白李时珍的意思。柏木官（棺）柴（材）益（一）附（副），八人（抬）台上山。

143 加"白"字。组成的字是"百"、"皆"、"皖"、"皇"。

144 可那时我没有问过谁交响乐该怎样写。

145 青岛、宁波、天津、上海、温州、长春。

146 山穷水尽—尽力而为—为人师表—表里如——一鸣惊人—人定胜天—天长地久—久别重逢—逢凶化吉—吉人天相—相安无事—事出有因—因祸得福。

147 上联缺"一"，下联少"十"，就是谐音"缺衣少食"，所以郑板桥送来"及时雨"。

148 井。

149 ①沙 ②观 ③徒 ④砍 ⑤萌 ⑥泰 ⑦心 ⑧蕾 ⑨鸿 ⑩景 ⑪众 ⑫齐

150 晶。

151 女子的婆婆要的是灯笼。

152 骄。

153 凹、凸。

154 指路人反复强调的是，他的头在石头上面，即"石"出头，"石"出头即为"右"字。所以他往右边走。

155 回帖上写道："若是收，便是贪财；若是不收，便是看不起。

156 第一个谜底是"鲁"；第二个谜底是"郭"。

157 章、童、意等。

158 ①半径；②曲线；③直径；④顶角；⑤半角；⑥圆心；⑦线段；⑧平行。

159 ①求证；②等于；③除尽；④相等；⑤不等；⑥正出；⑦开方。

160 冯梦龙要的是酒桌。

161 游子身上衣。

162 灵机一动

163 这个孩子说的一句话是："你欠了我10元钱。"骗子如果相信，就要老实地给小孩10块钱，还不如不相信，这样的损失比较小。

164 此处为自行车的废弃场，若想回收，请随便取。

165 小刘并没有食言，是小孙的理解错误。

166 因为他要举起的是他自己。

167 妞妞的爸爸把两个小孩放进两边的箩筐里，转一个身，两个小孩就互相换了位置，都过桥了。

168 她们说汉语就可以了。

169 COCK。

170 小刚把粉笔横起来，整个贴在黑板上，拉出一个正方形的形状就可以了。

171 先把空袋子的里面翻到外面，接着将袋子上半部分的大米倒入空袋子，解开原先袋子的绳子，并将它扎在已倒入大米的袋子上，然后把这个袋子翻过来，再把小米倒入袋子。这时候，把已倒空的袋子接在装有大米和小米的袋子下面。把手伸入小米里解开绳子，这样大米就会倒入这只空袋子，另一个袋子里就是小米。

172 最多走进森林的一半，因为再往前走就不是"走进"，而是"走出"了。

173 把4个半杯倒成2满杯果汁，这样，满杯的有9个，半杯的有3个，空杯子的有9个，3个人就容易平分了。

174 将这个看台倒转过来就可以了。

175 3个人一样高。

176 26。骰子对面两个的数的和永远都是7。由此可推断，从上到下三个骰子背面和侧面的点数依次为：4、5、5、4、2、6，所以点数之和为26。

177 2：25。其实它们的规律是用12点减去在镜子中看到的时间。

178 7+1-4=4。

179 切6刀。横切2刀，竖切2刀，再水平切2刀。

180 增加7根火柴。如图

181 黑色的对面是另一个黑面。

182 1点朝上。

183 图片就是答案。

184 灰色部分是黑色部分面积的1.3倍还多一点。

185 图片就是答案。

186 A。你只需把图旋转就会发现B、C、D是同一个图形。

187《三角》、《几何》共计九角，《三角》三角，《几何》几何？《几何》书价是六角。

188 是唐朝著名诗人杜甫所写的绝句；两个黄鹂鸣翠柳，一行白鹭上青天。窗含西岭千秋雪，门泊东吴万里船。

189 鲁班说的"一百十一座庙"，原来用的是谐音，意思是：一柏，一石，一座庙。

190 海瑞·赫皮特准备去新西兰东部的安提普斯群岛。他之所以那么说，是因为这些岛屿相对于伦敦正好处于地球的另一端。因此，无论他从哪个方向出发都一样——他必须飞行半个地球才能抵达那里。

191 在这个问题中，如果不考虑水涨船高绳也高的现象，那么潮水是永远都不会淹没第4个绳结的。

192 这幅画表现的内容是夏天，可是在夏天没有雪人，而且在白天没有蝙蝠，猫也不会去捕蝴蝶，最后树叶和烟运动的方向也不同。

193 按照读书计划，第六天也读了20页。

194 把吸管直接插到瓶底，这样就能先喝到瓶底的饮料了。

195 最少需要3人。

196 从6个瓶子里分别取出11、17、20、22、23和24粒药丸来，然后放在一起称一次就可以知道问题出在哪几瓶里。比如：称重之后超重53毫克，而这6个数字能构成53的组合只有一种即：11+20+22。因此，问题就出在第1瓶、第3瓶和第4瓶。

197 这里有一个规律：无论从哪一颗钻石开始数起，每次拿走第17颗，依此进行，最后剩下来的，必然是最初数的第3颗钻石。

198 1厘米宽。

199 55岁。

200 可能，是明天。

第4章 培养发散思维的200个趣味游戏

1 这些字母是英文单词1-8，即"one"到"eight"的开头字母，所以下一个字母应该是"nine"的开头字母"N"。

2 一条也没钓到。

3 苹果在成熟过程中，颜色逐渐从青色转为红色，而这个红色色素的形成，阳光起到很大的作用。将字照出一张底片，粘贴在苹果上，那么底片的透明的部分就能接收到阳光，而底片不透明的部分就阻挡了阳光，这样就在苹果上留下了一个轮廓。

4 在冰块的某个部位撒上食盐，撒有食盐的部位，冰块会被融化，变成小水窝，这时将线埋在其中。但是，随着冰块的融化，盐的咸度逐渐下降，使水的结冰点重新提高而结冰。于是，线就被冻到冰块里面。

5 可能，杯子中的咖啡是固体粉末。所以，梅根的手指和手机都没有湿。

6 至少钓到2条。

7 小圆走过的路径是其周长的3倍。如果是条直线，它将滚3圈。但因为它在圆周上滚

动，小圆还会转更多的圈。可以发现，就算小圆自己不转，与小圆的接触点始终不变，绕大圆一圈后它也将转上一圈。所以，小圆一共转了四圈。

8 漏气的是备用胎。

9 B。当手放入100℃滚烫的热水中，手周围的气体膜即瞬间被热水所溶解，因此会被严重烫伤。若将手放入150℃的空气中，由于在这之前手曾和外面的冷空气接触过，手的表面形成了一层类似保护膜的薄膜，不会立即感到150℃的热气。所以，只会产生暖暖的感觉——干燥器和烤箱就是根据这个原理，使我们伸手取食物时不会被烫伤。

10 陶所养的蓝金鱼数量比红金鱼多两倍。

11 把四边形对等分开，有一种方法就是划对角线，把容器斜过来。当刚好可以看到容器的底边而水还流不出来的时候，容器里的水就是准确的半升。

12 也许你会想，你能看到无数个自己，其实你什么也看不见。因为没有光线能射进房间里面，到处一团漆黑，即使你有火眼金睛也不行。

13 圆木向前滚一圈后，它们使重物相对它们向前移动了1米，而它们相对地面又滚动了1米，所以一共向前移动了2米。

14 乙说得对。因为铁丝左端遇冷之后，这整根铁丝的电阻小了，电流更大，所以右端更热。

15 第一周：领1个；第二周领两个，还回1个；第三周：再领一个；第四周：领4个，还回前两周所得到的1个和2个；第五周：再领1个；第六周：领2个，还回1个；第七周，领1个。

16 可以考虑把两个沙漏计时器交互翻转使用，这样来完成总共18分钟的测量。首先同时让10分钟和7分钟的沙漏计时器开始计时。7分钟计时器的沙子漏完的同时，将它翻转过来。10分钟计时器的沙子漏完的同时，也将它翻转过来。7分钟计时器的沙子再次漏完的同时，不翻转7分钟计时器，而是把10分钟计时器翻转过来。10分钟计时器的沙子再次漏完的时候，就是由开始到此时的18分钟。

17 从其它3个轮胎上各取下1个螺丝，用3个螺丝去固定刚换下来的轮胎。

18 在某种程度上他们都是正确的。河流构成了西班牙和葡萄牙边界的一部分。一个叫雨果 斯坦豪斯（Hugo Steinhaus）的数学家在1954年指出河流的长度依赖于你丈量河流尺子的规格。特别地，他指出，如果你用一把很小的尺子，并且丈量它的每个小港湾的河岸线以及每个转弯的地方，那么你将会得到一个边界线的最大值，这个值远远超过依据地图所量的值或者地理书所给的值。因此西班牙人很多年前就宣布他们和葡萄牙的边界线是987千米，他们用他们所用的刻度或许是对的，当然葡萄牙人同时用他们的刻度量出是1214千米，可能也是对的。帕梅拉看起来好像是错的，因为如果她真的努力想用学校的直尺测量边界线的长度，她所量出的长度将是一个远远大于2000千米的数字。

19 威尼、他的妻子、孩子与狗可以下列顺序逃生：

降下孩子——降下小狗，升上孩子——降下威尼，升上小狗——降下孩子——降下小狗，升上孩子——降下孩子——降下妻子，升上其他人及狗——降下孩子——降下小狗，升上孩子——降下孩子——降下威尼，升上小狗——降下小狗，升上孩子——降下孩子。

20 他把假牙拿下来咬左眼

21 "小明你为什么又迟到了？"

22 她们是三胞胎或多胞胎。

23 这是在白天。

24 他写上"查无此人"，放到邮箱里。

25 545+5=550。

26 袋鼠双脚起跳，违反了比赛规则。

27 答案很简单，只要问："你结婚了吗？"无论是谁回答问题，他知道答案"是"意味着丽雅结婚了而米拉没有结婚，而"不是"则是意味着米拉结婚了而丽雅没有结婚。高尚的丽雅会告诉他实话——"是"表示她结婚了而"不是"表示她没有结婚，而邪恶的米拉会用"不是"表示她结婚了，而"是"表示她没有结婚，——就是说丽雅结婚了。

28 谜底依次为棺材、呼吸、名字、火、脚步。

29 这个人选择了"老死"。

30 燃着的蜡烛最终将燃尽。所以，最后只能剩下5根被风吹灭的蜡烛。

31 永远也吃不完，因为草是不停地生长的。

32 可以。只要将生鸡蛋的高度拿到1米以上，然后让鸡蛋自由下落，当它下落了1米的时候，并没有碰到地面，当然不会破。

33 放大作用会减小。 因为放大镜的放大作用取决于玻璃的曲率和光在空气与玻璃中传播的速度差。水和玻璃中的光速差没有空气和玻璃中的大，所以放大镜不能有效地放大图像。

34 盯着蓝色的骑士看一会儿，然后看右边灰色的区域。你会看到反色的余像——白色骑士骑在红马上。

35 是8。圆形是1条线，而八边形是8条线。

36 可以加热氧气瓶，使里面的压力升高，氧气就能继续输出。当然，这只是应急之法，因为这样得到的只是剩余的一点点氧气。

37 打开窗户，让蜜蜂飞到房间里来。蜜蜂只采真花。

38 这是著名的倾斜感应。尽管竖直的线条看起来有点朝外倾斜，但它确实没有倾斜。倾斜会引起我们方向感的错觉，使倾斜的效果变得更强烈。

39 当物体处于快速旋转过程中时，所有的物体都会发生这种现象：中部被向外拉，两端则稍稍往里缩。旋转的地球正是这样，它由于受离心力的影响，所以中心向外凸出，形成了近似椭圆的形状。

40 蜡烛燃烧需要氧气，而二氧化碳能使蜡烛熄灭。蜡烛第一次熄灭是因为蜡烛燃烧产生了二氧化碳，二氧化碳密度比空气大，沉在了杯底，逐渐漫过了火焰，使火焰与空气隔绝。因氧气供给不足，蜡烛就熄灭了。第二次熄灭是因为干冰就是固态的二氧化碳，处在常温下，干冰受热升华，变成二氧化碳气体，慢慢地二氧化碳充满杯子下半部。于是，蜡烛就熄灭了。

41 无论是小河里的水草，还是家中鱼缸里的水草，它们总是时常地冒出些泡泡。原来，在阳光照射下，水草要进行光合作用，吸进二氧化碳和水，放出氧气。所以，我们看到的那些小泡泡，其实就是水草放出的氧气，不是水有问题。

42 把两个杯子都倒满，然后将水壶里的水倒掉。接着将300毫升杯子内的水全部倒回水壶，把大杯子的水往小杯子倒掉300毫升，并把这300毫升水倒回壶中，再把大杯子剩下的200毫升水倒往小杯子，把壶里的水注满大杯子(500毫升)。这样，壶里只剩100毫升。再把大杯子的水注满小杯子(只能倒出100毫升)，然后把小杯子里的水倒掉，再从大杯子往小杯子倒300毫升，大杯子里剩下100毫升，再把小杯子里的水倒掉，最后把水壶里剩的100毫升水倒入小杯子。这样每个杯子里都恰好有100毫升的水。

43 牧师先让莉莉将大米平均切成两份，然后由婕在两份中挑选一份，剩下的那份就留给莉萨。因为大米是由莉萨分的，这两份在她的眼中当然都是一模一样的。两份大米在婕眼中肯定是大小不一样，所以她挑走了那份她认为比较大的。

44 毫无疑问是1/2。无论谁来抛，也无论

抛多少次，这个几率是不会变的。

45 这位老总是位孕妇，她在地牢里生了一名男孩。

46 因为医院里只有两个医生，他们的牙痛也只能相互医治，双方的牙齿状况都是对方水平的体现。

47 把杯子倒着放进水里，这时由于杯子里面充满了空气，由于空气压力，水就不会流进去，杯子底部也就不会被弄湿了。

48 11次。时针和分针在每个小时里相遇的时间会比前一个小时晚大约5分钟。从午夜开始计算，两个指针会在以下时间相遇：1：05；2：10；3：16；4：21；5：27；6：32；7：38；8：43；9：49；10：54；12：00。

49 正确的顺序是1、1、2、3、5、8、13、21前两项之和等于后一项。

50 因为这天是日蚀。

51 用比桥面长的绳索，把跑车和大炮系在一起。

52 木匠说，他做一个与方木体积相同的箱子，即3×1×1=3立方米。然后，他把已雕刻好的木柱放入箱内，在箱子的空处塞满干沙土。再细心地振动箱子，使箱内的沙土填实并与箱口齐平。然后，木匠轻轻取出木柱，不带出任何沙粒，再把箱内的沙土捣平，量出其深度便能证明，木柱所占的空间恰为2立方米。这就是说，木匠砍削掉了1立方米的木材。

53 皮球会避开小丑而落到他右边。球的运动轨迹将是曲线，因为两人都在运动。这个球一开始就不会向另一个人的方向飞去，因为它带有投球者的速度，将使球向右偏移。这个偏移叫做科里奥利效应，涉及到旋转时物体方向的改变。我们身边的每一个物体都带有细微的科里奥利效应，因为地球在转动。虽然两个小丑觉得球的轨迹是曲线，但站在外面的人会觉得是一条直线。

54 如果你把英语字母用数字表示会是什么样子？答案就是Harvard University，哈佛大学。

55 (1)A小姐在10点50分给乙公司打了电话，所要号码为3581；B女士在10点35分给甲

公司打了电话，所要号码为7904，C女士在11点05分给戊公司打了电话，所要号码为2450。D先生在11点20分给丁公司打了电话，所要号码为8769；E先生在10点20分给丙公司打了电话，所要号码为6236。

（2）李小姐是甲公司职员，其电话号码是7904；林女士是丙公司职员，其电话号码是6236；张女士是乙公司职员，其电话号码是3581，王先生是戊公司职员，其电话号码是2450，孙先生是丁公司职员，其电话号码是8769。

56　(11+12-13)×14=140。本题中必须用上乘号，才能得到140，由此离捷径就越来越近。许多问题需要我们先去找寻一把钥匙。

57　盖瑞自己就是那个不寻常的亲戚。盖瑞的爸爸的女儿的女儿就是盖瑞的妹妹的女儿，也就是他的侄女，因此他是她的叔叔，她唯一的表兄弟姊妹的父亲就是她唯一的叔叔。所以盖瑞是她的叔叔，而且是唯一的叔叔（你可能需要再读一遍这段文字）。因此，他是站在一面镜子前面看到了他自己。

58　D。

59　3<π<4

60　垫圈的每一部分都膨胀，所以孔也会变大。

61　太太要用火柴杆剔牙。

62　4个蛋放到4个角上。

63　比在地表时轻。在地球内部时，地球在你脚下的部分质量给你的引力总有一些被你头上的部分抵消。

64　无论你离镜子多远，只要它放在适当的高度——镜子下边要在人身高的一半处。

65　D。钟摆的周期运动深受重力所影响，而在重力只有地球1/6的月球上，它所走的速度自然比较慢。

66　火柴。

67　朝下。

68　试着推一下或是提一下。

69　作者把他带到一面高大的镜子前面，用手指着镜子说："我介绍的人就是他。在这个世界上，只有这个人能够使你东山再起。除非你能够彻底认识这人，否则你只能跳楼。因为在你对这个人充分认识之前面对于你自己或这个世界来说，你都将是个没有任何价值的废物。"

70　9分钟。一只山羊吃掉一棵白菜需要6分钟，所以，吃掉一棵半的白菜需要9分钟，而半只山羊是不可能吃白菜的。

71　没有。因为小郭始终没见到猴子的背面。

72　可以用沙子慢慢地把洞灌满，这样小鸟就会随着沙子的增多而往洞口外走。

73　书是用木材做成的，需要经过若干工序把水分挤干，才能得到新鲜的纸张，木材中的纤维生素也就移到纸张里。新纸之所以有韧性，完全是依靠纤维素的支持。不过纸张一旦生产出来以后，空气中的氧气就会和纸里的纤维素慢慢发生化学反应，纸也就变成黄颜色。因此，光线也是纸张的一大敌人，它会和纸张里的纤维起光化学作用。日子一久，纸张就变黄、变脆。

74　B。

75　豆腐的内部有无数小孔，这些小孔大小不一，有的互相连通，有的闭合成一个个小"容器"。这些小孔里面都充满了水分。我们知道，水有一种奇异的特性：在4℃时，它的密度最大，体积最小。到0℃时，结成了冰，它的体积不是缩小而是胀大了，比常温时水的体积要大10%左右。当豆腐的温度降到0℃以下时，里面的水分结成冰，原来的小孔便被冰撑大了，整块豆腐就被挤压成网状。等到冰融化成水从豆腐里跑掉以后，就留下了数不清的孔洞，使豆腐变得像泡沫塑料一样。冻豆腐经过烹调，这些孔洞里都灌进了汤汁，吃起来不但富有弹性，而且味道也格外鲜美可口。

76　角还是15°。一些属性并不随纬度上尺寸的放大而改变。

77　在北纬29度线以北，可以看到月球和太阳一样在天空的南部东升西落。如果他面朝北，是看不见月亮在河水中的倒影的。

78　填一个圆圈围住其中任意一个公鸡，示意这是一面镜子。

79 在一个风筝上写上"10万个"。

80 在线的中间打一个结，使结旁多出一股线来，从线套中间剪断，苹果不会落下来。

81 因为这只狗受的是德语教育，它听不懂杰斯文所说的英文。

82 因为乙的错误可能达到80%。如果按照乙的意见的相反方向去办，正确率比甲的要高。

83 水位当然下降了。因为铁的比重远大于水，当铁球放在小塑料盆里时，所排走的水的重量等于铁块的重量，体积大约为铁块体积的7.8倍。而铁块在水里所能排走的水量仅等于铁块的体积，所以水位会下降。

84 把地毯从一端卷起来，接近王冠时就能伸手拿到。

85 这种说法是错误的，炮弹落到任何地方的概率都是相同的，新落的炮弹的概率并不受先落的炮弹的影响。

86 他长大成人后，实现了自己的愿望。

87 这些人是在潜水艇里。

88 站在高压线上的小鸟，是站在同一根电线上的，而且电线的电阻没有小鸟两腿之间的电阻大，所以电线会把小鸟短接，在小鸟的两只脚之间不会有电压存在，也就不会有电流从它身上通过，所以小鸟不会触电。不过，如果鸟的身体同时接触到两根电线，或者站在电线上的鸟在不绝缘的电杆或架上磨嘴巴，就会有电流从鸟儿身上流过，使它触电身亡。正因为如此，人们在高压输电线电杆上固定电线的铁架与电线之间，总是隔着一个长长的绝缘瓷瓶。它既可起到保护鸟类免遭触电的危险，又可避免由于鸟类触电而发生的停电事故。但是如果鸟的脚能跨很长的一段距离，电线也是有电阻的，导体在温度、横截面积、材料一定的情况下，长度越长电阻越大！当这一长段电线的电阻比鸟两腿之间的电阻大的时候，电流就会从鸟身上通过，但是没有鸟能跨那么大的距离！

89 地球。

90 "硬币跳舞"的原因，是手上的热量把瓶里的空气焐热了，热空气膨胀，瓶内空气压强增大，一次次地顶开瓶口的硬币，放出一部分空气。甚至当手离开瓶子后，硬币还会跳上几次。

91 钢索的总重量虽然很大，但是整个重量是分布在全部长度上的。所以，可以把钢索放在地上，由货车拖着过桥，使分摊在桥上的重量不超过桥的载重量，便可以顺利通过大桥。等过了桥，再把钢索装到车上。

92 因为是白天。

93 如图，卡片就能形成连续数字9、10、11、12、13。

94 如图所示，把罗马数字12（XII）拦腰切成两半，就成了两个罗马数字7（VII）。

95 第1层到第4层只走了3层楼梯，而从第4层至第8层却要走4层楼梯。48÷3=16（秒），这是走一层用的时间。从第4层到第8层用的时间应为16×4=64（秒）。

96 蜘蛛在冬天吐丝表示寒潮要来临，这时，荷兰放出的水都会结冰，大军就能前进了。

97 知止而后有定，定而后能静，静而后能安，安而后能虑，虑而后能得。

98 B。

99 当球摆动到最高点的刹那间，球既不再向上，也不向下摆动，这时因绳断而球不再摆，球是垂直下落的。

100 既然合在一起，那就只剩一堆了。

101 这个人开的是棺材店。

102 起点——点头——头脑——脑袋——袋口——口信——信念——念书——书生——生活——活字——字体——体格——格言——言论——论文——文章——章节——节省——省亲——亲笔——笔展——展开——开始——始

终——终点。

103　如果我和你去了，那就什么都有了。

104　可以向两个人中的任意一个问：请告诉我，你的对方将如何回答他手里拿的是美酒还是毒酒？

105　青蛙是用肺呼吸的，但是肺泡不多，只靠肺泡呼吸不能满足身体的需要，还要靠皮肤呼吸。青蛙的皮肤里布满了丰富的毛细血管，能直接同外界进行气体交换，进行辅助呼吸。在水底被罩住的青蛙，不能用鼻孔呼吸，但可以用皮肤呼吸，维持生命，不会被憋死。

106　要钱不要脸。

107　青蛙、蛇。

108　上联没有八字，下联没有耻字。所以对联解释为：王八（忘八无耻）。

109　眼镜框。因为刘珊是高度近视，一拿掉眼镜几乎看不见东西，如果不戴隐形眼镜，就不能确定购买的镜框是否美观、合适。

110　可能。爸爸永远坐不到他自己的腿上。

111　李明自己走到另一边去即可。

112　假设3架飞机分别为A、B、C。3架同时起飞，飞行至1/8处，其中一架（A）分油后，安全返航；剩余两架（BC）飞行到1/4处时，其中一架（B）分油后，安全返航；A降落后加完油，在B返回后马上起飞，逆向接应C；同样B降落后加完油，也立即逆向起飞，接应AC；两架（AC）在逆向1/4处相遇，分油后，同飞行。3架（ABC）飞机在逆向1/8处相遇，分油后继续飞行，这样就可以完成任务了。所以，3架飞机飞5次就可以完成任务。

113　3毫米。题目中已经提到了，这是两本线装古书，它的设计是向右翻页。所以，从上册封面到下册封底的距离只有1.5（毫米）+1.5（毫米）=3（毫米）。

114　年龄。地球绕着太阳转一圈为一年。

115　这里说的是一场象棋比赛。

116　最少要7枚邮票，面额分别是1元、4元、5元、15元、18元、27元与34元。

117　两个字母的笔画都是十笔，都是上下结构。

118　由于热胀冷缩的原因，摆钟到了冬天将会变快，应该把摆下端的螺丝下调，使等效摆长变长些；运到上海将会变慢，应该把摆下端的螺丝上调，使等效摆长变短些。

119　两个气球一个装的是热水，一个装的是冷水。装热水的气球温度高，密度就会变小，所以它就变得比装冷水的气球轻，自然会浮在水面。

120　图片就是答案。

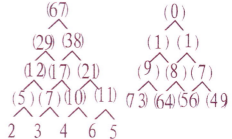

121　假设A为1把叉子和1把匙加在一起的价钱，B为一把小刀的价钱，C为甲所花的总钱数。则可得到下列等式21A=C=28B。即21A=28B，所以A=4/3B，也就是说，叉子和匙的单价是小刀的单价的4/3。如果甲买X套餐具，则有X（A+B）=C。A用4/3B代替，C用28B代替，就可得到X（4/3B+B）=28B，两边都除以B，得到7/3X=28，所以X=12。也就是说，甲身上的钱能正好买12套餐具。

122　本题解法较多，下面介绍两种方法：

(1)先寻找"用3除余2"的自然数，有5、8、11、14、17、20、23、26……，128……再寻找"用5除余3"的自然数，有8、13、18、23、28……，128……再寻找"用7除余2"的自然数，有9、16、23、30、37……，128……于是发现，符合题意的自然数有：23、128……其中最小的一个是23，就是本题的答案。

(2)由条件知，这个数除以3和7都余2，就有3×7+2=21+2=23。而23被5除，余数正好是3。所以所求的最小自然数是23，就是本题的答案。

123　兔子14只，鸡22只。

124　图片就是答案。

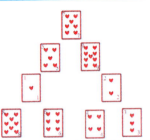

125 发了31次车。从上午8点到下午6点共10个小时，如果每20分钟一次的话，共可以发30次，又因为8点整发出1次汽车，下午6点整也发出1次汽车，所以共发了31次车。

126 星期一是戊值日；星期二是乙值日；星期三是丁值日；星期四是己值日；星期五是庚值日；星期六是丙值日；星期天是甲值日。

127 他们的年龄是17岁、28岁、39岁和43岁。

128 A打到8头狼，B打到6头狼，C打到14头狼，D打到4头狼，E打到8头狼。

129 $9+8+7+6+5+43+21=99$，$9+8+7+65+4+3+2+1=99$

130 $(4+4)\div(4+4)=1$，$4\div4+4\div4=2$，$(4+4+4)\div4=3$，$(4-4)\div4+4=4$，$(4\times4+4)\div4=5$

131 这个人去世时18岁。

132 $111-11=100$，$333\times3+3\div3=100$

133 应该填63。

134 因为船会随着潮水而上下浮动，所以潮水涨至最高点时水面上仍有50条横档。

135 最多的次数为：$10+9+8+7+6+5+4+3+2=54$。

136 如果兔子、狐狸、猴子三个人在一起比赛的话，当兔子到达终点的时候，猴子落后10米，就是整个路程的10%，而狐狸落后猴子是90米的10%，即9米，所以，如果兔子和狐狸赛跑的话，兔子领先狐狸19米。

137 将102改为10的2次方。

138 1/11。假设现在有12毫升的冰，这冰融化后，变成水，体积减少1/12，也就是只剩下11毫升的水。当这11毫升的水再结成冰时，则又会变成12毫升的冰，对于水而言，正好增加了1/11。

139 最多只需要取9次。

140 他赔了5元。

141 55秒。记住，钟敲了12下，但时间的间隔只有11下，所以为55秒。

142 把裤子前后反穿。

143 把3换到首位后，其他数位上的数字未变。因此，原数的个位乘以2便得到新数的个位，即原数的十位，原数的十位乘以2便得到新数的十位，即原数的百位，依此类推，即可求出原数是：15789473684210 5263，扩大后的新数是：31578947368421 0526。

144 A。这叠纸的厚度将达到3355．4432米，有一座山那么高。

145 小明3兄弟分别拿一个房间的钥匙，再把剩下的钥匙这样安排：甲房内挂乙房的钥匙，乙房内挂丙房的钥匙，丙房内挂甲房的钥匙。这样无论谁先到家，都能凭着自己掌握的一把钥匙进入3个房间。

146 谁先开局谁必输。如果你的对手稍微聪明一点，就不会在你先取1枚后，他取4枚，最后出现他输的局面。

147 先求出5、9、13、17之间的最小公倍数，因为这些数都是两两互质的数，所以他们的最小公倍数就是它们的乘积9945。又因为兵不满一万，所以只要在最小公倍数上加3就能求出兵的总数，所以韩信统领的兵的总数为9948人。

148 先拿出3个苹果，每个苹果切成两块，再把剩下的2个苹果，每个切成3块，这样，每只小松鼠就可得到一个半边的苹果和一个1/3的苹果。

149 $12345679\times9=111111111$，积是一个特殊数，用一个1位数去乘它，所得的积一定是一个与个位数字完全相同的8位数。

150 "越洋号"船顺水而下的速度为船速加上水流的速度。浮物的速度即水流的速度，所以"越洋号"船与浮物的速度差为船速。已知两分钟后，"越洋号"船与浮物相距1公里，由此可知，船速=1/(2/60)=30(公里/小时)，"超越号"船逆水而上的速度为船速减去水流的速度，"超越号"船和浮物相向而行，速度之和为船速。因此，相遇时间=90÷30=3(小时)。

151　这堆钢材的数量是78根。

152　3个孩子年龄的乘积是36，表明他们年龄的组合有可能是（1，2，18）；（1，3，12）；（1，4，9）；（1，6，6）；（2，2，9）；（2，3，6）；（3，3，4）。而根据日期，符合题意的只有（1，6，6）和（2，2，9）。最后，经理说他最大的孩子可以拉小提琴，由此可以判断，3个孩子的年龄是2，2，9。

153　10元2斤的哈密瓜的平均价格是5元，10元3斤的哈密瓜的平均价格是3.33元。那么，每斤哈密瓜的平均价格是4.16元，而不是炎炎的妈妈定的价格，所以，她才会少卖了10元钱。

154　设最左边的数字为X，所以就有方程：X+2+X+4+X=21；解得方程X=5；所以这棵银杏树的年龄是579岁。

155　一个农妇带了40个鸡蛋，另一个农妇带了60个鸡蛋。

156　（100－1）÷（1+1+1/2+1/4）=36只

157　不正确。3个人猜拳时，排列组合有27种（3×3×3），会造成9次平手，机会一样是1/3。

158　通门铃的按钮是从左边数第五个。

159　把所有的居民按其头发的数量由少至多做一排列，由于城中无一人是秃子，第一个人头发的数量不会少于1根，第二个人头发的数量不会少于2根，第三个人头发的数量不会少于3根，依此类推，最后一个人是全城头发数量最多的人，而他的头发数量一定不少于这个城市的人口数量。这和题目条件矛盾。因此，城中至少有两个头发一样多的人。

160　萨尔抽完纸条后，没有打开，就把纸条吞下肚中，所以判断纸条上写的是什么字，只能看剩下的9张纸条了。但剩下的纸条里写的全是"死"，这就可以证明小李抓的字是"生"，所以奸商只能乖乖地奉上一千元钱了。

161　第二批是3个人。9个冒险者没见到第二批人的时候，剩下的水只够9个人喝4天了。与第二批人合在一起后，水只够喝3天的，因此可知道第二批人在3天中喝的水等于9个人1天喝的水，那么第二批肯定是3个人。

162　删掉数字14、14、14、35。

163　答案：A=17，B=18，C=14。分析：在任何横线或竖线条里的数字总和等于50。

164　先把蛋糕切成十字形状，再把蛋糕拦腰截断。

165　大僧人25人，小僧人75人。

166　345名。

167　75元。

168　将一个二维物体线性放大2倍时，它的面积以4倍(22)的因子增加，相似地，将三维物体线性放大2倍时，它的体积以8倍(23)的因子增加。假设该物体的密度保持不变，其重量也以8倍的因子增长，答案选D。

169　8天时间。

170　三角形上面的两个数相加除以6，就是下面的数。所以，问号处的数16。

171　如果事情不是发生在极圈的话，那么就不会出现太阳。因为再过72小时后，就是3个昼夜，又是半夜12点，而夜里是不会出太阳的。

172　假定18只昆虫都是6条腿的蜻蜓和蝉，那么腿的总数将是6×18=108(条)。实际上有118条腿，相差118－108=10(条)，多出的腿就是蜘蛛多出的腿，这样就求出蜘蛛有5只。从昆虫总数中减去蜘蛛的只数，得到蜻蜓和蝉共有18－5=13(只)。再用上述同样的方法可以求得，有5只蜘蛛，6只蝉。最后得到，共有7只蜻蜓，5只蜘蛛，6只蝉。

173　小冬女朋友的生日是1月8日。

174　甲分18元，乙分30元，丙分25元。

175　在是睁着眼看这道题的，如果你生下来的时候是闭着眼的，那么它们一样多，如果你生下来是睁着眼的，那么睁眼的次数就比闭眼的次数多一次。

176　本来是4元钱一斤，所以不管是鱼头还是鱼身，都是4元钱一斤，如果要分开算的话，那鱼头和鱼身的价钱应该是平均4元钱一斤。而分开后的不合理卖法，就让买鱼的人占了很大的便宜。

177　9的9次方的9次方。

178　男子17人，女子13人，小孩90人，一共刚好120人。

179 不能答应。如果是半价，那两匹布就只值10元钱，一匹布也就值5元钱。5元钱是不能抵消两匹布的半价的10元钱的。

180 12个月兔子的对数分别是：1、1、2、3、5、8、13、21、34、55、89、144。所以满一年可以繁殖出376对兔子。

181 小人国的导弹一分钟行驶的速度为36000÷60＝600（千米），奶油国的导弹一分钟的速度为24000÷60＝400（千米）所以，他们在碰撞的前一分钟，相距1000千米。

182 将"6"颠倒过来变成"9"，这样就是"1"，"2"，"9"。

183 公交车上有空座位。

184 这个题的秘密就在于两只手交叉时的位置。没有经验的人将两只手交叉时，手掌往往朝向身体，这样就会出现我们所描述的结果。要解决这个难题，要把右手的手掌向内转并把左手的手掌向外转，然后再抓住瓶塞。这样，两只手不仅不会相互交叉在一起反而会轻而易举地分开。

3、5、6号杯垫已经构成了一个圆形的轮廓，所以，移动的杯垫就是其他的3个了。

185 先把牛奶瓶正放，用直尺量出瓶子里牛奶的高度；再把瓶子倒过来。量出从牛奶的液面到瓶底的高度。牛奶在瓶子圆柱形部分占的高度和第二次量的空出部分占瓶子圆柱形部分的高度相加，就是整个牛奶瓶容积的圆柱体高度。这样就可以用牛奶的高度占整个牛奶瓶高度的百分比，算出牛奶占整个瓶子容积的百分之几了。

186 七边形上每个边的数字之和为26。

187 一共有6个酒徒。

188 由于两枚象棋的圆周是一样的，因此，你可能认为车在紧挨着马"公转"一周的整个过程中，仅围绕自己的中心"自转"一周，即一个360度。但如果你实际操作一遍，就会惊奇地发现，车实际上"自转"了两周，两个360度，即720度。

189 五次。

190 101个圆圈

191 重量是一样的，称得的重量取决于瓶子和其中装的东西，而这些并不改变。当苍蝇在飞时，它们的重量被气流传递，作用在瓶子上，尤其是翅膀扇出的向下的气流。

192 可能。小林是个婴儿，他是在妈妈的背上，由妈妈背着他回家的。

193 不会。动物园里有2只幼熊。

194 一张CD唱片只有一条纹路。

195 高僧把大佛画成弯腰拾物的形象，如果大佛直起腰来则正好是8尺高。其他画家头脑中想到的都是直腰的大佛，而不懂得变通，那当然是不可能做到的了。

196 设时间为t小时，杆子总数为g。则根据题意可以得到等式：$1.914/t＝（g/60t）×1.914$。所以得到杆子总数为60根。两根相邻杆子之间的间距为$[（1.914×1000）/60]-1≈32.44$米。

197 即使小柱是个巨人，但是不可能他从出生就比大人们还要高，所以，他小时候见过很多很多比他高的人，这是很正常的。

198 因为这只狗受的是德语教育，它听不懂这位麦克夫人所说的英文。

199 先用一辆汽车牵引另一辆汽车行驶，当一辆汽车的汽油用完后，再由另一辆汽车牵引继续行驶。

200 傻子在相反的方向又套了一匹马，两力抵消了。

第5章 探求演算思维的200个数学游戏

1 一共有14641只蜜蜂。

第一次搬兵：1+10=11（只）

第二次搬兵：11+11*10=11*11=121（只）

第三次搬兵：…

一共搬了四次兵，于是蜜蜂总数为11×11×11×11=14641（只）

2 公式为1+6×1+6×2+6×3+6×4+6×5+6×6=127颗。

3 作案时间是12:05分。

4 2匹马。

5 最后公交车上有27人，公交车一共停了8站。

6 （此题图片就是答案）

7 1961年。

8 从上方开始，数字的间隔分别为25、35、45等，所以答案为226。

9 因为3人的工资均为101美元，以他们原有的工资计算，只有杂工的工资不变，每人所工作的天数才为整数，即杂工工作了101天得到101美元。工头第一天的工资为1.1美元，后90天的工资为1.11美元，91天的工资共计101美元。助手第一天的工资为90美分，另外110天的工资为91美分，共计101美元。工时共计为303天。

10 因连着的日期是每日增加1的，而第一张又为X，于是可列出方程：X+X+1+X+2+X+3……+X+8=54，得出9X+36=54，而X=2。因此，第一张是2号，最后一张是10号。

11 16807，就是7×7×7×7×7=16807。这个问题来自古埃及的"莎纸游戏"，由阿米斯记载于公元前1850年。这或许是世界上最早的智力题，它们激发了后人的许多灵感。

12 动物园里有5只大猩猩、25只猿以及70只猴。

13 朱明赔了4元钱。他在第一个水晶饰品交易中赚了18元（198除以11就是10%的利润）。然而，在第二个水晶饰品交易中他却赔了22元（198除以9就是10%的损失。这样赔的22元减去赚的18元就是损失的钱）。

14 根据"这个十位数的3次方是个四位数，4次方是个6位数"这个条件可知17以下的数包括17是不符合这个条件的；而22以上的数包括22在内也不符合这个条件。从18~21这几个数来推断，只有18符合题意，故哈利女朋友的生日是1月8日。

15 刘太太现在74岁了。

16 盒子里的鸡蛋是每分钟增加一倍，当一小时是满盒子鸡蛋时，那么一小时的前一分钟即59分钟的时候就是半盒子鸡蛋。

17 168人。假设常客的人数为"X"，自可列出以下等式：X=X/2+X/4+X/7+X/12+4，求得X=168。

18 （1）14位；（2）4位；（3）18位；（4）7位；（5）8位。

19 根据"新号码是原号码的四倍"，"原来的号码从后面倒着写正好是新的号码"，可推理出这个新号码要么是4开头的数，要么是8开头的数。如果新号码是4开头的，它的最后一个数则为1，根据"原号码从后面倒着写正好是新的号码"，那么原号码的最后一位是4，而新号码是原号码的4倍，这样得到的数个位不可能为1，所以新号码应是8开头的数，而旧号码的尾数应为8，再根据"新号码是原号码的四倍"，可推知新号码的尾数是2，而旧号码应是2开头的数。然后找两个数代入中间的两个数再计算，与题意相符的即是。8712这个数符合题意，故林料的新电话号码是8712。

20 猫跳100次后正好能在10米长的跑道上往返一次。狗需要跑10.2米，因为狗跳33次之后正好完成9.9米，所以它必须再多跳一次，必须超出跑道0.2米。因此，狗需要68次才能往返一次。而在猫跳100次的时间内狗只能跳66次，所以结果是猫获胜。

21 为了保证取出一双同样颜色的手套，至少要从衣柜里摸出3只手套；为了保证取出两只不同颜色的手套，从衣柜里摸出的手套的数量，至少要比衣柜中某种颜色的手套的数量多一只。由条件，这样取出的手套的数量是3只。因此，衣柜里每种颜色的手套的数量是两只，一共是4只手套。

22 从（66~1）至（66~99）中有（66-66）这一项会为0，因为各项是相乘的关系，只要有一项为0，则乘积也为0。所以这个算式的答案是0。

23 先找出1~36中能被3整除的奇数：3、9、15、21、27、33，再根据"每一位数相加，所得之和介于4与8之间"可知这个数是个两位数，且只15、33符合；该数字的每一位数相乘，所得之积也介于4与8之间，故只有15符合。所以伍德所认定的数字是15。

24 设小商贩上山所用的时间为a，那么根据题意可列方程1.5a=4.5×（6-a），解得a=4.5，故山脚到山顶的距离为6.75公里。

25 当然可以走过去。设地球半径为R，绳子与地球的间隙为H，则有：$2\pi(R+H)-2\pi R=10$，即$H=5/\pi$。所以，这条绳子产生的间隙大概约有1.6米高。

26 当他在电动扶梯上走的时候，江华先生花了20秒到顶部，这个时候他走了40步（每秒两步）。如果他在电动扶梯上静止不动，在20秒内他仅仅上升了电动扶梯高度的一半。电动扶梯的高度H是40步加上它一半的高度，因此得出电动扶梯的高度H是80步。

27 84。将A的小时数乘以B的分钟数，得到C的吨数；然后将B的小时数乘以C的分钟数，得到D的吨数；C的小时数乘以D的分钟数，得到E的吨数；D的小时数乘以E的分钟数，得到A的吨数；E的小时数乘以A的分钟数，得到B的吨数。

28 共买了129瓶啤酒。假设先买161瓶啤酒，喝完这161瓶啤酒后，空瓶子就可以换回32个啤酒瓶（161÷5＝32……1）。若把这些酒瓶子退掉的话，发现只要129瓶酒。检验：先买129瓶，就可以用其中的125个空瓶换25瓶酒，喝完25瓶酒后，又可以换5瓶啤酒。然后再用这些空瓶换1瓶啤酒，最后用剩下的4个瓶子加上1个瓶子又可以换一瓶啤酒，那样，就有129+25+5+1+1＝161瓶啤酒。

29 3个弹子共有6种结果，其中4种的赢家是李明。所以李明获胜的概率是2/3。

30 在这个掷硬币的例子中，有本福德法则的奇特可能（以1为首位数字的数出现的几率约为总数的3成，接近期望值119的3倍）。在200次投掷中，极有可能出现6次或6次以上连续掷得同一面的情况。大多数人不知道这个规则，所以如果是他们编制出的答案则不会出现这种现象。

31 这3天应该是6号、14号、22号。

32 196个点。

33 还剩5个。

34 取"B"粒豆子在每只手上．现在请看下面的说明：

	左手	右手	合计
开始	B	B	2B
移动4粒	B+4	B-4	2B
右手扔掉豆子	B+4	0	B+4
左手扔掉相同量的豆子	8	0	8
拿起5粒	8	5	13

所以B+4减去B-4等于8，无论B是何数。

事实上，这里用符号"B"代表数是代数中的一个范例。数学家们经常用"x"来代替以上称为"B"的符号。

35 两个奇数加在一起，结果是一个偶数。但那也意味着奇数个奇数之和总是奇数。因此，5个奇数之和不可能是100。但6个奇数可以。1、3、45、27、13和11便是和为100的六个奇数。

36 第二小的完全数是28，即1、2、4、7、14之和。

37 周津的策略其实很简单；他总是报到3的倍数为止。如果伙伴先报，根据游戏规定，他或报1，或报1、2。若伙伴们报1，则周津就报2、3。若伙伴们报1、2，周津就报3。接下来，伙伴们从4开始报，而周津视伙伴们的情况，总是报到6为止。依止类推，周津总能使自己报到3的倍数为止。由于30是3的倍数，所以周津总能报到30。

38 可以将总时间分成四个部分，时间分别为27.625、27、27.125和27.125秒。每一段时间跑完1/4公里。因此，跑完1公里的时间为1分48.5秒。

39 2520显然可以被5和10整除。但因为每个数都只有一位，所以得排除10。于是其中有一个数必须是5。把已知数相加（8+1+5）得14。因为30-14=16，所以剩下两数之和为16。把已知数相乘（8×1×5）得40，而2520/40=63，所以剩下两数之积为63。而两数相加得16，相乘得63的数只有7和9。所以答案是5、7和9。

40 首先假设毕达哥拉斯的弟子一共有X个，列出的算式为：（1/2）X+（1/4）X+（1/7）X+3＝X，解得这个方程为28，所以，毕达哥拉斯的弟子一共有28个。

41 两人各有100颗弹子。

42 现在火车的速度是最初的11/3倍。

43 假设妻子原有X元钱，丈夫原有Y元钱，根据题意有：X-100=Y+100；Y-100=（X+100），解得X=700，Y=500。即妻子原来有700元钱，丈夫原来有500元钱。

44 解题步骤：

（1）主队个人得分是一组等差数列。说明三名得22分的队员中，只有一名在主队；

（2）客队个人得分上下只差3分，已知其中有两人各得22分，可见得30分者不在客队；

（3）在主队个人得分的等差数列中，以30分为首项，22分只能是中项，由此可推知主队个人得分分别为30、26、22、18、14分；

（4）客队个人得分有两名得22分，根据主队的得分情况和条件（2），客队少于20分者的得分只能是19分；

（5）根据条件（3），余下两名的得分数只能是21和20。

综合上述可知比赛结果为：主队110分，客队104分，赢6分。

45 在1公里长的道路上，骑手向前骑1/8公里，然后抄近路骑向终点。这种方式可以在2分51秒的时间内完成，赢得比赛。

46 64个人站成一排，当其中的奇数位置上的人1、3、5、7……59、61、63被杀后，原来处于偶数位置上的2、6、10、14……58、62已经变成了1、3、5、7……29、31；再一轮后在上一轮处于2、6、10、14这样偶数位置的人又变成了1、3、5、7；如此轮番进行下去，直到只剩下一人。在这些变化中，只有处于64这个位置上的人始终都处在偶数位上，他的位置变化是64、32、16、8、4、2。所以刘松是站在64号的位置上。

47 由于总重量为85公斤，奥图勒夫人比婴儿和狗的体重之和重50公斤，所以，奥图勒夫人的体重为67.5公斤。孩子和狗的体重之和为17.5公斤。狗比孩子轻60%，所以狗重5公斤，孩子重12.5公斤。

48 先求出3、5、7、9的最小公倍数为945，而被这四个数整除还差一的数是944；但是944不能被11整除。因犯的人数要被11整除且要被3、5、7、9整除差1，那么就要借助3、5、7、9的最大公约数105，因犯的人数即为：944+105×11+105×4=2519。

49 根据"9个人只带了裤子"和"只带夹克来的顾客比只带裤子来的顾客多1人"，可推算出有10个人只带了夹克；根据"只带夹克的顾客与只带裤子和裙子但没带夹克的顾客一样多"，可推算出有10人只带了裤子和裙子但没带夹克；根据"带夹克、裙子但没带裤子的顾客比带裙子、裤子但没带夹克的多1人"，可推算出有11人带夹克和裙子但没带裤子；根据"32个顾客没带裙子"，可推算出有13人带了夹克和裤子但没带裙子；根据"24个顾客没带夹克"，可推算出带裙子的有5人；根据"带裤子、夹克、裙子三样东西来的顾客是只带裙子的顾客的3倍"，可推算出三样都带的有15人。综上所述，即有：（1）15；（2）24；（3）10；（4）34；（4）73。

50 假设72只全部为企鹅，则一共应为144条腿，而笼子里有200条腿，一只狗比一只企鹅多2条腿，所以多出来的56条腿应是28只狗的，所以应有28只狗，44只企鹅。

51 艾伦先生的假期是15天，如果每天少花7元钱的话，假期就可以延长至20天。

52 通过推算以后三天天气变化的所有概率，就可以知道星期天是好天气的概率。它们是：

好，好，好

下雨，好，好

好，下雨，好

下雨，下雨，好

然后把每一组的概率加起来，

3/4×3/4×3/4+1/4×1/3×3/4+3/4×1/4×1/3+1/4×2/3×1/3=347/576，因此，星期天应该可以出去散步。

53 设姨妈现在的年龄为X，过去某一时刻的年龄为X−a，将来某一时刻为X+b；根据题意有：44−X−a=2（X−a）；2（44−X−a）=X+b；44−X+b=2（44−X），解得X=16.5，a=5.5，b=27.5。即姨妈的年龄为16岁半。

54 2人。如果所有的49名女会员都戴眼镜的话，那么就有21名男会员也戴眼镜。如果这其中的11名男子年龄不足20岁，那只有10名男子年龄大于20岁并且戴眼镜。那么10−8=2，所以2是最低的数字。

55 6.5加仑。每加仑燃油可供飞行60英里，飞机共飞行了390英里。

56 端要拿100张面值20美元的纸币

57 根据条件"老大不挑水也不淘米"，可知老大可能烧水也可能洗菜；"老二不洗菜也不挑水"，可知老二可能烧水也可能淘米；根据"老三既不挑水也不淘米"，可知老三可能洗菜也可能烧水。但因为"如果老大不洗菜，那么老四就不挑水"，那么四个人中就没有人挑水，所以老大会去洗菜，而老四会去挑水，依此类推老三会去烧水，老二则去淘米。

58 如果建造的羊圈短边是22米，长边是46米，羊圈的面积最大，为1012平方米。

59 分别是1、2、3。1×2×3=6，1+2+3=6。

60 汽车两个小时一共行驶了110公里，另一个路标的数字是：16061。

61 第一次老师请报数为4的倍数的学生向后转，面向老师的有40−10=30人。第二次老师请报数为6的倍数的学生向后转，因为40人中是6的倍数的有6人，这6人中有3个既是4的倍数，又是6的倍数，两次后转已面对老师，但另3个（6的倍数学生）向后转，恰是背对老师。虽然这6个人方向都发生了变化，但面向老师的人数却没有变。所以原题的答案应是：40−10−3+3=30（人）。

62 该作曲家生于1814年，死于1841年。

63 9+8+7+6+5+43+21=99，9+8+7+65+4+3+2+1=99

64 假设A为1把叉子和1把匙加在一起的价钱，B为一把小刀的价钱，C为小四所花的总钱数。则可得到下列等式21A=C=28B。即21A=28B，所以A=（4/3）B，也就是说，叉子和匙的单价是小刀的单价的4/3。如果小四买X套餐具，则有X（A+B）=C，A用(4/3)B代替。C用28B代替，就可得到X[（4/3B）+B]=28B，两边都除以B，得到（7/3）X=28，所以X=12。也就是说小四身上的钱能正好买12套餐具。

65 鸡身重1斤6两，鸡腿重4两。

66 该宿舍内这三种运动都会的最多能有4人。因为三种运动全部都会的人数不可能大于会某种运动的人数的最小数。

67 22。

68 黄奶奶起先买了16个鸡蛋，但老板又加给她2个，所以黄奶奶总共买了18个鸡蛋。

69 有奖销售的全部奖金是：2000×2+800×10+200×20+100×50+50×200+20×1000=51000（元），10万张奖券销售总金额是：40×100000=4000000（元）。奖金总金额占销售总金额的百分比是1.275%。如果是实行"九八折"销售的话，让利的百分比是2%。因为

1.275%＜2%，所以实行"九八折"销售方式比上述有奖销售让利给顾客的多。

70　要使桶子里的水达到半桶，只要把桶子倾斜45°，使水刚好达到桶口边缘的程度。这时，如果水不及半桶，那么，底就会露出一部分，多了的话，水就会高出底部。

71　先求出两种灯的总盏数，408÷3＝136（盏），再假设十八星连环灯为X盏，则依题列出小灯的总数应为：（136－X）×6＋15X＝1437解出X＝69，把136盏灯都看作是九星连环灯，则有（1437－6×136）÷（15－6）＝69（盏），即十八星连环灯有69盏，那么九星连环灯有：136－69＝67（盏）。

72　一心一意、两面三刀、三令五申、四分五裂、五花八门、六街三市、七上八下、十寒一曝。

1＋2－3＋4＋5－6＋7＝10

1＋3－5＋5＋8－3－8＝1

73　全部答对的有6人。如果所有人全部答对，那么应该有300人次，减去答对的202人次，再减去中间答错4道的20人次和答错两道的18人次，还有60人次，他们是答对3道和5道的人所失去的。所以答对3道和5道的人数分别是15人，那么全答对的就是6人。

74　一共要射6支箭。各箭的得分是：17，17，17，17，16，16。

75　珍妮需要4分钟，莫德需要10分钟。

76　死者没有活到100岁，现在又是1990年，这说明死者的生年在1890～1990之间。问题的关键在于找出一个数，其平方也在这个范围内。现在有：43×43＝1849，44×44＝1936，45×45＝2025由此可知，死者在1936年时44岁，他的出生日期是1936－44＝1892（年）。

77　根据农夫的描述，可以算出小男孩的年龄是5岁。

78　对1024这个数一半一半地取。取到第10次时，就是"1"。根据这个方法，连续提10个问题，就能找到所需要的数。

79　黑棋子有48个，白棋子有24个。

80　设乘电车时间为X，依题，9X＝3（8－X），得X＝2。故他们最多乘坐2个小时的电车。

81　修两条相交的小路，只有1个交叉口，1个亭子。再修一条小路，则这条小路和已修好的两条都相交，增加2个交叉口，因此，3条小路两两相交有1＋2＝3（个）交叉口。又再修一条小路，则这条小路和已修好的3条都相交，又增加3个交叉口，因此，4条小路两两相交有1＋2＋3＝6（个）交叉口。第5条小路和已修好的4条都相交。又增加4个交叉口，因此5条小路两两相交共有交叉口1＋2＋3＋4＝10（个）；依此类推，8条小路两两相交共有交叉口是1＋2＋3＋4＋5＋6＋7＝28（个），一个交叉口对应一个亭子，因此，就有28个亭子。

82　可以先算出直径为22厘米的石磨的大致面积，再减去中间小孔的面积，就可以算出石磨面积的一半是多少。这个面积也就是石磨交给另外一个人时的面积。答案是272/17厘米。

83　151，55，提示：纵向相加结果为999。

84　A。

85　4件小饰品的单价分别为1元、1.5元、2元、2.25元。

86　11，质数数列。

87　如题图：21×（5）8＝（1）218；81×（2）3＝18（6）3；79×（4）3＝3（3）97。

88　飞机在空中飞行了2小时。注意：已知飞行员在路上一共用了22小时，如果他一直是以每小时20公里的速度前进。那他只能前进20×22＝440（公里）。而实际上他前进了840公里。多走了400公里，因为飞机的速度每小时比船快：220－20＝200（公里）。由此可知，飞机在空中飞行了：400÷200＝2（小时）。

89　买一支圆珠笔、一支钢笔、一支铅笔和一个橡皮擦应付2.3元。

90　3＋4＋5＝12。按每排12只为一轮，54÷12，商4余6，即按规律排了4轮。再排第5轮到第6只，第6只是黄色灯泡。158÷12＝13……2，排了13轮后。再排，第2只是红色灯泡。

91　C。第三天是原来的1/2×2/3＝1/3，第四天是原来的1/3×3/4＝1/4。科学归纳类推：

第N天时还剩1/N瓶。

92 唯唯要比杰杰多送12家的牛奶。

93 34。用正方形的斜对角组成的数相减，所得出的数就是正方形中间的数：99－65=34。

94 狗=12，马=9，鸟=5，猪=7。

95 张飞共卖了7头小猪。红脸大汉买了4头，黑脸老粗买了2头，白面书生买了1头。

96 先将10个箱子编上序号，然后从第1箱取出1支，从第2箱取出2支，从第3箱取出3支……从第10箱取出10支，一共55支笔。如果全是铱金笔，其总重量是5500克。因此，如果称出的结果比5500克少10克，就说明55支笔中只有1支是替代品，拿出1支的第1箱就是替代笔；如果少20克，就有2支替代品，第2箱就是替代品……依此类推，最终便可以区分出哪一箱是替代品了。

97 170。如果是小数点的错，账上多出钱数是实收的9倍。所以153÷9=17，那么错账应该是17的10倍。找到170元改成17元就行了。

98 按照题意共有7种排法。（1）女女女女；（2）女女女男；（3）女女男男；（4）男女女男；（5）男女女女；（6）男男女女；（7）男男男男。

99 拿出一张三角形纸片，把它围在一只铅笔周围，BC为直角边，AC为斜边。在灯塔题目中，梯子长为100米，圆柱的直径为7.85米，再乘以3.1416，可以得出周长为25米。围绕4圈，也得到梯子长度为100米。栏杆和三角形的斜边相等是第一陷阱，因为一些计算者忘记了底部和斜边的小柱子数目相等。如果你从A直接到Z点，经过底边或是斜边都是35根间隔0.333米的小柱子。因此，到塔顶有300+1根小柱子，这就是第二个陷阱，很多人会忽略这一点。所以，答案为301根小柱子。

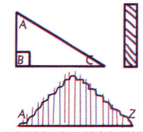

100 根据题意可知，袖套与硬领的洗涤费用

之比为a：b=5：4，那么可设袖套的件数为X，最后解得共有12只袖套与18只硬领。每只硬领需要2美分，而每只袖套需要2.5美分，所以查理还需要支付39美分。

101 按照常规方式最多只能栽种36株葡萄。如果先画出对角线，并按此方式将葡萄栽种成斜线，那么可以栽种41株，在底线位置栽种5株。另外一种方法可以栽39株。在底线栽种6株，间隔7.77米再栽种一排5株，然后间隔7.77米再栽种一排6株葡萄，以此方法共计可以栽种39株。

102 "小屠夫"买进价格为264美元，以295.68美元卖出，赚进了12%；另外一匹马买价格为220美元，以198美元卖出，亏了10%。买价总额为484美元，卖价总额为493.68美元，利润为2%。

103 年金为35美元。第一年，大女儿菲比的年龄为10岁，马塔为8岁，玛丽安为2岁。三人分别得到了17.5美元、14美元、3.5美元。第六年，他们的年龄分别为15、13和7岁，加起来为35岁。三人分别得到15美元、13美元和7美元的年金。

104 儿子承担95公斤的重量，占总重量的95/220，所以，驴距离他的距离为总长度的125/220，即为1.28米。

105 平均分工即一人完成6行，霍博斯撒种子需要120分钟，盖种子需要360分钟，共计8小时；诺波斯撒种子需要240分钟，盖种子需要240分钟，也需要480分钟，即8个小时。可以看出，他们平均分工所花时间是一样的，一人得到2.5美元的报酬。

106 琼斯和玛丽亚有300只小鸡，饲料还能维持60天。300乘以60可以得到可供消耗的鸡饲料为18000个单位。如果按照琼斯的想法。再卖掉75只小鸡，那么还剩下225只，18000个单位的鸡饲料能维持80天。比60天多出20天。如果按照玛丽亚的想法再买进100只，那么18000个单位的鸡饲科只够400只小鸡使用45天，比60天少了15天。

107 当两艘渡轮在下图上的X点相遇时，它们距岸边720米，两船经过的路程之和等于河宽。当它们双方抵达对岸时，走过的总长度等于河宽的2倍。而停留时间多少对该题没有影响。

再次在Z点相遇时两船的路程之和等于河宽的3倍，所以每一艘渡轮现在所走的距离应该等于它们第一次相遇时所走距离的3倍。第一次相遇时，第一艘行驶的路程为720米，当它到达Z点时已经行驶的路程为3×720=2160米。而这个路程的长度比河的宽度多出了400米。因此，减去400米即可得到河的宽度，答案是1760米。

108 萨米原应分食3/8个西瓜，而实际上他分食了1/3个西瓜，故萨米多食了1/12个西瓜，当他们仍以原来的比例分钱的时候，萨米应将多分食的1/12个西瓜按原价折成钱，即4美分付给弗兰克。所以，最后弗兰克分得34美分，萨米分得14美分。

109 信使送信的路程是120.7公里。即信使走过的路程是队伍的长度加上该长度的根号2倍。信使经过209.506公里才完成任务。

110 将每公斤5个角子的茶叶重量设为X，根据题意则有：[5X+3(40−X)]×(1+1/3)=40×6，解得X=30，即混合茶中含有30公斤每公斤5个角子的茶叶，10公斤每公斤3个角子的茶叶。

111 第一个女同学的年龄是638天，第一个男同学的年龄是她的两倍，即1276天；第二天，第一个女同学的年龄是639天，新来的姐姐的年龄是1915天，共计2554天，是第一个男同学这天的年龄（1277天）的两倍；第三天，第一个男同学的年龄是1278天，他的哥哥年龄是3834天，共计5112天，而两个女同学的年龄分别是640天和1916天，所以男同学年龄之和是女同学年龄之和的两倍；第四天，两个女同学的年龄各增加了一天，达到了2558天，最后一位姐姐的年龄是7670天，三人年龄共计10228天，而两位男同学这天的年龄是5114天，所以女同学的年龄是男同学年龄的两倍。7670天是这样算来的，由于第三天女同学的年龄正好是21岁，即21 ×365=7665天，加上4个闰年的每年多出的1天，再加上生日

当天的一天，得到了这位姐姐的年龄是7670天。因此第一个男同学的年龄应该是1276天。如果你忽视了孩子们的年龄每天都在增长，那么你就会得出3岁半这个错误答案。

112 需要1公斤、2公斤、4公斤、8公斤、16公斤和32公斤的砝码各一个。

113 弹力球第一次掷下的高度是54.56米，第一次着地弹起5.456米，再落下5.456米；第二次着地再弹起0.5456米，再落下0.5456米；第三次弹起0.05456米，再落下0.05456米；第四次弹起0.005456米，再落下0.005456米；此后弹起的高度已经可以忽略不计了，故弹力球所经过的距离约为66.68厘米。

114 每人得到了6元，总共有20人，共计向他们分发120元。如果少来5个，每人能得到8元。如果多来4个，每人能得到5元。

115 设骑手骑车的速度为V_1公里/分钟，风的速度为V_2公里/分钟。因为骑手逆风骑车的速度为骑手骑车的速度减去风的速度，骑手顺风骑车的速度为骑手骑车的速度与风速之和，故有：$V_1+V_2=1/3$；$V_1−V_2=1/4$。解得$V_1=7/24$，$V_2=1/24$。通过转换即可得到骑手在没有风时的速度是每公里3分26秒。

116 我们所说的闰年就是每年有$52\frac{5}{28}$周，那么，要让这里的5/28周变成整数就至少需要28年时间。也就是说，每隔1461周就会遇到一个以星期六结束的年底。题目中的硬币数目可以被4、5和6整除，那么我们必须要找到一个可以被60整除的数，1461的20倍，即29220正好可以被60整除，29220周是500年，这个数字也代表该寺庙有500年的历史了。

117 两行筹码相交在一个角，而那个角上的筹码上面又有另一个筹码，这样，一行有3个筹码而另一行有4个筹码（如图所示）。

118 2副鞋带，8个针线包和16块手帕。

119 奥尼尔太太买香蕉用了336先令，她可以买到48串红香蕉，48串黄香蕉，一共96串。但如果把买香蕉的钱对半分开，用168先令买红香

蕉，再用168先令买黄香蕉，那么她可以买到42串红的，56串黄的，一共98串。

120 设时间为t小时，杆子总数为g。则根据题意可以得到等式：$1.914/t=（g/60t）×1.914$。所以得到杆子总数为60根。两根相邻杆子之间的间距为$[（1.914×1000）/60]-1≈32.44$米。

121 由于比例尺是1∶1000000。这就是说地图上1厘米就相当于地面上实际10千米，地图上1平方厘米就相当于地面上实际面积$10×10=100$（平方千米）。由于这张地图的面积是1米×0.6米=0.6平方米=6000平方厘米，相当于地面上的实际面积$100×6000=600000$（平方千米）。将地图黏合在一张平整的木板上（四边完全贴合），称出木板的质量，设为a克；再沿地图S地的边界锯下，设其质量为g克。由S的面积/整个地图的面积$≈g/S$，则地图上S这个地方的实际面积大约是600000×（g/a）（平方千米）

122 裱褙工人：200美元；油漆工：900美元；水管工：800美元；电工：300美元；木工：3000美元；泥瓦匠：2300美元。

123 如果用字母X，Y，Z，T分别表示白、黑、花、棕各色的公牛数；用x，y，z，t分别表示白、黑、花、棕各色母牛数，则得这8个未知数的如下7个方程：

(1) $X-T=（5/6）Y$

(2) $Y-T=（9/20）Z$

(3) $z-T=（13/42）x$

(4) $x=7/12（Y+y）$

(5) $y=9/20（Z+z）$

(6) $z=11/30（T+t）$

(7) $t=13/42（X+x）$

由方程（1）（2）（3）得$6X-5Y=6T$，$20Y-9Z=20T$，$42Z-13X=42T$。以这3个方程解3个未知数X，Y，Z，得：

$$X=（742/297）T \quad Y=（178/98）T$$
$$Z=（1580/891）T$$

因为891和1580没有公因子，T必定是891的某一整倍数——假设为G倍，因此得：

(I) $X=2226G$，$Y=1602G$，$Z=1580G$，

$Y=891G$

若将这些值代入方程（4）（5）（6）（7），得下列方程：

$12x-7y=11214G$，$20y-9z=14220G$，$30z-11t=9801G$，$42t-13x=28938G$。

解这些方程的4个未知数x、y、z、t得

(II) $cx=7206360G$，$cy=4893246G$，$cz=3515820G$，$ct=5439213G$

其中，C是质数4657。因为在各式右边G的系数中没有一个可以被C整除，所以G必定是c的整数倍：$G=cg$。

如果把这个G值代入（I）和（II），最后可得到下列各关系式：

(III) $X=10366482g$，$Y=7460514g$，$Z=7358060g$，$T=4149387g$

(IV) $x=7206360g$，$y=4893246g$，$z=3515820g$，$t5430213g$

这里G可以是任何正整数。所以，本题具有无数组解。若指定g值为1，则得下列最小数值的解：

白公牛：10366482；　白母牛：7206360；
黑公牛：7460514；　黑母牛：4893246；
花公牛：7358060；　花母牛：3515820；
棕公牛：4149387；　棕母牛：5439213。

124 如果石块抬到0.5公里长，0.25公里高位置上的神庙，那么，担子的重心就向后移了4.5厘米，因此，前面的人离重心的长度实际为49.5厘米。后面的两人与重心的距离应该为14.75厘米和34.75厘米。

125 11。把左右两边的圆垂直分成两半。在左边圆中，左半边圆中的数字相加等于中间圆中左上角的数字；右半边圆中数字相加等于中间圆中左下角的数字。右边圆也按照这种形式进行。

126 根据规则，次数等于（213-1）次，即8191次。

127 后做者只要把花瓣分成数量相等的两组就一定能赢得胜利。比如，如果先做者摘一片花瓣，那么后走者就在对面摘两片，使留下的两组各有五片花瓣；如果先做者摘两片花瓣，那么后做者在对面摘一片，结果留下两组同样多的

花瓣。在这之后，后做者只要照先做者就可以获胜。如果若先做者摘两片，在一组中留下2-1这种组合时，那么后走者就摘与之对应的两片，使另一组中也留下2-1组合。照此玩下去，后者肯定能最后一个获胜。

128 其中一人的报酬是90美分/米，他修了$55\frac{5}{9}$米，报酬为50美元；另外一人从C点开始修路他的报酬是1.1美元/米。而C点到公路的距离为$44\frac{4}{9}$米，正如这位数学家所说的"他们不可能算出获得相等的报酬"。除非公路比C点低一定高度，从而使斜边BC的长度增加到$45\frac{45}{99}$米，他才能得到50美元的报酬。照此计算，两人都可以得到50美元的报酬。所以两人的工作量分别是$55\frac{5}{9}$米和$45\frac{45}{99}$米。

129 9：05。分针朝前走25分钟，时针朝后走5个小时。

130 可以在第一个塑料袋里放1张扑克牌，在第二个里放3张，在第三个里放5张，然后将装好扑克牌的这三个袋一并放入第四个塑料袋里，这样就可以了。

131 如图。

132 胡特太太在周六的瓷器促销活动中买了10个盘子，单价为13美分。星期一，她以15美分的单价退还了盘子，并换得了18个碟子（单价为3美分）和8个杯子（单价为12美分），总价值1.5美元。如果是在星期六，她能买到13个杯子（单价10美分）。

133 设报纸的总数为X份，根据题意，汤姆·史密斯卖了$\frac{1}{4}x+1=\frac{x+4}{4}$份，比利·琼斯卖了$(X-\frac{x+4}{4})\times\frac{1}{4}+1=\frac{3x+12}{16}$份，勒德·史密斯卖了$[X-(\frac{x+4}{4}+\frac{3x+12}{16})]\times\frac{1}{4}+1==\frac{9x+36}{64}$份，查利·琼斯卖了$[X-(\frac{x+4}{4}+\frac{3x+12}{16}+\frac{9x+36}{64})]\times\frac{1}{4}+1=\frac{27x+108}{256}$份，$(\frac{x+4}{4}+\frac{9x+36}{64})-(\frac{3x+12}{16}+\frac{27x+108}{256})=100$，解得X=1020份，而小吉米 琼斯卖了320份，故琼斯家三个孩子卖的报纸比史密斯家两个孩子多卖了220份报纸。

134 少。

135 B。其他各个数字的个位和十位上的数字之和皆为6。

136 共有900人参加野餐会，早上出发时有100辆马车，每辆车上有9人，当坏了10辆车时，每辆马车上坐10个人，比之前多1个人；当又坏了15辆马车时，每辆车必须坐12个人，比早上出发时多了3个人。

137 1。从64开始，减去1、2、4、8、16、32，每次跳过一个数字，按照顺时针方向行进。

138 由于绳子的一部分是另一部分的5/7，所以总长度36米的5/12和7/12就分别是两部分的长度。所以哈更太太的部分长度为15米，奥尼尔太太的绳子长21米。

139 去年的白菜地纵横105棵，共有105×105=11025棵白菜，今年纵横106棵，共有106×106=11236棵，今年增加了211棵白菜。

140 四个金属环的重量分别是0.25公斤、0.75公斤、2.25公斤和6.75公斤。适当使用四个金属环，包括在秤杆的另一头使用，可以称量出0.25公斤~10公斤之间精度为0.25公斤的任何重量。

141 设普通股的价值为X，根据题意有：$0.05X+4000000\times0.0075=(X+4000000)\times0.06$，解得X=6000000，即普通股的价值是6000000美元。

142 题中明显地给出了如果狮子一次能爬7步台阶，导游一次6步，游客一次能爬5步，而7×6×5=210所以，如果金字塔有210步台阶，那么他们都能正好一起到达塔顶。根据图上的情况，我们能得出，201步的金字塔可以形成图上的状况。

143　据题意，可知马车的速度为4.5公里/小时，火车速度为3.5公里/小时。相遇时，马车距格拉斯哥还有82.6875公里。

144　从打斗一开始，小鱼就占据优势，所以只可能是小鱼获胜。答案可以根据以下计算方法得出：小鱼3条一组分别对付3条大鱼，另外4条小鱼对付剩下的一条大鱼，这4条小鱼需要3分钟解决第一条大鱼。之后这4条小鱼中的2条协助一组，另外2条协助另一组，杀死第二条大鱼之后，分别由7条和6条小鱼进攻剩下的两条大鱼，最后一条鱼还会受到13条小鱼一起发起的进攻，可以这样算出时间。

145　据题可知，风速为每公里4分48秒。无风时，热气球的速度是每公里3分$25\frac{7}{5}$秒。所以，飞行10公里需要34分钟$17\frac{1}{7}$秒。

146　72分。100分一局的比赛中A让C36分。200分一局中，A让C72分。

147　设奥特利将地分成了X块，根据题意可得$18X-243=\frac{243}{x}\times6$，解得X=18。他把地分成了18小块，按照18美元的单价，土地价值总和为324美元，利润为81美元。而每一块土地的原买价是13.5美元，6块的总价值也是81美元。

148　将奶牛的速度设为V，桥的长度设为S。根据题设条件可得到两个二元一次方程：

$$\frac{0.5S-5}{V}=\frac{2s-1}{90}$$

$$\frac{0.5S+5-0.25}{V}=\frac{3s-0.25}{90}$$

解这组二元一次方程即可得出火车的速度是奶牛的5倍，奶牛的速度为18公里/小时，桥的总长度为48米。

149　问题出在日期的书写方式不同。美国公司用得日期格式是月/日/年，欧洲供应商用的日期是日/月/年，比如，美国公司要求的是2008年7月5日供货，就表示为7/5/2008，而欧洲供应商就会把7/5/2008的货物在5月7日送达。

150　为了解决这类问题，首先应算出人与猪在直线上向前行进时，人要走多少路才能追上猪。这一数字还应加上人与猪在直线上相向而行时，人把猪抓住的行走距离。把结果除以2。这就是追猪的人所走过的路程。照此计算，在抓到小猪之前，汤姆需要跑571$\frac{3}{7}$米。

151　只需要记住，如果吉米支付了11分钱，那么另外两人也应该支付这么多，所以11根香肠的总价就为33分钱。哈里有4根香肠，值12分钱，那么他该得到1分钱，托米有7根，值21分钱，那么他应该分到10分钱，这样相当于每人为这顿午餐支付了11分钱。然后，三人平分11根香肠。

152　根据题中给出的栗子分配数据：尼莉、玛丽和苏茜的年龄之比应为9：12：14。因此，770颗栗子的分法如下：最小的尼莉分到190颗。年纪稍大的玛丽分到264颗，而最年长的苏茜分到308颗。

153　比尔·琼斯拿到8836美元，他老婆玛丽拿到5476美元。他们的儿子内德到手2116美元。汉克·史密斯分到16129美元，他老婆伊莉莎拿到12769美元，他们的女儿苏珊分到9409美元。杰克　布朗得到6724美元，他老婆萨拉分到3364美元，他们的儿子汤姆只拿到4美元。

154　几个女孩儿的体重分别为28公斤、29公斤、30公斤、32公斤和32.5公斤。

155　因为1个方块的重量等于1颗珠子的重量，故从图2中就可以看出，要使图3达到平衡，应在图3的右边放上9颗珠子。

156　根据题目可以得出，琼斯每卖出1个苹果他们就将损失1/30分钱，他们共计损失了7分。所以他们共有420个苹果，每人210个，琼斯应该得到105分，但以他的方式卖苹果和分配收入他中能得到84分，所以琼斯损失了21分。史密斯应得70分，但他得到了84分。

157　设丝线的价格为X，毛线的价格为Y，根据题意则为：3X+4Y=31，4X+3Y=32，解得X=5，Y=4。所以，丝线的价格为5分钱，毛线的价格为4分钱。

158　从150和300两个球洞的距离可以150一杆打一杆和两杆来完成；250这个距离可以125打

两杆来完成；而打325这个距离时，可以150一杆先打3杆，球将超过球穴125，然后再往回打一杆125将刚将球击进洞穴；后面的可以依此法进行，当把两个击球的距离分别定为150和125码时，击球杆数为最少，只需26杆。

159　设史密斯先生的钱为X，妻子的钱为Y，根据题意有：$x+\frac{3}{4}y=5000$；$4x=3y$，解得$x=2500$，$y=3333.3333$。故史密斯有2500美元，妻子有3333.3333美元，小树林与小溪的价值是833.3333美元。

160　面积为20亩。设亩数为x，所支付的小麦的升数为y，则据题意可列出以下方程组：$[(3/4)y+80]/x=7$；$(y+80)x=8$。解此方程组得出$x=20$。

161　共需蘸水22次

162　－，－，×。

163　根据题中仅有的几个数字可以很快得出这帮盗贼的人数只能是3个人才可以平分香槟。分法是这样的：一个盗贼拿3个2升的满瓶、1个2升的空瓶、1个1升的满瓶和3个1升空瓶。其他两人各2个1升的满瓶和2个2升空瓶，再拿3个1升的满瓶和1个1升空瓶，这样，每个人都拿到了7升香槟酒，4个大瓶和4个小瓶。

164　分数值分别为1/3，1/4，1/5，1/6，1/7，1/8和1/9的摆放方法分别为：5832/17496、4392/17568、2769/13845、2943/17658、2394/16758、3187/25496、6381/57429。当然，其中的一些数字也可以有一些变化，同样可以得到答案。

165　先从第一个助手开始去的那个晚上计算。如果7个恐怖分子头目能同时碰面，他们之间间隔的天数一定能够被2、3、4、5、6、7、整除，现在我们可以很方便地得出这个数字是420。因此，在他们开始会面的第421天，7人将首次同时出现，而由于他们已经在G国住了一年，所以离这一天的到来已经不会太远了。

166　哪辆车先来就乘坐那一辆。

167　根据圆台的容积公式：
$$V=\frac{\pi h(R^2+Rr+r^2)}{3}$$
即可求得桶口的直径为

35.8096厘米。

168　羊群的数量是不变的，所修的羊圈不管是长方形还是正方形，所要求的面积应该是相等的，又因为题目要求的是至少的羊数，那么，假设每隔一个单位竖一个木桩，那么一个边长为1个单位的正方形羊圈，其面积为1个平方单位，而修面积为1个平方单位的长方形，则所用的木桩显然会减少。那么，假设正方形的边长变为2个单位，其面积则为4个平方单位，所需木桩则为8个，而修一个面积为4个单位的长方形羊圈，则需要10个木桩，刚好符合题意，且因为每个木桩可拴1只羊，所以这个羊群至少应有8只羊。

169　直接买50张票，这样可以省30元。46张票需要$46×5=230$元，50张票需要$50×5×0.8=200$元。

170　在这道题目中，共有11个位置可以满足条件"结束时看见分针和时针间的距离与理发开始时它们的距离相等。开始时，分针在时针后面，理发结束时分针在时针前面"，但是，只有一个位置可以满足图中秒针的位置。这个答案是10时47分2 8/11秒，结束时的时间为11时2分2 8/11秒。

171　欧几里德说："圆内的两条弦相交，被交点内分成的两条线段长的积相等。"根据这一定理，我们画出下面的图形，弦ED被分割成21厘米的两段，弦AF与ED相交，被分成水面上和水面以下两条线段，这样我们可以根据欧几里德的定理计算出水面下的一段长度为44.1厘米，那么圆的直径为54.1厘米，半径为27.05厘米，最后可以得出池子的深度为$27.5-10=17.5$厘米。

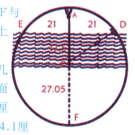

172　$(4×7÷2+8+9)×6÷3=62$

173　最初是代理商获得了59.5美元的白酒和12美元。购买283.5美元的白酒后，白酒总量增加到了343美元。从图上算出剩下91.5美元的白酒，他今年的销售额为285.8美元。所以，代理商按进价提高了10%销售。从285.8美元的销售额中镇里得到了25.98美元的利润，加上最初时的12美元和59.5美元。总额为97.38美元。我们从中扣除5%的代理费，即14.29美元，最后算出汉普郡今年的利润为83.19美元。

174 一个正方形。如果三角形各顶点上的数字和为偶数，图形即为正方形；如果是奇数，图形即为三角形。

175 带状土地的宽度大约是191米。求矩形的两边之和，再减去其对角线之长，然后把差数再除以4。

176 计算原理是："在天平的两边分别称重，将两边称得的结果相乘，结果的平方根就是物体的真实重量。"在长臂上，1个金字塔等于8/3方块的重量，在短臂上，1个金字塔等于1/6个方块的重量。将8/3与1/6相乘，结果为4/9，平方根为2/3，表示1个金字塔的重量和2/3个方块的重量相等。假设1个金字塔的重量为1克，那么1个方块的重量就为1.5克。现在可以得出答案了，8个方块的真实重量为12克。

177 至少移动5个麦袋，麦袋的摆放次序是：2，78，156，39，4。

178 一颗。放了一颗糖块以后，罐子就不是空罐子了。

179 这道题容易给人造成一种错觉，以为是一个很复杂的问题。其实想一想就会明白80分钟和1小时20分钟一样长。

180 选择高科公司。可以通过实际计算一下年收入进行比较。第一年：创新公司100万元，高科公司50万元+55万元=105万元；第二年：创新公司120万元，高科公司60万元+65万元=125万元；第三年：创新公司140万元，高科公司70万元+75万元=145万元。显然，在高科公司有利，每年可以多收入5万元。

181 25分钟。当丈夫去接妻子时，是按照正常的时间离开家，那么肯定要早于下午6:30。由于所有的路程节省了10分钟，所以从丈夫接到妻子的地方到火车站和再回到原地所花费的时间是相等的。假设单程花费了5分钟，他接到妻子的时间要比正常情况早5分钟，也就是说在下午6:20。所以妻子步行时间是从下午6:00到6:25，

总共步行了25分钟。

182 第13天。前6天刘平比王刚依次少走6、5、4……1公里，第7天两人走的距离相等，从8天后，刘平比王刚依次多走1、2、3……公里。这样一来到第13天刘平遇上王刚。

183 因为亚丽喝完一桶白兰地需要40个星期，所以她一个星期喝1/40，而他们夫妻喝完一桶白兰地要8星期，所以夫妻一星期喝1/8，由此求出，约萨喝完半桶白兰地要5星期的时间；照上面的方法，可以求出亚丽喝完半桶葡萄酒要42天，所以，约萨喝完了白兰地时，亚丽还剩下1/12桶葡萄酒没有喝完，最后，两个人喝完葡萄酒的话，还要5天时间，所以，喝完这些酒一共要40天时间。

184 把四个人编上号，分别为A、B、C、D，过桥所用的时间相应为3、4、6、9分钟。

(1)先让A和B过桥，一起用4分钟；

(2)让A返回，用3分钟；

(3)让C和D一起过桥，一起用9分钟；

(4)让B返回，送手电筒，用4分钟；

(5)最后A和B过桥，一起用4分钟。

所以，时间为4+3+9+4+4=24（分钟）。

185 错误在于取 $(y-v)^2$ 的平方根为 $(y-v)$。事实上，

$x-v=-(y-v)$

$x+y=2v$

要注意：$(x-v)$（一头大象减去半头大象、半只蚊子）是正数，而 $(y-v)$ 是负数。

186 181块。

187 $88 \times 8+8+88=800$。

188 用这条救生艇最多能救13人，必须采取其他的营救方法。到达岛上要4分钟，来回就要8分钟，所以最多只能跑3趟。第一趟，5个人上救生艇，实际上岸的只有4个，第二次如此，只有第三次有5个人上岸。所以只能营救13个人。

189 解题的关键在于求出最后盐水中盐的质量。最开始杯中的含盐量是：100×80%=80；）第一次倒入清水后的含盐量是：80-40×48%=48克，盐水的浓度是：48/100×100%=48%；第二次倒入清水

后的含盐量是：48－40×48%＝28.8（克），盐水的浓度是：28.8/100×100%＝28.8%；第三次倒入清水后的含盐量是：28.8－40×28.8%＝17.28（克），盐水的浓度是：17.28/100×100%＝17.28%。

190 这个数是156。

191 铺设电线的最短路线是沿着会议厅的前墙、地板、侧壁而到达后墙。最短的电线长12.81米。

192 1号建筑建于1825年（条件2），3号建筑不是建于1761年，它也不是建于1854年的火车站（条件1和4），因此它一定建于1772。根据条件（3）可知，1号建筑是风车。从条件（4）我们可以知道收费站建于1761年，这样就剩下3号建筑为一座破旧的旅馆。根据条件（5）可知，刘易斯一家不可能住在那儿，因此他们的家一定是建于1761年的收费站。维克斯一家不住在风车或旅馆里（条件3），因此他们的家一定是建于1854年的火车站。卡特一家不拥有最古老的建筑（条件4），因此一定拥有建于1825年的风车。这样便确定莫顿一家住在建于1772年的旅馆里。因此，根据条件（1），火车站一定处在4号位置。这样便剩下了2号建筑，它是曾经的收费站。

综上所述：

1．风车，1825，卡特

2．收费站，1761，刘易斯

3．旅馆，1772，莫顿

4．火车站，1854，维克斯

193 柠檬的总数一共有7个。

194 先求出4、6、8的最小的公倍数是24，所以他的士兵的个数是N×24+1，根据题意，他的士兵只有500多人，所以N的取值是24，所以他士兵的人数是577人。

195

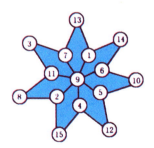

196 能。淙淙吃完手里的梨，哥哥一定还剩一点梨没有吃完，所以，淙淙就可以拿到剩下的2个梨，也就获胜了。

197 3棵树上的鸟分别为18只、10只、8只

198 下一个数字是7.其规律是每个数一半减去2为下一个数。

199 有三种可能：132、264、396。

200 因为有3名顾客三份报纸都买了，14名顾客买了《回声报》和《月球报》，13名顾客买了《回声报》和《广告人报》，所以只买了《回声报》的人数是70－14－13－3＝40。《月球报》卖了60份，所以只买《月球报》的人数是60－12－14－3＝31。《广告人报》卖了50份，因此只买《广告人报》的人数是50－12－13－3＝22。所以这位卖报的小贩共有40+14+31+12+3+13+22名顾客，即135名顾客。